外交学院一流学科建设文库系列丛书

民事保全措施的国际司法协助问题研究

A Study on the Judicial Assistance for Interim Measures

贺万忠　著

世界知识出版社

北京 · 2022

图书在版编目（CIP）数据

民事保全措施的国际司法协助问题研究 / 贺万忠著. —北京：世界知识出版社，2022.12
ISBN 978-7-5012-6508-4

Ⅰ. ①民… Ⅱ. ①贺… Ⅲ. ①民事诉讼法—国际私法—司法协助—研究 Ⅳ. ①D997.3

中国版本图书馆CIP数据核字（2022）第028113号

责任编辑 刘 喆
责任出版 赵 玥
责任校对 陈可望
封面设计 小 月

书 名 民事保全措施的国际司法协助问题研究
Minshi Baoquan Cuoshi de Guoji Sifa Xiezhu Wenti Yanjiu

作 者 贺万忠

出版发行 世界知识出版社
地址邮编 北京市东城区干面胡同51号（100010）
网 址 www.ishizhi.cn
电 话 010-65265923（发行） 010-85119023（邮购）
经 销 新华书店
印 刷 北京盛通印刷股份有限公司
开本印张 980毫米×680毫米 1/16 23½印张
字 数 350千字
版次印次 2022年12月第一版 2022年12月第一次印刷
标准书号 ISBN 978-7-5012-6508-4
定 价 95.00元

外交学院中央高校基本科研业务费专项资金项目

目　录

第一章*

民事保全措施的功能与类型

第一节 引言：现象、现状与契机

一、现象与问题：民事保全措施的功能实现与路径选择

民事保全措施是各国民事程序法的重要组成部分。① 尽管就各国民事保全立法而言，民事保全措施是一项从名称开始就存在差异的救济措施，但其所承载的价值和功能却具有超凡的共通性。② 民事保全措施对于保障一国法院判决或仲裁裁决的有效执行、避免权利被侵害或防

* 本书中“民事保全措施”英文名称采用最高人民法院和香港特别行政区政府律政司签署的《关于内地与香港特别行政区法院就仲裁程序相互协助保全的安排》英文版本中相应用语。鉴于“民事保全措施”名称目前尚未被统一使用，故在本书中与“临时措施”“临时保全措施”等用语在不同场合中混合使用。此外，感谢为完成本书而为笔者直接或间接引用或参考的所有著作、论文等的作者。

① 在行政诉讼中亦存在预防性保护措施，从而产生民事性保全措施与行政性保全措施之间的识别问题。我国行政法及其司法解释中规定的行政行为停止执行、先予执行、财产保全、行为保全四种制度措施具有预防性保护功能。参见：罗智敏《我国行政诉讼中的预防性保护》，《法学研究》2020年第5期，第122—138页。

② 张文亮：《国际民事诉讼中的临时措施研究》，博士学位论文，武汉大学法学院，2015，第8、9页；邹晓乔：《国际商事仲裁中的临时措施域外执行研究》，博士学位论文，武汉大学法学院，2016，第12页。

止急迫强暴行为，暂维法律关系现状至关重要。[①] 而如何实现民事保全措施的该等功能，则与民事保全措施的实施路径息息相关。目前，民事保全措施的申请与实施路径不外乎以下几种：

其一，当地申请与实施路径，即在涉外民商事纠纷的主诉或仲裁地/国法院申请并实施民事保全措施。

其二，异地申请与实施路径，即在涉外民商事纠纷的主诉或仲裁地/国之外的其他地区/国家法院申请并实施民事保全措施。

其三，域外执行路径，即当事一方将由某一地区/国家法院或仲裁庭签发的民事保全令，向其他地区/国家法院申请承认和执行。

上述第一种情况项下，民商事案件实体问题的审理或裁判地与民事保全措施的申请及实施地位于同一地区/国家，所涉民事保全措施问题纯属民事保全措施的本地或本国内申请与实施问题。而第二、三种则涉及民商事案件实体问题的审理或裁判地与民事保全措施的申请或实施地位于不同国家或地区，进而引发民事保全措施的跨区域申请或实施问题，即相关国家或地区之间就民事保全措施的申请或实施进行跨区域司法协助问题。

民事保全措施如何进行申请和实施？因民事保全措施属于程序事项，故应依相应程序进行地的法律予以判定。也就是说，民事保全措施的申请、保全措施的内容和类型、法院或仲裁庭准许采取保全措施的条件、保全措施的效力范围及法院执行民事保全裁定的条件等诸事

① 我国台湾学者姚瑞光先生将保全程序定义为“以保全强制执行，兼及避免权利被侵害或防止急迫强暴行为，暂维法律关系现状为目的之特别诉讼程序”。参见：姚瑞光《民事诉讼法论》，中国政法大学出版社，2011，第509页。

项概由相应的保全程序进行地法确定。[①] 然而，各国此方面立法和司法实践的不同，致使在不同国家进行民事保全措施的申请或实施往往面临法律障碍，民事保全措施的功能在跨国诉讼或仲裁中因此难以发挥或维系。此种现象在国际诉讼或仲裁实践中并非鲜见。

如在民事保全措施的运用颇为频繁的海事领域，扣船是常见又重要的民事保全措施。扣船不仅可使扣船法院获得对实体海事事项的管辖权，而且为海事纠纷的解决提供担保。在新加坡，依其国际仲裁法规定，申请人可向法院申请扣船以保障仲裁裁决的执行，而不论当事人约定的仲裁地是否在新加坡。但能否向新加坡法院申请扣船以支持在外国法院进行的诉讼，新加坡立法和判例法对此并未明确。在DSA Consultancy (FZC) 诉“欧洲希望”（Eurohope）号轮案中，新加坡高等法庭判决新加坡法院不能为在外国法院进行的诉讼而扣船。[②] 而在我国，宁波海事法院于2010年审理的申请人中国租船有限公司申请诉前财产保全案[③] 中，申请人中国租船有限公司于2010年6月10日与承运人香港青山海运有限公司在北京签订航次租船合同，被申请人青山控股集团有限公司作为履约担保人签发保函，保证承租人充分履约并无条件地赔偿由其违约而给申请人造成的一切损失，保函约定适用英国

① Francisco Garcimartín, “Provisional and Protective Measures under the Brussels I Recast,” in Andrea Bonomi (ed.), *Yearbook of Private International Law* (Koeln: Otto Schmidt, 2017), p.74. 1979年美洲国家间《关于执行保全措施的公约》第三章“法律适用”第3条规定，保全措施的根据，依诉讼地的法律并由诉讼地法官决定。但是，其执行及对保全措施或保障的反对执行，应由执行地的法官依执行地的法律决定。申请方提供的保证，以及责令被申请方在执行地提供的保证，应适用此种保全措施执行地的法律。第4条规定，保全措施的修改，以及对预谋的无根据的请求所作的裁定，均适用保全措施执行地的法律。只有在被申请方证明绝对缺乏提供保全的根据时，或只有申请是为了损害所提供的保证时，执行地法官才可依执行地的法律，解除此种保全措施。第5条规定，在扣押，或其他任何包括被执行财产的情况下受此种措施影响的人，可以向接受委托书的法官，就其第三方当事人的主张，或有关的异议，提出申辩，以便于委托书退回给原审法官时，把此种主张也转交给该法官。原审法官已经得到第三方的主张或断言其权利的文件通知，应将主诉作不超过20日的延期审理，使第三方请求人能维护其权利。主诉的法官应审理此种异议并适用自己的法律。在上述期限届满后出庭的异议人，必须接受该案的既成事实。如第三方的主张包含对被扣押财产的所有权或其他物权，或异议是基于对被扣押财产的占有或所有，则应由法官依财产所在地法律作出决定。

② [2017] SGHC218。参见：余正、杨安山《新加坡法院拒绝为外国法院诉讼扣船》，航运在线，2017年11月10日，http://cbgl.sol.com.cn/guanliquan_show.asp?id=1127&list=，访问日期：2021年1月20日。

③ 宁波海事法院民事裁定书（2010）甬海法温保字第7号（2010年11月10日）。

法在香港仲裁。后承租人欠付申请人滞期费。申请人中国租船有限公司于2010年11月8日向宁波海事法院申请财产保全，申请冻结被申请人银行存款200万元人民币。宁波海事法院经审查认为，申请人与被申请人之间的履约担保函约定，因保函引起或与保函相关的任何争议应提交香港仲裁，故申请人要求冻结被申请人银行存款200万元人民币的诉前财产保全申请，与法不符，不予准许。

可见，在涉外民商事诉讼或仲裁中，民事案件实体问题裁判地、民事保全措施申请受理法院或仲裁庭所在地，及民事保全措施实施地分处2个或以上国家或地区的事实，更改了民事保全制度的原始或传统运作环境，在各国民事保全立法和实践尚未趋同或统一的背景下，抑制了民事保全措施在跨国民事诉讼或仲裁中发挥功能。为此，协调各国民事保全立法，建立民事保全措施跨区域司法协助机制，确保民事保全措施运用的正常化，以发挥民事保全措施的固有功能，乃应成为国际社会协力解决的现实问题。

二、现状：我国民事保全措施国际司法协助的限制与突破

我国民事诉讼法中的民事保全措施立法，针对的是为在我国提起的诉讼或仲裁而向我国法院申请的民事保全措施。然而，对于当事人在我国境外提起的诉讼或仲裁，我国法律是否允许当事人向我国法院申请民事保全措施？或者对于当事人在我国提起的诉讼或仲裁，我国法律对于当事人向境外法院申请民事保全措施有何相应规定？

《中华人民共和国民事诉讼法》（2021年修正，以下简称《民事诉讼法》）第一百零三条规定，人民法院对于可能因当事人一方的行为或者其他原因，使判决难以执行或者造成当事人其他损害的案件，根据对方当事人的申请，可以裁定对其财产进行保全、责令其作出一定行为或者禁止其作出一定行为；当事人没有提出申请的，人民法院在必要时也可以裁定采取保全措施。第一百零四条规定，利害关系人因情况紧急，不立即申请保全将会使其合法权益受到难以弥补的损害的，可以在提起诉讼或者申请仲裁前向被保全财产所在地、被申请人住所

地或者对案件有管辖权的人民法院申请采取保全措施。第二百七十九条规定，当事人申请采取保全的，中华人民共和国的涉外仲裁机构应当将当事人的申请，提交被申请人住所地或者财产所在地的中级人民法院裁定。《中华人民共和国仲裁法》（以下简称《仲裁法》）第二十八条规定，一方当事人因另一方当事人的行为或者其他原因，可能使裁决不能执行或者难以执行的，可以申请财产保全。当事人申请财产保全的，仲裁委员会应当将当事人的申请依照民事诉讼法的有关规定提交人民法院。对于上述疑惑，现行立法并未明言。

相关立法规定的暂付阙如必然影响到民事保全措施的跨区域申请或实施。我国司法实践中的主流观点认为，《民事诉讼法》第一百零三条所规定的保全仅适用于在我国进行的诉讼，不适用于在外国进行的诉讼和仲裁，也不适用于国家之间的司法协助。《民事诉讼法》并没有规定其他司法管辖区正在审理的案件的当事人可以向中国法院申请财产保全，亦没有相关司法实践；中国也没有与其他司法管辖区签订过关于该事项的条约、安排。因此，其他司法管辖区（包括香港）正在进行的诉讼或仲裁案件，不能向中国法院申请进行财产保全。[①] 除上述实例外，在韩国东远F & B株式会社（Dongwon F & B）与被申请人上海乐韩商业有限公司货物买卖合同纠纷仲裁案中，申请人在大韩商事仲裁院受理其仲裁申请后，向上海市第一中级人民法院请求对被申请人的财产采取财产保全措施。上海市第一中级人民法院以申请人并非在中国申请仲裁为由，裁定该财产保全申请缺乏法律依据，不予受理。[②] 这意味着境外诉讼或仲裁的当事人不得对被申请人位于我国的财

① 海口海事法院民事裁定书（2016）琼72协外认1号之一（2017年4月17日）。在该案中，仲裁庭于2016年1月13日就韩国大韩海运株式会社与海航集团有限公司之间《租船合同》和《履约保函》的纠纷在伦敦作出裁决，裁定海航集团赔偿大韩海运77830179.46美元及其利息。因海航集团未履行该仲裁裁决，大韩海运向海口海事法院申请承认与执行该裁决，并在法院对该案司法审查期间，申请对海航集团价值5.6亿元人民币的财产进行保全，且提供了相应担保。海口海事法院经审查认为，承认与执行外国仲裁裁决的司法审查期间能否进行财产保全属于国际司法协助的范畴，在当前我国法律尚未对此作出制度安排的情况下，应当以我国与仲裁裁决作出国共同参加的国际条约或两国之间存在的互惠原则作为依据。在没有上述依据时，对于申请人在其申请承认与执行外国仲裁裁决期间的财产保全申请，应不予准许。

② 上海市第一中级人民法院民事裁定书（2014）沪一中受初字第2号。

产向我国法院申请保全措施以支持在外国提起的诉讼或仲裁。

（一）海事领域保全措施跨国（区域）司法协助的尝试

与上述立法不同的是，在海事领域，《最高人民法院关于适用〈中华人民共和国海事诉讼特别程序法〉若干问题的解释》（以下简称《海事诉讼特别程序法解释》）第二十一条第二款规定，外国法院已受理相关海事案件或者有关纠纷已经提交仲裁，但涉案财产在中华人民共和国领域内，当事人向财产所在地的海事法院提出海事请求保全申请的，海事法院应当受理。第四十一条第二款规定，外国法院已受理相关海事案件或者有关纠纷已经提交仲裁的，当事人向中华人民共和国的海事法院提出海事强制令申请，并向法院提供可以执行海事强制令的相关证据的，海事法院应当受理。第四十七条第二款规定，外国法院已受理相关海事案件或者有关纠纷已经提交仲裁，当事人向中华人民共和国的海事法院提出海事证据保全申请，并提供被保全的证据在中华人民共和国领域内的相关证据的，海事法院应当受理。该等规定显示，在海事领域，《海事诉讼特别程序法解释》突破了《民事诉讼法》对民事保全措施跨境司法协助的限制，即对在我国境外提起的海事诉讼或海事仲裁，《海事诉讼特别程序法解释》允许当事人向我国相关法院申请海事保全措施以支持在境外正在进行的该等海事诉讼或海事仲裁。

《海事诉讼特别程序法解释》显然打破了《民事诉讼法》和《仲裁法》在民事保全措施跨境司法协助事项上的“沉默”，而且如此规定在域外立法中亦不多见。基于《海事诉讼特别程序法解释》的上述规定，在海事司法实践中也出现了我国一些海事法院针对境外仲裁程序当事人的海事财产保全申请而作出准予保全申请裁定的实例。[①]

不过，对于海事请求保全，《海事诉讼特别程序法解释》第十八条规定，海事诉讼特别程序法第十二条规定的被请求人的财产包括船舶、

---

① 宁波海事法院民事案件裁定书（2010）甬海法仲保字第1号、天津海事法院民事案件裁定书（2013）津海法保字第68–1号、天津海事法院民事案件裁定书（2014）津海法保字第7–1号、上海海事法院民事案件裁定书（2005）沪海法商保字第35号、武汉海事法院裁定书（2016）鄂72财保427号、广州海事法院裁定书（2016）粤72财保字第11号。

船载货物、船用燃油以及船用物料。对其他财产的海事请求保全适用民事诉讼法有关财产保全的规定。因此，海事请求保全措施所针对的财产仅限于四种海事财产：船舶、船载货物、船用物料及燃油。然而，针对其他财产的海事请求保全，还需依循《民事诉讼法》的规定。故对于在外国正在进行的海事诉讼或海事仲裁，当事人能否向中国法院申请海事请求保全措施尚处于于法无据的状态。

（二）涉港澳台诉讼程序中的民事保全措施区际司法协助机制

与国际民商事诉讼不同，在涉港澳台诉讼中，其实业已存在适用范围有限的民事保全措施区际司法协助机制。《最高人民法院关于内地与香港特别行政区法院相互认可和执行当事人协议管辖的民商事案件判决的安排》① 第十四条规定，法院受理认可和执行判决的申请之前或者之后，可以按照执行地法律关于财产保全或者禁制资产转移的规定，根据申请人的申请，对被申请人的财产采取保全或强制措施。《关于内地与香港特别行政区法院相互认可和执行民商事案件判决的安排》第二十四条规定，申请认可和执行判决的，被请求方法院在受理申请之前或者之后，可以依据被请求方法律规定采取保全或者强制措施。《内地与澳门特别行政区关于相互认可和执行民商事判决的安排》第十五条规定，法院受理认可和执行判决的申请之前或者之后，可以按照被请求方法律关于财产保全的规定，根据申请人的申请，对被申请人的财产采取保全措施。《最高人民法院关于认可和执行台湾地区法院民事判决的规定》第十条规定，人民法院受理认可台湾地区法院民事判决的申请之前或者之后，可以按照民事诉讼法及相关司法解释的规定，根据申请人的申请，裁定采取保全措施。据此，当事人在判决的认可和执行地法院受理认可和执行判决的申请之前或者之后，可向该法院申请采取民事保全措施。

---

① 《关于内地与香港特别行政区法院相互认可和执行民商事案件判决的安排》生效之日，本安排同时废止。

（三）仲裁领域民事保全措施区际司法协助机制的确立

早在2007年10月30日，最高人民法院与澳门特别行政区签署了《关于内地与澳门特别行政区相互认可和执行仲裁裁决的安排》。其第十一条规定，法院在受理认可和执行仲裁裁决申请之前或者之后，可以依当事人的申请，按照法院地法律规定，对被申请人的财产采取保全措施。2015年7月施行的《最高人民法院关于认可和执行台湾地区仲裁裁决的规定》亦作了类似规定。其第十条规定，人民法院受理认可台湾地区仲裁裁决的申请之前或者之后，可以按照民事诉讼法及相关司法解释的规定，根据申请人的申请，裁定采取保全措施。针对内地与香港特别行政区之间的仲裁程序中民事保全措施的相互协助问题，最高人民法院于2019年4月与香港特别行政区政府律政司签署了《关于内地与香港特别行政区法院就仲裁程序相互协助保全的安排》（以下简称《仲裁保全安排》），并于2019年10月1日起生效。其第三条规定，香港仲裁程序的当事人，在仲裁裁决作出前，可以参照《中华人民共和国民事诉讼法》《中华人民共和国仲裁法》以及相关司法解释的规定，向被申请人住所地、财产所在地或者证据所在地的内地中级人民法院申请保全。第六条规定，内地仲裁机构管理的仲裁程序的当事人，在仲裁裁决作出前，可以依据香港特别行政区《仲裁条例》《高等法院条例》，向香港特别行政区高等法院申请保全。《仲裁保全安排》是我国首次以司法解释的形式解决区际仲裁案件中民事保全措施的区际协助问题，以消弭涉港仲裁案件当事人向内地或香港法院申请保全于法无据的现象，满足其申请内地或香港保全措施的迫切需求。2020年通过的《最高人民法院关于内地与香港特别行政区相互执行仲裁裁决的补充安排》（法释〔2020〕13号）对保全措施的申请时间又进行了实质性拓展。其第四条规定，在《最高人民法院关于内地与香港特别行政区相互执行仲裁裁决的安排》第六条中增加一款作为第二款："有关法院在受理执行仲裁裁决申请之前或者之后，可以依申请并按照执行地法律规定采取保全或者强制措施。"

《仲裁保全安排》生效后，上海海事法院于2019年10月8日率先受理一起香港仲裁程序当事人的财产保全申请，并于当日裁定冻结被申请人银行存款或查封、扣押、冻结被申请人其他等值财产。[①] 而后，厦门市中级人民法院受理了一起香港仲裁程序当事人财产保全的申请，依法对被申请人约5.3亿元人民币账户和其他财产进行了查封、扣押和冻结。[②] 而北京市第三中级人民法院亦于2019年10月30日就香港仲裁程序当事人财产保全的申请裁定对被申请人11.5亿元人民币财产采取保全措施。[③] 截至2021年7月27日，香港的仲裁机构已协助处理47宗在《仲裁保全安排》下向内地法院提出的保全措施申请，全部申请均由香港国际仲裁中心（HKIAC）处理。在47宗保全措施申请当中，44宗属财产保全申请，2宗属证据保全申请，1宗属行为保全申请。所有保全申请所涉资产总值为141亿元人民币。申请人当中约24%来自内地，约76%来自境外。被申请人中约有55%来自内地，约45%来自境外。在内地方面，有多达23所内地中级人民法院协助处理上述保全申请。内地法院已就保全申请作出30项裁定，其中28项裁定准许申请人在提供担保的前提下进行财产保全，另外两项同类申请则被驳回。上述28项裁定所保全的资产总值达108亿元人民币。[④]

继内地和香港特别行政区签署《仲裁保全安排》后，最高人民法院审判委员会第1864次会议通过《最高人民法院关于内地与澳门特别行政区就仲裁程序相互协助保全的安排》，并自2022年3月25日起施行。这将强化两地在民商事仲裁领域的司法合作，促进澳门仲裁业的发展。

---

① （2019）沪72财保298号民事裁定书。

② 厦门市中级人民法院民事裁定书（2019）闽02财保207号。参见：牛磊、马瑞丰《限制与突破——境外仲裁在中国内地申请保全措施解读》，中伦律师事务所网站，2019年12月13日，http://www.zhonglun.com/Content/2019/12-13/1458365160.html，访问日期：2021年1月20日。

③ 北京市第三中级人民法院民事裁定书（2019）京03财保153号（2019年10月30日）。

④ 郑若骅:《保全安排增加香港作为仲裁地的吸引力》，今日中国，2021年8月18日，http://www.chinatoday.com.cn/zw2018/tga/202108/t20210818_800255915.html，访问日期：2021年10月10日；《内地与香港仲裁保全安排实施近两年：保全申请所涉资产总值达141亿元》，法治网，2021年8月18日，http://www.legaldaily.com.cn/Arbitration/content/2021-08/18/content_8583196.htm，访问日期：2021年10月10日。

三、契机：多元化纠纷解决机制的建立与民事保全措施立法的完善

早在2005年，最高人民法院印发了《人民法院第二个五年改革纲要（2004—2008）》，首次提出建立多元化纠纷解决机制。而2014年党的十八届四中全会审议通过《中共中央关于全面推进依法治国若干重大问题的决定》，将“健全社会矛盾纠纷预防化解机制，完善调解、仲裁、行政裁决、行政复议、诉讼等有机衔接、相互协调的多元化纠纷解决机制”正式确定为国家治理的发展目标。

2016年发布的《最高人民法院关于人民法院进一步深化多元化纠纷解决机制改革的意见》（法发〔2016〕14号）指出：“合理配置纠纷解决的社会资源，完善和解、调解、仲裁、公证、行政裁决、行政复议与诉讼有机衔接、相互协调的多元化纠纷解决机制；充分发挥司法在多元化纠纷解决机制建设中的引领、推动和保障作用……”

2018年中共中央办公厅、国务院办公厅印发的《关于建立“一带一路”国际商事争端解决机制和机构的意见》指出，最高人民法院设立国际商事法庭，牵头组建国际商事专家委员会，支持“一带一路”国际商事纠纷通过调解、仲裁等方式解决，推动建立诉讼与调解、仲裁有效衔接的多元化纠纷解决机制，形成便利、快捷、低成本的“一站式”争端解决中心，为“一带一路”建设参与国当事人提供优质高效的法律服务。“一带一路”国际商事仲裁机构解决涉“一带一路”建设跨境商事纠纷，我国法院依法提供财产保全、证据保全等方面的司法支持，并在便利、快捷司法审查的基础上积极执行仲裁裁决。

建立多元化纠纷解决机制的蓝图为完善我国民事保全措施跨国或地区司法协助的相关立法提供了难得契机。建立多元化纠纷解决机制是国家治理的发展目标。多元化纠纷解决机制旨在为日益增多的国际民商事纠纷提供丰富多元的争议解决渠道。但多元化纠纷解决方式的运用仍应遵循公正高效便利原则，充分发挥司法在多元化纠纷解决机制建设中的引领、推动和保障作用，依法为当事人提供财产保全、证

据保全等方面的司法支持。[①] 而提供民事保全措施的跨区域司法协助则是司法支持的重要体现。为此，应积极探索完善我国民事保全措施跨区域司法协助的相关立法，探索推进民事诉讼法、仲裁法等相关法律法规、司法解释及其他规范性文件的配套修改工作，为“一带一路”国际商事争端解决机制和机构的建立与完善提供充分法律依据和保障。在这一背景下，我国司法部于2021年7月30日公布的《中华人民共和国仲裁法（修订）（征求意见稿）》第四章第三节“临时措施”第四十三条至第四十九条意欲建立完整的“临时措施”体系，集中整合原有的仲裁保全与其他临时措施，增加行为保全和紧急仲裁员制度，赋予仲裁庭颁布临时措施令的管辖权，并统一规范临时措施的申请与实施条件及方式。其中第四十九条规定，临时措施需要在中华人民共和国领域外执行的，当事人可以直接向有管辖权的外国法院申请执行。虽然该条款就其功能而言属于提示性或授权性法律规范，系单向意思表示，但亦预示着民事保全措施的跨区域司法合作问题正被纳入高度关注的范围。

第二节　民事保全措施的内涵与功能

一、民事保全措施的表述与内涵

民事保全措施基于其在国际民商事纠纷解决中的广泛运用和所起的重要作用早已为全球性和区域性国际组织所关注，并通过一些区域

① 《最高人民法院负责人就〈关于建立“一带一路”国际商事争端解决机制和机构的意见〉答记者问》，中国政府网，2018年6月28日，http://www.gov.cn/zhengce/2018-06/28/content_5301709.htm，访问日期：2021年1月20日。

性和全球性法律文件予以协调和统一。[①] 然而，民事保全措施至今仍是国内法而非国际立法中的救济措施，因而海牙国际私法会议曾在其《民商事管辖权与外国判决的草案公约》的起草过程中明确指出，如何定义"临时和保护措施"是一个难以解决的问题。鉴于该类措施在各个体系中的多样性，难以找到一个各国通用的定义。[②] 欧盟委员会亦曾指出，从各成员国国内立法的比较中可以看出，事实上并不存在对临时措施的统一定义，临时措施予以适用的法定情形亦差别较大。[③]

民事保全措施术语与内涵的多样性

1. 国内法中民事保全措施的通常术语与内涵

"民事保全"术语见于大陆法系国家或地区的学理或立法。[④] 在立法上，1989年制定的《日本民事保全法》明确使用"民事保全"称谓。其第一条规定，为保全实现民事诉讼的本案权利的假扣押、有关系争事实的假处分以及为确定民事诉讼的本案权利关系临时地位的假处分通称为"民事保全"[⑤]，即《日本民事保全法》将"民事保全"作为其所规定的假扣押和假处分的上位概念。

在我国，"保全"术语见于民事诉讼法及其他相关法律之中。《民事诉讼法》第八十四条"证据保全"、第九章"保全和先予执行"；2000年施行的《中华人民共和国海事诉讼特别程序法》（以下简称《海事诉讼特别程序法》）第三章"海事请求保全"；《海事诉讼特别程序

---

① Provisional and Protective Measures; Provisional Remedies; Interim Relief. See Catherine Kessedjian, "Note on Provisional and Protective Measures in Private International Law and Comparative Law," Preliminary Document No. 10 of October 1998 for the attention of the Special Commission of November 1998 on the question of jurisdiction, recognition and enforcement of foreign judgments in civil and commercial matters, accessed May 1, 2021, https://assets.hcch.net/docs/b6b726b3-1597-40c0-a9c6-894dd5fc9518.pdf.

② See Hague Conference on Private International Law, "Preliminary Draft Convention on Jurisdiction and Foreign Judgments in Civil and Commercial Matters Adopted by the Special Commission," Prel. Doc. No. 11, August 2000, accessed May 1, 2021, https://assets.hcch.net/docs/638883f3-0c0a-46c6-b646-7a099d9bd95e.pdf.

③ 张文亮：《国际民事诉讼中的临时措施研究》，第16页。

④ 李仕春：《民事保全程序研究》，中国法制出版社，2005，第10页。

⑤ 白绿铉编译《日本新民事诉讼法》，中国法制出版社，2000，第267—286页。

法解释》“二、关于海事请求保全”;《最高人民法院关于内地与香港特别行政区法院相互认可和执行当事人协议管辖的民商事案件判决的安排》(法释〔2008〕9号)第十四条、2019年发布的《关于内地与香港特别行政区法院相互认可和执行民商事案件判决的安排》第二十四条、最高人民法院与香港特别行政区政府律政司签署的《仲裁保全安排》(法释〔2019〕14号)第一条[①]、《最高人民法院关于内地与香港特别行政区相互执行仲裁裁决的补充安排》(法释〔2020〕13号)第四条、《内地与澳门特别行政区关于相互认可和执行民商事判决的安排》(法释〔2006〕2号)第十五条、《关于内地与澳门特别行政区相互认可和执行仲裁裁决的安排》(法释〔2007〕17号)第十一条、《最高人民法院关于认可和执行台湾地区仲裁裁决的规定》(法释〔2015〕14号)第十条及《最高人民法院关于认可和执行台湾地区法院民事判决的规定》(法释〔2015〕13号)第十条等规定,“保全”成为财产保全、行为保全、证据保全、海事请求保全及海事强制令等诸项措施的上位术语。然而,与上述表述不同的是,“临时措施”这一术语却在我国仲裁领域频繁使用。中国国际贸易促进委员会对外贸易仲裁委员会1956年版的《仲裁程序暂行规则》第十五条和1954年中央人民政府政务院发布的《关于在中国国际贸易促进委员会内设立对外贸易仲裁委员会的决定》第八条均使用了“临时办法”之术语。自2012年始,“临时措施”这一概念重新出现在《中国国际经济贸易仲裁委员会仲裁规则》(以下简称《仲裁规则》)之中。无独有偶,《中国(上海)自由贸易试验区仲裁规则》(2014)也使用“临时措施”这一用语。其第十八条规定:“当事人可以根据临时措施执行地所在国家/地区的法律向仲裁委员会及/或具有管辖权的法院提出如下一种或数种临时措施的申请:……要求一方作出一定行为及/或禁止其作出一定行为……。”2012年版和2019年版《深圳国际仲裁院仲裁规则》第四章“临时措施”、2015年

① 《仲裁保全安排》(法释〔2019〕14号)第一条规定,本安排所称“保全”,在内地包括财产保全、证据保全、行为保全;在香港特别行政区包括强制令以及其他临时措施,以在争议得以裁决之前维持现状或者恢复原状、采取行动防止目前或者即将对仲裁程序发生的危害或者损害,或者不采取可能造成这种危害或者损害的行动、保全资产或者保全对解决争议可能具有相关性和重要性的证据。

版和2019年版《北京仲裁委员会仲裁规则》第八章“国际商事仲裁的特别规定”同样采用“临时措施”之表述。《北京仲裁委员会仲裁规则》第六十二条“临时措施”规定：“（一）根据当事人申请，仲裁庭可以依据有关法律决定采取其认为适当的临时措施，采取临时措施的决定可以以仲裁庭决定、中间裁决或者有关法律认可的其他方式作出。如果必要，仲裁庭有权要求申请临时措施的当事人提供适当的担保。（二）当事人也可以依据有关法律直接向具有管辖权的法院提出临时措施申请。”第六十三条“紧急仲裁员”第（一）款规定：“案件受理后至组成仲裁庭之前，当事人需要申请临时措施的，可以依据有关法律规定向本会提出指定紧急仲裁员的书面申请。是否同意，由本会决定。”司法部于2021年7月30日公布的《中华人民共和国仲裁法（修订）（征求意见稿）》第四章第三节也采用“临时措施”这一术语。其第四十三条第二款规定，临时措施包括财产保全、证据保全、行为保全和仲裁庭认为有必要的其他短期措施。由此可以看出，“临时措施”意欲作为各类保全措施的上位概念。

在我国台湾地区，现行“民事诉讼法”第七编将“保全程序”作为假扣押和假处分的上位概念。所谓“保全措施”系维持执行标的的现状，以保全将来之终局之执行为目的之措施。[①]

但在其他欧陆国家，如在德国，学者一般使用“临时权利保护”或“暂时权利保护”作为假扣押和假处分的上位概念，然而该术语并未出现在《德国民事诉讼法典》上。同样，在法国、荷兰和瑞士，《民事诉讼法典》亦没有使用诸如“民事保全”的概括性术语。《法国民事诉讼法典》规定了两种紧急程序，即争讼的紧急审理程序和依申请的紧急单方程序，两者的区别在于是否进行听审。荷兰的临时救济措施包括紧急短程序和保全扣押。紧急短程序以法国紧急审理程序为范本，而保全扣押与法国法中的保全措施相类似。依2011年《瑞士民事诉讼法典》，当事人可申请的临时措施包括禁制令、救济非法情形的法院

---

① 杨与龄编著《强制执行法论》，中国政法大学出版社，2002，第588页；姚瑞光：《民事诉讼法论》，第509页。

令、向登记机关或第三人作出的法院令、实物履行，以及在法律规定情形下的金钱支付。[①]

英美法系国家并没有完全与之对应的制度或程序[②]，立法和司法实践中通常称为“临时救济”（interim remedies）或“中期济助”（interim relief），包括判决前救济（prejudgment remedies）和禁令（injunction）等。[③] 其中，英国的禁制令源于衡平法，是15世纪英国衡平法院针对普通法院的救济不足而发展起来的保全方法。其形式类型最初为禁止性禁制令（否定性禁制令），至19世纪英国法院逐渐承认强制性禁制令。[④] 而依发布时间不同，禁制令可分为中间禁令和最后禁令。后者是整个案件审理后根据双方当事人的是非曲直（merits）作出判决或裁决所给予胜方的一种救济。[⑤] 前者则是在最终庭审或法院就当事人权利义务作最终裁决之前申请或发布的法院命令。[⑥] 其并不理会或极少理会案件的是非曲直，主要考虑与平衡双方当事人的“比较受损程度”或/与“比较不便”。[⑦] 禁制令虽与民事保全措施有相似之处，但由于其并非始终是临时的，故禁制令并非完全等同于临时性救济措施。有学者认为，只有预备性禁令，包括玛瑞瓦禁令等类型的禁令在内的中间禁令，才属于真正意义上的保全程序和措施。[⑧] 判决前救济亦并非与大陆法系国家的民事保全措施同义。判决前救济包括证据保全，这显然与民事保全有别，只有属于保全判决执行的判决前救济措施才相当于大陆法系的民事保全措施。[⑨] 在美国，临时措施的具体形式和名称则种类繁多。

---

① 周翠：《中外民事临时救济制度比较研究》，清华大学出版社，2014，第8—9、144、162页；李仕春：《民事保全程序研究》，第8—30页；张文亮：《国际民事诉讼中的临时措施研究》，第12—14页。

② 李仕春：《民事保全程序研究》，第10页。

③ 周翠：《中外民事临时救济制度比较研究》，第102页；沈达明：《比较民事诉讼法》，中国法制出版社，2002，第337—341页；李仕春：《民事保全程序研究》，第10—11页。

④ 李仕春：《民事保全程序研究》，第82页；周翠：《中外民事临时救济制度比较研究》，第104页。

⑤ 杨良宜：《禁令》，中国政法大学出版社，2000，第201—202页。杨良宜先生在该书第二章详尽介绍了履约指令与最后禁令。

⑥ 周翠：《中外民事临时救济制度比较研究》，第104页；杨良宜：《禁令》，第223页。

⑦ 杨良宜：《禁令》，第202—203页。

⑧ 李仕春：《民事保全程序研究》，第11页。

⑨ 同上。

依据《美国联邦民事诉讼规则》，美国法院依据州法通常可以采取的临时性救济措施包括扣押人或财产（seizing a person or property）、禁止和限制令（injunctions and restraining orders）、初步禁令（preliminary injunction）、临时限制令（temporary restraining order）等。①

2. 若干国际文件中民事保全措施的术语与内涵

针对各国国内立法和司法实践中民事保全措施术语和内涵的互异现象，一些国际组织试图引入具有相对确定内涵的统一术语，以期协调各国国内法中的民事保全制度，发挥上述各类保全措施在国际民商事纠纷解决中的应有价值。其中，对民事保全措施的传统实践予以重大发展的当属联合国国际贸易法委员会2006年通过的《国际商事仲裁示范法》和欧盟民商事管辖权与判决承认执行的布鲁塞尔体制。②

（1）国际仲裁实践。在仲裁领域，民事保全措施称谓众多，如临时性措施（provisional measures）、保护性措施（protective measures）、临时性保护措施（interim measures of protection）、临时性救济措施（interim relief）、保全措施（conservatory measures）③、初步措施（preliminary measures）、初步禁令（preliminary injunctive）、预防措施和保全措施（precautionary measures and holding measures）、紧急措

① 邹晓乔:《国际商事仲裁中的临时措施域外执行研究》，第12页；张文亮:《国际民事诉讼中的临时措施研究》，第13页。

② 1968年9月，欧共体6国在布鲁塞尔签订《关于民商事案件管辖权及判决执行的公约》(以下简称《布鲁塞尔公约》, Brussels Convention, CONVENTION on jurisdiction and the enforcement of judgments in civil and commercial matters)；2000年12月，欧盟委员会通过替代《布鲁塞尔公约》的《2000年12月22日欧盟理事会关于民商事案件管辖权和判决执行的第44/2001/EC号条例》〔以下简称《布鲁塞尔条例》, Brussels I Regulation, Council Regulation (EC) No 44/2001 of 22 December 2000 on jurisdiction and the recognition and enforcement of judgments in civil and commercial matters〕；2012年12月，欧盟委员会通过《2012年12月12日欧洲议会和欧洲理事会关于民商事案件管辖权和判决执行的第1215/2012号（欧盟）条例（修订）》〔以下简称《布鲁塞尔条例》(修订), Brussels Ibis Regulation, REGULATION (EU) No 1215/2012 OF THE EUROPEAN PARLIAMENT AND OF THE COUNCIL of 12 December 2012 on jurisdiction and the recognition and enforcement of judgments in civil and commercial matters (recast)〕.

③ Article 14, International Arbitration Rules 1996 of the Chamber of National and International Arbitration in Milan –Italy.

施（urgent measures）等。[①] 而1961年签订的《欧洲国际商事仲裁公约》英文本以interim measures or measures of conservation（临时措施或保全措施）予以表示。其第六条第4款规定，向司法机关请求临时措施或保全措施，不应看作与仲裁协议相抵触，也不应看作将案件实质问题诉请法院管辖。[②] 联合国国际贸易法委员会1985年制定的《国际商事仲裁示范法》英文本亦同样使用interim measures（临时措施）之措辞。其第9条“仲裁协议和法院的临时措施”（arbitration agreement and interim measures by court）规定，在仲裁程序进行前或进行期间，当事一方请求法院采取临时措施和法院准予采取这种措施，均与仲裁协议不相抵触。[③] 第17条“仲裁庭命令采取临时措施的权力”（power of arbitral tribunal to order interim measures）规定，除非当事各方另有协议，仲裁庭经当事一方请求，可以命令当事任何一方就争议的标的采取仲裁庭可能认为有必要的任何临时措施。仲裁庭可以要求当事任何一方提供有关此种措施的适当的担保。[④] 但上述欧洲公约和1985年《国际商事仲裁示范法》均未就“临时措施或保全措施”予以界定。有学者认为，不论采用何种形式或何名称，其是指在仲裁过程中，仲裁庭或法院作出的在仲裁程序有结果之前保持现状的裁定。原则上，其都是在仲裁程序有结果之前的一种扣留命令。也有学者认为，临时措施是指符合当事人仲裁协议的条款和程序的恢复性救济措施（restitution

---

① Article 14, International Arbitration Rules 1996 of the Chamber of National and International Arbitration in Milan – Italy; S. 39, EAA 1996.

② Article VI – Jurisdiction of Courts of Law… 4, European Convention on International Commercial Arbitration: A request for interim measures or measures of conservation addressed to a judicial authority shall not be deemed incompatible with the arbitration agreement, or regarded as a submission of the substance of the case to the court.

③ Article 9 of UNCITRAL Model Law on International Commercial Arbitration 1985: It is not incompatible with an arbitration agreement for a party to request before during arbitral proceedings a court an interim measure of protection for a court to grant such measure.

④ Article 17 of UNCITRAL Model Law on International Commercial Arbitration 1985: Unless otherwise agreed by the parties the arbitral tribunal may at the request of a party order any party to take such interim measure of protection as the arbitral tribunal may consider necessary in respect of the subject-matter of the dispute. The arbitral tribunal may require any party to provide appropriate security in connection with such measure.

remedy)。[①] 还有学者认为，临时措施包括在仲裁中为保障一方免受损失而作出的裁决或命令，通常旨在为保障对案件的实体具有管辖权的仲裁庭所认可的某种权利而保全一种事实或法律状态。[②]

2006年《国际商事仲裁示范法》英文本虽然仍袭用interim measures，但对“临时措施”的内涵作了较上述学界主张更为宽泛的解释。依其第17条第（2）款规定，临时措施是指以裁决书形式或者其他形式的任何暂时措施（temporary measure），仲裁庭据此在使争议得以最终裁决的裁决书签发之前的任何时间，责令一方当事人:（a）在争议得以裁定之前维持现状或恢复原状;（b）采取行动防止目前或即将对仲裁程序发生的危害或损害，或不采取可能造成这种危害或损害的行动;（c）提供一种保全资产以执行后继裁决的手段；或（d）保全对解决争议可能具有相关性和重要性的证据。[③]

（2）欧盟实践。欧盟英文本的《布鲁塞尔公约》第24条[④]、《布鲁塞尔条例》第31条[⑤]及《布鲁塞尔条例》（修订）第35条[⑥]均采用“provisional, including protective, measures”（临时措施，包括保护措施）之表述。如此表述与德文本相当，而有别于法文和意大利文本。法文和意大利文本则显示两种并行的不同措施：临时措施和保护措施。[⑦] 由

① 艾伦·雷德芬、马丁·亨特:《国际商事仲裁法律与实践（第四版）》，林一飞、宋连斌译，北京大学出版社，2005，第354页。

② 加里·B.博恩:《国际仲裁法律与实践》，白麟、陈福勇等译，商务印书馆，2015，第271页。

③ See Article 17 of UNCITRAL Model Law 2006.

④ Article 24 of Brussels Convention: Application may be made to the courts of a Contracting State for such provisional, including protective, measures as may be available under the law of that State, even if, under this Convention, the courts of another Contracting State have jurisdiction as to the substance of the matter.

⑤ Article 31 of Brussels I Regulation: Application may be made to the courts of a Member State for such provisional, including protective, measures as may be available under the law of that State, even if, under this Regulation, the courts of another Member State have jurisdiction as to the substance of the matter.

⑥ Article 35 of Brussels Ibis Regulation: Application may be made to the courts of a Member State for such provisional, including protective, measures as may be available under the law of that Member State, even if the courts of another Member State have jurisdiction as to the substance of the matter.

⑦ See Ilaria Pretelli, “Provisional and Protective Measures in the European Civil Procedure of the Brussels I System,” pp.101-102, accessed May 27, 2021, https://www.isdc.ch/media/1740/provisional-measures-in-the-brussels-i-system-by-ip.pdf.

于上述文本并未对此予以定义，故上述措施令人产生如此疑惑：临时措施和保护措施是两种相互可替代措施，还是指保护措施仅是临时措施概念项下的子概念？[①]

在《布鲁塞尔公约》时期，诸份解释报告对此论及甚少。杰纳德报告（The Jenard Report）[②] 指出,《布鲁塞尔公约》第24条规定可采取的措施应根据被申请国的国内法予以确定。这意味着某些措施是否属于公约所规定的措施，并无自治性或独立的评判依据。然而，欧洲法院在若干案件中则指出,《布鲁塞尔公约》第24条“临时措施，包括保护措施”应被理解为就布鲁塞尔条例适用范围内的事项，用以维持事实或法律情势以保护为对该事项的实体问题拥有管辖权的法院予以承认的权利而所采取的措施[③]，即对此予以自治性解释。[④] 由此，包括保护措施的临时措施，作为自治性概念，其含义不应依国内法予以确定，而应予以统一界定，包括诸如财产扣留之类的旨在确保最终判决得以执行的措施，诸如支付令或临时禁令之类的临时救济措施。至于这些措施的内容、采取的条件、影响范围、对第三人的效力等事项均由法院地国国内法确定。[⑤]

（3）美洲国家组织实践。美洲国家组织成员国政府于1979年签订的美洲国家间《关于执行保全措施的公约》则使用preventive measures（预防措施）[⑥] 术语。其第一条规定，依本公约的宗旨，“保全措施”或

---

① See Xandra E. Kramer, “Harmonisation of Provisional and Protective Measures in Europe,” in M. Storme (ed.), *Procedural Laws in Europe,Towards Harmonisation* (Maklu: Antwerpen/Apeldoorn, 2003), p.316.

② See Section 9, (1979) OJ. C59/1, p.42. See also Gerry Maher and Barry J. Rodger, “Provisional and Protective Remedies: The British Experience of the Brussels Convention,” *International and Comparative Law Quarterly* 48 (1999): 310-311.

③ See ECJ, 26 March 1992, Reichert v Dresdner Bank, ECR [1992] I-2175, at para. 34. See also Francisco Garcimartín, “Provisional and Protective Measures under the Brussels I Recast,” p.74; I. Pretelli, “Provisional and Protective Measures in the European Civil Procedure of the Brussels I System,” pp.104; Catherine Kessedjian, “Note on Provisional and Protective Measures in Private International Law and Comparative Law,” pp.47-48.

④ See Catherine Kessedjian, “Note on Provisional and Protective Measures in Private International Law and Comparative Law,” p.47.

⑤ See Francisco Garcimartín, “Provisional and Protective Measures under the Brussels I Recast,” p.74.

⑥ 为论述方便，本书统一译为“保全措施”。

“安全措施”（security measures）或“保障措施”（guarantee measures），若被用来指其目的在于使判决或未决案件中的财产，或在未来案件中涉及人、财产的安全，或债务的给付，或在民事、商事或劳动案件中为或不为一定的行为，或在刑事审判中应追究的民事赔偿，应得到保证而采取的程序或措施时，则应被认为具有同等意义。成员国可宣布将公约排他性地仅适用于其所规定的一种或多种保全措施。

（4）国际法协会实践。国际法协会于1996年第67届赫尔辛基会议通过由国际和商事诉讼委员会提交的《国际诉讼中临时性和保护性措施通则》[①]（以下简称《通则》），采用“临时性和保护性措施”（provisional and protective measures）之表述。委员会基于在不同国家此类措施性质和利用条件不同的现实，精心设计该通则以完善此类临时性保护措施的承认机制，扩大对债权人的保护，使其免受债务人为挫败将来判决而利用各国法律、程序和实践的不同资产转移，尤其是银行存款所产生的风险。该通则使用“临时性和保护性措施”术语，并将其限于旨在维持现状直至案件是非曲直得以判定，或者扣押财产以满足终局裁决执行之需要的各类措施。[②]《通则》第22条则明确将临时支付令排除在民事保全措施的范围之外。至于这两类保全措施的具体表现形式,《通则》则未作规定。有学者对此认为,《通则》体现了普通法而非大陆法影响，其对“临时性和保护性措施”的定义过于狭窄。不过,《通则》中诸多规则对欧盟保全措施规则的形成产生一定影响。[③]

（5）海牙国际私法会议实践。海牙国际私法会议所制定的相关国际公约并未一贯使用统一术语。1965年签订的《海牙协议选择法院公约》使用了“临时性或保护性措施”（provisional or protective measures）措辞，其第6条规定:“除被选择的某个或某几个法院外，任何其他法院应拒绝行使管辖权。但下列情况不在此限：……（4）为了采取临

① International Law Association (ILA): The Helsinki Principles on Provisional and Protective Measures in International Litigation.

② See ILA, Report of the Sixty-Seventh Conference, Helsinki, 1996, p. 202.

③ Xandra E. Kramer, “Harmonisation of Provisional and Protective Measures in Europe,” p. 310.

时性或保护性措施时。”[①] 2005年签订的《选择法院协议公约》使用了“临时性保护措施”（interim measures of protection），其第7条规定：“本公约不适用临时保护措施。本公约既不要求，也不排除缔约国法院给予、拒绝或终止临时保护措施，并且也不影响一方当事人是否可以请求，还是法院是否给予、拒绝或终止该措施。”[②] 而海牙国际私法会议1999年版和2001年版英文本《民商事项管辖权与判决公约草案》第13条标题则采用“provisional and protective measures”术语。然而，1999年版的草案在第13条各款中则使用“provisional or protective measures”之表述。这意味着该条所指的措施包括临时性措施和保护性措施两类，而非仅限于临时性保护措施。2001年版的草案标题与项下各款则统一使用“provisional and protective measures”之表述。

至于“临时性和保护性措施”（provisional and protective measures）的含义，在起草《民商事项管辖权与判决公约》初始，特别委员会曾计划在关于临时性和保护性措施的管辖权条款中引入关于临时性和保护性措施的定义。然而若干年后，特别委员会却指出，如何定义“临时性和保护性措施”的概念是一个棘手的问题。鉴于不同法律体系中该措施类型的多样化，故难以从中找到一个适当的定义。此外，该措施的价值并不明显。实际上，对临时性和保护性措施予以定义，可能使问题复杂化而不是简化，因而避免定义也许是上策。[③] 但在2001年6月第19届海牙国际私法会议中，临时性保全措施工作组提出了另一个管辖权规则的建议。该建议即成为2001年版英文本《民商事项管辖权与判决公约草案》第13条选项A。其第4款规定，临时性保护措施是指那些用以维持争议事项裁决前之现状的措施，或作为以财产为终局

---

① Article 6 of Convention on the Choice of Court (Concluded 25 November 1965) : Every court other than the chosen court or courts shall decline jurisdiction except – … (4) for the purpose of provisional or protective measures.

② Article 7 of Convention on Choice of Court Agreements (Concluded 30 June 2005) : Interim measures of protection Interim measures of protection are not governed by this Convention. This Convention neither requires nor precludes the grant, refusal or termination of interim measures of protection by a court of a Contracting State and does not affect whether or not a party may request or a court should grant, refuse or terminate such measures.

③ See Xandra E. Kramer, “Harmonisation of Provisional and Protective Measures in Europe,” p.315.

判决得以履行设定担保之初步手段的措施，或禁止被告实施某些行为以防止当前或即将发生伤害的措施。第13条选项B则规定，临时性保护措施是指那些旨在保护当事人请求之标的的措施。显然，该定义过于严苛，将纯粹的先期性保全措施（anticipatory measures）和中间支付令排除在外。“临时性和保护性措施”定义条款的先后反复，表明在“临时性和保护性措施”定义问题上形成合意是何等困难。[①]

（6）美国法学会/国际统一私法协会实践。美国法学会/国际统一私法协会2001年版《跨国民事程序原则（草案）》以普通法为依据，旨在为跨国交易纠纷当事人提供一套公平的程序规则。其中，民事保全采取普通法的禁令（injunction）制度，即普通法模式。其规则17.1规定，依法院地国法，并受制于应适用的国际公约，当在未决诉讼中有必要维持现状或防止不可挽回的伤害时，法院可发布禁令，以限制或要求受法院管辖之任何人实施一定行为。该种救济措施的程度应遵循比例原则。规则17.2规定，禁令可以限制受法院管辖之人在诉讼终结之前转移财产或资产，而不论其位于何处，并在诉讼结束之前要求当事人立即披露其资产，包括其控制下的资产和相关身份的人之所在。[②]可见，草案完全从普通法视角设计民事保全规则，即将保全措施界定为限制或要求受法院管辖之人实施一定行为以维持现状或防止不可挽回伤害发生的禁令。

2005年版美国法学会/国际统一私法协会《跨国民事程序原则》之附件“跨国民事程序规则”则采“临时性和保护性措施”（provisional and protective measures）之表述。规则8.1规定，法院在必要时可以给予临时救济（provisional relief），以保持通过最终判决给予有效救济或维持或调节现状的能力。临时措施应遵循比例原则。规则8.2规定，法院只有在迫切需要和考虑到公正性的前提下可无须通知而命令采取临时救济。申请人必须充分披露法院应适当了解的事实和法律问题。单方面救济所针对的人必须有机会在切实可行的最早时间对救济的适当

① See Xandra E. Kramer, “Harmonisation of Provisional and Protective Measures in Europe,” p.316.

② Ibid., pp.311-312.

性作出回应，而临时救济亦包括要求或禁止实施特定行为的禁令。[①] 可见，该文本兼采大陆法系和英美法系的相关内容。

二、民事保全措施的基本特点与功能

（一）民事保全措施的基本特点

各国国内立法与实践中民事保全措施的多样化是一个不争事实。各国民事保全措施的多样化事实，在各国国内案件中，并不影响各自民事保全措施立法的适用：各行其是，互不干扰。然而在涉外民商事案件中，势必导致在同一案件中不同国家民事保全措施之间的相互冲突与认可问题。如何认定其中的民事保全措施，不同国家固然有其各自的理念和标准，但这无疑与民事保全措施的基本特点密切相关。

对于民事保全措施特点的认定，旨在协调多样化民事保全措施国内立法的国际组织的立法和实践，无疑具有重要借鉴意义。

其一，保护性。《布鲁塞尔条例》（修订）“鉴于”部分第（25）条指出：“临时措施，包括保护措施，……不包括不具有保护性的措施，诸如要求进行听证程序的措施。……”结合考虑上述其他国际组织的实践，保护性无疑是民事保全措施的基本特点。[②]

《布鲁塞尔条例》（修订）对民事保全措施的保护性特点的认定，

---

① Appendix: Rules of Transnational Civil Procedure of ALI/UNIDROIT Principles and Rules of Transnational Civil Procedure: 8.1 The court may grant provisional relief when necessary to preserve the ability to grant effective relief by final judgment or to maintain or otherwise regulate the status quo. Provisional measures are governed by the principle of proportionality. 8.2 A court may order provisional relief without notice only upon urgent necessity and preponderance of considerations of fairness. The applicant must fully disclose facts and legal issues of which the court properly should be aware. A person against whom ex parte relief is directed must have the opportunity at the earliest practicable time to respond concerning the appropriateness of the relief. See Xandra E. Kramer, “Harmonisation of Provisional and Protective Measures in Europe,” p.311.

② Ilaria Pretelli, “Provisional and Protective Measures in the European Civil Procedure of the Brussels I System,” p.102.

是对欧洲法院以往若干相关实践的确认。在De Cavel案[①]中，欧洲法院指出，国内法中的临时措施与案件实质问题的未来判决之间存在功能性关联。或者说，与临时措施意欲保护的实体权利之间存在功能性联系。临时措施服务于实体权利的保护，其通过维持事实或法律情势，以保护为对该事项的实体问题拥有管辖权的法院予以承认的权利，以防止当事人利用诉讼或仲裁尚在进行或尚未开始的时机实施一些恶意行为以使他方的合法权益无法实现。在St Paul Dairy案[②]中，欧洲法院指出，命令证人出庭作证的措施，如果纯粹旨在使措施的申请人确定其现有证据是否足以提起诉讼，则该措施显然不属于《布鲁塞尔条例》第31条的适用范围。但如果该措施旨在避免由证人死亡所致相关证据丧失，则该措施具有保护性而属于民事保全措施。因此，某项措施是否属于民事保全措施，取决于措施意欲实现的目的（purpose）而非具体内容（content）。[③]

其二，工具性（instrumental）。[④]依上所述，欧洲法院在Reichert/Köchler案指出，《拿破仑法典》第1167条的“撤销之诉”（action paulienne）缺乏“工具性”是其不得被定性为临时性保全措施的无法逾越的障碍。工具性在时间上表现为暂时性（temporary），即救济措施效力的临时性或暂定性。临时性是工具性的必然结果。国内程序法上可得利用的救济措施，必须具有时间上的暂时性或时间限制。保全措施仅是进行案件实体问题最终判决程序的预备措施[⑤]，故应确保保全措施的临时性，并附之以时间限制。工具性还表现为效力上的可逆转性

---

① Case 143/78—Jacques de Cavel v Louise de Cavel, ECLI:EU:C:1979:83 and Case 120/79—Louise de Cavel v Jacques de Cavel, ECLI: EU: C: 1980: 70. See Ilaria Pretelli, “Provisional and Protective Measures in the European Civil Procedure of the Brussels I System,” pp.103-104.

② See ECJ, 28 April, 2005, C-104/03, St Paul Dairy v Unibel Exser, ECR [2005] I-3497, at para. 81.

③ See Francisco Garcimartín, “Provisional and Protective Measures under the Brussels I Recast,” pp.80-82.

④ See Ilaria Pretelli, “Provisional and Protective Measures in the European Civil Procedure of the Brussels I System,” pp.102, 111; Francisco Garcimartín, “Provisional and Protective Measures under the Brussels I Recast,” pp.75-76.

⑤ See Ilaria Pretelli, “Provisional and Protective Measures in the European Civil Procedure of the Brussels I System,” pp.103-104.

（reversible）[1]，即保全措施必须是为维护对案件实体问题拥有管辖权的法院予以承认之权利而对事实或法律情势的暂时保存。由于其功能仅是为了保护主诉而维护事实或法律情势，其内容对本案法官作出的判决结果没有拘束力。[2] 法院关于民事保全措施的裁定，可予撤销，或持续到作出实体问题判决。[3] 而不可逆转性的措施直接影响实体事项的判决结果，故与有助于未来实体事项判决执行的可逆转性措施有别。[4] 欧洲法院在其Van Uden案判决中指出，契约性对价的中间支付令（interim payment of a contractual consideration）并不属于《布鲁塞尔公约》第24条项下的临时措施，除非申请人的实体请求未能胜诉，保证向被告偿还该笔款项。[5] 而在Mietz案[6] 中，欧洲法院指出，基于本案案情，因荷兰法中紧急短程序（kort geding）在效力上具有可逆转性，且所涉财产位于法院管辖区域内，故可定性为临时性保全措施。

民事保全措施的工具性是其不同于执行阶段所谓的执行保全措施的根本原因。我国有学者认为，从诉讼保全的目的出发，只要存在判决不能执行或者难以执行的可能，无论处在什么阶段，都有必要采取保全措施。因此，无论是将诉讼保全适用时间的下限界定在“作出判决之前”，还是界定在“判决生效之前”，都不符合立法的宗旨和司法实践的要求。[7] 据此，从判决生效至强制执行之间，若当事人实施隐匿、转移、出卖或毁损财产的行为，债权人即可向法院申请对债务人

---

① See Ilaria Pretelli, “Provisional and Protective Measures in the European Civil Procedure of the Brussels I System,” pp.103,110-111; Francisco Garcimartín, “Provisional and Protective Measures under the Brussels I Recast,” pp.75-76.

② 张卫平、陈刚编著《法国民事诉讼法导论》，中国政法大学出版社，1997，第261页。

③ 同上书，第31页。

④ Francisco Garcimartín, “Provisional and Protective Measures under the Brussels I Recast,” p.75.

⑤ The Van Uden Judgment of 17 November, 1998, Case C-391/95. See Francisco Garcimartín, “Provisional and Protective Measures under the Brussels I Recast,” p.79; Ilaria Pretelli, “Provisional and Protective Measures in the European Civil Procedure of the Brussels I System,” p.103; Francisco J. Martín Mazuelos, “Notes on Protective and Cautionary Measures in Brussels I Recast and Land Registration,” *European Journal of Comparative Law and Governance* 5 (2018): 37, 48.

⑥ Case C-99/96 Hans-Hermann Mietz v Intership Yachting Sneek BV, ECLI:EU:C:1999:202; Ilaria Pretelli, “Provisional and Protective Measures in the European Civil Procedure of the Brussels I System,” p.110.

⑦ 陈彬:《论财产保全》,《现代法学》1991年第5期，第14页。

财产采取保全措施。此种观念亦体现在我国相关法律文件中。我国《最高人民法院关于适用〈中华人民共和国民事诉讼法〉的解释》（以下简称《民诉法解释》）第一百六十三条规定，法律文书生效后，进入执行程序前，债权人因对方当事人转移财产等紧急情况，不申请保全将可能导致生效法律文书不能执行或者难以执行的，可以向执行法院申请采取保全措施。债权人在法律文书指定的履行期间届满后五日内不申请执行的，人民法院应当解除保全。[①] 2019年签署的《关于内地与香港特别行政区法院相互认可和执行民商事案件判决的安排》第二十四条规定，申请认可和执行判决的，被请求方法院在受理申请之前或者之后，可以依据被请求方法律规定采取保全或者强制措施。但民事保全措施立法是指在双方当事人所争议的民事权利义务关系尚未确定、执行依据尚不存在时给予债权人的一种救济[②]，故债权人的请求已有确定终局判决可为执行名义时，即得径行申请强制执行，无再申请假扣押的余地。[③] 民事保全措施与执行措施之间的区别，亦体现在我国《民诉法解释》相关条款之中。其第一百五十六条规定，人民法院采取财产保全的方法和措施，依照执行程序相关规定办理。第一百六十四条规定，对申请保全人或者他人提供的担保财产，人民法院应当依法办理查封、扣押、冻结等手续。第一百六十七条规定，财产保全的被保全

① 2004年通过的《最高人民法院关于人民法院民事执行中查封、扣押、冻结财产的规定》第三条规定，作为执行依据的法律文书生效后至申请执行前，债权人可以向有执行管辖权的人民法院申请保全债务人的财产。人民法院可以参照民事诉讼法第九十二条的规定作出保全裁定，保全裁定应当立即执行。第四条规定，诉讼前、诉讼中及仲裁中采取财产保全措施的，进入执行程序后，自动转为执行中的查封、扣押、冻结措施，并适用本规定第二十九条关于查封、扣押、冻结期限的规定。2016年通过的《最高人民法院关于人民法院办理财产保全案件若干问题的规定》第一条第三款规定，法律文书生效后，进入执行程序前，债权人申请财产保全的，应当写明生效法律文书的制作机关、文号和主要内容，并附生效法律文书副本。第九条第二款规定，法律文书生效后，进入执行程序前，债权人申请财产保全的，人民法院可以不要求提供担保。第十七条规定，利害关系人申请诉前财产保全，在人民法院采取保全措施后三十日内依法提起诉讼或者申请仲裁的，诉前财产保全措施自动转为诉讼或仲裁中的保全措施；进入保全程序后，保全措施自动转为保全中的查封、扣押、冻结措施。

② 李仕春：《民事保全程序研究》，第27页。

③ 曹伟修订《最新民事诉讼法释论》，台湾金山图书公司，1978，第1714页；杨建华、王甲乙、郑健才：《民事诉讼法新论》，台湾三民书局，1981，第671页（转引自李仕春《民事保全程序研究》，第27—28页）。

人提供其他等值担保财产且有利于执行的，人民法院可以裁定变更保全标的物为被保全人提供的担保财产。第一百六十八条规定，保全裁定未经人民法院依法撤销或者解除，进入执行程序后，自动转为执行中的查封、扣押、冻结措施，期限连续计算，执行法院无须重新制作裁定书，但查封、扣押、冻结期限届满的除外。足见两者不可混为一谈，而民事保全措施在一定情况下可转化执行措施。

其三，程序的独立性。保全措施的设立是国家禁止私力救济的必然结果。临时性措施服务于实体权利的保护，保护债权人不因时间流逝和债务人妨碍行为而受到不利影响。但临时性措施与主程序的诉讼标的并不相同，后者以待保全的实体请求权为标的，而前者并不涉及实体请求权，仅是以“保全权利的可实现性”为目标，借此国家履行了其对公民所负担的司法保障义务。① 欧洲法院在Van Uden/Deco-Line案② 和Mietz案③ 中的初步裁定指出，荷兰法中的紧急短程序（kort geding）是在紧急情况下启动的临时程序，独立于主诉程序。④ 故民事保全程序并非附属于以实体请求权为标的的本案程序，民事保全措施具有与本案程序并行的程序规范和管辖根据，即民事保全措施管辖依据的独立性。

其四，紧急性。保全制度的设置是保全事件在时间上处于紧急状态这一事实使然。保全程序旨在避免权利被侵害或防止急迫强暴行为，暂维法律关系现状。⑤ 欧盟委员会亦曾在其关于《布鲁塞尔公约》和《洛迦诺公约》的修改文本第18a条2款规定，就本公约而言，包括保护性措施的临时措施系指旨在对要求或可能要求审理实体争议的法院予以承认之权利予以保护，而用以审查争执，或者在判决或执行之前保全证据或财产，抑或保全或解决事实情势或法律情势所采取的紧急

① 周翠：《中外民事临时救济制度研究》，第1、15页。

② ECJ, November 17 1998 (C-391/95), ECR [1998] I-7091, 46 NILR, p. 102 (1999).

③ ECJ, April 27 1999 (C-99/96), ECR [1999] I-2277.

④ Xandra E. Kramer, “Harmonisation of Provisional and Protective Measures in Europe,” p.312; Francisco Garcimartín, “Provisional and Protective Measures under the Brussels I Recast,” p.72.

⑤ 姚瑞光：《民事诉讼法论》，第509页；李仕春：《民事保全程序研究》，第32页。

措施。急迫性是公约项下临时措施的评判条件之一。[①] 由于保全措施的紧急性，各国立法对民事保全程序诸多环节都基于方便申请人获得保全措施之考虑而予以规定。

（二）民事保全措施的基本功能

欧盟委员会曾指出，在各成员国国内立法中，事实上并不存在临时措施的统一定义。唯一可确认的共同之处在于这类措施的功能，即确保案件的实体判决获得执行，临时性地维持案件的事实情况或当事人权利，以及在纠纷解决之前保护受影响的所有利益。[②] 在《布鲁塞尔条例》中，临时措施被置于特殊地位，用以协助在某一成员国进行的诉讼及促进成员国法院判决的效力在欧盟领域内得以实现。国际法协会下设的国际民事诉讼委员会在其1996年发布的关于国际民事诉讼中临时和保护措施的报告将临时措施的目标定位在两个方面：为实现最终判决提供保全财产的临时方式，以及在庭审解决所有事项之前维持现状。[③]

不过，民事保全措施作为国内法中的救济措施，其功能亦在不断发展丰富中。早在罗马法中，保全措施系为了防止暴力性的自力救济所设计的一项制度。[④] 保全措施的这一原始功能一直成为近代各国临时性保全制度立法的动因。然至近现代，临时性保全措施已不再局限于防止暴力使用这种单一的消极功能，而转向追求保护当事人合法权益及其他更高的价值目标。从宏观上讲，民事保全措施的功能在于实现各国法律制度所追求的基本目标及司法保护的有效性，尽可能防止由权利的存在与权利的确认或实现的不同时性而对权利的有效性和权利确认或实现的目的所造成的损害。[⑤]

---

① See Catherine Kessedjian, "Note on Provisional and Protective Measures in Private International Law and Comparative Law," pp.52-53.

② 张文亮：《国际民事诉讼中的临时措施研究》，第16页。

③ 同上。

④ See L. Collins,"Provisional and Protective Measures in International Litigation," *Hague Recueil* 243 (1992): 23.

⑤ See L. Collins, "Provisional and Protective Measures in International Litigation," p.19.

在国内诉讼中，权利的存在与权利的确认之间存在时间间歇是客观事实，而时间间歇在不同国家法律体系下长短不一，这使当事人权利的保障和司法保护的有效性面临遭受基于主客观原因所致不利影响之虞。在跨国诉讼中，这种时间间歇因跨国取证、文书域外送达、外国法的查明与适用等因素远比国内诉讼为长。时间间歇的延长和各国国内程序法律制度，尤其是民商事管辖依据的差异，使权利人遭受不测风险的概率及程度亦随之提升，而民事保全措施的运用可谓是消弭该等风险的不二选择。①

从微观上讲，保障终局判决的有效执行是民事保全措施的传统功能。然而，民事保全措施的运用现已突破上述传统功能，转向加快诉讼进程以尽早结束诉讼程序的方向发展。②

其一，保障民商事裁决的有效执行，以实现当事人的合法民事权益。这是保全措施的传统，亦是最基本的功能。其通过将债务人之财产予以查封，或禁止债务人变更系争物之状态，以保证将来判决的执行。如大陆法系中德日法系的假扣押和一般假处分、法国法的依申请作出的裁定，以及英美法系中的扣押和冻结禁令。③

其二，预先救济，确保现行权利不受加害。随着现代社会权利保护理念由传统的事后损害赔偿制裁向事前预防损害以实现权利保护转变，民事保全程序的立法和司法理念也从传统的确保将来本案诉讼终局判决的有效执行嬗变为暂时满足权利以确保现在权利不受加害。④ 德

---

① Francisco Garcimartín, “Provisional and Protective Measures under the Brussels I Recast,” pp. 57–58; Ilaria Pretelli, “Provisional and Protective Measures in the European Civil Procedure of the Brussels I System,” p.100; Costanza Honorati,“Provisional Measures and the Recast of Brussels I Regulation:A Missed Opportunity for A Better Ruling,” *Rivista di diritto internazionale privato e processuale* 3(2012): 1. See ECJ, 28 April 2005, C-104/03, St Paul Dairy v Unibel Exser, ECR [2005] I-3497, at para. 12: “The jurisdiction laid down by way of derogation by Article 24 of the Convention is intended to avoid causing loss to the parties as a result of the long delays inherent in any international proceedings”.

② 冀宗儒、徐辉：《论民事诉讼保全制度功能的最大化》，《当代法学》2013年第1期，第24—30页；Catherine Kessedjian, “Note on Provisional and Protective Measures in Private International Law and Comparative Law,” p.2.

③ 谢俊：《临时性救济程序功能的比较研究》，《人大法律评论》2011年第1期，第76—77页。

④ 谢俊：《临时性救济程序功能的比较研究》，第77页；周翠：《中外民事临时救济制度比较研究》，第2、5页。

国、日本和我国台湾等国家和地区的定暂时状态假处分的立法和司法实践，反映了这一转变。

其三，加快民事诉讼进程，推进民商事纠纷的快速解决。20世纪中期始，加快民事诉讼进程成为欧盟及亚非美政府间国际组织，以及诸如国际法协会、国际律师协会等非政府间国际组织共同关注的问题。1996年在布达佩斯举行的第20届欧洲司法部长会议通过的决议指出，保全措施应指那些旨在实现良好的成本效益比例，以加快司法程序进程，而又不会对公正审判产生不利影响的措施。为完善民事诉讼程序，欧洲理事会所采纳的其中一项原则即是在一些案件（例如，在紧急情况下那些索赔无争议或者债务明确，或者诉讼标的额不大的案件）中，应采取特殊步骤以加快争端解决，提高司法行政效率，而民事保全措施的运用无疑是实现该目标的不二选择①，原因之一便是临时性保全措施具有作为诉讼策略使用之功能。②临时性保全措施虽然不是用来解决诉讼本身的根由问题，但由于法官在决定是否颁布临时性保全措施令时往往考虑案件本身的是非问题，而当事人在申请临时性保全措施时必须初步证明其对他方拥有的权利。这通常会促使海事纠纷的迅速解决，甚至诉讼或仲裁提起前和解。③正如香港著名海事法专家杨良宜先生在其《禁令》一书“序言”中指出，在国际商场中获得胜算，商战的“备战”是最关键、决定性一步。“现实中，诉讼到底的，要开庭并有判决/裁决的情况并不多。这是劳民伤财的‘攻城’一步，

---

① The Resolution adopted by the 20th Conference of European Ministers of Justice stated: “Measures should be identified which seek to achieve a good cost-benefit ratio in order to speed up the pace of justice, without however adversely affecting the other guarantees of a fair trial”. The Council of Europe has adopted several principles to improve civil proceedings. This concern with speeding up civil proceedings is by no means confined to the countries of the “Large European Home”, and similar concerns underlie the work of intergovernmental organisations in Asia, Africa and the Americas, as well as that of non-governmental international organisations such as the International Law Association or the major international bar associations (the IBA or the UIA, for example). See Catherine Kessedjian, “Note on Provisional and Protective Measures in Private International Law and Comparative Law,” p.2.

② See Gerry Maher and Barry J. Rodger, “Provisional and Protective Remedies: The British Experience of the Brussels Convention,” p. 302.

③ Axel Bosch (ed.), *Provisional Remedies in International Commercial Arbitration* (Berlin:Walter de Gruyter, 1996), pp.338-339.

非善战者所喜爱，智者所为。大部分争议都是在较早的备战/接触已终局”。备战谋略重要者乃为管辖地点的选择与保全、禁令的运用，而后者则是一套“先发制人，先夺其所爱、令敌人陷入被动，任由摆布”的先胜与制敌的文明做法。①

第三节　民事保全措施的类型

一、民事保全措施的基本类型

为化解自民事权利产生至实现期间，尤其是诉讼进行期间所产生的各种事件，如债务人行为而致债权人权利难以实现的风险，各国民事程序法均设置民事保全救济机制，规定法院应债权人申请，在债权人提供证明其权利存在的合理证据或存在紧急情况下，可作出令债务人对债权人请求予以暂时性满足，或至少确保支持债权人请求的最终判决有效实现的命令。此种命令在不同国家立法和司法实践，或不同案件中呈现不同内容：或财产扣留，或暂时支付，或令一方实施或禁止实施一定行为的禁令。②

但观诸全球民事保全措施体系的建立与发展，法国是最早建立民事保全体系的国家，其1806年颁布的《法国民事诉讼法典》的相关规定对德国、荷兰及英国均产生不同程度影响。③ 不过，各国民事保全措施在其名称、形式、范围及实施条件等诸事项上存在互异，但在类型上可作如下若干分类。

1. 对人民事保全措施和对物保全措施④

以民事保全措施所直接作用的对象为划分标准，是民事保全措施

---

① 参见：杨良宜《禁令》，第4—9、11页。

② Francisco Garcimartín, “Provisional and Protective Measures under the Brussels I Recast,” pp.57-58.

③ 周翠：《中外民事临时救济制度比较研究》，第2页。

④ See Catherine Kessedjian, “Note on Provisional and Protective Measures in Private International Law and Comparative Law,” p.3.

的最为基本和重要的分类方法。作用对象的不同，意味着民事保全措施之间在其性质、申请的条件、效力范围等方面存在显著差异。

对人民事保全措施是指法院或仲裁庭所采取的旨在迫使当事人实施或停止实施某种行为以保障终局裁决有效和充分执行的保全措施，其以有关人的行为为对象。英美法系国家法律中的各种禁令，德国、日本法中的假处分，法国法中的临时裁定，以及我国的行为保全和海事强制令均属之。

对物民事保全措施是指法院或仲裁庭所采取的通过扣押被申请人财产以禁止其处分财产的保全措施，其直接针对的是被申请人的有关财产。英美法系国家中的扣船令、财产扣留令，大陆法系国家中的假扣押，以及我国的海事请求保全和财产保全均属之。

2. 诉前或仲裁前民事保全措施和诉讼或仲裁过程中的民事保全措施

以采取民事保全措施的时间为标准，可将民事保全措施分为诉前或仲裁前民事保全措施和诉讼或仲裁过程中的民事保全措施。两类保全措施的区别不仅在于采取保全措施的时间不同，而且由于采取的时间不同，采取保全措施的机构也不尽相同。在前者情况下，如果民商事争议是通过仲裁方式解决，由于当事人尚未依仲裁协议提起仲裁，即使仲裁庭依仲裁程序规则或其所在地的程序法有权采取保全措施，当事人也只能向有关法院申请，并由其作出保全裁定或命令。

3. 保护性措施、规制性措施和先期性措施

欧盟学者认为，保全措施分为三类：保障将来执行的措施（临时扣押或冻结令）、用以调整当事人之间现状的临时措施，以及保护将来特定履行的措施（尤其是临时支付）。[①]

如此分类以民事保全措施的目的或所产生的效果为标准。保护性措施（conservatory measures）旨在确保实体事项判决的执行。该目的或效果通过限制当事人处分财产予以实现，即法院或仲裁庭依当事人申请或依职权所采取的通过对另一方财产加以扣押而阻止其转移、处分被扣财产的保全措施。限制当事人处分财产的民事保全措施包括英

---

① 张文亮:《国际民事诉讼中的临时措施研究》，第16—17页。

美法系国家的扣船令、财产扣留令，大陆法系国家的假扣押，以及我国的海事请求保全、保全财产保全。

规制性措施（regulatory measures）即为维持现状的民事保全措施，指法院或仲裁庭命令当事人停止实施某些行为或者命令当事人采取某些行为以除却其已实施的行为的后果，使争议得以最终解决前现状能够维持的保全措施。英美法系国家中的各项禁令和大陆法系国家的假处分、临时裁定，以及我国的行为保全和海事强制令均属之。

先期性措施（anticipatory measures）指法院或仲裁庭就某些请求命令当事人向申请人预先给付一定数额的金钱或其他财物。不过，先期性措施的性质在欧陆国家分歧严重。①

与此类似的是，海牙国际私法会议在2005年通过的《选择法院协议公约》解释报告中将临时保全措施分为三类，即以冻结令为代表的保护一方当事人有利状况的临时措施，阻止被告实施被认为是侵害原告权利的临时禁令，以及为诉讼程序提供证据的法院命令。②

4. 有域外效力的民事保全措施和无域外效力的民事保全措施

以保全措施的效力范围为标准，可将临时性保全措施分为有域外效力的民事保全措施和无域外效力的民事保全措施。前者产生域外效力，如英美法系国家的玛瑞瓦禁令；而后者的效力仅限于发布保全措施的法院地国。对物保全措施一般属于此类。

5. 支持原告的民事保全措施和支持被告的民事保全措施

英国著名海事法学者戴维·杰克逊（D. C. Jackson）从保全措施有利于哪一方当事人出发，将保全措施分为支持原告的民事保全措施和支持被告的民事保全措施。③ 其认为，在英国，前类保全措施有：获得证据的措施、在庭审前控制当事人行为的措施、阻止被告处置财产的措施（包括财产保全、玛瑞瓦禁令和扣船令）以及审前的实体性救济

① See Xandra E. Kramer, "Harmonisation of Provisional and Protective Measures in Europe," p.307.

② Trevor Hartley and Masato Dogauchi, "Explanatory Report on the 2005 Hague Choice of Court Agreements Convention," p.62, accessed July 20, 2021, https://assets.hcch.net/docs/0de60e2f-e002-408e-98a7-5638e1ebac65.pdf；张文亮：《国际民事诉讼中的临时措施研究》，第15—16页。

③ See D. C. Jackson, *Enforcement of Maritime Claims* (London: LLP, 1996), pp. 295-309.

措施。属于后类的保全措施有：费用担保措施、损害赔偿担保或反担保措施。

6. 单方民事保全措施和双方民事保全措施

根据在一方当事人抑或双方当事人参与下作出，民事保全措施分为单方民事保全措施（ex parte measures）和双方民事保全措施（inter parte measures）。前者是在一方当事人单方面申请下作出，无须对方当事人参加庭审；而后者则须在双方当事人参加庭审进行申辩的情况下签发。

此外，有些学者还将民事保全措施分为为债权人创设优先请求权的保全措施和效力中性的保全措施。①

二、英美法系国家的民事保全措施

（一）英国的临时救济措施

在英国，虽然临时救济体系的构建时间相对较晚，但目前救济措施种类繁多。② 对此现象，一位英国伦敦律师在其撰写的有关救济措施英国立法的论文中诙谐幽默地将英国法官与高级餐厅主管相比拟："餐厅主管在菜单中写道：'我们极其在意我们的菜单，如果你喜爱的菜肴不在其中，告诉主管，他会极其乐意为你烹饪。'" ③ 而英国法院亦具有在其案件中为帮助诉讼当事人而创设救济措施的极强创造力。④ 施洛瑟（Schlosser）教授在其关于《布鲁塞尔公约》之1978年《加入公约》的报告中指出，自1975年英国程序法领域的重大司法改革以来，英国临时性措施的立法发生了三大重要变革：第一，上议院在American

---

① See Catherine Kessedjian, "Note on Provisional and Protective Measures in Private International Law and Comparative Law," p.3.

② 参见：杨良宜《禁令》，第9—20页；Axel Bosch (ed.), *Provisional Remedies in International Commercial Arbitration,* p.201.

③ Lowenfeld, *Forum Shopping, Anti-Suit Injunctions, Negative Declarations and Related Tools in International Litigation* (Cambridge: Cambridge University Press, 2017), pp. 41-43.

④ See Catherine Kessedjian, "Note on Provisional and Protective Measures in Private International Law and Comparative Law," p.5.

Cyanamid Co.诉Ethicon案[①]中的判决废除了要求申请临时性措施的原告证明其拥有最终胜诉可能或至少强有力初步证据案件的实践；第二，Anton Piller KG.诉Manufacturing Processes Ltd.案[②]后安东·皮勒令（Anton Piller order）的形成与发展；第三，对国际商业活动具有重大意义的玛瑞瓦禁令的出现和发展。[③]确实，1999年施行的《民事诉讼规则》设置了相当完备的临时救济体系，其规则25.1规定了各种临时救济措施以及诸多辅助命令，其中中间禁令（interlocutory injunction）和中间支付令（interim payments）尤为重要；其与德国临时权利保护制度的功能最为相似。[④]而在各种中间禁令中，扣押令和搜查令被誉为“具有杀伤力的核武器”。[⑤]

而学界则将上述临时措施按照各自不同功能分为两类：保护性命令（protective orders）和程序性命令（process orders）。前者为在诉讼进程中或其他审理过程中对实体权利加以保护；后者主要为了便于获取信息或者以某种方式对程序加以规制。保护性命令涉及对实体权利的预判，因而存在不可弥补的损失之虞；程序性命令要求当事人披露文书或允许查验财产，仅与诉讼行为有关，而无上述损失风险。因此，两种类型的临时救济的适用条件显然有别。[⑥]

1. 中间禁令

中间禁令是禁制令的一种，旨在维持特定情势直至纠纷最终裁决。中间禁令只是为了维持现状，在形式上一般体现为否定式，即禁止被告去做某一些事或采取某一些行动，故又被称为阻止禁令（prohibitory injunction）。但法院也可命令被告去做某些事或采取某些

---

① [1975] AC 396.

② [1976] Ch. 55 (CA). See Denning, *The Due Process of Law* (London:Butterworths, 1980), pp.123-130.

③ See L. Collins, “Provisional and Protective Measures in International Litigation,” pp.26-29.

④ 周翠:《中外民事临时救济制度比较研究》，第102页；李仕春:《民事保全程序研究》，第81—82页。

⑤ Gerry Maher and Barry J. Rodger, “Provisional and Protective Remedies: The British Experience of the Brussels Convention,” pp.320-321；杨良宜:《禁令》，第19、274、409页；周翠:《中外民事临时救济制度比较研究》，第103、104页。

⑥ 周翠:《中外民事临时救济制度比较研究》，第102页。

行动，故又被称为强制禁令（mandatory injunction）。[①] 在时间效力上，其有效期只是维持到最后审理为止，这一特点使其与临时禁令（interim injunction）不同。

临时禁令虽与中间禁令一样，但中间禁令与临时禁令略有区别。临时禁令是在一方当事人单方面（ex parte）申请下作出，其有效期非常短，并非延至最后审理，而是较早时间，至双方当事人出席中间禁令申请的庭审进行申辩。[②] 而中间禁令只限于在法院对当事人权利进行最终审理或作出最终裁决之前申请，相应地，其存续于最终审理之前。[③] 可见，中间禁令是法院所颁布的旨在保护当事人财产或权利在纠纷解决之前免受损害的命令，其至少可以产生以下两大效果：第一，防止争议财产为当事人所滥用，防止当事人将财产转移至英国境外；第二，产生一些对合同的临时性特定履行（interim specific performance）。如果争议问题是有关租约是否为被告所合法中止，法院则可颁布此禁令，以禁止被告以不符合租约规定的方式来利用船舶，从而迫使其将船舶在纠纷解决之前处于船舶承租人使用之下。[④]

（1）玛瑞瓦禁令（Mareva injunction）[⑤]

玛瑞瓦禁令是丹宁（Denning）勋爵在借鉴法国临时措施基础上于20世纪70年代所创设，从而揭开了通过中间禁令对财产予以保全的开端。[⑥]

玛瑞瓦禁令是在判决之前所颁布或为执行判决而颁布的阻止当事人处置或处理其所拥有的财产的中间禁令[⑦]，或者说是一项禁止被告在

---

① 参见：杨良宜《禁令》，第224页；Axel Bosch (ed.), *Provisional Remedies in International Commercial Arbitration*, p.201；沈达明《比较民事诉讼法》，第557页。

② 杨良宜:《禁令》，第223—224页。

③ 同上书，第223页。

④ See Axel Bosch (ed.), *Provisional Remedies in International Commercial Arbitration*, pp.201-202.

⑤ 1999年施行的《民事程序规则》（Civil Procedure Rules）将玛瑞瓦禁令正式改称为冻结禁令（freezing injunction）。参见：杨良宜《禁令》，第274页。

⑥ 周翠:《中外民事临时救济制度比较研究》，第2页。

⑦ See Steven Gee, *Mareva Injunction* (London: Longman, 1987), p.13. 另见：杨良宜《禁令》，第274页。杨良宜先生指出，这“中间阶段”（interlocutory stage）的禁令非是局限在一个诉讼的中间阶段，很大部分的玛瑞瓦禁令申请是在一早告票尚未出或仲裁尚未开始，以免打草惊蛇。此中间禁令也包括已获判决或裁决后，但尚未执行的一段时间，参见：Orwell Steel v. Asphalt Ltd. (1984) 1 WLR 1097.

有关命令或裁决作出之前出售、处置或以其他方式处理金钱或财产抑或将其转移出英国境外的中间禁令。[①] 玛瑞瓦禁令并不使财产脱离其所有人控制，而仅仅是禁止所有人处置其财产或将财产转移到英国境外，即玛瑞瓦禁令的适用对象只限于在英格兰和威尔士境内的财产。但从1988年开始，其逐渐适用于位于其他地区的财产，以限制被告处分或者放弃位于其他管辖区域的财产。[②] 然而，法院仅可在特殊情况下颁布在全球各地实施的玛瑞瓦禁令，以禁止当事人处置其财产，即使该财产在英国境外为该当事人所占有。也就是说，全球玛瑞瓦禁令仅适用于特殊场合。[③]

在英国，玛瑞瓦禁令与安东·皮勒令一道被誉为“两大核子武器”。[④] 玛瑞瓦禁令之所以享有如此美誉，乃因为有两种方法确保了玛瑞瓦禁令在法院管辖区域内的效力。第一，法院可颁布辅助命令，命令被告披露有关其财产的文件或资料，或者禁止被告离开法院管辖区域或要求其提交护照，以支持玛瑞瓦禁令的有效实施。第二，被告不遵守玛瑞瓦禁令，或者第三人，尤其是有被告账户的银行，如明知玛瑞瓦禁令的条款而故意帮助被告违反命令，则负藐视法庭罪之责。在第三人负藐视法庭罪之责的场合，被告是否已经被送达或知道禁令，在所不问。因为第三人所实施的使法院命令未被遵守的行为是对司法管理行为的故意干预，故其应承担藐视法庭罪之责。[⑤]

玛瑞瓦禁令的产生是丹宁勋爵时代的最重要的法律改革，而其产生主要由于在英国法中并不存在如大陆法系法律中所存在的有效的诉前财产扣留制度。债权人在赢得对债务人胜诉之前，绝不能占有债务人的任何财产，这对债权人来说是十分苛刻的。从起诉到审判总要花费一段时间，债务人可能施展所有伎俩进行拖延，以便在这段时间内

---

① See Axel Bosch (ed.), *Provisional Remedies in International Commercial Arbitration,* p.202; L. Collins, “Provisional and Protective Measures in International Litigation,” p.29.

② 威廉·台特雷:《国际海商法》，张永坚等译，法律出版社，2005，第337页。

③ See Axel Bosch (ed.), *Provisional Remedies in International Commercial Arbitration*, p.24.

④ 玛瑞瓦禁令和安东·皮勒令属于中间禁令，但由于其对被告产生严重甚至致命后果，故法律对支持申请这两个禁令的宣誓书有更严格的要求。参见：杨良宜《禁令》，第243页。

⑤ See L. Collins, “Provisional and Protective Measures in International Litigation,” p.114.

采取各种手段转移其财产。对付这种行径的宣告债务人破产的惯用手段不甚有效，在债务人跨国转移财产的情况下更是没有任何价值。[①]在海事领域，诉前扣船虽已有悠久的历史，然而对于诸如租船合约，曾一直存在不平等现象，索赔的租船人可以去扣船，以保障将来的判决或裁决胜诉后得以有效执行，但索赔的船东却无法以类同手段去对付不拥有船舶的租船人，也对付不了租船人的银行资金、所租其他船舶上的燃油等。现实中，赖皮与无法捉摸的租船人比船东数目上多得多。因此，英国法律进一步发展以平衡双方利益也是理所当然的事。[②]

1975年5月22日，在NipponYusen Kaisha诉Karageorgis案[③]中，丹宁开始了一生中最伟大的一次司法改革。案情是：两个希腊人与一家日本轮船公司签订了一份租船合同。然而，海上运输业的萧条使承租人蒙受了损失，承租人未付租金就跑了，并关闭了在皮雷埃夫斯的办事处。不过，承租人在伦敦的一家银行尚有一笔存款，但日本船东担心希腊承租人将该存款转移至瑞士或其他国家。因此，船东的律师根据法律程序呈递了诉状，要求法院受理此案，并且在法院受理此案之前，及时向法院提出申请，要求发布一项禁令，禁止希腊承租人将该存款转移至英国之外的国家。法院以英国没有法律依据为由拒绝了船东的申请。日本船东上诉至上诉法院。丹宁勋爵认为："有人告诉我们以前没有发布过这种禁令。是的，在判决前就占有被告的财产或限制被告处置自己的财产，这种做法在英国确实是从未有过的。我们听说法官内庭的查普曼法官最近还拒绝过这一类申请，在此案中，唐纳森法官也不接受这种申请。当然，我们知道欧洲大陆国家的做法不是这样。我认为，现在已经到了应该修改我国做法的时候了。高等法院或上诉法院没有理由拒绝此案当事人要求他们发布的命令。1925年《最高司法法院（合并）法》第45条规定高等法院可以这样做。该条法律说，高等法院可以发布一项训令或禁令或以一项中间禁令指定一位案

① See L. Collins, "Provisional and Protective Measures in International Litigation," p.29；丹宁：《法律的正当程序》，李克强、杨百揆、刘庸安译，法律出版社，1999，第143—144页。

② 参见：杨良宜《禁令》，第274—275页。

③ [1975] 2 Lloyd's Rep. 137.

件受理人，只要在某个案件中这样做对法院来说是正当的、适合的。我认为此案就是这种案件。这是一个应该得到租金而没有确凿证据的案件。如果不发布一项禁令，那笔钱就会被转移到管辖区域之外的地方，而船东想要追回欠款就会遇到极大的困难。因此，我们发布了一项单方面禁令，这项禁令应该继续有效。”①

四个星期以后，即1975年6月23日，在Mareva诉International Bulkcarriers案②中，丹宁法官再次坚持自己的观点而颁布了同样的禁令。案情是：船东向期租人巴拿马公司出租其货船——“玛瑞瓦”号，租约规定租金必须提前半个月支付。期租人拖欠了第三批租金，但其在伦敦银行有一笔存款，该款项是次承租人——印度政府以前所付的运费。巴拿马公司本应以该笔款项来偿还所拖欠的租金，但其并未如此行事。在该案中，尽管船东的代理律师提请上诉法院注意在19世纪曾处理过的案例——当时的一般看法是在判决之前不能发布禁令。但丹宁法官并没有理会这些案例，其说，“如果债务应当偿还而没有偿还③，那么就存在着债务人可能转移其财产以便在判决之前将其化为乌有的风险。④因此，法院在审理一个适当案件时就有发布一项中间禁令以防止债务人转移财产的裁判权。我认为，目前这个案件是适当行使该种裁判权的案件”。⑤由于上述两个案件仅涉及单方面禁令（ex parte order），因而尚不足以构成明确支持玛瑞瓦禁令有效性的根据。

然而，1977年3月，Rasu Maritima S.A.诉Pertamina案⑥中的玛瑞瓦禁令是经双方争辩后颁布的，因而使玛瑞瓦禁令的合法性和有效性得到充分明确的支持。

在该案中，被告律师声称法官对法律的任何改革都是错误的，法

① 丹宁：《法律的正当程序》，第145—146页。

② [1975] 2 Lloyd's Rep. 509.

③ 这句话后来演变为申请玛瑞瓦禁令的先决条件之一——“表面良好论据案情（good arguable case）”。参见：杨良宜《禁令》，第279页。

④ 这句话后来演变为申请玛瑞瓦禁令的先决条件之二——“财产流失的实际风险”。参见：杨良宜《禁令》，第279页。

⑤ 丹宁：《法律的正当程序》，第147页。

⑥ [1977] 2 Lloyd's Rep. 397.

律的重大改革是国会议员的立法职责。但这一说法为上诉法院所反对，丹宁法官指出："NipponYusen Kaisha诉Karageorgis案和Mareva诉International Bulkcarriers案是正在演变中的程序的一部分。这两个案件向法院提出了很多急切要求法院发布禁令进行干预的事实。研究一下这些事实，你就会发现法院制止债务人转移其在伦敦的存款是正当的，也是适宜的。如果不发布单方面的中间禁令，债务人就会发一份电报，使船东失掉应该属于自己的钱。正是因为新的诉讼程序非常正当、适宜，从那以后它才常常被商事法院所援用，才常常得到商事法院所有法官和受益人的赞同。现在，经过充分的争论，我认为这些案件已经得到了正确的判决……"①

玛瑞瓦禁令在普通法中得到确立后，其有效性又为成文法所确认。《1981年英国高等法院法》第37条第3款规定，高等法院根据第1款所拥有的发布中间禁令以限制任何诉讼中的当事一方将位于高等法院管辖区域内的财产转移至高等法院管辖区域之外，或以其他方式处理该财产的权力，可以在该当事人不论其住所或居所是否在管辖区域内或是否出现在该管辖区域内的案件中行使。实际上，玛瑞瓦禁令填补了英国法中由于缺乏大陆法系国家诉前财产扣留制度所存在的法律漏洞。② 正如丹宁法官在Assicos案中所言，玛瑞瓦禁令对于伦敦城和在世界各地从事海运事业的人而言，具有极其重要的实践价值。③

不过，必须注意的是，玛瑞瓦禁令是一项直接针对被告的对人命令，因而不能将其等同于财产扣留令。玛瑞瓦禁令也不同于作为对物诉讼之组成部分的船舶或其他财产的扣押，其并不为申请人的请求提供担保，而仅通过使任何人知道违背禁令的行为是藐视法庭的行为，从而排除财产转移之风险。对于两者之间的具体区别，英国权威海事法专家戴维·杰克逊作了如下详尽比较：

a）扣押仅作为对物诉讼之组成部分而存在，并作为在英国法院管辖区域内所进行诉讼之附属物而予以使用；玛瑞瓦禁令属于对人救济，

① 丹宁：《法律的正当程序》，第148—152页；杨良宜：《禁令》，第280页。

② See L. Collins, "Provisional and Protective Measures in International Litigation," p.29.

③ [1979] 1 Lloyd's Rep. 331. 参见：杨良宜《禁令》第275页。

除《1982年民事管辖权和判决法》另有规定外，其仅当被告在英国法院管辖区域内时所进行的对人诉讼之附属物而予以使用。b）仅可间接地在对物令状签发后利用扣押来支持仲裁程序；对于玛瑞瓦禁令，则可直接利用以支持仲裁程序。c）一个请求只能扣押一艘船舶或一艘船上的货物或适当运费；而玛瑞瓦禁令除受请求数额限制外，不受财产数量的限制。d）出于任何目的而使用被扣财产与执行官的监管目的不相符；而受禁令约束的财产可以背离禁令而使用于经营或个人生活。e）扣押的实施取决于接受符合程序要求的申请的登记官员所签发的扣押令；而玛瑞瓦禁令则取决于司法自由裁量权的行使。f）扣押仅根据通过对物令状的签发而进行的对物的请求主张单方面获得；玛瑞瓦禁令的单方面获得则应证明有表面良好的论据案情和被告不履行判决或裁决的风险。g）除可能适用《1982年民事管辖权和判决法》第26条外，原告申请扣押无须提供担保或保证；而准许玛瑞瓦禁令则通常要求原告提供保证。h）被扣船舶、货物、运费由海事执行官监管；而玛瑞瓦禁令不涉及监管或占有。i）对物令状签发后实施的扣押创设了一个优先请求，并可对任何购买者主张请求权；而玛瑞瓦禁令并不在任何财产上创设财产性利益。j）第三人可以干预对物诉讼，并可通过中止扣押申请（caveat）来保护其利益；而第三人除提起实质性程序外几乎没有干预玛瑞瓦禁令程序的权利。k）就扣押而言，对于海事执行官的费用偿还，必须由律师保证；玛瑞瓦禁令的有关费用则由原告作出保证。l）扣押对第三人的效力与扣押令的签发没有关系；而玛瑞瓦禁令对第三人的效力则是法官在行使是否准许申请的自由裁量权时所考虑的一个重要因素。m）在英国法院作出判决或外国法院作出判决后是否可以扣押尚有疑问；而玛瑞瓦禁令可以为执行判决之目的而申请。n）扣押具有作为请求担保与取得管辖权之根据的双重功能；而玛瑞瓦禁令不能作为取得管辖权的根据。o）法院在玛瑞瓦程序中比在扣押程序中更倾向于撕开公司的面纱。p）只有当财产在英国境内时才能实施扣押；玛瑞瓦禁令可针对英国境内或外国的财产而实施。q）对物诉讼中的被告与扣押之间没有关系；而玛瑞瓦禁令中，被告必须受英国法院的对人管辖。r）实质问题的诉讼程序的中止并不意味着不能实施扣押；而在这种情况下法院则无权颁布玛瑞瓦禁令。①

尽管玛瑞瓦禁令阻止被告全部或部分转移或者不当处置其财产，包括与案件争议无关的财产，其仍然不能完全填补因为放弃古老的海事财产扣留而产生的空白。特别是其冻结涉案的财产，而不能把冻结的财产置于法院的管辖地域内，也不能通过司法拍卖执行生效判决的方式对扣留财产进行处分。②

（2）债务人公开财产令（disclosure order）③

在英国，尤其是玛瑞瓦禁令，其所针对的资产包罗万象，只要这资产最后可用作判决、裁决的赔付。玛瑞瓦禁令、财产扣留令（attachment orders）以及扣押令（sequestration measures）等临时性救济措施只有在债权人知道债务人的资产构成状况和所在位置时方能发挥其应有的功能。然而，在实践中，债权人极少能了解这些信息。为此，英国法院创设了这一极其有效的保全措施，迫使债务人向债权人公开其资产的构成。由于公开财产令属于禁令的范畴，因而其是针对债务人本人的。④

目前，这一有效的保全措施业已为许多英联邦国家所采纳。新西兰枢密院司法委员会在Brannigan et al诉Davison案中就肯定了这一保全措施。⑤此外，公开财产令将来有可能作为支持在外国法院进行的诉讼所采取的一项救济措施，从而使当事人无须在英国申请玛瑞瓦禁令。然而值得注意的是，债务人公开其资产构成和位置的义务受被告不得自证其有罪这一特权的限制。因此，如果申请人所欲获得的信息可能涉及针对被告的刑事诉讼，法院则不能颁布这种禁令。

---

① See D. C. Jackson, *Enforcement of Maritime Claims* (London: LLP, 1996), pp. 347-348,361,364-366.

② 参见：威廉·台特雷《国际海商法》，第338页。在美国，玛瑞瓦禁令并不存在，因为美国有海事财产扣留制度。

③ See Catherine Kessedjian, "Note on Provisional and Protective Measures in Private International Law and Comparative Law," pp.5-8. 该命令和其他一些命令由于是为辅助诸如玛瑞瓦禁令之类的禁令实施的，故被称为辅助禁令。辅助命令的范围，参见：杨良宜《禁令》，第378—391页；David Capper, *Mareva Injunctions* (London: Sweet & Maxwell, 1988), pp.92-108.

④ 参见：杨良宜《禁令》，第317—321页。

⑤ C. McLachlan, "The Jurisdictional Limits of Disclosure Orders in Transnational Fraud Litigation," I.C.L.Q. 47 (1998): 3-49.

（3）债务人财产调回本国令（repatriation order）

目前，英国法院拥有通过发布债务人财产调回本国令而要求债务人将其在国外拥有的财产调回英国的权力。从法院角度而言，这一保全措施具有使国际案件转变为纯国内案件的优点，并且一旦财产调回至英国法院管辖区域内，法院即可颁布玛瑞瓦禁令。然而，由于这一救济措施具有影响债务人在国外财产的域外效力，因而其执行必然涉及诸多的棘手问题。为此，有学者建议应通过建立国际合作条约机制以替代债务人财产调回本国令的做法。

（4）安东·皮勒令（Anton Piller order）

安东·皮勒令属于中间禁令，由丹宁勋爵在判决Anton Piller KG.诉Manufacturing Processes Ltd.案中所创设，其系指法院在经原告单方面（ex parte）申请后作出的、要求被告准许原告或其代表进入其住所或营业所搜查并提取物件、文件或资料，以便在将来决定起诉被告时有可予使用的证据或证物的中间禁令。[①] 因此，安东·皮勒令往往同时使被告承受额外的附加义务：递交所涉住所或营业所的钥匙；打印存储于电脑中的信息；协助原告或其代表人进行调查。

在英国，安东·皮勒令与玛瑞瓦禁令同被誉为“两大核武”。安东·皮勒令虽然与玛瑞瓦禁令同属中间禁令，但玛瑞瓦禁令的适用范围十分广泛，特别是使用于外贸航运领域，而前者主要适用于知识产权侵权案件。[②] 然而，与在其他诉讼中一样，在海事诉讼中，该命令对于保全证据具有重要的实践作用。

安东·皮勒令之所以具有如此威力是由于其是单方面作出的，被告无法出庭以陈述其抗辩。这一事实以及禁令对被告所产生的严重后果使人们对安东·皮勒令是否符合欧洲人权公约颇有看法。然而，在Chappell诉United Kingdom案[③] 中，尽管上诉法院也曾承认在实践中安东·皮勒令经常以一种不恰当和令人遗憾的方式予以使用，但斯特拉

---

① Anton Piller KG. v. Manufacturing Process Ltd., [1976] Ch. 55 (C.A.). 安东·皮勒令现为搜查令（search order）。参见：杨良宜《禁令》，第409—410页；Steven Gee, *Mareva Injunction*, p. 243.

② Bank Mellat v. Nikpour [1985] FSR 87, p. 92. 参见：杨良宜《禁令》，第410—411页。

③ [1989] *Series A*, Vol. 152. 参见：威廉·台特雷《国际海商法》，第342页。

斯堡的人权委员会则认为，英国法本身规定了保护人权所必要的保障措施。如安东·皮勒令通常可予原告的代表将命令的确切用意告诉被告，以及告知被告咨询权利的义务。委员会最终一致裁定，英国法院颁布安东·皮勒令并不违反人权公约第8条。[①] 安东·皮勒令的成文法依据是英国1997年《民事程序法》第12章第7节。该禁令目前被称作“搜查令”。有关签发、送达和执行搜查令的具体规则在1998年《民事诉讼规则》中。

（5）接管官任命令（appointment of receiver）

接管官是指在法院认为财产于纠纷解决之前不宜由任何一方当事人占有的情况下由法院所委任的在最终裁决之前占有和谨慎处理该财产或其孳息的法院官员。[②] 一般而言，法院在下列两种情况下有必要委任接管官：第一，纠纷的存在妨碍财产的商业利用，以致不论纠纷的最终结果如何，双方当事人均为损失者；第二，财产需要保护，以免使之承受由于纠纷而不能有效防止的风险，或者一方当事人不当干预的可能。

（6）扣留、保管、保存财产令（detention, custody and preservation）

法院有权对任何作为诉讼标的物的财产发布扣留、保管、保存财产令以促进公正审判。这一广泛的权力使法院能够保护诉讼标的免受损害或变质，或者为保管或控制财产的当事人侵占。如果作为诉讼标的物的货物易腐烂或变质，或者基于其他原因而应该出售，则法院有权命令出售该货物，并将出售所得交存法院保管。

（7）争议款项担保令（securing the sum in the dispute）

当某一特定款项当事人的权利发生争议时，法院有权命令将款项交存法院或以其他方式予以担保。担保的形式主要是银行保函或以当事人或其顾问共同的名义将款项存入银行账户。

（8）费用担保令（security for costs）

法院有权命令对在仲裁或在诉讼程序中的费用提供担保。费用是

---

① See L. Collins, “Anton Piller Orders and Fundamental Rights,” *Law Quarterly Review* 106 (1990): 173.

② See Axel Bosch (ed.), *Provisional Remedies in International Commercial Arbitration*, p.202.

否予以担保的问题仅关涉双方当事人，而一般与司法管理无关，法院因而可对当事人之间所达成的关于该问题的任何清楚的协议的法律效力予以承认。费用担保令一般适合于在伦敦海事仲裁中使用。

（9）扣船令

在英国法律中，扣船是一项传统的保全措施。不过，长期以来，英国法律将作为保全措施的扣船与对物诉讼纠缠在一起。其实对物诉讼与扣船取得诉前保全是两码事。作为诉前保全，扣船简便、廉宜、无风险，明显优于玛瑞瓦禁令。如果既可选择扣船，也可通过签发玛瑞瓦禁令“扣留”（attach）船舶，自然应优先采用以诉物扣船。[①]

2. 中间支付令（interim payments）

中间支付令并不属于中间禁令的范畴，其是指法院在终局判决作出前作出的要求被告支付在法院看来有责任支付的损害赔偿金、债务或其他款项（包括诉讼费用）的命令。[②] 中间支付令旨在通过对终局判决予以预决而判定向申请人支付部分金钱款项，以免除申请人在案件审理过程中因漫长诉讼遭受紧急危险与不利。[③]

（二）其他英联邦国家

在其他英联邦国家，民事保全措施的类型与英国基本相同。

在澳大利亚，法院有权颁布的保全令包括：（1）禁令。禁令即禁止当事人在争议最终解决前做某事，直至发布另一命令。但禁令也可要求当事人去做某些事或采取某些行动，即强制履行令；而非仅仅禁止当事人从事某事，即禁止令。一般而言，强制履行令的效果比禁止令更为严厉，因而即使其用于执行契约义务，其颁布往往以存在充分和清楚的案情为前提。也就是说，强制履行令颁布的条件不同于并

---

① 参见：杨良宜《海事法》，大连海事大学出版社，1999，第7—8页。The Rena K(1978) 1 Lloyd's Rep. 545.

② 李仕春：《民事保全程序研究》，第82页；Gerry Maher and Barry J. Rodger, "Provisional and Protective Remedies: The British Experience of the Brussels Convention," p.302.

③ 周翠：《中外民事临时救济制度比较研究》，第136页。

且高于禁止令颁布的条件。[①]（2）玛瑞瓦禁令。（3）安东·皮勒令。（4）财产查验令（order for inspection of property）。（5）财产披露和查验令（discovery and inspection of property）。其是指由法院所颁发的要求一方当事人向另一方当事人提供其所拥有或由其所控制的与争议标的有关的财产的具体细节，并予以查验的命令。（6）接管官任命令。（7）争议款项或财产担保令。其指将争议款项交存法院或以其他方式予以处理，以便确保最终裁决或者任何其他扣留、保管、保存财产令得以执行的命令。（8）扣船令。（9）争议标的临时性保护令（order granting interim protection in regard to the subject matter in dispute）。法院拥有发布其他命令的一般性权利，即使其他命令不属于上述所列的临时性保全令的范畴，以保全或保护争议财产。

在加拿大，不同法系法域的民事保全措施的类型并不相同。在英美法系国家的海事对物诉讼中，保全措施主要是船舶或货物的扣押。同时，玛瑞瓦禁令也用于扣留银行账户或货物。[②]同玛瑞瓦禁令一样，安东·皮勒令也被引入加拿大。[③]在魁北克，保全措施包括：（1）假扣押。根据民事诉讼法典第337条之规定，其是指当债权存在不能实现之虞时允许当事人在判决之前扣留另一方当事人的财产。（2）行为保全令。根据民事诉讼法典第752条之规定，高等法院有权颁布禁令，要求当事人或其职员，或其代理人，或其雇员不得做某事，或停止做某事，或要求实施某特定行为或活动。但在不列颠哥伦比亚省，最高法院有权发布扣留、保管、保存作为诉讼标的物的财产令。当事人还有权向联邦法院申请玛瑞瓦禁令和船舶扣押令。

在南非，根据经修正的《海事管辖权调整法》第5条“法院的权力”之规定，临时性海事保全措施包括：（1）费用担保令；（2）查验、扣留、保存船舶或货物或财产或文件令；（3）临时禁令（interim interdict）；（4）争议款项担保令；（5）接管官委任令；（6）船舶货物等扣押令（order for

---

① See Leisure Data v. Bell (1988) F.S.R. 367 C.A.; Jakeman v. South West Thames Regional Health Authority (1990) LRLR 62. 参见：杨良宜《禁令》，第224—225页。

② See Axel Bosch (ed.), *Provisional Remedies in International Commercial Arbitration*, pp.137-138.

③ 参见：威廉·台特雷《国际海商法》，第342页。

arrest）;（7）财产扣留令（order for attachment）。扣押令与财产扣留令不同，后者用于对人诉讼中，而前者则用于对物诉讼中；并且扣押的对象是有限的，而扣留的对象则没有类型上的限制，其不仅包括可供扣押的财产，而且包括其他财产。可以说，任何财产，不论其性质或价值如何，均可被扣留。

在新加坡，民事保全措施与英国相类似，并且有关此方面的英国判例在新加坡仍然适用。主要的保全措施有:（1）禁令;（2）玛瑞瓦禁令;（3）安东·皮勒令;（4）费用担保令;（5）扣船令。[①]

（三）美国

在美国，有关民事保全措施的司法判例十分稀少，《美国对外关系法重述（第三次）》也未触及此问题。民事保全措施主要见于《美国联邦民事诉讼规则》第64—71条和补充规则B—C，以及各州法之中，因而保全措施的形式相当广泛。[②] 不过，这些保全措施大致可分为两类：[③] 第一类保全措施旨在确保有供未来判决执行的财产，包括船舶扣押（arrest）、财产扣留（attachment）等；第二类保全措施旨在维持现状，直至争议得以最终裁决，这类保全措施如禁令等。

对于这些保全措施，所有联邦法院均有权颁布禁令，但颁布其他保全措施的类型则取决于联邦法院所在州的法律规定。可以说，美国存在着50多个不同的民事保全措施法律制度，而在联邦法院诉讼的当事人则必须谨慎考虑其所申请的保全措施是属于禁令还是属于为州法所调整的其他临时性救济措施。各州关于临时性救济措施的申请程序和条件各不相同，对所要申请的临时性救济措施性质的错误认识，可

---

① See Axel Bosch (ed.), *Provisional Remedies in International Commercial Arbitration*, pp.616-619.

② See Axel Bosch (ed.), *Provisional Remedies in International Commercial Arbitration*, pp.745-746; Catherine Kessedjian, "Note on Provisional and Protective Measures in Private International Law and Comparative Law," pp.14-17; Rule 64-71, Supplemental Rule B-C of Federal Rules of Civil Procedure. 另见：沈达明《比较民事诉讼法初论》，第337—341、561—566页。

③ George A. Bermann, "Provisional Relief in Transnational Litigation," *Colum. J. Transnat' l L.* 35 (1997): 558-559.

能导致无法获得临时性救济。① 在美国，主要的保全措施包括：②

1. 禁令（injunction）

禁令是对人的临时救济，旨在阻止受法院管辖的人从事干扰纠纷解决程序之结果的行为。③ 按照美国法院的判例，禁令是非常法律救济，是按照严格的法律规则为保护所有的当事人才给予的救济。法院使用禁令是在被告提出所有的证据和论证之前，有时甚至在其得悉有人对其提起诉讼之前，以制止被告的行动。④ 据《美国联邦民事诉讼规则》第65条之规定，法官有在民事诉讼中作出禁令的权力，包括冻结当事人的争议资产。显然，其比英国的玛瑞瓦禁令更具有局限性，玛瑞瓦禁令针对被告"所有"的有流失危险的资产，而非仅限于争议的资产。不过，联邦法院1998年判例称，禁令可冻结被告所有的资产。但1999年联邦最高法院对Grupo Mexicano de Desarrollo诉Alliance Bond Fund案的判决却又推翻了联邦法院的判决。在该案中，多数法官拒绝跟从英国玛瑞瓦禁令的做法，认为要扩大法院在这方面的权力是美国国会的职责，应由其立法来确立这一政策，故判决法院无权在案件审结之前冻结被告所有的资产。⑤

根据《美国联邦民事诉讼规则》第65条规定，禁令分为两种：初步禁令（preliminary injunctions）和暂时制止令（temporary restraining orders）。暂时制止令类同于英国法中的中间禁令。初步禁令又可分为禁止性初步禁令和强制性初步禁令，前者禁止个人或实体从事某特定行为，后者则要求个人或实体从事某特定行为。⑥

---

① See Axel Bosch (ed.), *Provisional Remedies in International Commercial Arbitration*, pp. 743-744.

② Douglas D. Reichert, "Provisional Remedies in the Context of International Commercial Arbitration," *Berkeley Journal of International Law* 3 (1986): 368; George A. Bermann, "Provisional Relief in Transnational Litigation," p. 553.

③ Douglas D. Reichert, "Provisional Remedies in the Context of International Commercial Arbitration," p. 392.

④ 参见：沈达明《比较民事诉讼法》，第561页。

⑤ Grupo Mexicano de Desarrollo v. Alliance Bond Fund, No. 97-9610 2d Cir, May 6, 1998. 参见：杨良宜《禁令》，第403—405页；L. Collins, "Provisional and Protective Measures in International Litigation," p. 24.

⑥ Douglas D. Reichert, "Provisional Remedies in the Context of International Commercial Arbitration," p. 373.

凡是联邦法院有管辖权的案件，其均有权颁布禁令。而州法或法院有关禁令的实践则大致可分为三类：[①] 第一类州法明确具体地规定了各类禁令，以防止禁令所针对的当事人处置财产。[②] 第二类州法仅以一般性条款提及旨在阻止当事人从事某些行为以减损将来判决效力的禁令。[③] 第三类州法或将禁令问题留由判例法解决，而在成文法中不作任何规定，如西弗吉尼亚州；或者虽在成文法中提及禁令问题，但不明言禁令的功能。大多数州在其民事诉讼法典中作如此类似规定。

2. 财产扣押令（seizure of person or property）

美国关于财产扣押的法律主要为成文法，各州法律关于在何种情况下债权人能申请何种扣押的规定出入很大。[④]《美国联邦民事诉讼规则》第64条对此仅作例示性规定，并规定联邦法院应适用法院所在地州的法律。财产扣押令主要有：

（1）债务人财产扣留（attachment）

债务人财产扣留是对人和对物的临时措施，具有取得管辖权和提供担保的双重功能[⑤]，是指根据令状、传票或其他司法命令，提取或扣押债务人财产，并将其置于法院监管之下的行为或程序。在早期的普通法中，扣留被告的财产是迫使被告在收到传票或起诉令状后到案并应诉的一种诉讼程序。司法行政官扣留财产后，如果被告应诉就退还其财产，否则就予以没收。后来，扣留的性质就改变为判决前的临时救济，被扣留的财产不再在其应诉时退还，而是一直维持到作出判决，被告付款为止。因此，扣留令状的作用在于确保债权人胜诉后其金钱债权或请求权能得到清偿。《美国联邦民事诉讼规则》不仅在第64条对

---

① Catherine Kessedjian, "Note on Provisional and Protective Measures in Private International Law and Comparative Law," pp.14-16.

② 如阿拉斯加州、爱达荷州、印第安纳州、蒙大拿州、明尼苏达州、北达科他州、南达科他州、华盛顿州。

③ 如亚利桑那州、加利福尼亚州、堪萨斯州、肯塔基州、密苏里州、内华达州、纽约州、北卡罗来纳州、俄克拉荷马州、俄勒冈州、得克萨斯州、威斯康星州。

④ 参见：沈达明《比较民事诉讼法》，第337页；Catherine Kessedjian, "Note on Provisional and Protective Measures in Private International Law and Comparative Law," pp.17-19.

⑤ Douglas D. Reichert, "Provisional Remedies in the Context of International Commercial Arbitration," p.371.

债务人财产扣留作了原则性规定，而且在“某些海事或海上请求权补充规则”规则B中对财产扣留令的申请条件和程序作了具体规定。

虽然财产扣留这一临时性保全措施具有对物性（in rem）[①]，但根据上述规则B之规定，债务人财产扣留以及第三人手中的债务人财产扣留临时性保全措施适用于海事对人诉讼，因而属于诉人扣押的范畴。[②]同时，这一诉人扣押可针对任何财产，不限于船舶，并且包括船上燃油、银行存款等。“船上燃油”也包括期租合约租船人拥有的燃油，即诉人扣押也可用在债权人对付期租租船人拥有的燃油。例如，某船东出租船舶给一家经营人跑一个航次，后者欠下租金余额5万美元，该船东无论怎样努力也拿不到这笔款项，但之后在航运市场知悉后者又承租属其他船东的一艘船舶，并在美国港口装卸或经过巴拿马运河。这样一来，如果是期租，表示另一船舶的燃油属赖债的经营人所有，则可考虑在美国诉人扣押，这样做并不困难且并不昂贵。但在英国法律下，属租船人的燃油已不是船舶的一部分，因而也不再是“诉物的物”，只能通过申请玛瑞瓦禁令。这样做不仅困难也不能肯定，因为这并不方便，也往往影响无辜的第三者，如其他船东因燃油被禁而无法开航，所以法院会拒绝给予。[③]但无论如何，申请财产扣留令必须满足条件：第一，被告在“诉人”下会有责任；第二，属海事争议；第三，被告必须在境外或国外。扣留银行存款表面看来似乎与英国的玛瑞瓦禁令一样，但实质上大不相同。美国的诉人扣押对原告而言肯定、容易且安全，其不需要原告展现“可充分论证的案情”（good arguable case），以及被告将来败诉后赖债等问题，其也不需要作为申请人的原告提供“损害赔偿保证”（undertaking in damages）。这意味着没有所谓错误诉人扣押的说法。此外，玛瑞瓦禁令针对任何索赔或争议，不论海上或岸上，但美国的诉人扣押只是针对海事索赔或争议。玛瑞瓦禁令针对本土或外国的被告，但美国的诉人扣押只针对外国或外地的被

---

① See Catherine Kessedjian, “Note on Provisional and Protective Measures in Private International Law and Comparative Law,” pp.14-16.

② 参见：杨良宜《海事法》，第141页；《禁令》，第406页。

③ 杨良宜：《海事法》，第143页。

告（not be found in the district）。[①] 不过，值得一提的是，对于英国的玛瑞瓦禁令，虽然有美国法官对此大加赞赏，认为“法院必须，并且确实需要有裁判权，去阻止当事人通过将其财产转移至管辖区域外以挫败法院命令，或以各种方法挥霍财产以抵制将来的判决”。[②] 但最高法院在1999年审理的Grupo Mexicano de Desarrollo诉Alliance Bond Fund案[③] 中，尽管少数大法官（4位大法官）的看法与英国上诉法院丹宁勋爵的看法一样，但其他的5位大法官拒绝追循英国玛瑞瓦禁令的做法，因而目前事实上在美国没有玛瑞瓦禁令的做法。[④]

（2）第三人手中的债务人财产扣留（garnishment）

扣留在第三人手中的债务人财产的程序规定于《美国联邦民事诉讼规则》第64条和“关于海事事项的补充规则”规则B中。其是指告知第三债务人不得向被告清偿债务的一种程序。目前，许多州通过成文法对此作了规定。[⑤] 这种程序在有些州又被称为“受托人程序”（trustee process），其特点是其不是指向债务人，而是指向第三人（garnishee）。该第三人是占有债务人财产的人，或者债务人对其财产拥有权益的人。这种程序旨在通知该第三人，原告（即债权人）主张其有权要求将该项金钱债权或财产作为清偿其债务之用，该第三人应持有这笔金钱或这项财产直至原告的诉讼经过审理、判决，乃至执行判决时为止。如果在执行判决时，该第三人不再持有该项财产，原告则有权要求该第三人本人清偿。属于这类第三人的人主要是为债务人开立往来账户的银行。[⑥]

这种程序一般称为债务人财产扣留的一种特殊形式，在许多方面与债务人财产扣留有相似之处：两者都以成文法为渊源；其申请条件适用有关州法；两者均是对非居民取得准对物管辖权的依据。但两种

---

① 参见：杨良宜《禁令》，第406—407页。

② See L. Collins, “Provisional and Protective Measures in International Litigation,” p. 29; Jet West Ltd. v. Haddican [1992] 2 All ER 545, 547(CA).

③ 119 Sup. Ct.1961 (1999).

④ 参见：杨良宜《禁令》，第404—405页。

⑤ See Axel Bosch (ed.), *Provisional Remedies in International Commercial Arbitration*, p.743.

⑥ 参见：沈达明《比较民事诉讼法》，第339页。

程序显然有别：第一，第三人程序在有些州不是独立的程序，而是债务人财产扣留程序的辅助程序；但在有些州则作为独立的程序。第二，援用这种程序的理由不同于债务人财产扣留的申请理由。第三，债务人财产扣留适用于判决之前，而第三人程序则可适用于判决之前或之后。第四，债务人财产扣留直接扣留财产，而第三人扣留则将财产留给第三人保管。第五，债务人财产扣留一般从扣留之日起设定担保权益，而第三人扣留在少数州不设定担保权益，在大多数州自向第三人送达诉讼文件之日起设定担保权益。①

第三人手中的债务人财产扣留令主要用于冻结银行账户，即银行对其存款人的债务。同时，其也可用来冻结工资账户。不过，对于工资债务的扣留问题，联邦成文法对此有严格的规定，即所有有关第三人手中的债务人财产扣留的州法不得与联邦法所给予的保护相悖。②

（3）追回债务人财产令（replevin）

在实践中，美国法院有时也发布追回禁令，取回位于国外的债务人财产。通过追回债务人财产令，原告能对作为诉讼标的的财产实施直接占有。③ 追回禁令的使用实际上是为弥补债务人财产扣留令的不足。债务人财产扣留令针对的是债务人位于法院管辖区域内的财产，有关当事人具有外国国籍对法院是否作出扣留令并无影响。但对位于国外的债务人的财产，财产扣留令显然力不从心。为此，法院通过创设并使用追回财产令使债务人财产置于受案法院的管辖区域内。④

追回债务人财产令尽管在实践中并不经常使用，但不是所有的债权人均有权申请，只有对该项动产拥有所有权或占有权的人才能申请。无担保权益的债权人，在债务得不到清偿时，对债务人的财产并没有占有权，但有担保权益的债权人对担保财产有占有权，故其有权要求取回动产的占有。追回的财产由郡司法行政官交给原告，等待诉

---

① 沈达明：《比较民事诉讼法》，第339—340页。

② See Axel Bosch (ed.), *Provisional Remedies in International Commercial Arbitration*, p.743.

③ Ibid.

④ See Catherine Kessedjian, "Note on Provisional and Protective Measures in Private International Law and Comparative Law," p.16.

讼结果。被告欲取得占有则必须提供交付保证。追回债务人财产令的法律渊源为成文法。联邦法院在执行时适用所在州的州法。①

（4）财产扣押令（sequestration）

在美国，有些州还规定了财产扣押令程序，其功能与债务人财产扣留令一样，均在于确保被告不能转移财产以挫败将来的终局判决。②

（5）海事扣押令（arrest）

这一保全措施规定在《美国联邦民事诉讼规则》“补充规则”规则C之中。

3. 委任接管人（appointment of receiver）

委任接管人是指由法院指定与诉讼标的无利害关系的人，由其管理、照料、接收、处分财产或财产的收入。接管人只有法院和有关法律赋予的权力，除法律另有规定外，委任接管人只产生其所接管的财产在占有上的改变，而不是所有权的改变。委任接管人的裁定可能只要求其占有财产、保持财产，但也可以规定诸如继续经营、收取利润、出售财产之类的义务。委任接管人与扣留债务人财产、扣留在第三人手中的债务人财产一样，都可以被原告用来迫使被告进行和解，争取有利于原告的和解条件。但与这两种程序不同的是，原告并不能据此得到债务人财产上的担保权益，因而原告得不到对其他债权人的优先权。③

4. 置存法院（deposit in court）

根据《美国联邦民事诉讼规则》第67条规定，如果诉讼是关于金钱支付、金钱处置，或任何其他可交付之物的判决，当事人在通知另一方当事人，并经法院准许后，可将所有或部分金钱或物置存法院。进行置存的当事人应将准许置存的令状送达给法院书记官。

此外，在美国法中还存在所谓民事扣押（civil arrest）、身体扣留令（body attachment）、财产扣押（impoundment）等救济措施。民事扣押或身体扣留令通过对被告进行实际扣押，令被告提供担保以备终局

① 参见：沈达明《比较民事诉讼法》，第341页。
② See Axel Bosch (ed.), *Provisional Remedies in International Commercial Arbitration*, p.743.
③ 参见：沈达明《比较民事诉讼法》，第340页。

判决履行之需，而财产扣押则要求将财产交付给法院或由法院所委任的人。[①]

三、大陆法系国家的民事保全措施

在大陆法系国家，尽管德国、荷兰等国民事保全立法深受法国立法的影响，但受各国自身法律传统影响或者出于立法技术的考虑，各国的保全制度不尽相同。与英美法系国家民事保全立法实践相较，大陆法系国家民事保全措施立法的共性，即存在英国法所未曾有的审前财产扣留制度（pre-trial attachment of assets）。[②]

（一）法国

《法国民事诉讼法典》规定了两种紧急程序，即争讼的紧急审理程序和依申请的紧急单方程序。在这两种紧急程序中，法官可以发布确定暂时状态的临时措施，或者命令提前给付本案请求权的措施（第808条），以及第145条所规定的预防性的取证或证据保全措施。[③] 而除证据保全措施外，保全措施包括扣押（saisie）、司法担保（sûretés judiciaries）、禁令或暂时阻止令（ordonnances de référé）。[④] 而海事请求的保全措施主要是扣押和禁令或暂时阻止令。

1. 扣押

在法国程序法中，"扣押"作为一个总括性术语，指"对债务人的财产实行控制，直至将此财产变现的整个程序"。也就是说，直至将财

① See Axel Bosch (ed.), *Provisional Remedies in International Commercial Arbitration*, op.cit., p. 744, 760.

② 有学者认为，大陆法系国家的财产扣留制度的有效保全功能，促使英国法院创设类似的保全制度，即玛瑞瓦禁令。See L. Collins, "Provisional and Protective Measures in International Litigation," p.29.

③ 周翠：《中外民事临时救济制度比较研究》，第144—145页。

④ See Axel Bosch (ed.), *Provisional Remedies in International Commercial Arbitration*, p.256. 另见：周翠《中外民事临时救济制度比较研究》，第158页。

产变卖，以所得价款清偿债权人的债务，这整个程序都称为扣押。[①] 然而，法国法比较重视区分保全扣押和执行性扣押，前者仅仅是以保存债务人整体财产的某些构成要件为目的，实施这种扣押旨在使债务人不能自由处分（对债权人的）担保物；[②] 而后者的目的则是直接拍卖被扣押的财产，以满足债权人的利益。1991年民事执行程序改革时，立法者比以前更加突出执行性扣押与保全扣押之间的区别，只有持有执行根据的人（即债权人）才能实施执行性扣押，其他债权人则仅能实施保全扣押。为了方便前者实施扣押，程序上也进行了简化。当然，实际上，任何一种扣押首先都具有保全功能，但对于某些扣押而言，程序到此即告终止；而以执行为目的的扣押，程序还要继续进行，进入第二个阶段，直至将被扣押的财产出售，执行程序才告终结。[③]

保全扣押是单纯以不让债务人有可能处分其财产或者减少财产价值，并将其所针对的财产置于法院掌握之下为目的的扣押，其唯一目的是使债务人的某些财产成为不得处分的财产，也就是旨在通过阻止当事人在争议最终解决之前处分财产以确保法院的终局判决得以执

① 1991年民事执行程序改革以后，法国法所规定的扣押可作如下分类：1. 以执行为目的的扣押，包括：(1) 无形财产扣押，其分为归属扣押、劳动报酬扣押、公司股权与有价证券扣押；(2) 有形财产扣押，其分为动产变卖扣押、待收获作物扣押、陆路机动车扣押、存放在保险柜的财产扣押、不动产扣押。2. 以单纯保全为目的的扣押，包括：(1) 普通法的保全扣押，其分为有形动产保全扣押、债权保全扣押；(2) 特别保全扣押，其分为股权与有价证券保全扣押、存放在保险柜的财产保全扣押、航空器保全扣押。3. 以返还有形财产为目的的扣押，其分为有形财产转移扣押、有形财产追还扣押。

② 丹宁在其《法律的正当程序（中文版）》第143页写道："在世界大多数国家中，债权人在赢得对债务人的胜诉判决之前可以在诉讼开始时扣押债务人的财产，要是以后赢得了胜诉，他即可把这笔钱财产或相当于这笔财产的等价物作为偿还债务的保证留归己有。这个过程在法语中称为saisie conservatoire。我想它在字面上意味着一种'保留占有'或'为债权人可能胜诉临时占有'。"在第150页写道："像在罗马帝国的其他省份流行一样，这种诉讼方式在很早的时候就在伦敦流行了。对于那些把信用贷款交给一个商人的公民来说，这一诉讼方式是极为重要的，因为商人有可能到法院管辖权以外的地方逃避对这一公民的偿还。同时，他还可能把足够的财产暗地里转移到第三人手中，……这种习惯上的诉讼方式在欧洲大陆的大多数沿海城镇保留着。在法国，这种方式称为saisie-arret。"参见：沈达明《比较民事诉讼法》，348页。See also L. Collins, "Provisional and Protective Measures in International Litigation," p.26.

③ 参见：让·文森、雅克·普雷沃《法国民事执行程序法要义》，罗结珍译，中国法制出版社，2002，第50—55页。

行。[1] 其具有以下几个特征：第一，目的。保全扣押的目的并不是要将被扣押的财产变现，而仅仅是将它们保管起来。第二，标的。保全扣押通常针对有形财产实施，因此保全扣押经常被用来针对商人实施的扣押。但也可对无形财产实施保全扣押，如对债务人的债权实施保全扣押，这种主张业已得到法院判例的承认。第三，程序。保全扣押的程序比执行性扣押的程序更为简单、迅速。在实施保全扣押时，法律并不要求像执行性扣押程序那样必须事先送交支付催告令，因此保全扣押具有立即效果。第四，临时性质。在实施保全措施扣押的情况下，债权人应当获准将保全扣押转变为执行性扣押。[2]

典型的扣押都具有执行性质，目的不仅仅是要使被扣押的财产不得处分，其最终目的是要拍卖被扣押的财产，以便债权人能够从价款中获得清偿。但是，并不是在所有的情况下都必须实行这样的程序。如果债务人有支付能力，只不过是不肯偿还债务，那么一种简单的扣押使债务人不能处分自己的财产便可以促使其自动清偿债务。如果债务人是善意的，只不过是暂时有困难，对其实施执行性扣押反而会加重他的困难处境。这正是单纯保全扣押的用途。具体言之，保全扣押有以下两方面的作用：第一，保全扣押具有威慑作用，其构成一种精神压力，往往会导致债务人自愿清偿债务；第二，保全扣押为债权人设立一种保证。[3]

在法国，保全扣押的类型几经变革。1806年颁布的《法国民事诉讼法典》仅仅规定了四种保全扣押，即行商财产扣押、追还扣押、质物扣押，以及商事方面的保全扣押，而并不存在所谓“一般性保全扣押”。由于当时这一立法上的严重缺陷，这些专门的保全扣押仅仅能够包含一定数量的典型情况，而不能扩张适用于法典条文没有明文规定的情形。鉴于此，1955年11月12日发布的关于保全措施的法律在保留《法国民事诉讼法典》中已有规定的保全扣押的同时，创设了一种“一般性保全扣押”。这种一般性保全扣押并非专门适用于民事方面，其还

① See L. Collins, “Provisional and Protective Measures in International Litigation,” p.25.

② 让 · 文森、雅克 · 普雷沃:《法国民事执行程序法要义》，第220—221页。

③ 同上。

包含了商事方面的保全扣押。1992年7月31日发布的法令又对之作了一些重要规定：第一，该法令按照所针对的财产类型设置了“普通法保全扣押”；第二，法令创设了新的专门保全扣押，如公司股票保全扣押、有价证券保全扣押，以及存放在银行保险柜的财产的保全扣押。至此，一个较为完整的保全扣押体系宣告构建完成。

（1）一般性保全扣押（普通法保全扣押）

一般性保全扣押是一种针对债务人的动产实行的临时性扣押，其单纯目的是要阻止债务人处分其财产。其特点是程序简单、迅速，要求履行的手续也有所减少。[①] 一般性保全扣押是由1955年11月12日发布的法令所设置，但后来为1991年和1992年法令所稍加修改，而又被称为“普通法保全扣押”。现在，普通法保全扣押适用1991年7月9日法令第74—76条，这些条文确定了普通法保全扣押的原则，而1992年7月31日法令第220—243条是对这种扣押程序的具体规定。

尽管法律规定设置一般性保全扣押的时间不长，但由于一般性扣押可针对属于债务人的所有有形或无形动产实施，因此这种类型的扣押经常得到运用，而新的法令也对其赋予了更加广泛的适用范围。1991年7月9日法令第74条第1款规定，保全扣押得对属于债务人的所有有形动产或无形动产实施。同条第2款规定，实施保全扣押，即告受到扣押的财产不得处分。第75条第1款规定，如对以款项为标的的债权实施扣押，扣押书即告该项债权在法官批准的数额之内不得处分；或者如果不必经法官批准即实施扣押，该项债权在受扣押的数额内不得处分。对款项债权实施扣押，当然意味着将该不得处分款项予以寄存，并且产生《法国民事诉讼法典》第2075-1条所规定的效果。同条第2款规定，除前款规定之外，一项财产得为多项保全扣押之标的。第3款规定，法律授权有资格设置存款账户的机构实施保全扣押的情形，适用第47条之规定。第76条第1款规定，债权人已经取得或持有确认可追偿之确定债权的执行凭证者，得在其债权数额限度之内请求拍卖

① 参见：让·文森、雅克·普雷沃《法国民事执行程序法要义》，第230页。See also L. Collins, “Provisional and Protective Measures in International Litigation,” p.25.

债务人不得处分的财产。同条第2款规定，如保全扣押是对某一债权实施，持有执行凭证的债权人得请求清偿该宗债权。此项请求即告将受扣押的债权立即归属债权人，但以法院所判处的数额以及受扣押申请第三人所承认的款项或者其宣告为债务人的款项数额为限。1992年7月31日法令第220条规定，视具体情况，依据所提交的法官批准书或者提交法律准许据以采取保全措施的证书，得对属于债务人的有形或无形动产实施扣押，即使财产是由第三人持有或者在此以前已经对其采取了保全措施。根据这些条款的规定，一般性保全扣押分为有形动产的保全扣押和债权的保全扣押。而且，即使所针对的财产在第三人手中，或者如果所针对的财产在此前已经作为保全扣押的标的，仍然可以实施保全扣押。①

（2）特别保全扣押

特别保全扣押分为：a）股权与有价证券保全扣押。此种扣押规定于1992年7月31日法令第244—249条之中。股权与有价证券保全扣押是民事强制执行经过改革的一项创新，但其只不过是普通法保全扣押的一种变化形式，以适应其所针对的财产的特别性质。b）存放在保险柜的财产保全扣押。c）航空器保全扣押。自1924年5月31日有关航空运输的法律发布以来，债权人有权以保全名义对外国航空器或者其所有人注册在国外的航空器实施固定，以保护可能的债权人利益。《民用航空法典》重申了1924年法律的规定。

2. 临时裁定

临时裁定又称禁令或暂时阻止令，或紧急审理裁定。② 其是指法律授权不受理讼争实质的法官根据一方的请求，在另一方到案或经传唤后立即命令采取必要措施的临时性裁判决定。临时裁定一般适用于紧急情况，并由法院单方面作出（granted ex parte）以维持现状直至争

---

① 参见：让·文森、雅克·普雷沃《法国民事执行程序法要义》，第231页。

② See Axel Bosch (ed.), *Provisional Remedies in International Commercial Arbitration*, p. 256. 另见：沈达明《比较民事诉讼法》，第566页；让·文森、雅克·普雷沃《法国民事执行程序法要义》，第547页。

议得以最终解决。[①]《法国新民事诉讼法典》第484—492条对此作了一般性规定，而第808—811条对大审法院的紧急审理裁定作了特别的规定。其中第808条规定，紧急情况下，大审法院院长得紧急命令采取不会遇到严重争议的任何措施，或者命令采取由存在的争议证明的有必要的一切措施。第809条第1款规定，为防止即将发生的损害，或者为制止明显非法的扰乱，法院院长得始终紧急规定采取保全措施，或者规定采取必要的恢复原状措施，即使存在严重争议，亦同。同条第2款规定，在对债务的存在没有严重争议的情况下，法院院长得同意给予债权人预付款，或者命令履行债务，即使涉及的是作为之债，亦同。[②]同时，第872—873条对商事法院的紧急审理裁定又作了特别规定。其规定，所有紧急情况下，商事法院院长均可在其权限内，紧急命令采取一切不会遇到严重争议的紧急措施，或者命令采取存在的争议证明属必要的一切措施。为防止即将发生的损害，或者为制止显然非法的扰乱，法院院长得在相同的权限内，以及甚至在有严重争议的情况下，紧急命令采取保全措施或者必须恢复原状。在对债务之存在没有严重争议的情况下，法院院长得同意给予债权人预付款，或者命令履行债务，即使涉及的是作为之债，亦同。

（二）德国

德国的民事保全制度一方面来源于伦巴第法律中的任意扣押制度，另一方面起源于德意志法律中针对窃贼乃至失去偿债能力而逃跑的债务人所采取的简单程序。两者融合后发展成为假扣押程序，而假处分直至19世纪才从假扣押制度中脱胎而成。尽管立法者将假扣押作为保全措施的基本形态加以规定，但实践中广为应用的则是假处分。[③]

德国的临时性保全措施规定在《德国民事诉讼法典》第916—945条之中。临时性保全措施制度堪称德国民事诉讼法最完善的制度。债权人据此能在诉讼开始之前或在诉讼进行之中，就其请求取得担保；

---

① See L. Collins, "Provisional and Protective Measures in International Litigation," p.24.

② Ibid., pp. 20, 56-57.

③ 参见：周翠《中外民事临时救济制度比较研究》，第9—10页。

而败诉的债务人据此也能得到保护，使其在原告的请求权最后被法院驳回时，有行之有效的损害赔偿请求权。如果被告居住在德国境外，临时性保全措施更容易被申请，所以在涉外诉讼中，经常适用这一制度。[①] 根据《德国民事诉讼法典》规定，临时性保全措施分为假扣押（arrest）和假处分（einstweilige Verfügung）。两类保全措施的最根本区别在于前者适用于金钱请求，而后者适用于非金钱请求。[②]

1. 假扣押

假扣押是指扣押将来败诉债务人的财产或人身以确保将来金钱判决的执行，即假扣押所保全的债权人的请求权必须是金钱债权或可以转化为金钱的债权。假扣押所针对的主要是债务人的财产，即对物假扣押，也可以是债务人人身，即对人假扣押。对人假扣押实际上并不使用，因而假扣押总是指对物的假扣押。在对物假扣押情况下，被扣押的财产不需要同将来胜诉债权人的请求权有任何联系，除一些不能供清偿债权人请求之用的财产外，债务人的任何财产都能被扣押，包括第三人占有中的财产，以及债务人对第三人的请求权。[③]

假扣押是冻结债务人财产的一种手段，而法院就假扣押申请的裁判具有一般性，其无须指明所涉的具体财产即可生效，因而这种冻结措施在债权人未列明冻结措施所针对的具体财产时就无法发挥其功能。同样，由于第三人并无尊重假扣押裁判的义务，这势必也影响到假扣押的保全功能的发挥。因此，假扣押裁判的执行往往需要一些具体的执行措施作为保障，如财产的扣留（attachment）、扣押（sequestration）或具体的登记措施。这种现象源于假扣押的双重性：假扣押本身并不是对物措施，而具体的执行措施则产生对物效力。[④]

---

① 参见：沈达明《比较民事诉讼法》，第188页。

② See Catherine Kessedjian, "Note on Provisional and Protective Measures in Private International Law and Comparative Law," p.24. 另见：周翠《中外民事临时救济制度比较研究》，第12页。

③ 参见：沈达明《比较民事诉讼法》，188—189页。

④ See Catherine Kessedjian, "Note on Provisional and Protective Measures in Private International Law and Comparative Law," p.24.

2. 假处分

假处分又称初步禁令[①]，其是指旨在阻止现状发生改变，或阻止重大损害的发生，或防止急迫的强暴行为，或因其他理由，对于有争执的法律关系，特别是继续的法律关系，规定其暂时状态的一种中间裁定。根据德国民事诉讼法，假处分分为三种：确保性假处分、定暂时状态假处分和履行性假处分。

确保性假处分是关于争执标的物的假处分，其规范基础是《德国民事诉讼法典》第935条。该条规定，如现状变更，当事人的权利即不能实现或难以实现时，准许对于争执标的物实施假处分。据此，确保性假处分的目的是阻止现状发生改变，这种改变会使当事人之一的权利不可能实现或难以实现，即旨在保全请求权的实现。

定暂时状态假处分的规范基础是《德国民事诉讼法典》第940条。该条文规定，因避免重大损害，或防止急迫的强暴行为，或因其他理由，对于有争执的法律关系，特别是继续的法律关系，有必要规定其暂时状态时，可以实施假处分。据此，定暂时状态假处分是临时对付某种事实状态以避免重大损害的发生，或防止急迫的强暴行为，或因其他理由而有必要对于有争执的法律关系，特别是继续的法律关系，规定其暂时状态。这种确保在诉讼中维持平静状态的假处分，旨在防止发生永久性的损害或目前的暴行，而不是防止请求权的不能实现。也就是说，定暂时状态假处分的功能在于维持现状，并同时服务于临时维持或重新创造法律和平的目的。[②]

履行性假处分（Leistungsverfügung）是德国法院在上述两种假处分之外通过法律续造途径创设而成，又称给付性假处分。其雏形为“暂时规制抚养义务制度”，目的在于提前清偿债权人。[③]

3. 假执行

《德国民事诉讼法典》在其第八编第704条以下规定了假执行程序，

---

① See Axel Bosch (ed.), *Provisional Remedies in International Commercial Arbitration*, p.277.

② 参见：沈达明《比较民事诉讼法》，第191—192页；周翠《中外民事临时救济制度比较研究》，第7—11页。

③ 周翠：《中外民事临时救济制度比较研究》，第10—11页。

其系指就尚未确定之判决赋予执行力，由债权人先行申请实施强制执行，避免债务人利用上诉拖延诉讼，或于判决确定前隐匿或处分财产所设之程序。从法院视角而言，假执行制度允许法院对尚未发生既判力的执行名义进行执行，并主要服务于债权人要求尽快执行的利益，从而保护其不因债务人以拖延诉讼为目的所提起的无望之上诉而遭受经济上的不利。[①] 故假执行与假扣押或假处分性质不同、功能差异。其间最大的不同在于，假执行因其执行与执行确定判决相同，故得为一切之执行行为；而假扣押、假处分仅得以保全将来之强制执行为限。[②]

（三）日本

日本的民事保全措施制度类同于德国，其由于1991年实施的《日本民事保全法》予以规定。依该法第1条规定，民事保全包括保全实现民事诉讼的本案权利的假扣押、有关系争物的假处分以及确定民事诉讼的本案权利关系临时地位的假处分。前者适用于以金钱支付为目的的债权，即以金钱支付为目的的债权，在存在不能强制执行或有对强制执行产生显著困难之虞时，而对债务人的财产实施的司法扣押命令。保全的对象包括不动产、船舶及其他动产、债权及其他财产权。后两者则是在因变更系争物现状而有使债权人不能实行其权利或实行权利产生显著困难之虞时，或者为避免所争执的权利关系给债权人造成显著的损失或紧迫的危险时，要求债务人为或不为一定行为的命令。[③]

（四）其他大陆法系国家

在荷兰，民事保全措施规定在《荷兰民事诉讼法典》及其他相关成文法之中。由于《荷兰民事诉讼法典》源于《拿破仑法典》，因此民事保全措施的类型类似于法国。根据《荷兰民事诉讼法典》，民事保全措施主要为以下两种：临时措施（interim measures）和预防措施（precautionary measures）。这两种措施均可针对债务人财产。债权人依

① 周翠：《中外民事临时救济制度比较研究》，第9页；杨与龄编著《强制执行法论》，第57页。

② 杨与龄编著《强制执行法论》，第57页。

③ 《日本民事保全法》第23条。参见：白绿铉编译《日本新民事诉讼法》，第271页。

法有权在判决之前，甚至在诉讼之前要求采取某些措施，以保全只能在判决后才能行使的权利，避免另一方通过处置或转移财产使债权人的求偿权难以实现。临时措施即为初步救济令（preliminary relief）。初步救济令课予债务人做或不得做某事之义务，亦可能是要求支付金钱的命令。其规定于《荷兰民事诉讼法典》第289—297条之中。这种命令在实践中意义重大，其往往导致诉讼的终结。[①] 初步救济令由法院在断定存在紧急情势时依职权单方面作出。初步救济令类型广泛，而紧急短程序（kort geding），即命令债务人支付一笔款项的命令，为其中之主要表现形式，其类似于法国法中的临时支付令（référé-provision）。临时措施既可以在专门寻求该措施的程序中采取，也可在实体问题未决诉讼程序中采取。对于法院就案件实体问题进行裁判之前所采取的临时措施，实体问题的判决对临时措施既可予以确认，也可予以撤销。预防措施旨在确保债务人履行其义务，使债权人免于债务人不履行债务所致风险，其包括：①保护性扣留财产令（conservatoir beslag）[②]。保护性扣留财产令规定于《荷兰民事诉讼法典》第700—770条之中，是指为阻止债务人对财产的处分而对债务人财产予以扣押直至终局判决的命令。在紧急情况下，其由法院在申请人单方面申请下作出。在实践中，保护性扣留财产令主要用于冻结债务人财产以确保权利的实现。扣押的对象则是债务人的有形或无形财产，包括不动产、动产、有限权利、货物或公司的股权、股票、证券、船舶、飞机、非在船舶上的救助的货物等。申请人还可请求法院将扣押财产置存于法院或委托于由法院指定的保管人。此外，保护性扣留财产令也可直接针对为第三人所占有的债务人的财产或第三人对债务人所承担的债务，如债务人的银行账户。故关于动产的保护性扣留财产令一般可细分为应收账款扣留（conservatoire verhaalsbeslagen）、以移交动产或交付货物为目的的扣留（conservatoir beslag tot afgifte van roerende zaken of levering van goederen）、判决前的婚姻财产扣留（conservatoir marital

① See Catherine Kessedjian, "Note on Provisional and Protective Measures in Private International Law and Comparative Law," p.37.

② See Jan Theunis, *Arrest of Ships* (London: Informa UK Ltd., 1986), p.33.

beslag）三种类型。②寄托（consignment）。该措施旨在消除扣留物被转移的风险。应扣押人的要求，法院可命令将扣留物移交给由法院指定的保管人掌管。该项措施也可以与扣留财产令分开申请。③置存管理（placing under administration）。该措施即所有权争议中的财产可以由法院管理。此外，初步证据保全（conservatoir bewijsbeslag），包括初步盘问证人令（voorlopig getuigenverhoor）[①]，也属于民事保全措施之一。[②]

在比利时，民事保全措施分为三种：预备性措施（preparatory measures）、临时性措施（interim measures）、保护性措施（conservatory measures）。预备性措施旨在确保证据的收集，包括：搜查令，即准许申请人搜查被告的住所，提取或保存证据；专家委任令；接管人委任令；命令当事人或第三人提供文件令等。临时性措施旨在阻止当事一方实施某种行为，或稳定当事人之间的法律关系，其包括禁令和命令。保护性措施则包括债务人财产扣押令（saisie conservatoire）和扣押—阻止支付令（saisie-arret）。前者直接针对为债务人所拥有的财产，而后者则扣押第三人所欠债务人的金钱或财产。[③]

在丹麦，民事保全措施规定于1988年修正的《司法行政法》（Administration of Justice）中。其分为审前扣押（pre-trial attachments）和初步禁令（preliminary injunction）两种。[④] 审前扣押是通过扣押债务人的财产使债务人无权处分该财产，从而保障债权人实现权利的临时性措施，其旨在确保债权人可予执行的债务人财产的存在，但审前扣押并不限制其他债权人从所扣押的财产中获得求偿。初步禁令则是禁止当事人从事与申请人权利相悖的特定行为的临时性救济措施，其旨

① 《荷兰民事诉讼法典》第186条。

② "Interim and precautionary measures—Netherlands," accessed January 27, 2021, https://e-justice.europa.eu/content_interim_and_precautionary_measures-78-nl-en.do; Axel Bosch (ed.), *Provisional Remedies in International Commercial Arbitration*, p.472; Catherine Kessedjian, "Note on Provisional and Protective Measures in Private International Law and Comparative Law," p.37.

③ "Interim measures in Belgian," accessed January 27, 2021, https://cms.law/en/int/expert-guides/cms-expert-guide-to-interim-measures/belgium; Axel Bosch (ed.), *Provisional Remedies in International Commercial Arbitration*, pp.81-82.

④ See Axel Bosch (ed.), *Provisional Remedies in International Commercial Arbitration*, p. 176.

在确保与申请人权利相冲突的现在或将来的行为的发生。两者的主要区别在于前者确保权利人金钱请求权的实现，而后者则是确保债务人践行其不得从事某特定行为之义务。

在希腊，《希腊民事诉讼法典》第682—738条规定了极为广泛的临时性救济措施。其第682条第1款和第692条第1款规定，法院有权就与实体权利或财产事项、契约责任和侵权事件有关的任何请求采取任何必要和适当的临时性救济措施。根据《希腊民事诉讼法典》之规定，临时性救济措施主要有以下几种[①]：①支付保证和抵押函（guarantee payment and mortgage note）。该保全措施规定于《希腊民事诉讼法典》第704—706条，其旨在确保债权人金钱请求权或可转化为金钱请求权的请求的实现。②扣押（arrest）。其规定于第707条以下，旨在禁止当事人处分被扣押的财产，而能扣押的财产包括债务人所有的任何财产，不论其是在债务人的现实占有下还是在第三人占有之下。③司法接管（judicial receivership）。其规定在《希腊民事诉讼法典》第725条以下。在发生有关动产或不动产所有权纠纷的情况下，法院可指定置于接管之下的特定财产，并委任接管人予以接管。④临时裁决（provisional award of claims）。其规定于第728条以下，主要适用于涉及迟延支付津贴或酬金、劳动合同终止或者劳动事件或有关劳动合同的履行或违反的赔偿金、人身伤亡赔偿金的案件。⑤情势的临时处置（provisional settlement of the situation）。其规定于第731条以下，通过阻止侵害债权人权利现在或将来的行为的发生以保护申请人的财产权利。

在意大利，民事保全措施规定在《意大利民事诉讼法典》第4篇第1章第1—5条第669—705款之中。据此规定，主要的民事保全措施有：①扣留（attachment）。其规定于670—687条之中，据此规定，扣留分为两种。第一种是司法接管（judicial receivership, sequestro giudiziario）。当财产或明确界定的财物、不动产或财产权发生争议时，或者当可作为证据使用的账簿或文件或样本必须置于法官临时保管时，当事人即可向法院申请司法接管令。第二种是保护性扣留（conservative

---

① See Axel Bosch (ed.), *Provisional Remedies in International Commercial Arbitration*, pp. 309-310.

attachment, sequestro conservativo）。当债权人有理由怀疑其债权实现存在无法保障之虞时，债权人即可向法院申请保存性扣留令，要求将被告的财产置于法院的保管之下，以确保终局判决的履行。②证据的初步收集（preliminary collection of evidence, procedimenti di istruzione preventiva）。当申请人有合理理由相信，有助于其解决纠纷的一个或数个证人的证言可能消失时，即可申请这种措施。[①]

在菲律宾，根据法院规则，民事保全措施包括财产扣留令、初步禁令、接管令、动产交付或扣押令等。[②]

而在西班牙，根据《西班牙民事诉讼法典》之规定，民事保全措施主要包括：①预防性扣留令。这种保全令旨在阻止财产所有人自由处分其财产，其不仅适用于支付特定数量金钱的请求，而且也适用于约定以货代款之债。②货物和动产扣押令。这种扣押令针对的是为债务人占有中的作为诉讼标的的货物或动产。③预防性说明请求令（preventive annotation of claim）。该项保全令旨在将就某一财产业已存在所有权请求的事实告知潜在的买主，以有效地剥夺第三人在随后的诉讼中作为善意购买者的地位。预防性说明请求令可限制权利拥有者处分财产的权利。④无名的临时性保全措施（unnamed provisional remedies）。根据《西班牙民事诉讼法典》，法官拥有颁布其他任何必要的临时性保全措施的自由裁量权。该法典第1428条规定，法官拥有广泛的根据案件情势发布执行判决所必要的所有临时性保全措施的自由裁量权。[③]

在瑞典，旨在确保未来判决或仲裁裁决有效执行的民事保全措施包括：适用于金钱请求的扣押和适用于非金钱请求的诸如禁止被告不得从事某种行为或要求其从事某种行为的其他救济措施。[④]

而在土耳其，临时性保全措施分为两种：适用于金钱请求的临时性扣押和适用于非金钱请求的临时性命令。

---

① See Axel Bosch (ed.), *Provisional Remedies in International Commercial Arbitration*, pp.375-376.

② Ibid., p.535.

③ Ibid., p.655.

④ Ibid., p.676.

四、我国的民事保全类型

我国有关民事保全类型的规定可见于《民事诉讼法》和其他特别程序法之中。

（一）一般性民事保全措施:《民事诉讼法》中的民事保全措施

在我国，有关民事保全措施的一般性规定见于《民事诉讼法》。该法第一百零三至一百零八条就民事保全措施的类型及保全范围、方式、解除和错误补救等事项作了规定。其中第一百零三条“适用条件和程序”规定，人民法院对于可能因当事人一方的行为或者其他原因，使判决难以执行或者造成当事人其他损害的案件，根据对方当事人的申请，可以裁定对其财产进行保全、责令其作出一定行为或者禁止其作出一定行为；当事人没有提出申请的，人民法院在必要时也可以裁定采取保全措施。第一百零四条“诉前财产保全”规定，利害关系人因情况紧急，不立即申请保全将会使其合法权益受到难以弥补的损害的，可以在提起诉讼或者申请仲裁前向被保全财产所在地、被申请人住所地或者对案件有管辖权的人民法院申请采取保全措施。据此，民事保全包括财产保全和行为保全，而财产保全包括诉前财产保全。

（二）特殊领域的民事保全措施:《海事诉讼特别程序法》项下的海事保全措施

《海事诉讼特别程序法》分别在第三章和第四章就海事请求保全与海事强制令作了规定。《海事诉讼特别程序法》第二条规定:“在中华人民共和国领域内进行海事诉讼，适用《中华人民共和国民事诉讼法》和本法。本法有规定的，依照其规定。”据此，海事领域的民事保全措施包括:

1. 海事请求保全

此种保全措施规定于《海事诉讼特别程序法》第三章之中，其是指海事法院根据海事请求人的申请，为保障其海事请求的实现，对被请求人的财产所采取的强制性措施。海事请求保全针对的是财产，故其为对物保全。扣押的对象包括：被请求人的当事船舶；其所有的其他船舶，即姊妹船；船载货物[①]、船用燃油以及船用物料。[②] 而扣押的方式分为“即地扣押”或“死扣押”和“活扣押”。“死扣押”是一种传统的扣船方式。船舶在被扣押期间，其所有人丧失了对船舶的处分权和使用权，船舶不能投入营运，不能驶离港口，更不能处分或设置抵押权。因此，“死扣押”是限制船舶处分和使用的一种严厉措施，其保全效果较佳，船舶难以逃脱，在扣押期间船舶灭失、损害或产生优先权债务的可能性较小。而且，由于剥夺了船东对船舶的使用权，可迫使船东尽快提供担保。然而，“死扣押”方式也存在一些缺陷。船舶一旦被扣押，便不能发挥其使用价值，而且扣押期间船舶还需保留船员并保持供应，费用很大。在多数情况下，还需对其进行监管而产生监管费用。在船东无力提供担保的情况下，船舶可能被长期扣押，直至案件最终得以裁判。这一期间可能长达数年，损失无可估量。在符合法律规定的条件下，船舶还可能在案件审结前被拍卖，造成无法挽回的损失。[③] 随着扣船实践的不断丰富，海事司法实践中出现了“活扣押”的扣船方式。这种扣押方式仅限制被扣押船舶的处分权和抵押权，不限制船东对船舶的使用权，船东在船舶扣押期间仍然可以使用船舶从事运输。[④] 这种较为温和的扣船措施现为《海事诉讼特别程序法》所认可。该法第二十七条规定，海事法院裁定对船舶实施保全后，经海事请求人同意，可以采取限制船舶处分或者抵押等方式允许该船舶继续营运。[⑤]

2. 海事财产保全令

由于海事请求保全所扣押的对象仅限于船舶、船载货物、船用燃

---

① 《海事诉讼特别程序法解释》第十九条规定，海事诉讼特别程序法规定的船载货物指处于承运人掌管之下，尚未装船或者已经装载于船上以及已经卸载的货物。

② 参见:《海事诉讼特别程序法》第五十条、《海事诉讼特别程序法解释》第十八条。

③ 金正佳、翁子明:《海事请求保全专论》，大连海事大学出版社，1996，第61页。

④ 同上。

⑤ 《海事诉讼特别程序法解释》第二十九条规定，海事法院根据海事诉讼特别程序法第二十七条的规定准许已经实施保全的船舶继续营运的，一般仅限于航行于国内航线上的船舶完成本航次。

油以及船用物料，因此债权人欲扣押海事债务人的其他财产，则不能向海事法院申请海事请求保全令。为此，《海事诉讼特别程序法解释》第十八条规定，对其他财产的海事请求保全适用民事诉讼法有关财产保全的规定。可见，财产保全令虽与海事请求保全同属于对物保全，但两者所针对的对象不同，其是一种有别于海事诉讼特别程序法所指的海事请求保全的临时性海事保全措施。

此外，财产保全的对象不仅包括债务人的有形财产，而且包括其到期应得收益以及对第三人所拥有的债权。《民诉法解释》第一百五十八条规定，人民法院对债务人到期应得的收益，可以采取财产保全措施，限制其支取，通知有关单位协助执行。第一百五十九条规定，债务人的财产不能满足保全请求，但对他人有到期债权的，人民法院可以依债权人的申请裁定该他人不得对本案债务人清偿。该他人要求偿付的，由人民法院提存财物或价款。这实际上相当于法国法中的支付扣押或扣押—阻止支付或债权扣押措施。

3. 海事强制令

海事强制令规定于《海事诉讼特别程序法》第四章之中，其是指海事法院根据海事请求人的申请，为使其合法权益免受损害，责令被请求人作为或者不作为的强制措施。此种保全措施适用于当事人的非金钱请求，针对的是当事人的行为，故属于行为保全之范畴。[①]

海事请求保全与海事强制令均属于民事保全措施，两者性质相同，但两者又存在明显区别。第一，保全的客体不同。前者保全的是申请人的金钱请求，而后者则保全申请人的非金钱请求。第二，对象不同。前者所针对的是被请求人的特定的财产，而后者所针对的则是被请求人的行为。第三，方法不同。两者所指向的对象的不同，决定了两者所使用的方法也不相同。前者的方法是对被请求人的船舶等财产予以扣押，后者采取的方法是强制被请求人为一定行为或不为一定行为。然而，海事请求保全与海事强制令有时可以相互转化。一方当事人的行为通常会导致另一方当事人的财产损失，被侵害的一方当事人

---

① 参见：金正佳、翁子明《海事请求保全专论》，第222—223页。

可以申请海事强制令，借助法院的强制力强制对方当事人作为或不作为，也可以放任对方当事人作为或不作为，而向其提出损害赔偿请求，同时申请海事请求保全，扣押对方当事人的船舶等财产。在有些情况下，经采取海事强制令保全措施后，被请求人仍拒不履行作为或者不作为义务时，申请人也可以转而申请海事请求保全。[①]

（三）特殊领域的民事保全措施：知识产权领域的行为保全措施

行为保全是2012年8月31日第二次修正的《民事诉讼法》中新增的一项制度，但1999年通过的《海事诉讼特别程序法》中的海事强制令即是行为保全。

无独有偶，在知识产权领域，早在2001年我国加入世界贸易组织后，基于《与贸易有关的知识产权协定》（以下简称《TRIPS协定》）的相关规定，专利法、商标法和著作权法等知识产权法律在为此进行修订时，增加了行为保全的条文，允许权利人和利害关系人在有证据证明他人正在实施或者即将实施侵权行为，如不及时制止将使其合法权益受到难以弥补的损害时，在起诉前向法院申请采取责令停止有关行为的措施。最高人民法院亦于2001年6月、2002年1月先后颁布了《最高人民法院关于对诉前停止侵犯专利权行为适用法律问题的若干规定》和《最高人民法院关于诉前停止侵犯注册商标专用权行为和保全证据适用法律问题的解释》。后者第十六条“临时保护措施”规定，商标注册人或者利害关系人向人民法院提起商标侵权诉讼时或者诉讼中，提出先行停止侵犯注册商标专用权请求的，人民法院可以先行作出裁定。前款规定涉及的有关申请、证据提交、担保的确定、裁定的执行和复议等事项，参照本司法解释有关规定办理。第六条第一款和第五款“禁止侵权行为”规定，申请人提出诉前停止侵犯注册商标专用权行为的申请时应当提供担保。人民法院确定担保的范围时，应当考虑责令停止有关行为所涉及的商品销售收益，以及合理的仓储、保管等

① 参见：金正佳、翁子明《海事请求保全专论》，第231—232页。

费用，停止有关行为可能造成的合理损失等。此外，《最高人民法院关于审理著作权民事纠纷案件适用法律若干问题的解释》（法释〔2002〕31号）第三十条“著作权诉前禁止令的适用条件”规定，对2001年10月27日前发生的侵犯著作权行为，当事人于2001年10月27日后向人民法院提出申请采取责令停止侵权行为或者证据保全措施的，适用著作权法第四十九条、第五十条的规定。人民法院采取诉前措施，参照《最高人民法院关于诉前停止侵犯注册商标专用权行为和保全证据适用法律问题的解释》的规定办理。该等规定对于人民法院正确审查诉前责令停止侵害知识产权行为案件发挥了重要作用。

在上述司法解释基础上，《中华人民共和国专利法》（2008年修正）第六十六条第一款“请求停止专利权侵害行为”规定，专利权人或者利害关系人有证据证明他人正在实施或者即将实施侵犯专利权的行为，如不及时制止将会使其合法权益受到难以弥补的损害的，可以在起诉前向人民法院申请采取责令停止有关行为的措施。《中华人民共和国商标法》（2013年修正）第六十五条“临时保护措施”规定，商标注册人或者利害关系人有证据证明他人正在实施或者即将实施侵犯其注册商标专用权的行为，如不及时制止将会使其合法权益受到难以弥补的损害的，可以依法在起诉前向人民法院申请采取责令停止有关行为和财产保全的措施。《中华人民共和国著作权法》第五十六条第一款“诉前禁止令”规定，著作权人或者与著作权有关的权利人有证据证明他人正在实施或者即将实施侵犯其权利、妨碍其实现权利的行为，如不及时制止将会使其合法权益受到难以弥补的损害的，可以在起诉前依法向人民法院申请采取财产保全、责令作出一定行为或者禁止作出一定行为等措施。

基于行为保全在知识产权领域的特殊地位，全国人大常委会法制工作委员会副主任王胜明于2011年10月24日在第十一届全国人民代表大会常务委员会第二十三次会议上所作《关于〈中华人民共和国民事诉讼法修正案（草案）〉的说明》中指出，现行民事诉讼法对行为保全问题未作规定。侵害知识产权等案件有时需要禁止当事人作出某种行为，或者要求其作出某种行为，以制止侵权发生，防止损害扩大。

著作权法、专利法、商标法、海事诉讼特别程序法等法律作了相关规定。建议在财产保全的基础上增加这方面的规定：人民法院对于可能因当事人一方的行为或者其他原因，使判决难以执行或者造成当事人损害的案件，根据对方当事人的申请，可以裁定对其财产进行保全、责令其作出一定行为或者禁止其作出一定行为；当事人没有提出申请的，人民法院在必要时也可以裁定采取保全措施。2013年1月1日施行的《民事诉讼法》遂新增了这项制度。

最高人民法院又于2018年12月12日颁布《最高人民法院关于审查知识产权纠纷行为保全案件适用法律若干问题的规定》，在总结我国知识产权领域行为保全司法实践经验以及遵守《TRIPS协定》、借鉴域外相关立法和司法实践基础上，进一步完善行为保全制度在知识产权与竞争纠纷领域的运用。

（四）先予执行与民事保全措施

先予执行是指法院对某些民事案件作出终审判决之前，为解决当事人一方生活或生产的紧迫需要，根据其申请，命令另一方当事人给付申请人一定的钱物，或者实施或停止实施某种行为，并立即执行的裁定。其是民事诉讼中一种特殊的执行制度。[①]《民事诉讼法》第九章将“保全和先予执行”作为章名，并于第一百零九条、第一百一十条和第一百一十一条规定了先予执行的范围、条件和复议事项。但先予执行是否属于民事保全措施的范畴，存有争议。我国海事法专家金正佳先生对此进行了深入研究。其认为，保全与先予执行的共同之处，是在实体争议尚未作出结论的情况下对被申请人采取的强制措施。但是，保全与先予执行是两个不同的范畴，两者有着较大的区别。从性质上讲，保全是一种保障措施，目的是保障请求人的权利不受侵害或者得到实现；先予执行是一种执行措施，是把在将来判决的部分或全部提前在判决前执行。此外，两者在依据、目的、条件、范围、阶段、

① 江伟主编《民事诉讼法学原理》，中国人民大学出版社，1999，第554页。

结果等方面都存在明显的区别。[①]

我国民事诉讼法将保全与先予执行并列予以规定，民诉法学学者一般将两者在同章中加以探讨。但这仅意味着保全与先予执行是不同的两种制度，而并不能由此得出先予执行是或不是民事保全措施的结论。如前所述，尽管不同的国家、不同的组织或个人从不同的角度来定义民事保全措施，但一般认为民事保全措施具有临时性、保护性、程序性和工具性等特征，其根本目的在于防止将来实体判决的执行由于未决诉讼当事人的行为而受挫，从而确保终局判决的完整性。所谓“当事人的行为”，即导致另一方当事人的权利受损或对另一方当事人权利构成受损威胁，并且这种行为所产生的后果仅凭作出对受损方有利的判决是无法充分恢复受损的权利或提供损害救济的。[②] 先予执行令的作出尽管以当事人之间存在明确的民事法律关系为前提，但其也以存在迫切需要为条件。所谓“迫切需要”，即指若不立即执行，便会严重影响申请人的生活或生产经营，使申请人的生活无法维持，或者生产经营活动无法继续。具体言之，“迫切需要”或“情况紧急需要”包括：需要立即停止损害、排除妨碍；需要立即制止某项行为；需要立即返还用于购买生产原料、生产工具的贷款；追索恢复生产经营急需的保险理赔费等。尤为重要的是，《民事诉讼法》第一百一十条规定，人民法院裁定先予执行，申请人败诉的，应当赔偿被申请人因先予执行遭受的财产损失。可见，先予执行裁定具有民事保全措施的工具性特点，具有在时间上的暂时性和效力上的可逆转性。据此而言，将先予执行纳入民事保全措施的范畴也未尝不可。

在国际社会，由于并不存在能为各国所普遍接受的民事保全措施的概念，在一些国家立法中所存在的与我国先予执行相类似的临时支付令是否属于民事保全措施，也存在争议。不过，法院颁布临时性支付令的权力为许国国家立法所肯定，大多数发达国家立法均规定了类似的救济措施。[③] 如在英国，原告如果进行诉讼将会获得有利于其有

① 金正佳、翁子明:《海事请求保全专论》，第228页。

② See L. Collins, “Provisional and Protective Measures in International Litigation,” p.23.

③ Ibid., p.57.

关实质损害的判决，法院将会准许原告有关中间支付令的申请。当然，在此类案件中，法院在审理之前必须确信原告将会胜诉。并且在此类程序中，法院尽管并不对案件的实质问题予以裁判，但毫无疑问其实际上对在以后审判中予以裁判的有关问题提前作了处理。在法国，临时支付令（référé-provision）也如此。根据《法国民事诉讼法典》第809条第2款规定，在对债务的存在没有严重争议的情况下，大审法院院长得同意给予债权人预付款。原告也无须证明存在紧急情况，而被告负有证明其对案件事实有抗辩事由的责任。在司法实践中，法国在数个案件中将临时支付令作为临时性保全措施来对待。①

（五）证据保全与民事保全措施

对于民事保全措施的范围，尚有争议的是证据保全可否作为民事保全措施。

《民事诉讼法》将“证据保全”与“保全和先予执行”分别规定。其第六章第八十四条规定，在证据可能灭失或者以后难以取得的情况下，当事人可以在诉讼过程中向人民法院申请保全证据，人民法院也可以主动采取保全措施。因情况紧急，在证据可能灭失或者以后难以取得的情况下，利害关系人可以在提起诉讼或者申请仲裁前向证据所在地、被申请人住所地或者对案件有管辖权的人民法院申请保全证据。证据保全的其他程序，参照适用本法第九章保全的有关规定。《海事诉讼特别程序法》亦在第五章规定“海事证据保全”，与第三章“海事请求保全”、第四章“海事强制令”并行。据此，学界也往往将此作为一项与民事保全措施不同的法律制度予以对待。

然而，最高人民法院与香港特区政府律政司于2019年4月签署、2019年9月26日发布的《仲裁保全安排》第一条规定，本安排所称“保全”，在内地包括财产保全、证据保全、行为保全；在香港特别行政区包括强制令以及其他临时措施，以在争议得以裁决之前维持现状或者恢复原状、采取行动防止目前或者即将对仲裁程序发生的危害或者损

① See L. Collins, “Provisional and Protective Measures in International Litigation,” pp.57-58.

害，或者不采取可能造成这种危害或者损害的行动、保全资产或者保全对解决争议可能具有相关性和重要性的证据。据此，证据保全与财产保全、行为保全之间最大的不同之处在于保全的对象，而在其他方面均符合民事保全措施的法律特征，因而将证据保全纳入民事保全措施的范畴也不是毫无道理。同时值得注意的是，许多国家的民事诉讼立法将证据保全归为民事保全措施的范围。在荷兰，保全性讯问证人命令即作为临时性保全措施，并且在司法实践中，法院也曾颁布保全性讯问证人命令，以支持在比利时法院进行的诉讼。在比利时、法国和荷兰，法院也曾裁定指定专家令是临时性保全措施。①

（六）《中华人民共和国仲裁法（修订）（征求意见稿）》中的“临时措施”

本次修订是继1994年《仲裁法》颁布之后修订幅度最大的一次，在民事诉讼法和仲裁法相关规定的基础上，参照《国际商事仲裁示范法》以及其他国家仲裁立法，引入了诸多国际商事仲裁实践中成熟的制度、规则和概念，努力实现我国仲裁立法的科学化、国际化和现代化。

为快速推进仲裁程序，提高纠纷解决效率，体现司法对仲裁的支持态度，增强我国作为仲裁地的竞争力，《中华人民共和国仲裁法（修订）（征求意见稿）》（以下简称《仲裁法修订征求意见稿》）在第四章增设“临时措施”一节，通过七个具体条文旨在形成“临时措施”体系的基本架构，将原有的仲裁保全内容与其他临时措施集中整合，增加行为保全和紧急仲裁员制度，明确仲裁庭作出临时措施决定的权力依据，并统一规范临时措施的行使。②

《仲裁法修订征求意见稿》中“临时措施”条款的设计具有以下几个特点：

① See L. Collins, “Provisional and Protective Measures in International Litigation,” pp.56-57.

② 《关于〈中华人民共和国仲裁法（修订）（征求意见稿）〉的说明》，中华人民共和国司法部网站，2021年7月30日，www.moj.gov.cn/pub/sfbgw/zlk/202107/t20210730_432965.html，访问日期：2021年8月10日。

1.“临时措施”术语的法定化

“临时措施”这一术语在我国仲裁领域使用已久。新中国第一部仲裁规则，即中国国际贸易促进委员会对外贸易仲裁委员会1956年版的《仲裁程序暂行规则》。其第十五条和1954年中央人民政府政务院发布的《关于在中国国际贸易促进委员会内设立对外贸易仲裁委员会的决定》第八条均使用了“临时办法”之术语。所谓“临时办法”与interim measures相对应，目前一般翻译为“临时措施”。但自贸仲委在1988年修改其仲裁规则时起，“临时措施”这一术语一度消失。自2012年始，“临时措施”这一术语重新进入贸仲委《仲裁规则》(2012年版)之中。其第二十一条“保全及临时措施”规定:“(一)当事人依据中国法律规定申请保全的，仲裁委员会秘书局应当依法将当事人的保全申请转交当事人指明的有管辖权的法院。(二)经一方当事人请求，仲裁庭依据所适用的法律可以决定采取其认为必要或适当的临时措施，并有权决定请求临时措施的一方提供适当的担保。仲裁庭采取临时措施的决定，可以程序令或中间裁决的方式作出。”此后,《仲裁规则》保留了“临时措施”这一用语。贸仲委《仲裁规则》(2015年版)又增设“紧急仲裁员程序”条款。其第二十三条“保全及临时措施”规定:“(一)当事人依据中国法律申请保全的，仲裁委员会应当依法将当事人的保全申请转交当事人指明的有管辖权的法院。(二)根据所适用的法律或当事人的约定，当事人可以依据《中国国际经济贸易仲裁委员会紧急仲裁员程序》(本规则附件三)向仲裁委员会仲裁院申请紧急性临时救济。紧急仲裁员可以决定采取必要或适当的紧急性临时救济措施。紧急仲裁员的决定对双方当事人具有约束力。(三)经一方当事人请求，仲裁庭依据所适用的法律或当事人的约定可以决定采取其认为必要或适当的临时措施，并有权决定由请求临时措施的一方当事人提供适当的担保。”

而北京仲裁委员会自2015年起亦使用这一术语。《北京仲裁委员会仲裁规则》(2015年版)虽然在其第十六条仍使用“仲裁保全”用语，将2008年版《北京仲裁委员会仲裁规则》第十四条“财产保全”和第十五条“证据保全”予以整合，并依据2012年修正的《民事诉讼法》有关规定新增了“行为保全”和“仲裁前保全”的相关内容，但与贸仲委《仲裁规则》“保全及临时措施”条款不同的是，其又另设第六十二条“临时措施”条款和第六十三条“紧急仲裁员”条款。第六十二条“临时措施”规定：“（一）根据当事人申请，仲裁庭可以依据有关法律决定采取其认为适当的临时措施，采取临时措施的决定可以以仲裁庭决定、中间裁决或者有关法律认可的其他方式作出。如果必要，仲裁庭有权要求申请临时措施的当事人提供适当的担保。（二）当事人也可以依据有关法律直接向具有管辖权的法院提出临时措施申请。”第六十三条“紧急仲裁员”第（一）款规定：“案件受理后至组成仲裁庭之前，当事人需要申请临时措施的，可以依据有关法律规定向本会提出指定紧急仲裁员的书面申请。是否同意，由本会决定。”上述条款成为《北京仲裁委员会仲裁规则》（2019年版）第十七条“仲裁保全”、第六十二条“临时措施”和第六十三条“紧急仲裁员”第（一）款的条款。

无独有偶，《深圳国际仲裁院仲裁规则》（2012年版）第二十五条也规定：“经一方当事人请求，或如仲裁庭认为必要，仲裁庭可以决定采取其他适当的临时措施。仲裁庭采取其他临时措施的，可以程序令或中间裁决的方式作出……”《中国（上海）自由贸易试验区仲裁规则》（2015年版）也使用“临时措施”这一用语。其第十八条规定：“当事人可以根据临时措施执行地所在国家/地区有关法律的规定向仲裁委员会及/或具有管辖权的法院提出如下一种或数种临时措施的申请：……要求一方作出一定行为及/或禁止其作出一定行为……。”

虽然“临时措施”频频出现在仲裁规则之中，但仲裁规则并非法律。《仲裁法修订征求意见稿》正视这一实践而将之上升为立法语言。

当然，也有学者对此意见不同，称在立法过程中，对于立法语言的使用应当保持适当的“谦抑”，需要重新审视“临时措施”概念的定义外延，是否要在修订仲裁法中使用“临时措施”，还是应当考虑将除证据保全、行为保全、财产保全的所谓其他临时措施类型化，视这些情况是否为已有的概念所涵盖，再来决定是否使用“临时措施”一词。[①]

2.“临时措施”外延的扩大化

在我国，“临时措施”与“保全措施”两个术语基本上分别存在于有关仲裁和诉讼立法领域。“保全”术语见于民事诉讼法及其他相关法律之中。“保全”成为财产保全、行为保全、证据保全、海事请求保全及海事强制令等诸项措施的上位概念。然而,《仲裁法修订征求意见稿》中“临时措施”条款的出现，打破了关于保全措施与临时措施之间关系的传统惯性思维。《仲裁法修订征求意见稿》第四十三条规定，当事人在仲裁程序进行前或者进行期间，为了保障仲裁程序的进行、查明争议事实或者裁决执行，可以请求人民法院或者仲裁庭采取与争议标的相关的临时性、紧急性措施。临时措施包括财产保全、证据保全、行为保全和仲裁庭认为有必要的其他短期措施。

临时措施与保全措施两个概念之间处于何种逻辑关系?

（1）“保全措施”与“临时措施”全异说。在不同语境下，分别使用这两个用语，两者之间是全异关系，这种用法可见于仲裁规则之中。1956年版的《仲裁程序暂行规则》第十五条规定:“仲裁委员会主席依一方当事人的申请，对同当事人有关的物资、产权等可以规定临时办法，以保全当事人的权利。”而1954年中央人民政府政务院发布的《关于在中国国际贸易促进委员会内设立对外贸易仲裁委员会的决定》第八条规定:“仲裁委员会审理争议案件时，为保全当事人之权利，对与当事人有关的物资、产权等得规定临时办法。”《仲裁规则》(2012年版）第二十一条“保全及临时措施”规定:“(一）当事人依据中国法律规定申请保全的，仲裁委员会秘书局应当依法将当事人的保全申请转交当事人指明的有管辖权的法院。(二）经一方当事人请求，仲裁庭依据所适用的法律可以决定采取其认为必要或适当的临时措施，并有权决定请求临时措施的一方提供适当的担保。仲裁庭采取临时措施的决定，可以程序令或中间裁决的方式作出。”《仲裁规则》(2015年版）

---

① 詹晖:《关于“临时措施”进入仲裁法的思考》，法治网，2021年8月10日，http://www.legaldaily.com.cn/Arbitration/content/2021-08/10/content_8576274.htm，访问日期：2021年8月10日。

第二十三条“保全及临时措施”规定：“（一）当事人依据中国法律申请保全的，仲裁委员会应当依法将当事人的保全申请转交当事人指明的有管辖权的法院。（二）根据所适用的法律或当事人的约定，当事人可以依据《中国国际经济贸易仲裁委员会紧急仲裁员程序》（本规则附件三）向仲裁委员会仲裁院申请紧急性临时救济。紧急仲裁员可以决定采取必要或适当的紧急性临时救济措施。紧急仲裁员的决定对双方当事人具有约束力。（三）经一方当事人请求，仲裁庭依据所适用的法律或当事人的约定可以决定采取其认为必要或适当的临时措施，并有权决定由请求临时措施的一方当事人提供适当的担保。”也就是说，所谓的“保全”是中国法律项下的措施，是当事人依据中国法律规定申请，并由仲裁机构将当事人的保全申请转交当事人指明的有管辖权的法院。所谓“临时措施”，是“所适用的法律”项下的措施，其具体措施或外延如何及采取主体等事项，概依“所适用的法律”确定。若“所适用的法律”允许仲裁庭采取某种临时措施，则仲裁庭有权决定采取其认为必要或适当的临时措施，故所谓“所适用的法律”实际上即为临时措施实施地国法律。从管辖角度而言，基于民事诉讼法就民事保全措施管辖的规定，保全措施的管辖权专属于法院，临时措施的决定则由仲裁庭作出，据此而有别于保全措施。“保全措施”与“临时措施”之间显然属于全异关系。

《北京仲裁委员会仲裁规则》（2015年版）第十六条“仲裁保全”规定：“（一）一方当事人因另一方当事人的行为或者其他原因，可能使裁决难以执行或者造成当事人其他损害的，可以提出申请，要求对另一方当事人的财产进行保全、责令其作出一定行为或者禁止其作出一定行为。（二）证据可能灭失或者以后难以取得的情况下，当事人可以提出证据保全申请。（三）当事人提出上述申请的，本会将当事人的申请提交至有管辖权的法院。（四）因情况紧急，不立即申请保全将会使其合法权益受到难以弥补的损害或者证据可能灭失或以后难以取得的情况下，当事人可以在申请仲裁前提出上述申请。”第六十二条“临时措施”规定：“（一）根据当事人申请，仲裁庭可以依据有关法律决定采取其认为适当的临时措施，采取临时措施的决定可以以仲裁庭决定、中间裁决或者有关法律认可的其他方式作出。如果必要，仲裁庭有权要求申请临时措施的当事人提供适当的担保。（二）当事人也可以依据有关法律直接向具有管辖权的法院提出临时措施申请。”第六十三条“紧急仲裁员”规定：“（一）案件受理后至组成仲裁庭之前，当事人需要申请临时措施的，可以依据有关法律规定向本会提出指定紧急仲裁员的书面申请。是否同意，由本会决定。（二）本会同意指定紧急仲裁员的，应在当事人按照本规则附录3的标准预交相应费用后2日内在仲裁员名册中指定一名紧急仲裁员，并将指定情况通知当事人。（三）紧急仲裁员的信息披露、回避等事项，参照本规则第二十一条、第二十二条的规定办理。（四）紧急仲裁员有权采取其认为适当的方式就当事人的临时措施申请进行审查，但应保证当事人有合理陈述的机会。（五）紧急仲裁员应当于指定之日起15日内作出相关决定、指令或裁决，并说明理由，该决定、指令或裁决由紧急仲裁员签字并加盖本会印章后发送当事人。（六）当事人对紧急仲裁员作出的相关决定、指令或裁决有异议的，有权自收到相关决定、指令或裁决之日起3日内向紧急仲裁员提出修改、中止或撤销相关决定、指令或裁决的申请，是否同意由紧急仲裁员决定。（七）除非当事人另有约定，紧急仲裁员不再担任与临时措施申请有关的争议案件的仲裁员。（八）紧急仲裁员在上述程序中作出的相关决定、指令或裁决，对仲裁庭不具有约束力。仲裁庭可以修改、中止或撤销紧急仲裁员作出的相关决定、指令或裁决。”对于上述设计，北京仲裁委员会/北京国际仲裁中心《仲裁规则释义》（2015年版）指出，如此设计意在满足国际商事仲裁当事人的需要。在国内仲裁实践中，虽然法律没有明文禁止仲裁庭作出临时措施决定，但仲裁庭无法作出此决定。尽管如此，现行保全制度能够达到临时措施所要达到的目的，满足当事人的需求。在国际商事仲裁案件中，在保全行为的执行地在外国时，适用我国民事诉讼法中的保全制度难以实现保全目的。鉴于在国际商事仲裁领域的临时措施中，相当部分临时措施属于具有保全性质的临时措施，依保全执行地法律，该等临时措施决定可以由仲裁庭作出，或者其赋予本国法院执行仲裁庭作出的临时措施决定，仲裁庭作出的临时措施决定就可在当地得到执行。为此,《北京仲裁委员会仲裁规则》(2015年版)新增第六十二条,赋予仲裁庭在国际商事仲裁中采取临时措施的权利,以适应国际商事仲裁当事人的需求。第六十三条“紧急仲裁员”条款内容与上述第六十二条“临时措施”条款相呼应。“临时措施”条款对国际商事仲裁程序中的临时措施加以规定,其针对的是仲裁庭组成之后如何应对当事人申请临时措施的问题,而第六十三条“紧急仲裁员”条款针对仲裁庭组成之前如何应对当事人临时措施申请问题。两者各自适用的程序阶段相互补充,共同形成完整的规则体系。

此外,最高人民法院2019年9月26日发布的《仲裁保全安排》项下的临时措施与保全措施亦处于与上述相同的关系。其第一条规定,本安排所称“保全”,在内地包括财产保全、证据保全、行为保全;在香港特别行政区包括强制令以及其他临时措施,以在争议得以裁决之前维持现状或者恢复原状、采取行动防止目前或者即将对仲裁程序发生的危害或者损害,或者不采取可能造成这种危害或者损害的行动、保全资产或者保全对解决争议可能具有相关性和重要性的证据。

(2)“保全措施”与“临时措施”同一说。该说法认为,临时措施主要包括证据保全、行为保全、财产保全措施。在仲裁案件的实践中,财产保全最为常见,而证据保全较少出现。虽然有观点认为存在除证据保全、行为保全、财产保全之外的其他临时措施,如国际仲裁中经常采用的保持及恢复原状、要求暂时履行特定义务、要求不得违反保密协议公开披露信息等,但是实际上绝大多数均可以认为是行为保全的具体形态之一。因此,完全可以用法律规范体系中已经存在的“行为保全”一词涵盖。① 如前文所述,证据保全与财产保全和行为保全之间最大的不同之处在于保全的对象,而在其他方面均符合民事保全措施的法律特征,因而将证据保全纳入民事保全措施的范畴也不是毫无道理。同时,许多国家的民事诉讼立法将证据保全归为民事保全措施的范围。

而从《仲裁法修订征求意见稿》本身所使用的用语而言,其一方

① 詹晖:《关于“临时措施”进入仲裁法的思考》。

面在第四十三条第二款中明确规定临时措施包括财产保全、证据保全、行为保全和仲裁庭认为有必要的其他短期措施，另一方面却在第三节"临时措施"中广泛使用"保全"用语。"临时措施"和"保全"用语的混合使用，表明两者之间内涵外延一致，仅是表述不同而已。为此，有学者指出，仲裁保全有两个关键事项，即作出保全决定的主体和实施保全决定的主体。而保全的实施权专属法院，因此如果在条文中直接使用"保全"而非"临时措施"措辞，则在仲裁法修订后，即可直接与民事诉讼法及相关司法解释衔接，无须通过出台新的司法解释就能够直接适用修订后的仲裁法。[①]

（3）"保全措施"与"临时措施"包容说。该说法即"保全措施"的全部外延与"临时措施"的部分外延相重合。以《仲裁法修订征求意见稿》为代表，其第四十三条至第四十九条一方面赋予了仲裁庭作出临时措施决定的权力；另一方面在原有仲裁保全内容的基础上增加了其他临时措施的规定，特别增加了行为保全和紧急仲裁员制度。其中，第四十三条第二款规定，临时措施包括财产保全、证据保全、行为保全和仲裁庭认为有必要的其他短期措施。第四十三条第一款规定，当事人在仲裁程序进行前或者进行期间，为了保障仲裁程序的进行、查明争议事实或者裁决执行，可以请求人民法院或者仲裁庭采取与争议标的相关的临时性、紧急性措施。第四十七条第二款规定，当事人向仲裁庭申请保全措施的，仲裁庭应当及时作出决定，并要求当事人提供担保。保全决定经由当事人或者仲裁机构提交有管辖权的人民法院后，人民法院应当根据相关法律规定及时执行。第四十八条第一款和第二款规定，当事人申请其他临时措施的，仲裁庭应当综合判断采取临时措施的必要性与可行性，及时作出决定。前款规定的临时措施作出后，经一方当事人申请，仲裁庭认为确有必要的，可以决定修改、中止或者解除临时措施。依据现行法，在仲裁程序中，对于当事人的财产保全申请，仲裁机构仅是在当事人和法院之间起着转递作用，最终由法院审查和决定，仲裁庭对于保全措施没有审查决定权。《仲裁法

① 詹晖:《关于"临时措施"进入仲裁法的思考》。

修订征求意见稿》就此作出调整，赋予仲裁庭在仲裁程序中作出临时措施的审查决定权，当事人可以选择向仲裁庭或法院提出保全申请。但根据第四十八条第三款，临时措施决定需要法院提供协助的，当事人可以向法院申请协助执行，法院依照相关法律规定执行。此外，依《仲裁法修订征求意见稿》紧急仲裁员条款，若在仲裁庭组成前，当事人需要采取临时措施，可以依照仲裁规则向仲裁机构申请指定紧急仲裁员进行审查并作出决定，以确保仲裁临时措施的及时性。由此可见，《仲裁法修订征求意见稿》的上述规定实际上将临时措施作为各类保全措施的上位概念。

对于上述条款，值得商榷的是“其他短期措施”的界定问题。临时措施主要包括三类，即财产保全、证据保全和行为保全。如此设计，将产生与现行法律规范体系之间的协调问题。现行法律规范体系为此需要相应修正，制定新的规则对此予以适应和实现。否则，因在整个民事诉讼法体系中不存在除证据保全、行为保全、财产保全之外的其他措施，如果仲裁庭作出的决定超越了法院实施保全的权力范围，该临时措施决定能否得到司法的认可并付诸实施和执行，值得深思。例如，海南一中院对中国国际经济贸易仲裁委员会进行的申请人海南亨廷顿医院管理咨询有限公司与被申请人慈铭博鳌国际医院有限公司仲裁案〔海南省第一中级人民法院（2019）琼96财保13号、（2019）琼96财保13号之一、（2019）琼96证保1号、（2019）琼96行保1号、（2019）琼96行保1号之一民事裁定书〕首次采取行为保全，以司法实践填补了立法和司法解释中的行为保全措施空白地带。又如，在华为技术有限公司、华为终端有限公司、华为软件技术有限公司与康文森无线许可有限公司确认不侵害专利权及标准必要专利许可纠纷三案〔最高人民法院（2019）最高法知民终732、733、734号之一民事裁定书〕中，针对本三案二审期间域外法院就双方当事人之间的平行诉讼作出一审禁令判决，申请人华为技术有限公司于2020年8月27日向最高人民法院申请行为保全，请求法院禁止康文森无线许可有限公司申请临时执行上述一审禁令判决，直至本三案二审终审。最高人民法院在要求华为技术有限公司提供相应担保的情况下，综合考量了必要性、损益平衡、国际礼让等因素，作出了行为保全裁定，系中国法院首次在知识产权领域作出具有“禁诉令”性质的行为保全裁定。

不过，也有学者就“临时措施”的类型提出创造性见解：临时措施按照其性质及所要实现的目的分为实体性临时措施及程序性临时措施。程序性临时措施是指与仲裁庭推进仲裁程序有关、与当事人权利义务的分配无关的临时措施，比如要求一方当事人提交证据，关于开庭程序、开庭议题等问题的决定。[①] 如此阐释，“临时措施”外延无疑广于“保全措施”。

3.“临时措施”决定作出主体的二元化

依我国现行立法，保全措施决定和实施权专属法院。《仲裁法修订征求意见稿》第四十七条规定，当事人向人民法院提出保全措施申请的，人民法院应当依照相关法律规定及时作出保全措施。当事人向仲裁庭申请保全措施的，仲裁庭应当及时作出决定，并要求当事人提供担保。保全决定经由当事人或者仲裁机构提交有管辖权的人民法院后，人民法院应当根据相关法律规定及时执行。由此，保全措施决定权由仲裁庭和法院分享，而实施权仍专属法院。如此规定虽然与《国际商事仲裁示范法》相关规定相吻合，但同时必然引发与我国现行民事诉讼法及相关司法解释的协调和修订问题。

4. 临时措施效力的域外化

《仲裁法修订征求意见稿》第四十六条第二款规定，当事人提起仲裁后申请保全措施的，可以直接向被保全财产所在地、证据所在地、行为履行地、被申请人所在地或者仲裁地的人民法院提出；也可以向仲裁庭提出。被保全财产所在地、证据所在地、行为履行地、被申请人所在地或者仲裁地，一般是实质争议问题判决或裁决的作出地及实现地，三者重合。由于临时性措施问题属于程序性问题，程序性问题适用法院地法或仲裁地法，临时措施的效力相应地一般限于该等地方，故在纯国内商事仲裁案件之中，临时措施的属地效力并不妨碍其满足

---

① 傅成伟:《国际商事仲裁中临时措施可执行性问题研究》，中国国际贸易促进委员会官网，2014年10月11日，http://www.ccpit.org/Contents/Channel_3488/2014/1011/422304/content_422304.htm，访问日期：2021年5月10日。

当事人需求。在国际商事仲裁中，三者并非始终合一，临时措施域外效力问题随之产生，从而促使国际社会对临时措施域外实施司法协助机制的探索。

在国内，中国国际经济贸易仲裁委员会2012年版《仲裁规则》和2015年版《北京仲裁委员会仲裁规则》业已开始探索临时性措施域外效力的实现路径。贸仲委2012年版《仲裁规则》第二十一条第（二）款规定，经一方当事人请求，仲裁庭依据所适用的法律可以决定采取其认为必要或适当的临时措施。2015年版《北京仲裁委员会仲裁规则》第六十二条规定："（一）根据当事人申请，仲裁庭可以依据有关法律决定采取其认为适当的临时措施，采取临时措施的决定可以以仲裁庭决定、中间裁决或者有关法律认可的其他方式作出。如果必要，仲裁庭有权要求申请临时措施的当事人提供适当的担保。（二）当事人也可以依据有关法律直接向具有管辖权的法院提出临时措施申请。"因此，当被保全财产所在地、证据所在地、行为履行地的"有关法律"允许域外仲裁庭作出临时措施决定时，则仲裁庭可依据该"有关法律"决定采取其认为适当的临时措施，进而向该地的法院申请承认与执行；或者当该地"有关法律"允许域外仲裁案件当事人向其法院申请采取临时措施时，可直接依据该"有关法律"向具有管辖权的法院提出临时措施申请，进而在当地得到批准和实施。不过，就仲裁规则的上述规定而言，此等设计与其说是规则，不如说是对仲裁庭或当事人的提醒。

也许基于上述仲裁实践，《仲裁法修订征求意见稿》第四十九条第一款规定，临时措施需要在中华人民共和国领域外执行的，当事人可以直接向有管辖权的外国法院申请执行。此等规定虽然充其量属于单向意愿显示，但其意义不容小觑，预示着规则制定者开始意识到临时措施域外效力和实施问题的重要性。

五、国际文件中的民事保全措施

各国国内法和司法实践并没有明确或严格区分国内民事诉讼中的民事保全措施与国际民事诉讼中的民事保全措施，从而在国际民事诉讼中民事保全措施的适用缺乏统一性。[①]国内法中民事保全措施的多样性使有关民事保全措施的国际文件将解决民事保全措施管辖权和执行方面的国际协调作为其基本内容，而将民事保全措施类型或范围交由有关国家国内法予以确定。然而，欧盟《布鲁塞尔条例》中有关保全措施的条款引发学界和实务界关于保全措施范围和类型的不少争论。

（一）保全措施“民事性”的判断

保全措施不限于民事领域，在行政诉讼中亦存在预防性保护措施，从而产生民事性保全措施与行政性保全措施之间的识别问题。此外，《布鲁塞尔条例》还因其自身特有的调整对象而引发其项下的民事保全措施与成员国国内法项下民事保全措施之间的关系问题。

《布鲁塞尔公约》第24条规定[②]，即使按本公约规定，某一缔约国法院对案件的实质性问题有管辖权，亦得向另一缔约国法院申请该国法律所允许的临时措施，包括保护措施。然而，《布鲁塞尔公约》第24条项下的保全措施，是否必须与公约第1条所规定的属于公约适用范围的事项有关，或者说是否与主诉标的同具有公约项下的民商性?

西班牙学者指出，《布鲁塞尔公约》第24条中“按本公约规定，某一缔约国法院对案件的实质性问题有管辖权”的规定，是该条的核心内容。固然，保全措施的范围及其保护对象多样，但《布鲁塞尔公约》第24条所指的保全措施的范围，系由主诉的性质，或者保全措施意欲保护的权利的性质所决定。《布鲁塞尔公约》第24条仅适用于那些旨在保护属于《布鲁塞尔公约》适用范围的权利或诉讼的包括保护措施的临时措施。[③]

欧洲法院曾在其若干判决中对此作出回应。在De Cavel I案中，欧洲法院认为，诸如财产冻结之类的与财产相关的保全措施，能用来保护各种权利。其是否属于公约的适用范围，并非取决于其自身的性质，而是其意欲保护的权利的性质。与离婚诉讼密切相关的临时措施，就

---

① 参见：张文亮《国际民事诉讼中的临时措施研究》，第8页。

② 《布鲁塞尔条例》第31条和《布鲁塞尔条例》（修订）第35条亦作了相同规定。

③ Francisco Garcimartín, “Provisional and Protective Measures under the Brussels I Recast,” pp.69-70.

其性质而言从属于离婚诉讼。因离婚事项不属于公约的适用范围，故其亦不属于第24条项下的保全措施的范围。[①] De Cavel II案[②] 则涉及扶养费的支付。欧洲法院认为,《布鲁塞尔公约》第24条仅适用于对依公约第1条第1款属于民商事事项但又不属于第2款所规定的排除事项之诉讼予以保护的保全措施，故其不适用于与丈夫管理妻子财产事项相关的保全措施。扶养费的支付系一项单独事项，其本身归属于民事事项范畴。这亦可从《布鲁塞尔公约》第5（2）条关于扶养之债管辖法院的具体规定予以印证。[③]

而在C. H. W诉G. J. H案中，欧洲法院明确表示，不可依据第24条而将与公约适用范围之外的事项相关的临时性或保护性措施纳入公约的适用范围。[④] 该观点亦同样存在于Van Uden 诉 Deco-Line案中。欧洲法院指出，公约第24条明确设置了对案件实体无管辖权的法院申请保全措施的情形，因而不得将之作为把与公约适用范围之外的事项相关的临时性或保护性措施纳入公约适用范围的依据。[⑤]

但在2020年4月，欧洲法院法务官（Advocate General）亨里克·索格曼德斯加德（Henrik Saugmandsgaard Øe）就Supreme Site Services（C-186/19）案中保全措施的民事性的判断问题提供了法律意见。在该案中，荷兰最高法院请求欧洲法院就《布鲁塞尔条例》（修订）第1（1）条及第24（5）条解释作出一份初步裁定。相关案情是：欧洲盟军最高司令部（Supreme Headquarters Allied Powers Europe，简称SHAPE）与在瑞士、德国和阿拉伯联合酋长国成立的三家公司之间因燃油款的支付问

① ECJ, 27 March 1979, C-143/78, De Cavel v De Cavel I, ECR [1979] 1055, at para. 8. See Francisco Garcimartín, "Provisional and Protective Measures under the Brussels I Recast," pp.69-70; Catherine Kessedjian, "Note on Provisional and Protective Measures in Private International Law and Comparative Law," p.49.

② Case 120/79, 6 March 1980, Report, p. 731.

③ ECJ, 31 February 1982, C-25/81, De Cavel II, ECR [1982] 1190, at para.9. See Francisco Garcimartín,"Provisional and Protective Measures under the Brussels I Recast," p.70; Catherine Kessedjian, "Note on Provisional and Protective Measures in Private International Law and Comparative Law," p.49.

④ C.H.W. v. G.J.H., Case 25/81, 31 March 1982, Report, p. 1189. See Catherine Kessedjian, "Note on Provisional and Protective Measures in Private International Law and Comparative Law," p.49.

⑤ ECJ, 17 November 1998, C-391/95, Van Uden v Deco-Line, ECR [1995] I-7122, at para.19. See Francisco Garcimartín, "Provisional and Protective Measures under the Brussels I Recast," p.70.

题发生纠纷，三家公司遂向荷兰法院申请冻结欧洲盟军最高司令部的账户，直至纠纷解决。随后，欧洲盟军最高司令部申请临时救济，要求解除所采取的预防性冻结账户措施，及禁止其根据相同事实申请进一步冻结令的命令。荷兰最高法院基于被冻结的账户系在比利时的银行所开之事实，就比利时法院对于裁定解除冻结令之事项依《布鲁塞尔条例》第24条是否拥有专属管辖权这一问题向欧洲法院咨询。这一问题反过来又需要先行解决临时措施的申请这个在主诉中有争议的事项——是否归属“民商事项”的范畴，进而是否属于《布鲁塞尔条例》第1条第1款所界定的条例适用范围。应欧洲法院的要求，法务官就《布鲁塞尔条例》第1条第1款的解释问题建议法院作如下裁决：旨在解除保护性扣押的临时措施申请，是否属于《布鲁塞尔条例》第1条第1款项下的“民事和商事事项”，取决于保护性扣押意欲保护的权利的性质，以及该权利是源于公共当局的行为或以公共当局之表征为特点的法律关系。这由国内法院予以评估，同时考虑与该条款所规定的“行使国家权力中的作为或不作为”相关的除外事项。[1]

（二）民事保全措施的范围

依《布鲁塞尔公约》第24条、《布鲁塞尔条例》第31条及《布鲁塞尔条例》（修订）第35条之规定，受理保全申请的法院包括按公约（条例）规定对案件实质性问题拥有管辖权的成员国法院，以及该法院之外的其他成员国法院。对于该其他成员国法院所能采取的民事保全措施，上述条款将其规定为“该国法律所允许的临时措施，包括保护措施”。但是，条款并未对此作出一个明确的定义，由此产生两大问题：第一，临时性保全措施的界定是由每一个国家法院根据本国的法律概念和原则确定还是根据自治或独立的欧洲法原则确定？第二，根据国内法，被视为临时性保全的措施是否必然属于《布鲁塞尔公约》第24条、《布鲁塞尔条例》第31条及《布鲁塞尔条例》（修订）第35条

---

① See Catherine Kessedjian, “Note on Provisional and Protective Measures in Private International Law and Comparative Law,” p.49.

所谓的“包括保护措施在内的临时措施”？

同时，就对案件实质性问题拥有管辖权的成员国法院所能采取的民事保全措施的范围，则语焉不详。民事保全措施管辖法院的这种双轨现象，增加了民事保全措施范围认定的复杂性。该如何确定其中的民事保全措施范围，存在不同主张。①

其一，国内法标准说。杰纳德报告（The Jenard Report）② 曾指出，《布鲁塞尔公约》第24条规定可采取的措施应根据被申请国的国内法予以确定。如此解释亦可见于《布鲁塞尔公约》中的一些重要术语，如第5（1）条中的契约和第5（3）条中的侵权、不法行为或准不法行为。欧洲法院强调，对此应予以自治性或统一分类或解释。对于第21条先受诉法院原则所涉及的在不同成员国进行的若干相同诉讼，则是由国内法予以确定的术语。③

其二，自治性概念说。与此相反的则是欧洲法院所主张的自治性解释。④ 在Reichert案中，欧洲法院指出，《布鲁塞尔公约》第24条“临时措施，包括保护措施”应被理解为就布鲁塞尔公约适用范围内的事项，用以维持事实或法律情势以保护为对该事项的实体问题拥有管辖权的法院予以承认的权利而所采取的措施。⑤ 在Van Uden案⑥ 中，欧洲法院曾指出，依《布鲁塞尔公约》第2条及第5—18条规定，对案件实

---

① Francisco Garcimartín, “Provisional and Protective Measures under the Brussels I Recast,” p. 6.

② (1979) OJ. C59/1, 42, section 9. See Gerry Maher and Barry J. Rodger, “Provisional and Protective Remedies: The British Experience of the Brussels Convention,” pp. 310-311.

③ Case 129/83, Zelger v. Salinitri (No.2), ECR [1984] 239. See Gerry Maher and Barry J. Rodger, “Provisional and Protective Remedies: The British Experience of the Brussels Convention,” pp. 304-305.

④ See Catherine Kessedjian, “Note on Provisional and Protective Measures in Private International Law and Comparative Law,” p. 47; Francisco Garcimartín, “Provisional and Protective Measures under the Brussels I Recast,” p. 74.

⑤ ECJ, March 26 1992 (C-261/90), ECR [1992] I-2149. See Xandra E. Kramer, “Harmonisation of Provisional and Protective Measures in Europe,” p. 313; Ilaria Pretelli, “Provisional and Protective Measures in the European Civil Procedure of the Brussels I System,” pp. 104; Catherine Kessedjian, “Note on Provisional and Protective Measures in Private International Law and Comparative Law,” pp. 47-48.

⑥ Francisco Garcimartín, “Provisional and Protective Measures under the Brussels I Recast,” p.60; C. Honorati, “Provisional Measures and the Recast of Brussels I Regulation:A Missed Opportunity for A Better Ruling,” p. 3.

体问题拥有管辖权的法院有权采取任何必要的临时性或保护性措施。[①] 也就是说，若有必要，该法院可以颁布任何类型的临时性或保护性措施，不论其依性质属冻结令、中间支付令还是临时禁令；也不论其依效力范围是具有属地效力的措施还是具有域外效力的措施。[②] 对于荷兰法中的中间支付令的归属，欧洲法院补充，中间支付令不构成临时措施，除非申请人在主诉程序未胜诉情况下保证向被告偿还该款项，并且该措施仅涉及被告位于或将要位于接受保全申请的法院属地管辖范围内。[③] 在St Paul Dairy案[④] 中，欧洲法院进一步指出，《布鲁塞尔公约》第24条旨在避免当事人因国际民事诉讼程序的长时间延迟而受损害，故当事人除了可向对案件实体问题拥有管辖权的成员国法院申请临时措施，并在其他成员国予以实施，亦可向另一成员国法院寻求临时措施并直接予以实施。此种临时措施更为快速有效，尤其能产生当事人所期待的"奇袭效应"（surprise effect）。然而，因该条款构成了由公约所确立的管辖权制度的例外，所以必须予以严格解释。

其三，折中说。在学界亦有学者对上述主张提出质疑，"临时措施，包括保护措施"的界定标准并不明确。欧洲法院一方面在Reichert案[⑤] 中对"临时措施，包括保护措施"作了一般性定义，在Van Uden案[⑥] 和Mietz案[⑦] 中对中间支付令作为临时措施和保护措施的条件作了清楚解释。但另一方面，《布鲁塞尔公约》第24条又将之指向另一成员国法律所允许的临时措施和保护措施。在Mietz案中，欧洲法院基于紧急短程序（kort geding）在荷兰法中属于临时措施而将此认定是一项临时措施。 换言之，在《布鲁塞尔公约》第24条项下，由对案件实体问题拥

① ECJ, 17 November 1998, C-391/95, Van Uden v Deco-Line, ECR [1995] I-7122, at para.19.

② Francisco Garcimartín, "Provisional and Protective Measures under the Brussels I Recast," p. 60; Xandra E. Kramer, "Harmonisation of Provisional and Protective Measures in Europe," p. 317.

③ ECJ, November 17 1998 (C-391/95), ECR [1998] I-7091, 46 NILR, p. 102 (1999). See Xandra E. Kramer, "Harmonisation of Provisional and Protective Measures in Europe," p. 313.

④ ECJ, 28 April 2005, C-104/03, St Paul Dairy v Unibel Exser, ECR [2005] I-3497, at para.11-12. See Francisco Garcimartín, "Provisional and Protective Measures under the Brussels I Recast," p. 69.

⑤ ECJ, March 26 1992 (C-261/90), ECR [1992] I-2149.

⑥ ECJ, November 17 1998 (C-391/95), ECR [1998] I-7091, 46 NILR, p. 102 (1999).

⑦ ECJ, April 27 1999 (C-99/96), ECR [1999] I-2277.

有管辖权的成员国法院所采取的临时性保全措施有别于由其他成员国法院所采取的临时性保全措施。[①] 故“临时措施，包括保护措施”既不是完全自治性概念，也非完全的国内法概念。

但在判定某项临时措施的性质归属时是以国内法标准为主还是以自治性标准为主，则又存在不同的主张。有些学者认为，《布鲁塞尔公约》第24条并未创设任何类型的临时措施和保护措施，其仅涉及各国国内法中所存在的此种措施，是否属于“临时措施，包括保护措施”原则上由接受申请的法院所属国国内法予以确定。这一点在欧洲法院认定中间支付令性质时尤为典型。[②] 但这并不意味着国内法中所规定的特定类型的措施必然是《布鲁塞尔公约》第24条意义上的“临时措施，包括保护措施”。[③] “工具性”（instrumentality）是确定国内法中临时措施是否属于《布鲁塞尔公约》第24条、《布鲁塞尔条例》第31条和《布鲁塞尔条例》（修订）第35条中包括保护措施的临时措施的底线。[④] 与此不同的是，另一些学者认为，包括保护措施的临时措施，作为自治性概念，其含义不应依国内法予以确定，而应予以统一界定，包括诸如财产扣留之类的旨在确保最终判决得以执行的措施，诸如支付令或临时禁令之类的临时救济措施。但这些措施的内容、采取的条件、影响范围、对第三人的效力等事项均由法院地国国内法确定。[⑤]

由此可见，就《布鲁塞尔公约》第24条中的民事保全措施形成统一的判断标准，并非易事。[⑥] 为此，有学者指出修正意见，为使《布鲁塞尔公约》第24条得以适用，需要确立一套原则，以阐明包括保护措

---

① See Costanza Honorati, “Provisional Measures and the Recast of Brussels I Regulation:A Missed Opportunity for A Better Ruling,” p. 4.

② See Xandra E. Kramer, “Harmonisation of Provisional and Protective Measures in Europe,” p.316; Catherine Kessedjian, “Note on Provisional and Protective Measures in Private International Law and Comparative Law,” pp. 47-48.

③ Case 129/83, Zelger v. Salinitri (No.2), ECR [1984] 239. See Gerry Maher and Barry J. Rodger, “Provisional and Protective Remedies: The British Experience of the Brussels Convention,” pp. 304-305.

④ See Ilaria Pretelli, “Provisional and Protective Measures in the European Civil Procedure of the Brussels I System,” pp. 101-105.

⑤ See Francisco Garcimartín,“Provisional and Protective Measures under the Brussels I Recast,” p. 74.

⑥ See Xandra E. Kramer, “Harmonisation of Provisional and Protective Measures in Europe,” p. 316.

施在内的临时措施的范围，及对各成员国法律体系中所存在的各类临时措施是否属于第24条之规定加以归类。[①]

（三）证据保全措施与包括保护措施的临时措施[②]

证据保全是否属于包括保护措施的临时措施，无疑是一个棘手问题。两者在《布鲁塞尔公约》《布鲁塞尔条例》与《布鲁塞尔条例》（修订）项下呈现不同关系。

在《布鲁塞尔公约》项下，对于当事人能否依据《布鲁塞尔公约》第24条向法院申请签发命令以获得用以确定是否提起诉讼的证据，欧洲法院在St Paul Dairy案[③]中指出，为使申请人获得据以判定是否提起诉讼、确定请求是否充分的根据，并评估证据关联性而命令证人听审的临时措施，并非属于《布鲁塞尔公约》第24条项下临时性保全措施的范畴。纯粹考虑申请人在确定是否提起实体事项诉讼方面所具有的利益，不符合第24条的意义和宗旨。据此所签发的命令在筹备性调查阶段易于被用以规避《布鲁塞尔公约》第2条和第5—18条中所设置的管辖权规则。

在《布鲁塞尔条例》项下，依欧洲法院上述判例，旨在收集证据的临时措施显然应被排除在《布鲁塞尔条例》第31条适用范围之外。然而，对于旨在保护或获得信息的其他临时措施是否属于第31条项下临时性保全措施的范畴，学者们则有不同的观点。一类学者认为，第31条适用于旨在保全证据的任何措施，尤其当证据存在灭失风险时。其实，当事人直接诉诸信息所在地的法院比诉诸实体事项管辖法院在诸多场合更为有效，前者是降低司法成本的有效机制，而后者最终可能需依海牙域外取证公约或欧盟证据条例寻求域外执行。一些学者甚至认为，

① Gerry Maher and Barry J. Rodger, "Provisional and Protective Remedies: The British Experience of the Brussels Convention," pp. 304-306.

② See Francisco Garcimartín, "Provisional and Protective Measures under the Brussels I Recast," pp. 79-82; Gerry Maher and Barry J. Rodger, "Provisional and Protective Remedies: The British Experience of the Brussels Convention," pp. 305-306; Ilaria Pretelli, "Provisional and Protective Measures in the European Civil Procedure of the Brussels I System," pp. 105-106.

③ See ECJ, 28 April 2005, C-104/03, St Paul Dairy v Unibel Exser, ECR [2005] I-3497, at para. 25.

第31条不仅在紧急情况下适用，而且在需要获取信息以确保主诉有效进行而欧盟证据条例和海牙域外取证公约又无法提供有效救济的场合亦适用。然而，另一类学者则认为，此类措施显然应被排除在《布鲁塞尔条例》第31条项下临时性保全措施范畴之外。[①]

与上述情况不同的是，《布鲁塞尔条例》（修订）“鉴于”部分第（25）条明确指出：“临时措施，包括保护措施，应包括诸如根据欧洲议会和欧盟理事会2004年4月29日《关于知识产权实施的第2004/48/EC号指令》规定为获得信息或保存证据而采取的保全措施。但不包括不具保护性的措施，诸如命令证人听证（hearing of witnesses）的措施。这不影响《关于成员国法院间民商事取证合作的2001年5月28日第1206/2001号理事会条例（EC）》的适用。”但这并未完全消弭关于证据保全措施与包括保护措施的临时措施之间关系的疑惑。

1. 作为包括保护措施的临时措施的条件

依《布鲁塞尔条例》（修订）“鉴于”部分第（25）条规定，证据保全措施是否属于包括保护措施的临时措施，应兼顾证据保全措施的目的和内容。从目的而言，证据保全措施须具保护性；从内容而言，须为诸如证人听证之类的措施。这一要求实际上是对欧洲法院在St Paul Dairy案[②]中有关证人听证的措施是否属于包括保护措施的临时措施的初步裁定意见的肯定。该案涉及纯粹的比利时国内纠纷，但荷兰哈勒姆法院应一方当事人请求签发了一项要求一位居住在荷兰的证人进行听证的命令。根据荷兰法律，该项措施被认为是使申请人据以决定是否提起诉讼，及确定证据是否充分，并评估可能在案中出示的证据之重要程度的初步措施。由于荷兰法院对该案实质问题并无管辖权，而当事人亦未在比利时法院就案件实质问题提起诉讼，欧洲法院法务官指出，在除申请人的利益以外没有任何其他正当理由的情况下，颁布这种措施并不能避免任何国际诉讼程序固有的长期拖延给当事方可能造成的损失，亦无以维持事实或法律情势以保护对该事项的实体问

① See Francisco Garcimartín, “Provisional and Protective Measures under the Brussels I Recast,” pp. 79-80.

② Case C-104/03, St Paul Dairy Industries NV v Unibel Exser BVBA, ECLI: EU: C: 2005: 255.

题拥有管辖权的法院予以承认的权利，故该项措施并不属于包括保护措施的临时措施。[①] 这也就意味着证据保全措施是否被排除在保护性的临时措施之外，关键在于该等措施旨在保全证据还是仅为使用证据。[②]

当然，保护性目的标准亦并非毫无疑义。有学者称，据此，旨在寻找潜在证据的措施似乎亦被排除在包括保护措施的临时措施的范围之外。学界为此存在不同的解释：其一，主张旨在保护或获取信息（protecting or obtaining information）的措施均应属于保护性临时措施。其二，保存存在丧失风险的证据的措施，如证人因死亡、疾病或其他身体状况而使证据存在丧失之虞。在此紧急情况下所采取的证据保全措施无疑属之，但为证明其权利而获取那些无法通过取证公约获取的证据的措施，基于该等措施旨在确保主诉的有效进行而获取信息，亦应属之。不过一些学者对此持反对意见，主张此类措施应被排除在保护性的临时措施之外。[③] 其三，与保存案件中具有证据价值的文件或其他财产有关的措施显然具有保护性。但是，这种补救措施与确保最终判决无关，而是对诉讼过程中的物件保存有影响。保护性临时措施条款并不适用于有关在诉讼期间出示或取得证据的措施，或有关在委托或任命专家证人时取证的措施。故应区分直接针对当事人之间关系的措施和与诉讼程序本身有关的措施之间的区别。[④]

但无论如何，《布鲁塞尔条例》（修订）“鉴于”部分第（25）条规定确认，并非所有获取或保护证据的措施均被排除在《布鲁塞尔条例》（修订）第35条之外。为进一步明确《布鲁塞尔条例》（修订）第35条适用范围的界限，《布鲁塞尔条例》（修订）“鉴于”部分第（25）条亦以证据保全措施的内容，诸如证人听证，作为认定某项证据保全措施不属于临时性保护措施的补充性标准。虽然此处仅列举证人听证的保全措施，但依同类解释规则，仅使申请人据以决定是否提起诉讼，及

---

① See Ilaria Pretelli, “Provisional and Protective Measures in the European Civil Procedure of the Brussels I System,” p. 105.

② See Francisco Garcimartín, “Provisional and Protective Measures under the Brussels I Recast,” pp. 81-82.

③ Ibid., pp. 80-81.

④ See Gerry Maher and Barry J. Rodger, “Provisional and Protective Measures in the European Civil Procedure of the Brussels I System,” pp. 305-306.

确定证据是否充分，并评估可能在案中出示的证据之重要程度的措施，因不具有保护性而应被排除在保护性临时措施之外。[①]

2. 2004年4月29日欧洲议会和欧盟理事会《关于知识产权实施的第2004/48/EC号指令》（以下简称《知识产权指令》）项下的证据保全措施[②]

与《布鲁塞尔条例》（修订）第35条项下保护性临时措施相关的是《知识产权指令》中的第6、7条规定。

其中，第7条“证据保全措施”第1款规定，成员国应确保，即使在案件实体问题提起诉讼之前，如果当事人业已提供合理可用证据以证明其所声称的知识产权业已或将遭受侵权，主管司法机关根据当事人提出的申请，在保护秘密信息的前提下，可以迅速采取有效的临时措施，以保存与所声称的知识产权侵权有关的证据。此类措施可包括详细说明，或实际扣押侵权商品，以及在适当情况下，生产和/或分发这些商品所使用的材料和工具及与之相关的文件。若有必要，特别是在任何拖延将可能致使权利人遭受不可弥补的损害或明显的证据被毁之虞的情况下，可以无须聆讯另一方当事人而采取上述措施。[③] 对于其中的证据保全，因存在由于任何时间上的延误而使申请人权利承受不可弥补之损害，或相关文件灭失之损坏或关键证人死亡之虞，而属于《布鲁塞尔条例》（修订）“鉴于”部分第（25）条所指的“为获得信息或保存证据而采取的保全措施”。[④]

---

① See Francisco Garcimartín, “Provisional and Protective Measures under the Brussels I Recast,” pp. 81-82.

② Ibid., p. 82.

③ Article 7 of Directive 2014/48/EC of The European Parliament and of The Council of 29 April 2004 on the enforcement of intellectual property rights: Member States shall ensure that, even before the commencement of proceedings on the merits of the case, the competent judicial authorities may, on application by a party who has presented reasonably available evidence to support his/her claims that his/her intellectual property right has been infringed or is about to be infringed, order prompt and effective provisional measures to preserve relevant evidence in respect of the alleged infringement, subject to the protection of confidential information. Such measures may include the detailed description, with or without the taking of samples, or the physical seizure of the infringing goods, and, in appropriate cases, the materials and implements used in the production and/or distribution of these goods and the documents relating thereto. Those measures shall be taken, if necessary without the other party having been heard, in particular where any delay is likely to cause irreparable harm to the right holder or where there is a demonstrable risk of evidence being destroyed.

④ See Francisco Garcimartín, “Provisional and Protective Measures under the Brussels I Recast,” p. 82.

然而，颇具争议的是第6条“证据”，即当证据不存在毁损风险，但取证措施对申请人证明其权利或其知识产权被侵权之事实至关重要时，该措施是否属于保护性临时措施？第6条规定：成员国应确保，如果当事方业已提出了足以支持其要求的合理可用证据，并为证实该要求而业已明确为对方当事人所控制的证据，那么基于当事方所提出的申请，在保护秘密信息的前提下，主管司法机关可以命令该当事方提供该证据。在相同条件下，如发生商业侵权，成员国应采取必要的措施，以使主管司法机关在适当情况下，根据当事方的请求，命令披露对方当事人与银行或金融机构之间的通信记录或为对方当事人所控制的商业文件，但其秘密信息应予以保护。[①] 据此，该条所涉证据保全措施类似于英国法中的全球披露令（worldwide disclosure order）[②]，而所保全之证据对于证明知识产权侵权事实和申请人权利至关重要。《布鲁塞尔条例》（修订）“鉴于”部分第（25）条实际上亦将该类证据纳入“临时措施，包括保护措施”范畴。[③]

3. 2014年5月15日欧洲议会和欧盟理事会《关于建立欧洲账户保全令程序以便利民商事项跨境债务追索的第655/2014号条例（EU）》（以下简称《欧洲账户保全令程序条例》）[④] 项下的账户保全令

继《知识产权指令》统一规定知识产权领域的证据保全措施后，《欧洲账户保全令程序条例》又创设崭新的临时救济措施——账户保全令。

---

① Article 6 of Directive 2014/48/EC of the European Parliament and of the Council of 29 April 2004 on the enforcement of intellectual property rights:1. Member States shall ensure that, on application by a party which has presented reasonably available evidence sufficient to support its claims, and has, in substantiating those claims, specified evidence which lies in the control of the opposing party, the competent judicial authorities may order that such evidence be presented by the opposing party, subject to the protection of confidential information. 2. Under the same conditions, in the case of an infringement committed on a commercial scale Member States shall take such measures as are necessary to enable the competent judicial authorities to order, where appropriate, on application by a party, the communication of banking, financial or commercial documents under the control of the opposing party, subject to the protection of confidential information.

② See Ilaria Pretelli, “Provisional and Protective Measures in the European Civil Procedure of the Brussels I System,” p. 107.

③ See Francisco Garcimartín, “Provisional and Protective Measures under the Brussels I Recast,” p. 82.

④ Regulation (EU) No 655/2014 of the European Parliament and of the Council of 15 May 2014. 该条例确立了欧洲账户保全令程序，以促进民事和商业事务中的跨境债务追回。

然而，此项临时救济是否属于《布鲁塞尔条例》第35条项下保护性临时措施，值得关注。

（1）账户保全令的适用范围。《欧洲账户保全令程序条例》前言第（10）条规定，本条例应仅适用于跨境案件。就本条例而言，当处理保全令申请的法院位于一个成员国内而该命令所涉及的银行账户位于另一成员国内时，应认为存在跨境案件。当债权人的住所位于一个成员国，而法院和所要保全的银行账户位于另一个成员国时，也应视为存在跨国案件。对于受理保全令申请的法院所属成员国维系的账户，本条例不适用于对其进行的保全，如果债权人的住所亦在该成员国，即使债权人同时申请对在另一成员国的账户或维系的账户实施保全，亦然。在这种情况下，债权人应提出两份相互独立的申请，一份为保全令，另一份为国内保全措施。简言之，所谓的跨境案件包括两种情况：其一，受理保全令申请的法院位于一成员国，拟保全的银行账户位于另一成员国；其二，申请保全的债权人的住所在一成员国，而法院和保全的账户在另一成员国。

（2）账户保全令的功能。《欧洲账户保全令程序条例》前言第（11）条规定，希望在提起有关实体事项的诉讼之前或在该诉讼程序期间的任何阶段，确保有关该实体事项未来判决得以执行的债权人都可以使用保全令的程序。业已获得要求债务人清偿债权人请求的法院判决、法院和解协议或公证文书的债权人，亦可使用该程序。换言之，账户保全令既可作为确保有关实体事项未来判决得以执行的临时救济，也可作为确保既存判决得以执行而所采取的措施。在上述两种情形下，账户保全令均是执行判决的工具，不论该判决业已存在还是尚未作出。①

（3）账户保全的方式。《欧洲账户保全令程序条例》前言第（26）条规定，取决于成员国法律所规定的执行同等国内命令可使用的方法，保全令应通过以下方式予以执行：冻结债务人账户中所保留金额，或依国内法律规定，将所保留金额转入由主管执法机关、法院、债务人

---

① See Ilaria Pretelli, "Provisional and Protective Measures in the European Civil Procedure of the Brussels I System," p. 108.

持有其账户的银行或为在特定案件中保全之目的而被指定为协调实体的银行所持有的保全专用账户。《欧洲账户保全令程序条例》前言第（15）条规定，为了确保保全令的意外效果（the surprise effect），并确保其成为债权人在跨境案件中试图向债务人追讨债务的有用工具，在保全令签发之前，不应将债权人的申请告知债务人或告知其聆讯，或在执行保全令之前通知保全令的执行。但基于债权人或（如适用）债权人的证人提供的证据和信息，法院不认为保全有关账户是合理的，则法院不应签发该命令。

《布鲁塞尔条例》（修订）虽然未如《知识产权指令》项下证据保全措施那样明确账户保全令的性质，但基于《欧洲账户保全令程序条例》项下账户保全令的运行机理，有学者为此评论："《布鲁塞尔条例》（修订）第35条所蕴含的基本原则激发了账户保全令制度的创设。"[①]

4. 证据保全措施与域外取证措施[②]

《布鲁塞尔条例》（修订）"鉴于"部分第（25）条指出，包括保护措施的临时措施条款并不影响《关于成员国法院间民商事取证合作的2001年5月28日第1206/2001号理事会条例（EC）》的适用。如此强调，揭示了取证的两种现象以及两种并行路径，即《布鲁塞尔条例》项下当事人自行向法院寻求保全措施以获取证据的路径，以及由对实质内容具有管辖权的法院依职权或应当事人请求依取证合作条例向外国法院寻求关于证据获取的司法协助路径。

（四）海牙国际私法会议的尝试

鉴于不同法律体系中临时措施类型的多样化，避免对此予以定义一度被认为是上策。[③] 但依2001年英文本《民商事项管辖权与判决公约草案》第13条选项A，临时性保护措施包括用以维持争议事项裁决前

① See Ilaria Pretelli, "Provisional and Protective Measures in the European Civil Procedure of the Brussels I System," p. 109.

② See Francisco Garcimartín,"Provisional and Protective Measures under the Brussels I Recast," p. 82; Ilaria Pretelli, "Provisional and Protective Measures in the European Civil Procedure of the Brussels I System," pp. 106-107.

③ See Xandra E. Kramer, "Harmonisation of Provisional and Protective Measures in Europe," p.315.

之现状的措施，作为以财产为终局判决得以履行设定担保之初步手段的措施，以及禁止被告实施某些行为以防止当前或即将发生伤害的措施。依第13条选项B则规定，临时性保护措施是指那些旨在保护当事人请求之标的的措施。显然，该定义过于严苛，将纯粹的先期性保全措施（anticipatory measures）和中间支付令排除在外。

第二章

民事保全措施管辖权的归属

第一节　民事保全措施的管辖依据

为应对权利人权利实现之前所存在的诸多不确定风险，民商事案件当事人通常向民商事实体事项管辖法院或仲裁庭申请民事保全措施，并在该诉讼地或仲裁地国将之付诸实施。此种传统实践，因民事保全措施申请和实施地与民商事实体事项管辖或裁判地同在一地，故形成所谓民事保全措施的当地申请与实施模式。

在涉外民商事案件中，民商事案件的涉外性，为当事人向多国法院寻求民事保全措施提供了运作空间。当事人一方面就其实体争议事项在一国提起诉讼或申请仲裁，另一方面则向他国法院申请且实施民事保全措施，由此形成所谓民事保全措施的异地申请与实施模式。但可否如此行事，尚需考虑两个基础性事实：其一，实体争议事项诉讼地或仲裁地国之外的他国法律和司法实践对此种民事保全措施的异地申请与实施模式认可与否；其二，该他国立法就民事保全措施管辖权的归属问题作何规定。

因此，涉外民商事案件中的民事保全措施管辖问题涉及民事保全措施自身的国际裁判管辖权与民商事实体争议事项的国际裁判管辖权之间的关系问题。这主要体现为：民事保全措施管辖权可否作为一个有别于民商事实体争议事项管辖权的独立问题。或者说，一国国内法可否就民事保全措施设置与民商事实体争议管辖规则不同的独立的管辖规则，从而使该国法院据此独立地行使民事保全措施的管辖权。如是，不仅民商事实体争议因其国际性而与两个或两个以上的国家存有不同程度的联系而需确定由哪个国家法院管辖，即所谓民商事实体争议直接国际裁判管辖权在相关国家之间的分配问题，而且其中所涉民事保全措施的国际裁判管辖权亦同样需要在相关国家之间进行分配。[①]

一、民事保全措施管辖依据的独立性

历史上，民事保全措施管辖权问题被作为民商事实体争议事项管辖权的附属问题加以对待，唯有对案件实质问题拥有管辖权的法院才有权命令实施民事保全措施。这一处理方式至今仍不同程度地为许多国家有关民事保全措施管辖权立法所坚持。不过目前，民事保全措施管辖权问题的独立性日益为国际、国内立法所接受，并在保留案件实质问题管辖法院对民事保全措施享有管辖权的同时，另行设置相应的民事保全措施的独立管辖根据。

在国际立法层面上，《布鲁塞尔公约》第24条、《布鲁塞尔条例》第31条、《布鲁塞尔条例》（修订）第35条规定，即使按本公约（条例）规定，某一成员国法院对案件的实质性问题有管辖权，亦得向另一成员国法院申请该国法律所允许的临时措施，包括保护措施。显然，公约（条例）将案件实质问题的管辖权与民事保全措施的管辖权相分离，并将前者置于公约（条例）的统一控制之下，而将后者仍留归成员国国内法调整。对此，艾夫里耶尼斯和克莱默斯报告（Evrigenis and Kerameus Report）指出，民事保全措施的管辖权原则上独立于实体诉

① See L. Collins, “Provisional and Protective Measures in International Litigation,” p. 32.

讼的管辖权。[①]

国际法协会1996年通过的《国际诉讼中临时性和保护性措施通则》也同样对此问题作了明示规定。其第10条明确规定，临时性保全措施管辖权应独立于案件实质问题管辖权。第11条规定，财产在一国内的单纯存在（mere presence）应构成颁布有关这些财产的临时性保全措施管辖权的充分根据。第12条规定，法院应以原告于适当的时间内向该法院（如果其有实体性管辖权）或者外国法院提起实体问题的诉讼（如果外国法院就实体问题作出的判决在保全措施实施法院所属国执行无合理的可能性，则法院不应实施临时性保全措施以支持在外国法院进行的诉讼）作为行使临时性保全措施管辖权的条件。

在海事领域，一些国际公约明确将民事保全措施的管辖根据与海事纠纷的管辖根据相分离。《1978年联合国海上货物运输公约》(《汉堡规则》）第21条第3款规定，按照本公约有关货物运输的一切法律诉讼，不得在本条第1或第2款没有规定的地点提起。本款的规定不妨碍缔约国采取临时性或保护性措施（provisional or protective measures）的管辖权。《1980年联合国国际货物多式联运公约》第26条第2款规定，根据本公约有关国际多式联运的任何诉讼程序均不得在本条第1款所没有规定的地点进行。本条各款并不妨碍各缔约国采取临时性或保护性措施的管辖权。《1999年国际扣船公约》在处理海事案件实质问题管辖权与扣船措施管辖权之间的关系问题上也是以扣船措施管辖权问题的独立性为依归。公约第2条第3款规定，为获得担保，可以扣押船舶，尽管根据相关合同中的管辖权条款或仲裁条款，或者根据其他规定，与所实施的扣押相关的海事请求应于扣押实施地国之外的其他国家法院裁决，或者根据另一国家的法律裁决。在就海事案件实体管辖权问题上，公约第7条第1款规定，扣押实施地或为使被扣船舶得以释放而提供担保地国的法院，应有裁判案件实质问题的管辖权，除非当事人有效地约定或业已有效地约定将纠纷提交协议管辖的另一缔约国法院，

① Evrigenis-Kerameus Report on the 1968 Brussels Convention (1986, O. J. C298/a, 3). See also Gerry Maher and Barry J. Rodger, "Provisional and Protective Remedies: The British Experience of the Brussels Convention," p. 311.

或者仲裁解决。第2款规定，尽管有本条第1款规定，扣押实施地国或为使被扣船舶得以释放而提供担保地国的法院，如果该国法律准许拒绝管辖，并且另一国法院同意接受管辖，则可拒绝行使该管辖权。据此规定，原则上，扣押实施地国或为使被扣船舶得以释放而提供担保地国的法院，基于行使扣船措施管辖权的事实，可以行使海事案件实质问题的管辖权，但有两项例外：第一，当事人之间订有管辖权条款或仲裁条款；第二，扣船实施地国法律准许拒绝管辖，并且另一国法院同意接受管辖。这实际上即非方便法院例外。扣押实施地国或担保提供地国法院在其无实体管辖权或拒绝行使实体管辖权的情况下，可以或者应当事人要求规定一个期限，在此期限内申请人应向适格的法院提起诉讼或提请仲裁庭仲裁。①

2005年海牙国际私法会议通过的《选择法院协议公约》第7条“临时保护措施”规定，本公约不适用临时保护措施。本公约既不要求，也不排除缔约国法院给予、拒绝或终止临时保护措施，并且，也不影响一方当事人是否可以请求，还是法院是否给予、拒绝或终止该措施。显见，临时保护措施的管辖权归属不受《选择法院协议公约》条款的影响。

在各国国内立法层面上，民事保全措施管辖权一向从属于案件实质问题管辖权。尤其是将扣船管辖权作为扣押权（right of arrest）对待的英国法律，也业已开始承认保全措施管辖权的独立性。其之所以如此，一方面是由于商业活动国际化现象的普遍化。另一方面，英国上议院在Siskina案② 判决中将玛瑞瓦禁令的管辖权归属于对将来胜负有实质管辖权的英国法院。也就是说，当事人仅能向对案件实质问题享有管辖权的英国法院申请玛瑞瓦禁令，而不能纯粹地出于获得担保之目的向英国法院申请玛瑞瓦禁令。这给玛瑞瓦禁令的进一步发展设置了障碍。尽管这一障碍由于英国颁布的《1982年民事管辖权和判决法》（Civil Jurisdiction and Judgments Act 1982）而有所克服，但除欧共体国

① 《1999年国际扣船公约》第7条第3款。

② Siskina v. Distos S. A. [1979] AC210. See Catherine Kessedjian,“Note on Provisional and Protective Measures in Private International Law and Comparative Law,” p. 11.

家以外，Siskina案的障碍仍在。彻底实现将保全措施管辖权与案件实质问题管辖权相分离的则是1997年4月1日生效的《1982年民事管辖权和判决法的1997年（临时救济）令》〔Civil Jurisdiction and Judgments Act 1982 (Interim Relief) Order 1997〕。[①] 该法规定，高等法院应有权根据《1982年民事管辖权和判决法》就下列诉讼准许临时性救济：（a）在非《布鲁塞尔公约》或《洛迦诺公约》缔约国法院业已提起或将提起的诉讼；（b）其客体不属于《布鲁塞尔公约》范围之内的诉讼。换言之，无论在世界任何地点进行实质性的诉讼或仲裁，英国法院都有权力作出玛瑞瓦禁令。这确实填补了一个黑洞。[②] 此外，澳大利亚《1988年海事法》和南非《海事管辖权调整法》也业已不同程度地承认民事保全措施管辖权问题的独立性。

而在我国，有关该方面的立法吸纳了国际社会成功的立法经验，尤其是国际扣船公约的做法。一方面，《海事诉讼特别程序法》单独就海事保全措施设置了独立的管辖根据，当事人在起诉前申请海事请求保全或海事强制令或海事证据保全，应当向被保全财产所在地或海事纠纷发生地或被保全证据所在地海事法院提出申请。[③] 另一方面，《海事诉讼特别程序法》明确厘清了海事保全措施管辖权与诉讼管辖协议或仲裁协议或其他海事实质管辖根据之间的关系。其规定，海事保全措施不受当事人之间关于该海事请求的诉讼管辖协议或者仲裁协议的约束。[④] 海事保全措施执行后，有关海事纠纷未进入诉讼或者仲裁程序的，当事人就该海事请求，可以向采取海事保全措施的海事法院或者其他有管辖权的海事法院提起诉讼，但当事人之间订有诉讼管辖协议或者仲裁协议的除外。[⑤]

---

① 参见：杨良宜《禁令》，第281—293页。

② 同上书，第285页。

③ 《海事诉讼特别程序法》第十三、五十二、六十三条。

④ 《海事诉讼特别程序法》第十四、五十三、六十四条。

⑤ 《海事诉讼特别程序法》第十九、六十一、七十二条。

二、民事保全措施管辖权的行使根据

然而，由于各国对有关民事保全措施管辖权与案件实质问题管辖权之间关系的不同认识，以及民事保全措施的不同类型，各国有关民事保全措施管辖根据的实践不尽相同。这一现象恐怕在相当长的时间内难以消除。鉴于此，有关此问题的国际立法直接将保全措施的管辖根据委诸相关国家国内法予以确定。[①]

（一）英美法系国家

1. 英联邦国家

传统上，英国将对人保全与对物保全分别作为对人诉讼与对物诉讼的有机组成部分加以对待，尤其在对物保全方面，赋予扣船措施以三大功能，即临时性救济措施、案件实质事项管辖根据，以及确保司法拍卖或通过对物诉讼实现财产性利益之基本手段。[②] 临时性保全措施管辖问题从属于案件实质事项的管辖问题。也就是说，临时性保全措施由对案件实质事项拥有管辖权的法院管辖。这一实践直至1968年《布鲁塞尔公约》在英国实施后方有所改变[③]，临时性保全措施开始作为一个相对独立的问题规定在相关立法中。

（1）玛瑞瓦禁令及其他中间禁令。[④] 1979年，英国上议院在Siskina案的判决中确立了玛瑞瓦禁令的管辖原则。其指出，玛瑞瓦禁令的管辖权是一项对人管辖权[⑤]，因而应遵守相应的裁判管辖权的一般规则。根据这一原则，当被告现实地出现在英国境内，并能接受令状的送达，或者虽然被告在英国境外，但符合《最高法院规则》第11号令所规定

---

① 1968年签订的《布鲁塞尔公约》，以及美洲国家组织于1979年召开国际私法特别会议签订的《关于执行保全措施的公约》便如此规定。

② See D. C. Jackson, *Enforcement of Maritime Claims*, p. 311.

③ Ibid., pp. 303-309.

④ 有关英国玛瑞瓦禁令管辖根据规则的发展变革，参见：杨良宜《禁令》，第281—293页。

⑤ See Babanaft Co. S.A. v. Bassatne [1990] Ch 13; Rep of Haiti v. Duvalier, [1990] QB 202; Derby and Co. Ltd. v. Weldon, [1990] Ch 48 and 65. 同时可参见：威廉・台特雷《国际海商法》，第338页。

的情形，即案件与英国存在一定联系时，英国法院就有管辖权。在前者情况下，英国法院的管辖权属于强制性管辖，而在后者情况下则属于任意性管辖。① 但在Siskina案中，争议与英国并没有联系，被告也从未到过英国，也没有在英国实施过实质性行为，合同在意大利缔结，其中的法院选择条款也选择意大利热那亚法院，该条款也不受英国法支配。唯一与英国有联系的是船舶受劳埃德保险社承保，因而保险赔偿金可视为位于英国境内。但《最高法院规则》第11号令并没有将财产在英国境内的存在作为管辖根据，因而法院并没有准许玛瑞瓦禁令的申请。② Siskina案的判决在1995年Mercedes-Benz AG诉Leiduck案③ 中得到确认。该案由香港法院判决后，上诉至英国枢密院。在该案中，被告居住在摩纳哥，而该国法院以临时性保全措施所针对的被告财产并不位于摩纳哥境内为由拒绝了原告Mercedes-Benz AG的保全申请。虽然原告不可能在被告居住地国法院获得临时性保全措施，而案件与香港的唯一联系即是被告有财产在香港，但枢密院仍然遵循Siskina案的判决而拒绝颁布玛瑞瓦禁令。但值得注意的是，目前上述两个判例的适用范围业已受到限制。在1997年之前，基于《布鲁塞尔公约》和《洛迦诺公约》在英国的实施，英国传统的管辖权规则为《1982年民事管辖权和判决法》所修正。但根据非公约法，上述两个判例依旧有效适用。然而，所幸的是，由于《1982年民事管辖权和判决法的1997年（临时救济）令》的实施，英国立法机关将为《布鲁塞尔公约》和《洛迦诺公约》所特有的管辖权规则扩大适用范围，可适用于所有其他案件及不受公约影响的诉讼。因此，上述两个判例在英国境内不再有效，

① See D. C. Jackson, *Enforcement of Maritime Claims*, p.306. See also Catherine Kessedjian, "Note on Provisional and Protective Measures in Private International Law and Comparative Law," pp. 11-12.

② See L. Collins, "Provisional and Protective Measures in International Litigation," pp. 48-53.

③ [1995] III WLR 718.

但在适用判例法的其他所有地区仍然有效。[①]

目前，一些普通法系国家或地区也遵循了英国的做法。爱尔兰、泽西岛、马恩岛及加拿大等地法院均作出了与上述英国两个判例类似的判决。澳大利亚和香港法院也采取了同样的解决办法。[②]

玛瑞瓦禁令的管辖规则也同样适用于其他诸如债务人财产公开令、债务人财产调回本国令之类的对人保全措施。也正因为这些保全措施对人性和管辖权的对人属性，与玛瑞瓦禁令一样，这些临时性保全措施令的效力并非仅包括位于英国境内的债务人的财产，而是包括其位于全球的所有财产。

（2）安东·皮勒令。有英国学者认为，只有当法院能够执行安东·皮勒令时，该命令的颁布才有正当理由，因而安东·皮勒令也只能在颁布该命令的法院管辖区域内实施。[③] 但英国法院似乎并没有完全采纳该观点。在Cook Industries Inc.诉Galliher案[④] 中，尽管有争议的物件位于巴黎的公寓内，但法官还是颁布了安东·皮勒令。在Altertext诉Advanced Data案[⑤] 中，法官虽拒绝颁布安东·皮勒令，但其并不否定上述Cook Industries案的判决。两案的区别在于事实情势的不同。在前案中，被告一年中有部分时间居住在英国，因而英国法院对其拥有管辖权。而在后案中，英国法院无对人管辖权，因而英国法院更倾向于拒绝颁布命令。然而，正如英国学者所言，即使法院对被告拥有管辖权，这

① 英国上议院在Siskina案中所确立的颁布玛瑞瓦禁令以英国法院或仲裁庭必须对案件有实质管辖权为条件的做法，由于《布鲁塞尔公约》而被部分废除，而被完全废除则是由于《1982年民事管辖权和判决法的1997年（临时救济）令》。《1982年民事管辖权和判决法》的该修正案于1997年4月1日生效，从而无论由何国法院行使实质管辖权，英国法院均能颁布玛瑞瓦禁令。参见：杨良宜《禁令》，第283—293页；《海事法》，第132页。See Catherine Kessedjian, "Note on Provisional and Protective Measures in Private International Law and Comparative Law," p. 11.

② 爱尔兰：Deutsche Bank AG v. Murtagh [1995] I ILRL 381 (HC)；泽西岛：Maugher v. VHM [1989] JLR 295；马恩岛：In Re Acet Management Ltd. [1993-1995] I MLR 185；加拿大：Mooney v. Orr [1995] I WWR 517 (BSSC). See Catherine Kessedjian, "Note on Provisional and Protective Measures in Private International Law and Comparative Law," p. 12.

③ C. McLachlan, "The Jurisdictional Limits of Disclosure Orders in Transnational Fraud Litigation," *International and Comparative Law Quarterly* 47 (1998): 20-21.

④ [1979] Ch. 439.

⑤ [1985] 1 WLR 457.

也并不意味着法院有权力就位于外国的处所作出安东·皮勒令。[①]

（3）扣船令。与其他国家一样，在英国，扣船措施是一项对物保全措施，因而如同案件实质事项的对物管辖权一样，船舶所在地的法院拥有颁布扣船令的裁判管辖权。

2. 美国

在美国，不同类型的禁令分别规定在州法和联邦法之中，因而临时性保全措施的裁判管辖权问题相当复杂。

（1）禁令。在美国，法院颁布任何种类的禁令都必须拥有对被告的对人管辖权。[②] 而过去，衡平法中救济措施的传统管辖权是以被告在作出救济裁定的法院管辖区域内的实际存在（the physical presence）为根据的。这一方面是由于临时性救济措施的实际执行是针对被告的，另一方面是由于“藐视法庭”这一制裁措施的性质使然。然而，这一传统的管辖原则由于International Shoe Co.诉State of Washington案[③]的判决而发生重大改变。在该案中，被告主张因其并未出现在华盛顿州，所以华盛顿州法院不能对其行使管辖权。为此，法院采用了更为灵活的原则以替代这一刻板的既存的管辖标准，即“最低限度联系”（minimum contacts）。然而，这一管辖原则的适用也存在诸多局限，特别是在司法实践中，该原则的适用并非始终易于理解和把握，“明确的答案少而又少，而更多的是灰色和不明”[④]。法院除了依该原则行使管辖权，对被告行使管辖还须符合适当程序原则。不过，值得注意的是，

---

① See C. McLachlan,“The Jurisdictional Limits of Disclosure Orders in Transnational Fraud Litigation,” p. 20.

② See G. A. Bermann, “Transnational Provisional Relief in the Courts,” in J. L. Goldsmith (ed.), *International Dispute Resolution - The Regulation of Forum Selection* (New York:Transnational Publishers Inc., 1997), p. 99 et seq. See also Securities and Exchange Commission v. Capital Growth Co., S. A., 391 F. Supp 593 (SDNY 1974) ; Milstead v. O. Records & Visuals, Ltd., No 84 Civ 3657 (SDNY 5 June 1984).

③ 326 US 310 (1945).

④ Kulko v. Superior Court, 436 US 84 (1978), p. 92. 马歇尔（Marshall）法官认为：“然而，可以确定某些关键原则，我们无法在本研究框架内详细界定这些原则，但杜宾斯基（Dubinsky）教授在1998年3月提交给特别委员会成员的一份文件中已经描述了这些原则。” See Paul Dubinsky, The Reach of Doing Business Jurisdiction and Transacting Business Jurisdiction over Non-U.S. Individuals and Entities, Working Document No 64, 6 March, 1998.

依上述原则来行使禁令管辖权的话，如果居住在国外的被告并未前来参加在美国进行的诉讼以行使抗辩权，而其所在的外国法院又拒绝承认或执行由美国法院颁布的禁令，那么针对被告的禁令将可能无任何实际意义。不过，在这种情况下，正如美国学者所言，如果法院意识到其将所颁布的禁令不可能产生任何结果，其则可能会拒绝准许当事人的申请。[①]

（2）债务人财产扣留令和第三人手中的债务人财产扣留令。在美国，债务人财产扣留令属于“诉人扣押”（attachment in personam）[②]，但其裁判管辖权问题并非如人们想象的那样清晰。这种不确定状态始于Shaffer诉Heitner案。[③] 在该案中，法院裁定债务人财产扣留令的裁判管辖权的行使必须符合最高法院在International Shoe案中的判决及此后一些判决中所确立的一般管辖原则。在International Shoe案中，最高法院裁定，根据适当程序原则，对不在法院管辖区域内的被告行使管辖权必须考虑最低限度联系，以便使程序符合公平待遇和自然正义的传统原则。[④] 然而，在Shaffer案中，法院并没有就是否有权准许颁布债务人财产扣留令以阻止被告为逃避其债务而将其财产转移出法院管辖区域之外的问题作出裁决。同样，法院也没有就财产扣留地法院的管辖权范围，即扣押地法院管辖（forum arresti）问题加以裁决。[⑤] 据此，可以认为，在债务人财产扣留令管辖权问题上，正如美国学者所言，在大多数情况下，采取财产扣留措施的法院拥有对被告的对人管辖权，

---

① T. McEvoy, “The Preliminary Injunction as a Prejudgment Security Device in the United States,” Report to the Deputy Secretary General, Hague Conference on Private International Law (1998): 15-16, accessed May 20, 2021, https://www.law.virginia.edu/faculty/adjunct-profile/tjm6p/1189090.

② 参见：杨良宜《海事法》，第142页。

③ 433 US 186 (1977). See Catherine Kessedjian, “Note on Provisional and Protective Measures in Private International Law and Comparative Law,” p. 20. 但英国学者柯林斯（L. Collins）则持不同看法，其认为：“当然，Shaffer诉Heitner案的判决并不意味着在美国不再可能扣押财产。特别是，如果被告或诉讼原因与法院所在州有联系，使管辖权的行使符合正当程序，则美国法院可以行使扣押管辖权。” See L. Collins, “Provisional and Protective Measures in International Litigation,” pp. 37-38.

④ International Shoe v. State of Washington, 326 U.S. 310 (1945). “Certain minimum contacts … such that maintenance of the suit does not offend traditional notions of fair play and substantial justice”.

⑤ See L. Collins, “Provisional and Protective Measures in International Litigation,” pp. 46-47.

并且被扣留的财产也位于法院管辖区域内，因而难以以上述判决为根据而得出结论。[①] 不过，也有一些美国学者认为，实质事项管辖权的行使不能纯粹以被告财产在管辖区域内的存在为根据，被告财产在法院管辖区域内的单纯的存在并不构成行使案件实质问题管辖权所要求的适当联系，但财产的存在可以证明准许采取保全措施的正当性。也就是说，"被告财产在法院管辖区域内存在的事实，充其量显示该财产所在州的法院有权扣留该财产，以作为该法院对在其管辖区域内进行符合最低限度联系这一正当程序要求的诉讼作出判决之担保"。[②] 这一观点在Barclays Bank诉Tsakos案[③] 得到采纳。在该案中，英国银行的法国子公司向居住在法国的希腊人察科斯（Tsakos）夫妇的儿子提供了140万美元的贷款，并由察科斯夫妇担保。后借款人违约。银行遂在法国和瑞士对察科斯夫妇提起诉讼，但察科斯夫妇早已将其财产转移到法国和瑞士境外。银行为此向哥伦比亚地区法院申请扣押被告位于此地的一套公寓。上诉法院裁定察科斯夫妇与哥伦比亚地区法院管辖区域之间所存在的联系足可使法院有权颁布扣留令，因为颁布扣留令的目的纯粹是程序性的。然而，在该案中，法院却竭尽全力援用察科斯夫妇与管辖法院之间所存在的所有联系因素，以证明颁布扣留令的正当性。不过，如果财产的存在事实可证明存在足够的联系，那么法院也就没有必要如此行事。在Carolina Power案[④] 中，法院详细引证了用以支持法院颁布扣留令管辖权的各种事实。在该案中，法国公司拖欠哥伦比亚地区公司一笔债务。由于债权请求权被视为位于债权人的所在地，法院裁定由于该债权在哥伦比亚地区的存在并非偶然，故法院有权扣押该债权请求权。同时，对法国被告而言，扣留程序从其性质

---

① L. Silberman, "Shaffer v. Heitner: The End of an Era," *New York University Law Review* 53 (1978): 54.

② See Von Mehren and Trautman,"Jurisdiction to Adjudicate: A Suggested Analysis," *Harv. L. Rev*. 79 (1966): 1178. See also L. Collins,"Provisional and Protective Measures in International Litigation," pp. 36-37.

③ 543 A. 2d 802 (DCCA 1988). See L. Collins, "Provisional and Protective Measures in International Litigation," pp. 47-48. See also Catherine Kessedjian, "Note on Provisional and Protective Measures in Private International Law and Comparative Law," p. 21.

④ 451 F. supp. 1044 (D. C. N. Cal. 1977). See Catherine Kessedjian, "Note on Provisional and Protective Measures in Private International Law and Comparative Law," p. 21.

而言极其简单，因而迫使其前来哥伦比亚法院抗辩扣留令并非是一项沉重的负担。

据此，美国法院就债务人财产扣留令和第三人手中的债务人财产扣留令而行使管辖权的基本要求是：准许扣留申请的法院并不一定拥有对被告的属人管辖权，也并不一定拥有对案件实质事项的管辖权。对颁布扣留令的法院来说，被告财产位于该法院管辖区域内的事实对其此种管辖权的行使已经足够。并且，这种联系不仅必要，而且是充分的。这亦可由美国现行的成文规则予以印证。

《美国联邦民事诉讼规则》"关于某些海事请求的补充规则"规则B第1条规定，如果被告并不在管辖区域内，则由证据证实的诉状可包含一项申请扣留被告所有但在第三债务人手中、其价值不超过原告请求支付数额的有形或无形动产的请求。原告或其代理律师必须签署并随诉状一同递交一份誓证，其中陈述：据宣誓者所知，或根据情报判断，被告不可能在法院管辖区域内。法院必须审查诉状和誓证，如果规则B所规定的条件成立，则发布准许扣留债务人财产和在第三人手中的债务人财产的命令。书记官则可无须法院的再次命令而依申请签发补充执行令以执行法院命令。也就是说，只要：第一，被告在"诉人"下有责任；第二，属海事争议；第三，被告必须在境外/外国，则可针对法院管辖区内的船舶、船上燃油、银行账户等颁布债务人财产扣留令或第三人手中的债务人财产扣留令。[①] 而1988年修订的《冲突法重述》第66条第1款规定，在诉讼中，对于某物所有人的请求，如果：（a）该法院根据第27—65条的规定可适当行使司法管辖权以审理该请求；或（b）该诉讼是以执行针对该物所有人的一项判决；或（c）该诉讼以协助有关该请求的诉讼程序为目的；或（d）管辖权的行使在其他方面均是合理的，则一州法院有权通过查封、扣押或类似诉讼程序，以控制

① 参见：李海《船舶物权研究》，法律出版社，2002，第280页；杨良宜《海事法》，第142页。杨良宜先生在其《海事法》一书第143页所介绍的其所代理的申请第三人手中的债务人财产扣留令的案例也可证明这一结论。其写道："另一次笔者涉及诉人扣押是一位美国骗子利用巴拿马公司出面做租船人行骗。笔者代表船东，在新加坡以玛瑞瓦禁令冻结了银行账户后，一无所得，但知悉金钱（是一笔分租约下的运费）已汇去美国西雅图的银行。笔者于是跟进，委托西雅图律师以这诉人扣押冻结银行账户，因为被告的巴拿马公司是在境外/外国，而索赔/纠纷是有关租约的。"

位于该州的有体物。第67条规定，对于动产占有人的扣押令，一州法院有权行使司法管辖权，以属某债权之被请求者所有，但由他人占有或控制的动产来满足该项债权请求，只要，（a）该他人属本州司法管辖范围，而且，（b）将被用来清偿的动产位于本州境内，而且，（c）第66条第1款的要求得到满足。第68条规定，对主债务人之债务人的扣押令，如果第66条第1款的要求得到满足，一州有权行使司法管辖权，以受其司法管辖的债务人向该项债权之被请求者履行义务来满足该项债权。据此，可以认为，就一项有关针对财产所有人请求的诉讼，法院可以行使扣留财产措施的管辖权。该法院可依据其他的对人或对物管辖根据适当地行使管辖权，以对实质请求作出裁判，或者该项诉讼之目的在于执行针对财产所有人的判决，或者该项诉讼之目的在于支持有关该请求的其他诉讼，或者此项管辖权的行使是合理的。①

（3）船舶扣押令。根据美国法律，船舶扣押（arrest of a vessel）不同于船舶扣留（attachment of a vessel）。行使船舶优先权时才发生船舶扣押，这种诉讼被称为“对物诉讼”，船舶是被告。当船舶是某一被告的财产并被法院占有时，即该船舶被扣留时，这种诉讼被称为“对人诉讼”，自然人或公司是被告。同时，美国的对物诉讼和对人诉讼中作为保全措施的扣押令和扣留令与英国的船舶扣押和玛瑞瓦禁令存在很大区别。②

在美国，由于其没有加入《1952年统一海船扣押某些规定的国际公约》（以下简称《1952年扣船公约》），故船舶扣押程序须根据《美国联邦民事诉讼规则》“补充规则”中的规则C进行。③ 规则C第2条规定，在海事对物诉讼中，诉状必须陈述作为诉讼客体的船舶的合理特征，并说明船舶在法院管辖区域内，或在诉讼未决期间将在法院管辖区域内。法院必须对诉状和其他证据文件予以审查。如果对物诉讼的

---

① 参见：L. Collins, “Provisional and Protective Measures in International Litigation,” p. 38；美国法学会《第二次冲突法重述》，谭岳奇译，载《中国国际私法与比较法年刊》第三卷，法律出版社，2000，第714—715页。

② 参见：李海《船舶物权研究》，第277页。

③ 同上书，第279页

条件可能存在，法院则必须签发命令指示书记官签发对作为诉讼客体的船舶或其他财产加以扣押的令状。如果原告或原告律师证明紧急情势的存在，使法院不可能对诉状进行审查，则书记官必须迅速签发传票和扣押作为诉讼客体的船舶或其他财产的令状。据此可见，法院行使船舶扣押措施的管辖权，以作为扣押对象的船舶或其他财产在法院管辖区域内为条件。当船舶或其他财产不在法院管辖区域时，法院则不可能行使针对该船舶或其他财产的扣押措施的管辖权。

（二）大陆法系国家

1. 德国

在德国，民事保全措施的管辖权问题规定于《德国民事诉讼法典》第919条和第937条之中。尽管该管辖权规则主要是规定非涉外民商事案件中民事保全措施管辖问题的国内法律规则，但其也同样适用于国际民商事案件中保全措施的管辖权行使问题。①

根据《德国民事诉讼法典》，民事保全措施管辖权的行使根据取决于保全措施类型。

就假扣押而言，《德国民事诉讼法典》第919条规定，关于假扣押命令，由审判本案的法院，以及假扣押标的物所在地的初级法院，或人身自由应受限制的人所在地的初级法院管辖之。所谓本案法院，根据《德国民事诉讼法典》第943条之规定，指第一审法院，如本案系属控诉审时，指控诉法院。由此可见，在德国法中，假扣押的管辖法院有三：对案件实质问题有管辖权的法院、拟扣押财产所在地法院，以及被扣押人的所在地法院。

对于假处分管辖权的行使问题，《德国民事诉讼法典》分别就不同情况规定了不同的管辖根据。《德国民事诉讼法典》第937条第1款规定，假处分，属于本案法院管辖。第942条第1款规定，在急迫情况下，管辖争执标的物所在地的初级法院，可以命令实施假处分，同时

---

① See Catherine Kessedjian, "Note on Provisional and Protective Measures in Private International Law and Comparative Law," p. 26.

命令申请人在一定期限内向管辖本案诉讼的法院申请传唤对方当事人，就应否实施假处分进行言辞辩论。同条第2款规定，即使在非急迫情况下，管辖船舶的船籍港或船籍地或管辖建造中船舶的建造地的初级法院，可以发出假处分，准许在船舶登记簿或造船登记簿上就其内容的正确性登记异议；船舶的登记港不在国内时，此项假处分由汉堡初级法院发出。据此，《德国民事诉讼法典》就假处分的管辖根据设置了一项原则性规则，四项例外性规则。也就是说，假处分原则上由案件实质性问题管辖法院管辖，但是：第一，在急迫情况下，争议标的物所在地法院可行使假处分管辖权；第二，船籍港或船籍地法院可行使假处分管辖权；第三，建造中船舶的建造地法院可行使假处分管辖权；第四，对于登记港不在德国境内的船舶，汉堡初级法院可行使假处分管辖权。①

2. 法国

在法国，民事保全措施国内属地管辖权规则同样适用于包括海事案件在内的国际民商事案件中民事保全措施的管辖权归属问题。原则上，民事保全措施的管辖权通常由对案件实质问题享有管辖权的法院行使，但实际上，当事人往往必须向审理案件实质问题的法院之外的其他法院申请民事保全措施，因而法国法律就不同类型保全措施的管辖权问题又作了不同的例外规定。②

就扣押措施而言，《法国民事诉讼法典》第493条规定，法国法院有权在申请人有理由不经传唤对方当事人的情况下，不经对席审理作出假执行决定。因此，对于位于法国境内的财产，法国法院有权命令采取针对该财产的保全性扣押措施，即使双方当事人不在法国境内，

① See Catherine Kessedjian, "Note on Provisional and Protective Measures in Private International Law and Comparative Law," p. 26.

② 例外规定是："Articles 14 and 15 of the Civil Code, which base the jurisdiction of the French courts on the nationality of the claimant (art. 14) or of the defendant (art. 15). This is only a subsidiary jurisdiction, if no ordinary jurisdiction is available. (Cass. Civ. 1, 19 Nov. 1985, Rev. crit. dr. int. priv. 1986.712, note by Y. Lequette; J.D.I. 1986.719, note by A. Huet; JCP 1987.II.20910, note by Courbe and 7 June 1989; JCP 1990.II.21448, note by Remery)"。See CA Paris 18 December 1996, Rev. crit. dr. int. pr. 1997.527, note by M. Santa-Croce.

或者即使法国法院对案件的实质问题无管辖权。从理论上讲，民事保全措施是为执行实质事项判决而设置的预备性程序，其旨在确保该判决的效力。从这个意义上讲，临时性保全措施构成执行措施之组成部分，其受执行地法律所支配，也就是被扣押财产所在地法律支配。这一规则并没有为1992年7月31日法令所改变。[①] 该法同时赋予当事人一个选择权，即当事人也可向债务人居住地法院提出保全申请。然而，如果债务人居住在国外或居所不明，唯一适格的法院即为保全措施执行地法院。但1992年7月31日法令第211条接着规定，拥有采取保全措施管辖权的法院即为债务人居住地的执行法院。该规定似乎是对第9条规则效力的减损。然而，法国学者认为，当债务人居住在国外时，第211条的规定必须结合第9条第2款的规定进行解释，以避免使当事人无奈地使用保全措施。因为在这种情况下，申请人必须首先向外国法院申请，经其批准后，再在法国对位于法国的财产执行保全措施。[②] 而对于紧急审理裁定的管辖权问题，《法国民事诉讼法典》第484条明确规定，非受理讼争实质的法官在法律赋予其命令立即采取必要措施之权力的情况下，应一方当事人的请求，另一方当事人到场或传唤其到场之后，即可作出临时裁定，立刻命令采取必要措施。也就是说，紧急审理裁定的管辖权并非专属于受理讼争实质的法院，其他法院是否有权行使紧急审理裁定的管辖权，则由法律确定之。依何原则确定其他法院的紧急审理裁定管辖权，上述有关扣押措施的管辖权规则是否也可用以确定紧急审理裁定的管辖权，在法国并没有关于此问题的太多判例。不过，现已公布的判例对此持肯定立场。

---

① 其第9条规定："The court of execution with territorial jurisdiction is the one where the measure is enforced."。

② See Catherine Kessedjian, "Note on Provisional and Protective Measures in Private International Law and Comparative Law," p. 33. 但也有法国学者认为，尽管旧《法国民事诉讼法典》第48条以及1958年12月22日法令第26条（经1959年3月21日法令修改）为申请人提供了一种选择权：保全措施申请人可以在债务人住所地的法院法官与可供扣押财产所在地的法官之间选择。但现在这种选择已不存在，1992年7月31日法令第211条规定，对批准保全措施有管辖权的法官是债务人居住地的执行法官。参见：让·文森、雅克·普雷沃《法国民事执行程序法要义》，第227条。

3. 日本

日本法律有关民事保全措施管辖权的规定较为简单和明晰。《日本民事保全法》第12条第1款规定，保全命令的案件，由本案的管辖法院或者管辖应予假扣押的物或系争物所在地的地方法院管辖。第6条规定，本法所规定的法院管辖，为专属管辖。可见，日本法律原则上将民事保全措施的管辖权授予受理实质争议的管辖法院和被扣押的标的物或系争物所在地法院。

就标的物或系争物所在地法院管辖而言，日本学界和实务界认为，保全令与执行程序之间具有很强的连续性。保全令的执行在临时扣押的标的物、临时处分的系争物所在地进行，因而该地法院拥有作出保全令的国际诉讼管辖权。若本案诉讼或仲裁在外国进行，而标的物或系争物在日本，则在内国进行保全也有必要，并不必要否定管辖。但之后作出的判决若在日本得不到承认，在日本进行的保全程序就会附随本案而归于无益。因此，法院在作出保全管辖判断时，得考虑本案管辖地的外国法院作出的判决能否在日本内国得到承认的问题。①

由标的物或系争物所在地法院行使保全措施管辖权，是因为保全处分的性质在于迅速且有实效的暂时性权利保护。只承认标的物或系争物所在地法院作出保全令的国际管辖权，其宗旨在于，若标的物或系争物不在内国，即使承认作为本案管辖地的内国法院的保全管辖权，也不能保证保全令的执行，只会导致没有实效的保全令。然而，现行观点则认为，尽管保全令程序与之后的执行程序之间存在很强的一体性，但两者分属不同层面。尤为重要的是，保全令的作出，可能成为本案诉讼中债权人胜诉的重要因素，且由于保全申请的审理与本案的审理之间存在诸多重复之处，因此将两者委诸同一机构审理较为合理。在债务人财产分散于多个国家时，本案管辖地国法院也有权一并作出保全令。此即为本案管辖地作为保全管辖依据的原因所在。②

对于假扣押的管辖权，除了由受理实质争议的管辖法院行使，管

① 本间靖规、中野俊一郎、酒井一：《国际民事诉讼法》，柴裕红译，商务印书馆，2020，第153—154页。

② 同上书，第154页。

辖应予假扣押的物或系争物所在地的地方法院也有权管辖。所谓“管辖应予假扣押的物或系争物所在地的地方法院”，《日本民事保全法》作了不同的规定。第一，当应予假扣押的物或系争物为债权时，该债权是在债权的债务人（以下称“第三债务人”）普通审判籍的所在地。以交付船舶或动产为目的的债权和以财产担保权担保的债权，是在物的所在地。这一规则也准用于应予假扣押的物或系争物为民事执行法第167条第1款规定的财产权有第三债务人或有按第三债务人看待人的情况。第二，当应予假扣押的物或系争物为其他的财产权而且对权利的转移需要登记或登录的，该财产权是在该登记或登录之地。[①]

而对于假处分的管辖权的归属，《日本民事保全法》并没有像对待假扣押的管辖权问题那样作出例外性规定。也就是说，假处分措施由受理案件实质问题的法院专属管辖。

4. 荷兰

正如法国一样，有关国内案件中民事保全措施的国内属地管辖规则一般也适用于国际案件中民事保全措施管辖权的确定。

就保护性扣留财产措施而言，根据《荷兰民事诉讼法典》第765—767条之规定，如果拟扣留的财产位于荷兰境内，即使债务人并不居住在荷兰，荷兰法院也拥有颁布保护性扣留财产令的管辖权。这种扣留被称为“涉外扣留”（saisie foraine）。对于初步救济令，根据《荷兰民事诉讼法典》第126条第1款之规定，被告住所所在地的法院院长原则上拥有颁布初步救济令的管辖权。该法同条第3款同样赋予申请人住所所在地法院院长颁布初步救济令的管辖权。不过，当案件与荷兰法律体系之间并不存在足够的联系时，法院院长一般倾向于不行使此种管辖权，而由与案件之间存在更密切联系的外国法院行使管辖权。[②]

（三）国际立法或文件

基于各国民事保全措施管辖权规定的互异事实，一些国际组织试

① 《日本民事保全法》第12条第3、4、5款。参见：白绿铉编译《日本新民事诉讼法》，第267页。

② See Catherine Kessedjian,“Note on Provisional and Protective Measures in Private International Law and Comparative Law,” pp. 37-38.

图统一民事保全措施管辖权的行使根据。但除一些海事公约之外，现行涉及保全措施问题的国际立法一般均将民事保全措施管辖权的行使根据委诸有关国家的国内法予以确定。[①] 其中，最典型的当属欧盟关于民商事管辖权与判决承认执行的布鲁塞尔体制。

1. 布鲁塞尔体制项下民事保全措施的管辖根据

（1）单一制与双轨制之选择[②]

民事保全措施管辖制度架构的设计，在理论和实践中存有两种模式选择：单一制和双轨制。

单一制主张，民事保全措施管辖权为案件实体问题管辖权所吸收，即民事保全措施自身无独立的管辖规则，而由对案件实体问题享有管辖权的法院行使保全措施管辖权。如此主张可归纳为三个理由：其一，民事保全措施与案件实体问题之间存在功能性联系。民事保全措施旨在确保债权人免受与主诉进行期限相关的各种风险的影响。该主旨一般通过颁布临时性救济令或其他确保终局裁判得以有效履行的措施予以实现，故由对案件实体问题拥有管辖权的法院来行使保全措施管辖权最为合理。其二，案件实体问题管辖法院是对债权人所面临的风险程度、民事保全措施的颁布条件和法律依据等事项加以评判的适当法院。其三，民事保全措施伴随对不遵守者的制裁措施，而这些制裁措施也只有在民事保全措施由对案件实质问题拥有管辖权的法院颁布实施时方能起到制裁功能。[③]

而双轨制则主张，债权人除了可向对案件实体问题拥有管辖权的法院申请民事保全措施，亦可向其他法院申请民事保全措施。换言之，对案件实体问题拥有管辖权的法院当然拥有民事保全措施管辖权，其

---

① 《1980年联合国国际货物多式联运公约》第26条第2款规定，本条各款并不妨碍各缔约国对于临时性或保全性措施的管辖权。美洲国家组织国际私法特别会议1979年通过的《关于执行保全措施的公约》第3条规定，保全措施的根据，依诉讼地的法律并由诉讼地法官决定。《1978年联合国海上货物运输公约》（《汉堡规则》）第21条第2款第1项也反映了这一实践。其规定，按照本公约有关货物运输的一切法律诉讼，不得在本条第1或第2款没有规定的地点提起。本款的规定不妨碍缔约国采取临时性或保护性措施的管辖权。

② See Costanza Honorati, "Provisional Measures and the Recast of Brussels I Regulation:A Missed Opportunity for A Better Ruling," p. 2.

③ See Francisco Garcimartín, "Provisional and Protective Measures under the Brussels I Recast," pp. 59-60.

他法院亦拥有民事保全措施管辖权。这就意味着对民事保全措施管辖问题独立性的认可。

双轨制理论主要肇始于涉外民事案件。涉外民商事案件诉讼程序的持续时间往往比纯国内民事案件更长，而各国国内法中民事案件管辖依据的多样性为债务人跨国转移资产以挫败最终裁判的有效实施提供了契机。[①] 双轨制的运用，一方面使涉外案件债权人基于案情既可向对案件实体问题拥有管辖权的法院寻求民事保全措施，又可向对案件实体问题无管辖权之法院申请民事保全措施。民事保全措施寻求路径的增多，为申请人应对因漫长的涉外民事诉讼程序期间所产生的风险提供了更充分保障。[②] 另一方面，向对案件实体问题无管辖权的法院申请保全措施，通常可快速、有效地直接得到该法院的执行，因而往往产生申请人所预想的“突袭”效果。[③]

《布鲁塞尔公约》采纳了双轨制主张。其第24条规定，即使按本公约规定，某一缔约国法院对案件的实质性问题有管辖权，亦得向另一缔约国法院申请该国法律所允许的临时措施，包括保护措施。虽然《布鲁塞尔公约》后为《布鲁塞尔条例》所替代，后者又为《布鲁塞尔条例》（修订）所替代，但该条文的基本内容却丝毫未变，分别成为《布鲁塞尔条例》第31条[④] 和《布鲁塞尔条例》（修订）第35条[⑤] 。这就为涉外民

---

① Francisco Garcimartín, “Provisional and Protective Measures under the Brussels I Recast,” p. 58.

② See ECJ, 28 April 2005, C-104/03, St Paul Dairy v Unibel Exser, ECR [2005] I-3497, at para. 12: “The jurisdiction laid down by way of derogation by Article 24 of the Convention is intended to avoid causing loss to the parties as a result of the long delays inherent in any international proceedings”.

③ See Francisco Garcimartín, “Provisional and Protective Measures under the Brussels I Recast,” pp. 68-69.

④ Article 31 of Council Regulation (EC) No 44/2001 of 22 December 2000 on jurisdiction and the recognition and enforcement of judgments in civil and commercial matters: Application may be made to the courts of a Member State for such provisional, including protective, measures as may be available under the law of that State, even if, under this Regulation, the courts of another Member State have jurisdiction as to the substance of the matter.

⑤ Article 35 Regulation (EU) No 1215/2012 of the European Parliament and of the Council of 12 December 2012 on jurisdiction and the recognition and enforcement of judgments in civil and commercial matters(recast)：Application may be made to the courts of a Member State for such provisional, including protective, measures as may be available under the law of that Member State, even if the courts of another Member State have jurisdiction as to the substance of the matter.

商事案件当事人提供了在对案件实体问题拥有管辖权的法院之外的其他法院寻求民事保全措施的替代性路径。正如欧洲法院所称，为使对案件实体问题拥有管辖权的其他成员国予以承认的权利得以保护，上述条款允许债权人在一成员国法院寻求临时措施。①

但由于双轨制的运用，在案件实体问题管辖法院之外存在一个保全措施的管辖法院，依诸多国家法律和司法实践，颁布民事保全措施的法院被认为对案件实体问题亦随之拥有管辖权。因此，在布鲁塞尔体制下，该保全措施令亦可在其他成员国得以执行。为避免这一现象的发生，《欧洲账户保全令程序条例》排除对案件实体问题无管辖权而颁布账户保全令的可能性。其第33条第1款规定，如果在主诉提起之前成员国法院所采取的国内临时救济措施系账户保全令，且当事人此后在其他成员国法院提起主诉，则账户保全令必须予以撤销。在学界，诸多学者亦主张，颁布诉前保全措施的法院若因申请人在其他国家法院提起诉讼而丧失管辖权，则该保全措施亦应予以撤销或其效力终止。②

（2）对案件实质性问题无管辖权的成员国法院的民事保全措施管辖依据

1）统一标准抑或国内标准

布鲁塞尔体制是欧盟成员国建立统一司法区域的重要举措。在民商事实体事项管辖依据方面，《布鲁塞尔公约》制定伊始，各成员国国内法中包括过度管辖规则在内的管辖规则仅作为对住所未在欧盟成员国的被告行使管辖权的依据。《布鲁塞尔条例》（修订）进一步将统一管辖规则扩大适用于非在欧盟成员国居住的被告，而将国内管辖规则的适用范围仅限于特殊场合。③ 双轨制的运行则引发如何设计民事保全

① See Francisco Garcimartín, “Provisional and Protective Measures under the Brussels I Recast,” pp. 68-69.

② See I. Pretelli, “Provisional and Protective Measures in the European Civil Procedure of the Brussels I System,” pp. 113-114.

③ 《布鲁塞尔条例》（修订）“鉴于”部分第（14）条规定，不居住在某一成员国境内的被告一般应适用受理案件的法院所属国领土内的国内管辖权规则。但为了保护消费者和受雇者，保障拥有专属管辖权的成员国法院的管辖权，以及尊重当事人意思自治，本条例中的某些管辖权规则也应适用，不论被告住所地位于何处。

措施管辖依据这一核心问题：或将民事保全措施管辖事项委诸各成员国国内法予以确定，或制定与民商事实体事项统一管辖规则并行的民事保全措施的统一管辖规则。

统一标准论者主张，民事保全制度作为布鲁塞尔体制的组成部分，其管辖制度的设计应符合建立欧盟统一司法区域这一基本政策。将民事保全措施管辖事项不加限制地委诸国内法，包括国内法中为布鲁塞尔体制所禁止的过度管辖根据，将诱使当事人规避民商事实体事项统一管辖规则的适用，从而弱化乃至抵消为统一民商事项管辖依据所作的努力。消弭此种风险发生的最佳选择，即制定与民商事实体事项统一管辖规则并行的民事保全措施的强制性统一管辖规则。具体而言，针对保全措施的不同类型，统一规定不同的管辖法院：以保全财产为目的的保全措施，宜由财产所在地国法院管辖，而其他的保全措施则由对案件实质性问题拥有管辖权的法院管辖。但反对者认为，制定民事保全措施的统一管辖标准是一项不可能完成的任务。①

而《布鲁塞尔公约》第24条规定，即使按本公约规定，某一缔约国法院对案件的实质性问题有管辖权，亦得向另一缔约国法院申请该国法律所允许的临时措施或保护措施。② 但何谓“亦得向另一缔约国法院申请该国法律所允许的临时措施或保护措施”，是采取统一标准抑或国内标准，则有不同解释。

2）学界诸种解释

解释一主张，其仅指依该成员国法律可采取的临时性保护措施的范围和类型。

解释二主张，其是指在成员国国内法项下适于颁布临时性保护措施的所有情势。诸如临时性保护措施的内容、颁布条件、对人或对物保全措施，及保全措施对第三人效力等事项均由国内法确定。③

① See Costanza Honorati, “Provisional Measures and the Recast of Brussels I Regulation: A Missed Opportunity for A Better Ruling,” pp. 5-7,9.

② Article 24: Application may be made to the courts of a Member State for such provisional, including protective, measures as may be available under the law of that State ...

③ See Francisco Garcimartín, “Provisional and Protective Measures under the Brussels I Recast,” p. 74.

解释三主张，该条款在某一成员国法院根据公约中的其他条款对案件实体问题拥有管辖权的情况下，赋予任何其他成员国法院在任何一个诉讼中采取保全措施的管辖权。换言之，第24条构成与公约中案件实体问题管辖权条款并行的保全措施自身的管辖权条款。[①] 其与案件实体问题管辖权并无关联，仅涉及有关保护性和临时性措施的补充性事项。一旦存在使成员国法院依《布鲁塞尔公约》第24条规定对某一案件实体问题行使管辖权的事实，就足以使其他成员国法院拥有颁布《布鲁塞尔公约》第24条项下保全措施的管辖权。由于双轨制设置了由公约所确立的统一管辖制度的例外，因而第24条保全措施管辖权条款必须予以严格解释[②]，其不得背离公约关于实体案件管辖权的基本原则。如此解读，由案件实体问题管辖法院所颁布的临时性保护措施显然不属于第24条临时性保全措施的范畴，进而引发用以判定是否属于第24条项下临时性保全措施范畴的边界标准的模糊。而且，当主诉法院之外的其他成员国法院颁布了全部或部分关涉主诉的实体性结果的保全措施，诸如中间支付令之类的保全措施时，不免产生案件实体问题管辖权的竞合现象。[③]

解释四主张，《布鲁塞尔公约》第24条并未规定临时措施的具体管辖根据，而是将之与临时措施的内容及采取的条件等事项均委诸国内法予以确定。实际上，在布鲁塞尔体制创建伊始，欧盟就已经决定放弃在欧盟实行统一的临时措施的管辖依据，而是将这一重要的司法保护所涉事项留由国内法解决。因此，涉外案件当事人可从任何成员国法院依据其国内法获得该国内法中的任何临时措施。[④] 由于《布鲁塞尔

① See Gerry Maher and Barry J. Rodger, "Provisional and Protective Remedies: The British Experience of the Brussels Convention," p. 306.

② See ECJ, 28 April 2005, C-104/03, St Paul Dairy v Unibel Exser, ECR [2005] I-3497, at para.11. See also Francisco Garcimartín, "Provisional and Protective Measures under the Brussels I Recast," p. 69; Gerry Maher and Barry J. Rodger, "Provisional and Protective Remedies: The British Experience of the Brussels Convention," p. 306.

③ See Gerry Maher and Barry J. Rodger, "Provisional and Protective Remedies: The British Experience of the Brussels Convention," pp. 306-307.

④ See Costanza Honorati, "Provisional Measures and the Recast of Brussels I Regulation:A Missed Opportunity for A Better Ruling," p. 2.

公约》仅排除成员国国内法中与公约第2—6节管辖规则相关的过度管辖根据，这意味着公约第2—6节之外的管辖根据，包括公约第3条所列的成员国国内法中的过度管辖依据，均包括在第24条所指的国内管辖依据之中。[①]

其实，欧洲法院在一些案件中亦显示出对国内标准的倾向。早在Mietz案[②]中，欧洲法院业已对案件实体问题拥有管辖权的成员国法院颁布保全措施的管辖权，与对案件实体问题无管辖权的成员国法院颁布保全措施的管辖权加以区别。[③]在Van Uden案[④]中，因当事人提起仲裁，故不存在对案件实体问题拥有管辖权的法院。欧洲法院认为，有权采取保全措施的唯一法院即是根据其国内法而拥有管辖权的成员国法院。该管辖权的行使应符合《布鲁塞尔公约》第24条的目的。也就是说，《布鲁塞尔公约》第24条具有将成员国国内规则的适用范围扩及至与国外进行的诉讼相关的民事保全措施裁定问题之功能。[⑤]

3）国内标准的隐患与补救

《布鲁塞尔公约》第24条允许对案件实体问题无管辖权的成员国法院依其国内法采取民事保全措施。但由于各国国内法中临时措施类型的多样化和对临时措施性质的不同认识，使对案件实体问题无管辖权的成员国法院有可能依其国内法采取不属于《布鲁塞尔公约》第24条项下保全措施范畴的临时措施，以致《布鲁塞尔公约》第24条成为当事人择地行诉规避公约中统一管辖规则的工具。正如欧洲法院在Van Uden案所言，如果原告在其本人住所地国法院有权就合同对价获得临

---

① See Gerry Maher and Barry J. Rodger, “Provisional and Protective Remedies: The British Experience of the Brussels Convention,” p. 307.

② Case C-99/96 Hans-Hermann Mietz v Intership Yachting Sneek BV, ECLI: EU: C: 1999: 202.

③ 有学者将前者管辖权称为“以布鲁塞尔体制为依据的管辖权”（jurisdictional power grounded on the Brussels system），将后者称为“以国内法为依据的管辖权”（jurisdictional power grounded on national law）。See I. Pretelli, “Provisional and Protective Measures in the European Civil Procedure of the Brussels I System,” p. 110.

④ Case C-391/95 Van Uden Maritime v Kommanditgesellschaft in Firma Deco-Line and Others, ECLI: EU: C: 1998: 543. See I. Pretelli, “Provisional and Protective Measures in the European Civil Procedure of the Brussels I System,” p. 113.

⑤ See I. Pretelli, “Provisional and Protective Measures in the European Civil Procedure of the Brussels I System,” p. 111.

时支付，但该法院依公约第2—24条规定对案件实体问题却无管辖权，却又向被告住所地国法院申请承认和执行该临时支付令，则公约中的统一管辖规则无疑被原告规避。① 为避免这一现象的发生，欧洲法院和《布鲁塞尔条例》为此相继采取了相应的补救措施。

①《布鲁塞尔条例》与“双重条件测试”（double-condition test）②

就《布鲁塞尔公约》第24条适用问题，欧洲法院设置了两个条件：其中一个与措施的临时性相关；另一个则是关于临时措施的属地效力范围。在Denilauler案③ 中，欧洲法院指出，颁布临时措施必须格外小心，详细了解实施这些措施所处的现实环境。所涉财产所在地法院，是对各种情事加以评估的最佳法院。在Reichert案④ 中，欧洲法院指出，第24条临时性保护措施涉及公约适用范围内的事项，且旨在保护向案件实体问题管辖法院寻求承认之权利而对事实或法律情势予以保全的措施。在Van Uden案⑤ 中，欧洲法院指出，中间支付令并不属于《布鲁塞尔公约》第24条项下的临时性保护措施，除非：其一，如果申请人主诉的实体请求未获法院支持，则肯定向被告返还该笔款项；其二，该项措施所涉被告特定财产位于或将位于受理保全申请的法院属地管辖范围之内。

因此，就《布鲁塞尔条例》第31条适用而言，其必须符合“双重条件测试”标准：其一，所采取的措施必须具有临时性，是为保护向实体事项管辖法院寻求承认之权利而对事实性或法律性情势予以暂时性保全；其二，该措施所涉标的与原告申请保全的法院属地管辖区域之间存在真正联系。符合该条件而颁布的临时性保护措施方可向其他成员国法院申请承认与执行。但是，依据《布鲁塞尔条例》第31条所

① ECJ, 17 November 1998, C-391/95, Van Uden v Deco-Line, ECR [1995] I-7122, at para. 46; ECJ, 15 May 1990, C-365/88, Kongress; Agentur v Zeehaghe, ECR [1990] I-0145, at para. 20. See Francisco Garcimartín, “Provisional and Protective Measures under the Brussels I Recast,” pp. 74-75.

② See Ilaria Pretelli, “Provisional and Protective Measures in the European Civil Procedure of the Brussels I System,” p. 110.

③ ECJ, 21 May 1980, C-125/79, ECR [1980] I-1553.

④ ECJ, 26 March 1992, C-261/90, ECR [1992] I-2149.

⑤ ECJ, 17 November 1998, C-391/95, Van Uden v Deco-Line, ECR [1995] I-7122, at para. 38.

颁布的临时措施并非始终可在其他成员国予以承认和执行。即使颁布临时措施的法院在其判决书中明确表示其管辖权是基于第31条规定而非以国内法为依据，被请求执行的法院若裁定该申请执行的措施并非《布鲁塞尔条例》第31条项下的临时性保护措施，该临时措施就不得依《布鲁塞尔条例》予以执行。如果颁布临时措施的法院并未明言其管辖依据，为防止申请人规避统一管辖规则，该法院颁布临时措施的管辖权应被解释为是以有关临时措施的国内法为依据，而非源于条例所规定的实体事项的管辖权，从而该临时措施亦不得依《布鲁塞尔条例》予以执行。①

②《布鲁塞尔条例》（修订）与判决范围的拓展

尽管《布鲁塞尔公约》第24条引发诸多争议，但《布鲁塞尔条例》（修订）在其第35条原封不动地复制了《布鲁塞尔公约》第24条和《布鲁塞尔条例》第31条。为应对把保全措施事项委诸国内法院而依其国内法予以管辖的设计所产生的诸多问题，《布鲁塞尔条例》（修订）禁止由第35条项下法院作出的所有保全措施在其他成员国流转，以避免触发其第35条规定所蛰伏的问题。具体而言，通过对临时性保护措施分类，除将非实体事项管辖法院颁布的临时性保护措施“留置”在该法院属地管辖区域予以实施外，允许实体事项管辖法院颁布的临时性保护措施进入承认与执行环节，由其他成员国法院予以承认和执行。但这种简式应对方式实际上是通过在承认与执行阶段的介入而将在管辖阶段所存在的问题转化为承认与执行阶段的问题。②

---

① See I. Pretelli, “Provisional and Protective Measures in the European Civil Procedure of the Brussels I System,” p. 111; Francisco Garcimartín, “Provisional and Protective Measures under the Brussels I Recast,” pp. 74-77; Xandra E. Kramer, “Harmonisation of Provisional and Protective Measures in Europe,” pp. 312-313; Costanza Honorati, “Provisional Measures and the Recast of Brussels I Regulation:A Missed Opportunity for A Better Ruling,” pp. 4,7.

② See Costanza Honorati, “Provisional Measures and the Recast of Brussels I Regulation: A Missed Opportunity for A Better Ruling,” pp. 2-3.

•《布鲁塞尔条例》（修订）第35条项下临时性保护措施的属地效力[①]

鉴于“真正联系”标准难以具体化，及欧洲法院Mietz案[②]和Purrucker案[③]裁决的影响，《布鲁塞尔条例》（修订）第35条既未对“临时措施，包括保护措施”予以明确定义，亦未将上述“双重条件测试”引入其中[④]，而是通过对由非实体事项管辖法院所颁布的临时性保护措施的效力予以属地限制之方法，阻却当事人对《布鲁塞尔条例》（修订）第35条的滥用，消除当事人规避统一管辖规则的风险。

如此解释可以如下规定为证。《布鲁塞尔条例》（修订）“鉴于”部分第（33）条明确规定，若对案件实体问题无管辖权的成员国法院发布包括保护措施的临时措施，其效力应限于该成员国领土。第2条第（a）项规定，为本条例之目的，“判决”系指某一成员国法院或法庭所作的判决，而不论该判决名称如何，诸如裁决、命令、决定或执行令状以及由法院书记官就诉讼费用或其他费用所作的决定。为第三章之目的，“判决”包括依本条例对案件实体事项拥有管辖权的成员国法院或法庭所颁布的临时措施，包括保护措施，但不包括该法院或法庭在未传唤被告出庭情况下所颁布的临时措施，包括保护措施，除非包含该措施的判决在执行前已送达被告。第42条第2款第（b）项第（i）目规定，为在一成员国执行另一成员国作出的要求采取临时措施，包括保护措施的判决之目的，申请人应向有权执行机构提供根据第53条作出的包含有关该法院对案件实体问题拥有管辖权之信息的证书。由此可见，《布鲁塞尔条例》（修订）第35条项下的临时措施，包括保护措施的裁定，不属于条例项下“判决”的范畴，因而被排除在条例中承

① See I. Pretelli, “Provisional and Protective Measures in the European Civil Procedure of the Brussels I System,” p. 113.

② ECJ, 27 April 1999, C-99/96, Mietz v Intership Yachting, ECR [1999] I-2277, at para. 41.

③ Purrucker v Vallés Perez, 15 July 2010, C-256/09, ECR [2010] I-07353, at para. 92.

④ See C. Heinze, “Choice of Court Agreements, Coordination of Proceedings and Provisional Measures in the Reform of the Brussels I Regulation,” *RabelsZ* 75 (2011): 581.

认与执行制度的适用范围之外，而仅具有属地效力。[①] 不过，其亦不受实体事项管辖法院的任何审查或监督。[②]

对《布鲁塞尔条例》(修订)第35条项下临时性保护措施的地域效力加以限制，有学者提出异议，如此限制不仅有悖于便利判决自由流通、建立统一司法区域的政策，而且其理由并不清晰，既不能从委员会解释性备忘录和以前准备文件中找到相应说明或解释，也无法从欧洲法院关于临时性措施的判决中寻求判例法依据。[③]

《布鲁塞尔条例》(修订)对其第35条项下临时性保护措施地域效力的限制，是否意味着绝无域外执行的可能？此问题仍存有争议。肯定论者主张，《布鲁塞尔条例》(修订)第35条仅限制该临时措施在条例项下的属地效力，故不排除其根据其他成员国国内法或其他国际文件在其他成员国予以承认和执行。否定论者则主张，《布鲁塞尔条例》(修订)第35条限制了由非实体问题法院所颁布的临时性保护措施的属地效力范围，进而排除了该措施域外承认与执行的可能。这有别于由实体问题管辖法院所颁布的单方面临时性保全措施，否则条例中统一管辖规则被规避的风险依然存在。[④]

• 实体事项管辖法院颁布的临时性保护措施的域外可执行性

实体事项管辖法院当然拥有颁布临时性保护措施的管辖权。[⑤] 欧洲法院在Van Uden案判决中对此明确指出："根据《布鲁塞尔公约》第2

① See Francisco Garcimartín, "Provisional and Protective Measures under the Brussels I Recast," pp.77-78; Costanza Honorati, "Provisional Measures and the Recast of Brussels I Regulation:A Missed Opportunity for A Better Ruling," p. 3.

② See Francisco Garcimartín, "Provisional and Protective Measures under the Brussels I Recast," pp. 73-74.

③ See Costanza Honorati, "Provisional Measures and the Recast of Brussels I Regulation: A Missed Opportunity for A Better Ruling," pp. 3-4.

④ See C. Heinze, "Choice of Court Agreements, Coordination of Proceedings and Provisional Measures in the Reform of the Brussels I Regulation," p. 581.

⑤ See Costanza Honorati, "Provisional Measures and the Recast of Brussels I Regulation: A Missed Opportunity for A Better Ruling," pp. 3-4. 依《布鲁塞尔条例》(修订)在其第35条的规定，由对案件实质性问题无管辖权的法院所颁布的保全措施，不属于其第2条项下的"判决"。相反，对案件实质性问题拥有管辖权的法院所颁布的任何保全措施，均属于其第2条项下的"判决"，当然有资格为其他成员国法院依《布鲁塞尔条例》(修订)予以承认和执行。

条、第5—18条，对案件实体争议拥有管辖权的法院在必要时也有命令采取任何临时性保护措施的管辖权。”①而据此所颁布的临时措施，包括保护措施，依《布鲁塞尔条例》(修订)第2(a)条规定，其属于条例项下“判决”的范畴。“鉴于”部分第(33)条更为明确规定，此类措施的自由流通应由本条例予以保障。但如果法院未传唤被告出庭而采取包括保护措施的临时措施，则不得根据本条例予以承认和执行，除非包含该措施的判决已于执行前送达被告。此种规定不排除根据国内法对上述措施的承认与执行。

4)仲裁与保全措施管辖权的行使

《布鲁塞尔公约》第24条、《布鲁塞尔条例》第31条和《布鲁塞尔条例》(修订)第35条的主要功能在于确保对案件实体问题拥有管辖权的另一成员国法院将来所作的有关实体事项判决的有效性。因此，上述条款的适用似乎以另一成员国法院业已或将对案件实体问题行使管辖权为前提。

然而，欧洲法院在Van Uden案②中指出，《布鲁塞尔公约》第24条对案件实体问题拥有管辖权的成员国法院也具有命令采取临时措施或保护措施的管辖权，且该管辖权不受任何其他条件的约束。但在当事各方将合同纠纷有效排除了法院管辖权而提请仲裁解决的情况下，成员国法院因无法如对案件实体事项拥有管辖权的法院那样采取临时措施或保护措施，而唯依公约第24条方有权采取此类措施。就此而言，若所申请的临时性保护措施的标的所涉事项属于公约的适用对象范围，则公约应予适用，从而第24条授予受理申请的成员国法院采取临时性保护措施的管辖权，即使有关实体事项的诉讼程序业已或可能启动，甚至当事人提请仲裁亦如此。

欧洲法院在Van Uden案的上述主张释明了两项疑惑：第一，在实

① Para. 18 and ruling 1 of the Van Uden judgment. See Francisco J. Martín Mazuelos, “Notes on protective and Cautionary Measures in Brussels I Recast and Land Registration”.

② Case C-391/95 Van Uden Maritime v Kommanditgesellschaft in Firma Deco-Line and Others, ECLI: EU: C: 1998: 543. See I. Pretelli, “Provisional and Protective Measures in the European Civil Procedure of the Brussels I System,” p. 113; Francisco Garcimartín, “Provisional and Protective Measures under the Brussels I Recast,” p. 71.

体争议提请仲裁解决的情况下，第24条的适用理由，或者说适用的前提条件；第二，公约中仲裁事项例外条款与第24条之间的关系问题。

对于第24条适用的前提问题，选项有二：其一，临时性保护措施所保护的权利属于公约的适用对象范围；其二，存在诸如被告住所地所在的成员国等之类的补充性属地联系。但欧洲法院显然倾向于前一选项。即使当事人选择第三国法院管辖，或者另一成员国法院对案件实体事项并无国际管辖权亦如此。① 因此，当事人就实体争议提请仲裁的事实，并不妨碍其依第24条规定向成员国法院申请临时性保护措施。

至于公约中仲裁事项例外条款对于第24条适用的影响问题，《布鲁塞尔公约》第1条② 规定，本公约不适用于仲裁。但此处所指仲裁事项，欧洲法院在Van Uden案③ 中指出，仅指从属于仲裁程序的命令，诸如仲裁员任命或解聘、仲裁地点的确定或裁决期限延长。临时措施原则上不附属于仲裁程序，但旨在为该仲裁程序提供支持，其颁布程序与仲裁程序并行。故所指仲裁事项，并不包括与仲裁程序并行的旨在对属于公约适用范围的实体权利加以保护的临时措施或保护措施。由于《布鲁塞尔条例》第1条将仲裁事项除外，以及第31条完全“复制”《布鲁塞尔公约》第1条和第24条规定，故欧洲法院Van Uden案判例法规则在《布鲁塞尔条例》项下仍旧适用。

而《布鲁塞尔条例》（修订）草案曾试图将上述Van Uden案判例法规则条文化。草案文本第36条规定，即使另一成员国法院或仲裁庭对实体事项有管辖权，亦得向某一成员国法院申请该国法律所允许的临时措施，包括保护措施。但《布鲁塞尔条例》（修订）未保留“或仲裁庭”之表述。这是否意味着Van Uden案判例法规则在《布鲁塞尔条例》（修订）项下不再具有可适用性，而仲裁事项除外条款则扩张适用于与仲裁程序相关的临时性保护措施？《布鲁塞尔条例》（修订）“鉴于”第（12）条规定，任何诉讼或从属性程序，如果涉及仲裁庭的成

---

① See Francisco Garcimartín, “Provisional and Protective Measures under the Brussels I Recast,” p. 71.

② 《布鲁塞尔条例》第1条和《布鲁塞尔条例》（修订）第1条均规定，本条例不适用于仲裁。

③ ECJ, 17 November 1998, C-391/95, Van Uden v Deco-Line, ECR [1995] I-7122, at para. 32-33; Francisco Garcimartín, “Provisional and Protective Measures under the Brussels I Recast,” pp. 72-73.

立、仲裁员的权力、仲裁程序的进行或该程序的任何其他事项，均不适用于本条例。基于该规定针对的是从属性程序，且就排除事项采用与欧洲法院在Van Uden案所使用方法雷同的非排他性的例示法，而保全程序并非附属于仲裁程序。因此，欧洲法院Van Uden案判例法规则在《布鲁塞尔条例》(修订)项下仍旧适用。[①]

(3)实体事项管辖法院的确定[②]

尽管布鲁塞尔体制下临时性保护措施条款的适用并非以实体事项由成员国法院管辖为前提[③]，但临时性保护措施条款的主要功能在于，确保依布鲁塞尔体制对案件实体事项拥有管辖权的成员国法院未来就实体事项所作判决的有效实施。从一定意义上讲，临时性保全措施程序服务于在实体事项管辖法院进行的主诉。但在实体事项由成员国法院管辖时，又该如何理解条文所述的其他成员国法院“实体事项管辖权”。

1)管辖权的依据：统一管辖规则抑或国内管辖规则

《布鲁塞尔公约》第24条(《布鲁塞尔条例》第31条)规定，即使按照本公约(按照本条例)规定，另一缔约国(成员国)法院对案件实体事项拥有管辖权，亦得向某一缔约国(成员国)法院申请该国法律所允许的临时措施，包括保护措施。《布鲁塞尔条例》(修订)第35条则删除了“按照本条例”。由此引发一个疑惑：实体事项管辖法院的管辖依据是仅限于布鲁塞尔体制项下的统一管辖规则，还是亦包括成员国国内法中的管辖规则?

①《布鲁塞尔公约》项下的实体事项管辖依据

字面而言，实体事项管辖法院似应依布鲁塞尔体制项下的统一管

---

① See Francisco Garcimartín, “Provisional and Protective Measures under the Brussels I Recast,” p. 72.

② See Costanza Honorati, “Provisional Measures and the Recast of Brussels I Regulation: A Missed Opportunity for A Better Ruling,” p. 3; Francisco Garcimartín, “Provisional and Protective Measures under the Brussels I Recast,” p. 60.

③ See Gerry Maher and Barry J. Rodger, “Provisional and Protective Remedies: The British Experience of the Brussels Convention,” p. 314.

辖规则确定。[①]然而，欧洲法院在Van Uden案中就此事项并未使用相同措辞。其在判决第19段称，首先应指出的是，关于审理临时救济申请的法院的管辖权问题。公认的是，根据公约第2条以及第5—18条（in accordance with Articles 2 and 5 to 18 of the Convention）对案件实体事项具有管辖权的法院，也有权命令采取任何可能被证明必要的临时措施或保护措施。[②]据此，成员国法院对案件实体问题是否拥有管辖权，应依《布鲁塞尔公约》第2条以及第5—18条所确立的统一管辖依据予以确定。依公约所确定的管辖依据之一而对案件实体事项拥有管辖权的法院，亦有命令采取临时性保护措施的管辖权，而该管辖权不受任何进一步限制。[③]

然而，其在判决第46段又称，临时支付一笔款项的命令，就其性质而言，可在法院对案件实质问题作出判决之前作出。根据公约第2—18条（under Articles 2 to 18 of the Convention），如果原告有权在对案件实质无管辖权的其本人住所所在地国法院获得合同对价的临时支付令，并使该命令在被告住所所在的缔约国予以承认和执行的话，则公约所确立的管辖规则就会被规避。这意味着缔约国法院的实体事项管辖权既可源于公约所规定的统一管辖规则，也可源于其国内法中的相关管辖规则。

确实，《布鲁塞尔公约》第2—18条并未确立统一的管辖依据，而是以统一管辖依据为原则，国内管辖依据为补充。《布鲁塞尔公约》虽然就住所在缔约国的被告的管辖确立了统一的管辖依据，但就住所不在缔约国的被告的管辖问题，除专属管辖事项外，则委诸国内管辖依据。由该法院作出的判决，并不因该法院裁判管辖权的国内法管辖依据而为其他缔约国所不予承认和执行。其第4条规定，如被告不住在一个缔约国时，则每一缔约国法院的管辖权，除应按第16条的规定外，

① See Costanza Honorati, “Provisional Measures and the Recast of Brussels I Regulation:A Missed Opportunity for A Better Ruling,” pp. 6-7.

② ECJ, 17 November 1998, C-391/95, Van Uden v Deco-Line, ECR [1995] I-7122, at para. 19, 46. See Francisco Garcimartín, “Provisional and Protective Measures under the Brussels I Recast,” p. 60.

③ See ECJ, 27 April 1999, C-99/96, Mietz v Intership Yachting, ECR [1999] I-2277, at para. 41.

由各该国法律规定。任何在缔约国内有住所的人，不问其国籍，都可同这个国家的国民一样，在该国对被告援用该国现行的管辖规则，特别是第3条第2款的规则。第28条规定，如判决违反第二篇第三节、第四节、第五节规定或在第59条①规定的情况下，应不予承认。在审查上款规定的管辖权时，被请求的法院或有关机关，须受作出判决的法院对判定管辖权所依据的事实上的认定所约束。在不妨碍第1款规定的条件下，对作出判决法院的管辖权，不得予以审查；有关管辖权的规定不适用于第27条第1款述及的公共政策的事项。

《布鲁塞尔公约》的上述思路同样贯穿于《布鲁塞尔条例》。不过，与《布鲁塞尔公约》不同的是，对于住所非在欧盟成员国的被告的管辖事项，国内法管辖依据的适用范围受到进一步限制。依《布鲁塞尔条例》②，除了专属管辖事项，协议管辖事项亦不适用国内法管辖规则。

基于欧洲法院在Van Uden案中就实体事项管辖依据前后不尽一致的说法，有学者为此认为，《布鲁塞尔公约》第24条（《布鲁塞尔条例》第31条）并未明示其适用是以实体争议的被告之住所位于成员国境内为前提，布鲁塞尔体系亦规范其住所在非成员国境内的被告为当事方的民商事案件，并允许成员国法院依其国内法中的管辖依据行使管辖权。因此，成员国法院的实体事项的管辖依据不仅包括布鲁塞尔体系所确立的统一管辖依据，而且包括有限的成员国国内法中的管辖依据。③

不过，学界和实务界对《布鲁塞尔公约》第24条（《布鲁塞尔条例》

① 《布鲁塞尔公约》第59条规定，本公约不阻碍某一缔约国在关于判决的承认和执行的公约中，对某一非成员国承担或不承认其他缔约国法院对在该非成员国有住所或习惯居住地的被告所作的判决的义务，而该非成员国对第4条规定的案件，只能根据第3条第2款规定的管辖权作出判决。

② 《布鲁塞尔条例》第4条规定，如果被告在任何一个成员国均无住所，则每一成员国法院的管辖权，除应按照第22条和第23条的规定外，由各该成员国法律决定。任何在成员国内有住所的人，不问其国籍，都可以同这个成员国的国民一样，在该成员国对被告援用该成员国现行的管辖规则，特别是附件一所列各项规则。第35条规定，此外，如果判决违反第二章第三节、第四节及第六节规定，或存在第72条规定的情况，应不予承认。在审查上款规定的管辖权时，被请求的法院或有关机关，须受作出判决的成员国法院对确定管辖权所依据的事实上的认定的约束。在不妨碍第1款规定的条件下，对作出判决的成员国法院的管辖权，不得予以审查。第34条第1款述及的公共政策的审查不得适用于有关管辖权的规定。

③ See Francisco Garcimartín, “Provisional and Protective Measures under the Brussels I Recast,” pp. 70, 73.

第31条）项下实体事项管辖依据范围的不同解释，致使《布鲁塞尔条例》（修订）第35条对《布鲁塞尔公约》第24条（《布鲁塞尔条例》第31条）作出一项重要修正。

②《布鲁塞尔条例》（修订）项下的实体事项管辖依据

《布鲁塞尔条例》（修订）第35条并未将《布鲁塞尔公约》第24条"即使按本公约规定"（even if, under this Convention）和《布鲁塞尔条例》第31条"即使按本条例规定"（even if, under this Regulation）之措辞引入其中，而是直接规定，即使另一成员国法院对案件的实质性问题有管辖权，亦得向某一成员国法院申请该国法律所允许的临时措施，包括保护措施。人们在实体事项管辖依据范围问题上的争议由此消弭。不过，与《布鲁塞尔公约》和《布鲁塞尔条例》不同的是，对于住所不在欧盟成员国的被告的管辖事项，国内法管辖依据的适用范围受到进一步限制。《布鲁塞尔条例》（修订）"鉴于"部分第（13）条规定，本条例仅适用于与成员国领土有一定关联的法律程序，因而管辖权的一般规则原则上仅当被告住所在某一成员国境内时方予适用。第（14）条规定，住所不在某一成员国的被告一般应适用受理案件的法院所属国领土内所适用的国内管辖权规则。但是，为了保护消费者和受雇者，为了保障拥有专属管辖权的成员国法院的管辖权及为了尊重当事人意思自治，本条例中的某些管辖规则亦应适用，不论被告住所位于何处。[①] 是以，《布鲁塞尔条例》（修订）除了如《布鲁塞尔条例》那样排除国内法管辖规则对专属管辖事项和协议管辖事项的适用，又将消费合同和个人雇佣合同事项管辖问题排除在国内法管辖规则适用范围之外，从而使国内法管辖依据的适用范围再次受到压缩，亦使成员国法院的实体事项的管辖依据不仅包括《布鲁塞尔条例》（修订）所确

① 《布鲁塞尔条例》（修订）第6条规定，如果被告在任何一个成员国均无住所，则每一成员国法院的管辖权，除应按照第18（1）条、第21（2）条和第24条、第25条规定外，由各该成员国法律决定。在正对上述被告起诉时，任何在某一成员国内有住所的人，不论其国籍，均与该成员国国民相同，在该成员国境内援用该国现行的管辖规则，特别是成员国依据第76（1）条第（a）项规定必须向委员会通报的那些管辖规则。第45条第1款第（e）项规定，应任何利害关系人的申请，下列判决得被拒绝承认：……（e）如果违反下列规定：（i）如被告是保单持有人、被保险人、保险合同受益人、受害者、消费者或受雇者时，第二章第三、四、五节规定；或者（ii）第二章第六节规定。

立的统一管辖依据，而且包括有限的成员国国内法中的管辖依据。[①]

2）管辖权的拥有形态：实际拥有抑或可能拥有

何谓“对案件实质性问题拥有管辖权”，是指拥有现实管辖权（actual jurisdiction）抑或潜在管辖权（potential jurisdiction）？对此存在两种不同解释：

其一，“对案件实质性问题拥有管辖权”的法院是指依布鲁塞尔公约或条例自身所规定的管辖依据而对案件实体问题拥有管辖权的所有法院。布鲁塞尔公约或条例之措辞，并非未明言对案件实体事项拥有管辖权的其他成员国法院必须实际上还是将基于公约或条例所规定的管辖依据行使管辖权。或者说，只要存在此类法院就足以，即使当事人并未考虑或并无可能就实体事项提起诉讼。[②]这显然是对该术语的广义解释。依此宽泛解释，由于布鲁塞尔公约或条例项下实体事项管辖依据的多样化，而由此类成员国法院所作的判决均可得到其他成员国法院的承认与执行，可能导致由对实体事项实际行使管辖权的法院所采取的临时性保护措施与未行使实体事项管辖权的法院所采取的临时性保护措施之间的重叠乃至冲突现象。

其二，“对案件实质性问题拥有管辖权”的法院仅指依布鲁塞尔公约或条例自身所规定的管辖依据而对案件实体问题拥有管辖权，且业已实际或即将行使该管辖权的法院。此即对条款进行限缩性解释。是否业已实际或即将行使该管辖权，属于一项事实问题，从而被请求承认与执行临时性保护措施的成员国法院必须确认请求承认与执行的临时性保护措施决定是否由此类法院所作出。[③]依此限缩性解释，只有实际受理实体问题争议的法院所颁布的临时性保护措施方为被承认和执行的对象，而其他法院，即使依布鲁塞尔公约或条例对案件实体问题拥有管辖权，其所作出的临时性保护措施裁定仍仅具有在该法院管辖

① See Francisco Garcimartín, “Provisional and Protective Measures under the Brussels I Recast,” pp. 70, 73.

② See Francisco Garcimartín, “Provisional and Protective Measures under the Brussels I Recast,” p.61; Gerry Maher and Barry J. Rodger, “Provisional and Protective Remedies: The British Experience of the Brussels Convention,” pp. 314-315.

③ See Costanza Honorati, “Provisional Measures and the Recast of Brussels I Regulation:A Missed Opportunity for A Better Ruling,” pp. 9-10.

范围内的属地效力，而不属于被承认和执行的对象。进而，所有的临时性保护措施首先得被推定是由非实体事项管辖法院所颁布的，当事人不得向其他成员国法院申请予以承认和执行，故可能导致当事人申请临时性保护措施的积极性和数量降低。[①]

何者解释为妥，不易抉择。《布鲁塞尔条例》（修订）第2条第（a）项规定，就第三章而言，“判决”包括依据本条例对案件实体问题拥有管辖权的法院或法庭所颁布的临时措施，包括保护措施。第42条第2款第（b）项规定，为在一成员国执行由另一成员国法院作出的要求采取临时措施，包括保护措施的判决之目标，申请人应向有权执行机关提供：根据第53条签发的证书，该证书包含对该措施的描述并证明该法院对该案件实质问题拥有管辖权；且该判决在原成员国法院可被执行。第（c）项规定，该措施系在被告未被传唤出庭的情况下作出的，该判决已被送达的证据。显然，该等规定并未明示成员国法院作出有关临时性保护措施的判决，须以其对案件实质性问题业已或将依条例所规定的管辖依据行使管辖权为前提；亦未规定在当事人未就实体问题争议提起诉讼时，由依条例所规定的管辖依据而对实体事项拥有管辖权的成员国法院所作的有关临时性保护措施的判决，因不属于条例项下判决的范畴而不予承认与执行。

而在Mietz案[②]中，欧洲法院指出，作出临时性保护措施的法院在其裁决中必须明示其对案件实质问题拥有管辖权的实际理由，或从判决所载内容能够明确得出是否拥有实质事项管辖权的结论。若对管辖依据缄口不语，为确保公约规则不被规避，该判决应被解释为作出该判决的法院采取临时措施的管辖权是以调整临时措施的国内法为依据，而非基于源于公约的实体事项管辖权，进而因不符合欧洲法院在Van Uden案判决所确立的条件而不予承认和执行。这一裁判思路亦同样贯

① See Costanza Honorati, “Provisional Measures and the Recast of Brussels I Regulation:A Missed Opportunity for A Better Ruling,” p.10.

② Case C-99/96 Hans-Hermann Mietz v Intership Yachting Sneek BV, ECLI: EU: C: 1999: 202.

穿于欧洲法院对Purrucker I案[①]的裁决。[②]在这两个案件中，欧洲法院均未明言实体事项管辖法院系指业已或即将实际行使该管辖权的成员国法院。

成员国法院的实体事项管辖权虽然不宜被解释为对实体问题争议业已或即将实际行使的管辖权，但是该实体事项管辖权须为依布鲁塞尔体制的管辖依据可实际行使的管辖权。若该实体事项管辖权因当事人之间存在仲裁协议而不得行使时，由该法院颁布临时性保护措施的管辖权，依欧洲法院Van Uden案[③]判决，难谓基于源于布鲁塞尔体制的管辖依据而行使的实体事项管辖权，而系依《布鲁塞尔公约》第24条（《布鲁塞尔条例》第31条）和《布鲁塞尔条例》（修订）第35条所规定的基于国内法的管辖权。在该案中，当事人业已提请仲裁，因而不存在成员国法院对实体问题行使管辖权的问题。颁布临时性保护措施的管辖权，亦仅源于成员国国内法的管辖依据。[④]

（4）《布鲁塞尔条例》（修订）第35条与其他条款之间的关系

《布鲁塞尔条例》（修订）第35条的主要功能在于，确保依条例对案件实体问题拥有管辖权的成员国法院未来就实体问题所作判决的有效实施。从一定意义上讲，第35条服务于实体问题的诉讼，其一般在成员国法院根据条例规定对案件实体问题拥有管辖权时方适用，而不论实体事项管辖权源于统一管辖规则还是成员国国内法规则。[⑤]但是，《布鲁塞尔条例》（修订）第35条独立于其他实体事项管辖规则。

1）《布鲁塞尔条例》（修订）第35条与第5条之间的关系

《布鲁塞尔条例》（修订）第5条第1款规定，在一成员国有住所的人得在另一成员国法院被诉，但必须根据本篇第二节至第七节之规定，

---

① Judgment of the Court (Second Chamber) of 15 July 2010, Bianca Purrucker v. Guillermo Vallés Pérez, Case C-256/09.

② See Costanza Honorati, "Provisional Measures and the Recast of Brussels I Regulation: A Missed Opportunity for A Better Ruling," p. 10.

③ Case C-391/95 Van Uden Maritime v Kommanditgesellschaft in Firma Deco-Line and Others, ECLI: EU: C: 1998: 543.

④ I. Pretelli, "Provisional and Protective Measures in the European Civil Procedure of the Brussels I System," p. 113.

⑤ Francisco Garcimartín, "Provisional and Protective Measures under the Brussels I Recast," p. 70.

尤其是成员国根据76（1）条第（a）项之规定必须向委员会通报的国内管辖规则不得被用于第1款所指的人。《布鲁塞尔公约》第24条（《布鲁塞尔条例》第31条）与第3条第1款规定，在一个缔约国有住所的人得在另一个缔约国法院被诉，但必须根据本篇第二节至第六节的规定。第2款规定，但不得对其援用下列规定（过度管辖规则）。

然而，《布鲁塞尔条例》（修订）第35条并未创设临时性保护措施的管辖依据，而是将之委诸成员国国内法规则。成员国国内法包括过度管辖规则确定颁布临时性保护措施的管辖依据，而不受《布鲁塞尔条例》（修订）第5条项下国内过度管辖规则不得援用规定的影响。①

欧洲法院早在Van Uden案② 中就《布鲁塞尔公约》第24条与第3条之间的关系指出，对于成员国法院依《布鲁塞尔公约》第3条所列之过度管辖规则行使临时性保护措施管辖权的问题，在缔约国有住所的人，根据该条第1款规定，仅能根据第二篇第二节至第六节中的管辖规则，即第5—18条规定被诉。因此，第3条项下国内过度管辖规则禁止援用的规定不适用于第24条项下的临时性保护措施问题。也就是说，国内法中的过度管辖规则仅在涉及公约第二篇第二节至第六节中的管辖规则适用时方予以排除，而第24条位于第二篇第九节，故第二篇第二节至第六节中管辖依据之外的其他管辖依据，包括过度管辖依据，均可作为第24条项下的临时性保护措施管辖权的行使依据。此外，《布鲁塞尔公约》第3条和《布鲁塞尔条例》（修订）第5条适用于住所在一成员国的人在另一成员国“被诉”问题。“被诉”意指实体事项的诉讼，而非《布鲁塞尔公约》第24条和《布鲁塞尔条例》（修订）第35条项下的保全措施。③ 据此，即使依据国内法，采取保全措施的管辖权与实体事项管辖权关联，该管辖权仍依国内管辖规则，而非公约或条例中管辖权规则确定。当国内法就临时性保全措施设置了自治性或独立管辖依据，该管辖依据自然成为依《布鲁塞尔公约》第24条和《布

① Francisco Garcimartín, “Provisional and Protective Measures under the Brussels I Recast,” pp. 82-83.

② ECJ, 17 November 1998, C-391/95, Van Uden v Deco-Line, ECR [1995] I-7122, at para. 42.

③ Gerry Maher and Barry J. Rodger, “Provisional and Protective Remedies: The British Experience of the Brussels Convention,” p. 307.

鲁塞尔条例》(修订)第35条规定采取临时性保护措施的管辖依据。虽然临时性保护措施管辖权依国内法予以确定，但据此所采取的临时性保护措施的效力范围则由属地原则限制。①

2)《布鲁塞尔条例》(修订)第35条与第24条专属管辖权条款之间的关系

《布鲁塞尔条例》(修订)第24条就不动产物权或其租赁权为标的的诉讼，以公司、其他法人组织、自然人或法人的集合体的有效成立、撤销或歇业清理，或以有关机构的决议的有效性为标的的诉讼，以确认公共登记效力为标的的诉讼，以有关专利、商标、设计模型或必须备案或注册的其他类似权利的注册或效力的诉讼，以及有关判决执行的诉讼等诸事项，规定了专属管辖法院。②

对于临时性保护措施条款与该专属管辖权条款之间的关系问题，早在《布鲁塞尔公约》时期，有学者对此称，《布鲁塞尔公约》第24条中的临时性保护措施与第16条中的绝大多数专属管辖事项之间并无关系。至于有关判决执行的事项，在诸如苏格兰之类的一些法律体系中，两者之间可能存在重合现象。因为，在法律体系中，旨在保障最终判决实现的诉前或诉讼中临时措施与用以执行判决的诉后临时措施之间并不存在明显区别。③ 然而，在Solvay案④，欧洲法院指出，成员国法院依《布鲁塞尔条例》(修订)第35条所能采取的临时性保护措施，该临时性保全措施裁定不得有损于由《布鲁塞尔条例》(修订)第24条项下专属管辖法院就实体事项所作的裁决。⑤

3)《布鲁塞尔条例》(修订)第35条与第25条协议管辖权条款之间的关系

对于两者之间的关系，有学者指出，当事人可以协议排除第35条的适用。在此情况下，唯有被选择法院方有采取临时性保护措施的管

① Francisco Garcimartín, "Provisional and Protective Measures under the Brussels I Recast," p. 83.

② 相同内容条款可见于《布鲁塞尔公约》第16条和《布鲁塞尔条例》第22条。

③ Gerry Maher and Barry J. Rodger, "Provisional and Protective Remedies: The British Experience of the Brussels Convention," p. 308.

④ ECJ, 12 July 2012, C-616/10, Solvay v Honeywell, ECLI: EU: C: 2012: 445, at para. 50.

⑤ Francisco Garcimartín, "Provisional and Protective Measures under the Brussels I Recast," p. 73.

辖权。反之，当事人若无意排除第35条的适用，第25条协议管辖权条款并不排斥第35条的适用。[①] 从相关条款的功能而言，《布鲁塞尔公约》第2—18条和《布鲁塞尔条例》(修订)第4—26条针对的是实体事项管辖权的分配问题，而《布鲁塞尔公约》第19—24条和《布鲁塞尔条例》(修订)第27—35条并非针对实体事项管辖权的分配问题，而是解决由前述条款所衍生事项。故某一成员国法院基于排他性协议选择条款而对实体事项拥有排他性管辖权，并不排斥当事人依《布鲁塞尔公约》第24条和《布鲁塞尔条例》(修订)第35条申请临时措施，包括保护措施。[②]

2. 海运公约中的相关规定

《汉堡规则》第21条就海上运输纠纷的管辖权问题作了专门规定，但该条第2款实际上也涉及扣船措施的管辖权归属问题。该款第1项规定，虽有本公约前述规定，如果载货船舶或属于同一船舶所有人的任何其他船舶，在一缔约国的任何港口或地点依照适用于该国的法律或国际法的规则而被扣，便可向该港口或地点所在法院提起诉讼。但是，在这种情况下，经被告请求，原告须将诉讼转移到其所选定的本条第1款所述管辖法院之一，以作出对索赔的决定。在诉讼转移之前，被告必须提供足够的保证，以偿付日后可能判定归原告的赔偿金额。第2项规定，一切有关担保是否足够等问题，应由扣留港口或地点的法院裁定。从表面上看，该规定针对的是扣押对案件实质问题管辖权行使的影响问题，即扣押地法院管辖(forum arresti)问题，但其实际上也意味着对船舶所在地法院有权行使扣押管辖权这一各国国内立法和司法实践的认可。

《1952年扣船公约》第4条规定，船舶只能由执行扣押的缔约国法院或适当的司法机关扣押。《1999年国际扣船公约》第1条规定，扣押是指经法院命令，为保全海事请求而对船舶作出的任何滞留或对其离开作出任何限制，但不包括为执行或履行法院判决或其他可执行文书

① Francisco Garcimartín, "Provisional and Protective Measures under the Brussels I Recast," p.73.

② Gerry Maher and Barry J. Rodger, "Provisional and Protective Remedies: The British Experience of the Brussels Convention," p. 308.

而扣留船舶。而第2条规定，只有实施扣押的缔约国法院的授权才能扣押船舶或释放被扣押的船舶；并且，为获得担保，可以扣押船舶，即使根据有关合同中的管辖权条款或仲裁条款或其他条款，引起扣船的海事请求应由非扣船实施地国审理，或应付诸仲裁或应适用另一国的法律。这意味着公约不仅承认扣押船舶的管辖权是独立于海事案件实质问题的管辖权，而且只有船舶所在地国法院才拥有扣押船舶的管辖权。

3. 国际法协会的实践

在此，值得注意的是，国际法协会于1996年第67届赫尔辛基会议上通过了《国际诉讼中临时性和保护性措施通则》(以下简称《通则》)，其中对临时性保全措施管辖权作了规定。第一，《通则》第10条郑重申明：准许临时性保全措施的管辖权应独立于案件实质问题的管辖权。第二，《通则》第11条指出，财产在一国内单纯存在/出现（mere presence）应该构成行使有关该财产的临时性保全措施管辖权的充分根据。可见，临时性保全措施管辖权行使根据/标准并没有像实质争议管辖权行使根据/标准那样严格。第三，《通则》第16条规定，适当地行使实质争议管辖权的法院应有权颁布针对被告本人的临时性保全措施，以冻结其财产，而不论该财产位于何地。第四，与第16条规定明显不同的是，《通则》第17条规定，当一法院不行使实质争议事项的管辖权，而仅行使有关临时性保全措施管辖权时，其所行使的管辖权应仅限于位于该法院管辖区域内的财产，而财产的所在地根据国际法应依国内法规则（包括冲突法规则）确定。

4. 海牙国际私法会议的尝试

海牙国际私法会议2001年发布的《民商事项管辖权与判决公约草案》第13条设置了两套选项：依选项B规定，对实体事项拥有管辖权的法院可命令采取旨在保护实体请求之标的的临时性保护措施，即选项B将临时性保护措施管辖权归属于实体事项管辖法院。依第13条选项A，其第1款规定，根据本公约对实体事项拥有裁判管辖权的法院拥有命令采取临时性保护措施的管辖权。第2款规定，缔约国法院即使对实体事项无裁判管辖权，但就位于其境内的财产有权命令采取临时性保护措施，或有权命令采取仅限于该国境内实施的临时性保护措施，以对申请人在对实体事项拥有管辖权的法院提起诉讼之前或业已提起诉讼期间的实体请求加以保护。第3款规定，本公约并不妨碍缔约国法院为对申请人在对实体事项拥有管辖权的另一缔约国法院提起诉讼之前或业已提起诉讼期间的实体请求加以保护而命令采取临时性保护措施。据此，2001年《民商事项管辖权与判决公约草案》在重申实体事项管辖法院拥有临时性保护措施管辖权的同时，赋予所涉财产所在地国或临时性保护措施拟实施地国法院拥有命令采取临时性保护措施的管辖权。并且，与欧盟布鲁塞尔体制不同的是，2001年《民商事项管辖权与判决公约草案》设置了统一的临时性保护措施的管辖依据，从而消除了临时性保护措施管辖依据问题上国内法标准说与统一标准说之间的争论。

5. 我国关于临时性保全措施管辖权的规定

我国关于临时性保全措施管辖权的规定见之于《海事诉讼特别程序法》。该法针对不同类型的保全措施规定了不同的管辖权行使根据。

对于海事请求保全，《海事诉讼特别程序法》第十三条规定，当事人在起诉前申请海事请求保全，应当向被保全的财产所在地海事法院提出。所谓“财产所在地”，指船舶的所在地或者货物的所在地。当事人在诉讼前对已经卸载但在承运人掌管之下的货物申请海事请求保全，如果货物所在地不在海事法院管辖区域的，可以向卸货港所在地的海事法院提出，也可以向货物所在地的地方人民法院提出。[①] 对于海事强制令，《海事诉讼特别程序法》第五十二条规定，当事人在起诉前申请海事强制令，应当向海事纠纷发生地海事法院提出。但何谓“海事纠纷发生地”，该法并没有作出解释。对于海事证据保全，《海事诉讼特别程序法》第六十三条规定，当事人在起诉前申请海事证据保全，应当向被保全的证据所在地海事法院提出。然而，上述有关临时性保全措施的独立的管辖根据仅适用于诉前保全措施。这意味着对于诉讼中所采取的临时性保全措施得由审理案件实质问题的管辖法院管辖。

然而，美中不足的是，我国《民事诉讼法》并没有就在案件的实

① 《海事诉讼特别程序法解释》第二十条。

质纠纷通过诉讼途径解决时有关财产保全措施以及先予执行措施管辖权的归属问题单独地作出规定。这似乎意味着唯有对案件实质争议拥有管辖权的法院方能行使财产保全措施以及先予执行措施的管辖权。但对纠纷通过仲裁途径解决时，《民事诉讼法》则对财产保全措施管辖权的归属作了明确的规定。其第二百七十九条规定，当事人申请采取保全的，中华人民共和国的涉外仲裁机构应当将当事人的申请，提交被申请人住所地或者财产所在地的中级人民法院裁定。

第二节　管辖权选择条款与民事保全措施管辖依据

在涉外民商事纠纷当事人约定管辖法院时，所涉民事保全措施管辖权是否由此而归属于该被选择的管辖法院？[①] 民商事实体事项的约定管辖与民事保全措施的法定管辖之间的关系问题也因此引发。

一、管辖权选择条款效力的二重性

民商事纠纷管辖法院的确定，或基于法定，或基于约定。在国际商事交易中，当事人选择管辖法院以解决其纠纷乃惯常做法。

协议选择法院管辖条款涉及两大基本问题，即条款的有效性和条款的效力。

就前者而言，各国承认当事人选择法院条款的有效性，但各国的要求并不完全相同，对当事人选择法院的权利设置一定的限制。

如在美国，1972年以前，美国法院不承认选择法院条款的效力。这种对管辖权条款的敌视态度由于Bremen诉Zapata Off-Shore Co.案[②]而结束。该案涉及关于将石油钻塔由深海拖带船从路易斯安那拖拽至

① See L. Collins, "Provisional and Protective Measures in International Litigation," p. 32.

② 407 US 1 (1972). See L. Collins,"Forum Selection and an Anglo-American Conflict—The Sad Case of the Chaparral," *ICLQ* 20 (1971): 530.

意大利的拖带合同纠纷。石油钻塔为一家美国公司所有，而拖带船为一家德国公司所有。合同约定，任何纠纷都应由英国法院裁决。石油钻塔在墨西哥湾由于风暴而受损。美国公司为此向佛罗里达法院对德国公司提起诉讼，而德国公司依据管辖权选择条款对此提出抗辩。第五巡回法院上诉法院的大多数法官认为，剥夺原告的诉讼权利违背美国的公共政策，因为有证据证明英国法院会赋予合同中的免责条款以效力，而美国法院是不会承认其效力的。但最高法院裁定，管辖权条款初步有效，并应予以执行，除非试图不履行该条款的当事人能够证明该条款的履行是不合理的，不受欺诈、不当影响或过分的议价能力所影响的充分协商的国际协议应给予其充分效力。

我国则区分涉外财产权益纠纷和涉外海事纠纷而设置不同的要求。就前者而言，《民诉法解释》第五百二十九条规定，涉外合同或者其他财产权益纠纷的当事人，可以书面协议选择被告住所地、合同履行地、合同签订地、原告住所地、标的物所在地、侵权行为地等与争议有实际联系地点的外国法院管辖。也就是说，选择外国法院管辖必须满足实际联系要求，而选择我国法院管辖须满足何等要求则语焉不详。就后者而言，《海事诉讼特别程序法》第八条又允许双方均是外国人、无国籍人、外国企业或组织的当事人书面协议选择我国海事法院管辖的，即使与纠纷有实际联系的地点不在我国领域内，我国海事法院对该纠纷也具有管辖权。

据此，2005年海牙国际私法会议通过的《选择法院协议公约》在其第3条第（4）项规定“构成合同一部分的排他性选择法院协议应被视为独立于合同其他条款的一项协议。排他性选择法院协议的有效性不能仅因合同无效而受到影响”。同时，公约将协议选择法院管辖条款委诸被选择法院所属国和受理案件法院所属国法律予以确定。其第5条第1款就“被选择法院的管辖权”问题规定，在一项排他性选择法院协议中指定的某缔约国的一个或者多个法院对于该协议适用的争议有管辖权，除非根据该国法律该协议是无效的。第6条就“未被选择法院的义务”规定，“被选择法院以外的缔约国法院应当中止或者放弃排他性选择法院协议适用的诉讼程序，除非：（1）根据被选择法院所在地国的法律，该协议是无效的；（2）根据受理案件的法院所在地国的法律，一方当事人缺乏缔结该协议的能力；（3）承认该协议有效将导致明显的不公正或者明显违背受理案件法院所在地国的公共政策；（4）因当事人控制之外的特殊原因，协议不能合理地执行；（5）被选择法院业已决定不审理该案件”。

至于管辖权选择条款的效力，依各国国内立法和司法实践，基本分为三类：其一，管辖权选择条款有排他性效力和非排他性效力之分，但如此之分并非绝对重要。此类国家法院认为，管辖权条款，不论是排他性管辖条款还是非排他性管辖条款，并不剥夺未被选择法院的管辖权，但法院享有是否中止诉讼的自由裁量权。英国便是采取此种做法的国家之一。其二，管辖权选择条款有排他性效力和非排他性效力之分，而排他性管辖条款与非排他性管辖条款的区分至关重要，排他性管辖权条款剥夺未被选择法院的管辖权，而非排他性管辖权条款则不影响未被选择法院的管辖权。德国、日本及丹麦等国法律均采取此做法。其三，不区分管辖权条款的类型，被选择法院据此拥有管辖权而未被选择法院则无管辖权。法国、意大利等采取此做法。

2005年《选择法院协议公约》第3条第（2）项规定，除非当事人另有明示约定，指定某个缔约国的法院或者某个缔约国的一个或者多个特定法院的法院选择协议应被视为排他性的。第5条第1款就“被选择法院的管辖权”规定，根据排他性选择法院协议指定的缔约国的一个或多个法院应该有管辖权以裁决协议适用的争议，除非该协议依据被选择法院国家的法律是无效的。第2款依据第1款，有管辖权的法院不得以争议应由另一国法院判决为由，拒绝行使管辖权。对于“未被选择的法院”，第6条作出规定。据此，选择法院管辖条款原则上是排他性管辖权选择条款，未被选择法院无管辖权。

我国立法虽然未予明确规定，但在司法实践中则区分排他性管辖权选择条款和非排他性管辖权选择条款之间的不同效力。2005年印发的最高人民法院《第二次全国涉外商事海事审判工作会议纪要》第12条规定，涉外商事纠纷案件的当事人协议约定外国法院对其争议享有非排他性管辖权时，可以认定该协议并没有排除其他国家有管辖权法院的管辖权。如果一方当事人向我国法院提起诉讼，我国法院依照《中华人民共和国民事诉讼法》的有关规定对案件享有管辖权的，可以受理。在原告国泰世华商业银行股份有限公司（以下简称“国泰世华银行”）诉被告高某保证合同纠纷案[①]中，上海市高级人民法院指出，是否属于排他性管辖，我国法律没有明确规定。2005年《选择法院协议公约》第3条对排他性选择法院协议作了规定。参照公约规定，选择管辖法院是否具有“排他性”的关键在于协议用词是否明确。涉案保证书明确“因本保证书涉讼时，合意以台湾地方法院为第一审管辖法院”，而本案当事人未另作明确规定，应认定为属于排他性管辖协议，即排除了内地法院的管辖权。上诉人以协议选择的法院约定不明和不具有排他性为由主张该管辖条款无效，缺乏事实和法律依据。

二、管辖权选择条款对民事保全措施管辖归属的影响

（一）英美法系国家的实践

1. 英国

管辖权选择条款是否影响原告向实体事项管辖法院之外的其他法院寻求临时性保全措施，存在不同的司法实践。但总的来说，在英国，即使当事人约定由外国法院管辖，如果英国法院拥有批予临时性保全措施的管辖权，不论该管辖权属于对物管辖权还是对人管辖权，英国法院一般会准许采取临时措施。

早在Law诉Garrett案[②]中，英国法院认为，尽管管辖权选择条款约定圣彼得堡商事法院管辖，该法院对产生于该合同的任何纠纷拥有排他性管辖权，但如果当事人未能在俄罗斯获准采取临时性保全措施，英国法院应保留命令采取临时性保全措施的自由裁量权。一些实例甚至显示，尽管在外国被告不受英国法院对人管辖权支配的情况下，英

① 上海市第二中级人民法院（2016）沪02民初4号民事裁定书；上海市高级人民法院（2016）沪民辖终99号民事裁定书。

② [1878] 8 Ch. D. 26. See Catherine Kessedjian, “Note on Provisional and Protective Measures in Private International Law and Comparative Law,” p. 12.

国法院没有有效的方法为原告提供针对外国被告的临时性保全措施，但对有效的临时性保全措施的需要可能会使英国法院无视外国法院选择条款的存在。在若干个海事案件中，英国法院曾拒绝赋予管辖权选择条款的效力，否则将剥夺原告通过扣船而获得担保的权利。①

然而，Siskina案② 却引发些微争议。在该案中，提单约定由热那亚法院行使排他性管辖权，而英国法院亦裁定其没有批予临时性保全措施的管辖权。但如此裁决并非基于排他性管辖权选择条款的存在，而是因为在《最高法院规则》第11号令中并没有相应的可据以使法院行使保全措施管辖权的对人管辖权条款。如果被告受制于英国法院的对人管辖权，或者被告船舶在英国被扣押，外国法院管辖选择条款的存在并不是英国法院行使批予临时性保全措施管辖权的障碍。③ 同样，在Rena K.案和Tuyuti案④ 中，法院裁定其有权扣船，直至外国法院作出裁决。该管辖权的行使并非给外国诉讼提供担保，而仅是为业已中止，但在被告未履行外国法院判决时即可重新启动的英国法院对物诉讼提供担保。从立法观之，根据《1982年民事管辖权和判决法》第26条规定，当英国法院以纠纷应提交外国法院裁决为由而中止或撤销海事诉讼时，如果船舶业已扣押，英国法院既可命令继续扣押船舶以担保外国法院判决之履行，也可令被告提供相当的担保以保证任何判决的履行为条件而中止或撤销在英国法院进行的诉讼。

相反，若英国法院为当事人所选择的管辖法院，而当事一方却在外国法院申请临时性保全措施，英国法院将如何应对？

这种情况在Lisboa案⑤ 中得到论证。在该案中，提单约定所有诉讼均应在伦敦提起。原告船舶装载的为被告所有的大麦，从阿根廷的

① See L. Collins, "Provisional and Protective Measures in International Litigation," pp. 62-68; The Athenee (1922)11 L1.LR 6 (CA); The Fehmarn [1957] 1 WLR 815(CA).

② [1979] AC 210.

③ See L. Collins, "Provisional and Protective Measures in International Litigation," pp. 63-64. 在WAC Ltd.诉Whillock案中，苏格兰法院认为，即使当事人同意北爱尔兰法院的专属管辖权，其也有权在苏格兰阻止威胁性错误。

④ The Rena K. [1979] QB 377; The Tuyuti [1984] QB 838 (CA).

⑤ [1980] 2 Lloyd's Rep. 546 (CA). See L. Collins, "Provisional and Protective Measures in International Litigation," pp. 66-68.

布宜诺斯艾利斯运往意大利基奥贾（Chioggia）。在运输途中，船舶发动机出现故障，并在突尼斯海域停航，船舶随后被拖至基奥贾，而货物所有人要求支付一笔数额巨大的拖带费。为此，货物所有人违反提单中的管辖权条款而向威尼斯法院提起诉讼，威尼斯法院院长也准许了货物所有人的扣船申请。船东则向英国法院提起诉讼，要求货主赔偿由于货主违反排他性管辖权选择条款而扣船的损害。货主随即向英国法院就案件实质问题提起诉讼，主张船舶不适航。船东则为此向英国法院申请颁布禁令以制止货主在威尼斯法院进行的扣船诉讼。对此，上诉法院三名法官一致裁决不支持船东的禁令申请。丹宁勋爵认为，提单中管辖权选择条款所指的“针对承运人的任何和所有诉讼”术语并不能用以阻止针对船舶的诉讼，而对该术语的任何其他解释均可能剥夺货主针对单船公司的唯一有效的救济措施。同时，就管辖权条款目的而言，所谓的“法律诉讼”仅指旨在确立责任的诉讼，而不能扩及旨在获得担保的诉讼。丹宁勋爵进一步论证：“假如这样的解释是错误的，管辖权选择条款禁止货主在英国之外的其他国家扣押船舶，货主违反该禁止性约定而在其他国家，诸如本案的意大利威尼斯法院扣押船舶，那么英国法院应颁布禁令以停止船舶的扣押吗？在本案中，我们所面临的给予我们本国法院以排他性管辖权的条款，与规定在伦敦仲裁的仲裁条款相似。如果一方当事人违反该条款并在外国法院提起诉讼，本国法院就拥有禁止其在外国法院继续进行诉讼的管辖权……，当然，这种管辖权应谨慎行使，以避免对他国法院的不当干预……。我认为，我们不应为了迫使被扣船舶得以释放而颁布禁令。当然，我能想象应颁布禁令的一些情况。例如，如果货主没有可据以对船东提出任何请求的任何根据而仍然扣押船舶，本法院可以颁布禁令以阻止扣押的继续。但在当事人善意扣船——旨在获得正当请求的担保时，那么我认为英国法院不应通过颁布禁令而加以禁止，即使扣押被认为违反排他性管辖权条款，……法院也不应该要求当事人就其违反此种管辖权条款而予以损害赔偿。我认为，根据世界各国的海事法，扣船的权利应该属于债权人，就其海事请求应善意行使该扣船权利，而不论船舶位于何处，即使纠纷的实质问题应由另一国法院裁决或由在另一国的仲裁机构裁决。”沃勒（Waller）和邓恩（Dunn）法官也认为在任何情况下都不应颁布禁令，否则将会剥夺货主请求担保的权利。①

2. 美国

在美国，有关该问题的司法判例颇不一致。在Sanko S. S. Co.诉Newfoundland Refining Co.案②中，法院就管辖权选择条款对临时性保全措施管辖权行使的影响问题作了肯定回答。在该案中，船东与海运代理公司所签订的期租合约约定，纠纷由英国法院管辖或在伦敦仲裁，而船东则向纽约州南区法院提出申请请求扣留期租人在纽约的银行账户。海运代理公司为此以期租合约中管辖权选择条款授予英国法院管辖权为由提出抗辩。法院根据最高法院在Bremen诉Zapata Off-Shore Co.案的判决，认为本案租约中的管辖权条款授予外国法院以管辖权，因而不能准许船东的扣留申请。据此，当案件的实体事项由当事人所选择的外国法院裁决时，美国法院没有权力通过采取临时性保全措施为当事人提供担保。这也就意味着，在这种情况下，原告将没有任何有效的救济手段。与该案判决类似的尚有其他几个美国法院的判决。在这些案件中，法院均认为如果当事人约定将纠纷提交由《纽约公约》支配的仲裁，法院则应拒绝准许原告要求采取临时性保全措施的申请。③

然而，亦有相当多美国法院就此问题作出了不同于上述判决的判决。在适当的案件中，即使当事人约定由外国法院管辖，并将纠纷的实质问题提交外国法院审理，美国法院也没有理由拒绝颁布临时性保全措施令。Polar Shipping Ltd.诉Oriental Shipping Corporation案即是其中一例。④在该案中，法院裁决约定英国法院管辖的管辖权选择条款并

---

① [1980] 2 Lloyd's Reps rep. at 549-550.

② 411 F. Supp. 285 (SDNY) aff'd without op.538 F. 2d 313 (2d Cir.), cert. denied, 429 US 858 (1976).

③ See L. Collins, "Provisional and Protective Measures in International Litigation," pp. 64-65; Catherine Kessedjian, "Note on Provisional and Protective Measures in Private International Law and Comparative Law," pp. 21-22.

④ 680 F. 2d627 (9th Cir. 1982). See Catherine Kessedjian, "Note on Provisional and Protective Measures in Private International Law and Comparative Law," p. 22; L. Collins, "Provisional and Protective Measures in International Litigation," p. 64.

不能阻止一方当事人向美国法院申请采取临时性保全措施。法院指出，管辖权选择条款并没有明示约定其所授予的管辖权具有排他性，也没有禁止当事人向案件实体事项管辖法院之外的其他法院申请临时性保全措施。

（二）大陆法系国家的实践

在大陆法系国家，尽管诸多国家法院有权命令采取临时性保全措施，即使当事人约定由另一国法院拥有排他性管辖权，但与之不同的国内立法和司法实践并不鲜见。因此，在布鲁塞尔体制下，被选择法院之外的其他成员国法院是否有权批予临时性保全措施，概依其国内法予以确定。①

1. 法国

法国法院对待管辖权选择条款对行使临时性保全措施管辖权影响问题的态度与英国不同，即使在布鲁塞尔体制适用场合也是如此。

在《布鲁塞尔公约》时期，尽管依《布鲁塞尔公约》第24条规定，即使当事人选择另一缔约国法院为管辖法院，法国法院有权颁布命令采取临时性保全措施。但事实上，法国法院并非始终会无条件地行使临时性保全措施的管辖权。在Menegatti诉Soc. Metallurgica Nova Stefano e Giuseppina案②中，居住在法国的一意大利商业代理人请求法国法院作出临时支付令，命令该代理人的本人向其支付38万法郎。合同规定由意大利科摩法院管辖。巴黎上诉法院拒绝了当事人的请求，但拒绝的理由并不是有关临时支付令是否属于《布鲁塞尔公约》第24条所指的临时性命令范畴的问题，而是认为意大利法院更适合就该请求作出裁决。这种处理方式类似于非方便法院原则。

在布鲁塞尔体制不适用之场合，法国学界和法院对待该问题的态度相当保守。法国学界倾向于赞成这样一种处理方式，即尽可能尊重临时性保全程序与实质问题诉讼程序之间的司法统一。也就是说，一

① See L. Collins, "Provisional and Protective Measures in International Litigation," pp. 61-62.

② Ibid., p.62.

项有效和合法的管辖权选择条款应同样适用于合同当事一方试图对另一方所采取的任何临时性措施，即使管辖权选择条款并没有做这样的明示要求。因为，法国法的一项基本原则是当事人所选择的法院拥有排他性管辖权，除非当事人作出不同的约定。这意味着，如果管辖权选择条款赋予外国法院管辖权，法国法院则无批予临时性保全措施的管辖权。在Compagnie de Signaux et d'Entreprise Electrique（CSEE）案中，法国最高法院认为，由于本案所涉及的管辖权选择条款赋予外国法院管辖权，本对实质问题享有管辖权的法国法院应宣布其无权命令采取作为临时措施的专家调查，尽管调查活动在法国进行。①

不过，亦有实例显示，如果当事人没有将保全措施的管辖权授予其所选择的法院，法国法院拥有命令采取临时性保全措施的管辖权，即使当事人约定外国法院对案件实质问题拥有管辖权。如在CSEE诉Soc. Sorelec案中，法院拒绝颁布临时性措施，因为合同中管辖权选择条款被解释为其将临时性措施的管辖权授予了当事人所选择的利比亚法院，而法国最高法院也承认紧急情况例外。也就是说，在紧急情况或存在风险情况下，法国法院有必要介入以保护位于法国境内的财产或债权。换言之，在案情紧急时，当事人就不涉及案件实质问题的临时性救济措施可向法国法院提出申请。Lafitte诉Soc. les Transitaires reunis案即是其中一例。在该案中，法国法院裁定，尽管本案中存在授予越南法院管辖权的排他性管辖权选择条款，但法国法院有权任命临时性管理人管理外国公司所有的位于法国境内的财产。对此，有学者认为，这是效率原则使然。也就是说，效率原则要求法国法院在例外情况下应拥有命令采取临时性保全措施的管辖权，即使存在选择外国法院管辖的法院选择条款。②

① See Catherine Kessedjian, "Note on Provisional and Protective Measures in Private International Law and Comparative Law," pp. 33-34.

② See Catherine Kessedjian, "Note on Provisional and Protective Measures in Private International Law and Comparative Law," pp. 33-34; L. Collins, "Provisional and Protective Measures in International Litigation," p. 62.

2. 德国

在德国，管辖权选择条款对临时性保全措施管辖权行使的影响问题则视保全措施类型的不同而不同。就假扣押措施的管辖权而言，《德国民事诉讼法典》第919条规定，关于假扣押命令，由审判本案的法院，以及假扣押标的物所在地的初级法院，或人身自由应受限制的人所在地的初级法院管辖之。该条赋予当事人选择假扣押管辖法院的选择权，因而即使当事人选择外国法院为案件实质问题的管辖法院，当事人也有权向假扣押标的物所在地的德国法院申请采取假扣押措施。与假扣押不同的是，假处分的管辖权专属于案件实质问题的管辖法院，因而在当事人订有外国法院管辖条款时，当事人原则上不得向德国法院申请假处分，除非德国法院行使对案件实质问题的管辖权。

3. 荷兰

管辖权选择条款的存在并不使荷兰法院失去扣押措施的管辖权，而仅使其丧失基于扣押法院管辖原则而取得的对实质问题的管辖权，即使当事人所选择的外国法院所作出的判决由于没有条约关系而不能在荷兰得以执行。同样，选择外国法院管辖的管辖权选择条款的存在也并不必然使荷兰法院丧失通过简易诉讼批予初步禁令的管辖权。阿姆斯特丹上诉法院在其于1991年10月17日审理的案件中指出，尽管其拒绝行使简易程序中有关临时措施的管辖权，但其认为在某些急迫情况下，尽管存在外国法院管辖条款，法院仍然有可能行使此种管辖权。[①]

4. 日本

日本学界和实务界认为，对于保全请求权，当事人在一定范围内拥有处分权。保全程序作为判决程序的一种，与本案一样，外国法院亦可拥有对保全申请的专属管辖，因而在当事人达成外国法院专属管辖的合意或仲裁协议而意图排除内国法院的保全管辖权时，日本法院就无权作出保全令。[②]

---

① See Catherine Kessedjian, "Note on Provisional and Protective Measures in Private International Law and Comparative Law," pp. 37-38.

② 参见：本间靖规、中野俊一郎、酒井一《国际民事诉讼法》，第155页。

（三）国际公约的有关规定

当今不少有关管辖权问题的国际公约不同程度地承认临时性保全措施管辖权与案件实质问题管辖权之间的相互独立关系，反映在管辖权选择条款与临时性保全措施管辖权之间的相互关系问题上，管辖权选择条款的存在不应成为另一国法院行使临时性保全措施管辖权的障碍。

对于管辖权选择条款，《布鲁塞尔公约》第17条除规定一些限制性条件外，赋予其充分的法律效力。然而，其第24条规定，即使按本公约规定，某一缔约国法院对案件的实质性问题有管辖权，亦得向另一缔约国法院申请该国法律所允许的临时性措施或保全措施。尽管该公约将一缔约国法院能否行使临时性保全措施管辖权问题委诸该国国内法予以确定，但如果该国法院根据本国国内法规定有权行使保全措施的管辖权，那么当事人所订立的管辖权选择条款不能剥夺该国法院依其本国法所享有的临时性保全措施的管辖权。《布鲁塞尔条例》亦然。在涉及《布鲁塞尔条例》（修订）第35条与管辖权选择条款之间的关系问题时，这一问题得到更具体的解析。如果当事人无意排除第35条适用，管辖权选择条款排他性推定对第35条并不适用，而依据第35条批予的临时措施并不受实体事项管辖法院的任何形式的审核。但如果当事人排除第35条适用的意图明确，则只有被选择的法院拥有批予临时措施的权力。禁止当事人将批予临时措施的管辖权授予被选择的实体事项管辖法院，并无信服理由。相反，在实践中存在诸多允许如此行事具有正当性的实例。[①]

在海事领域，《1952年扣船公约》就当事人之间所存在的仲裁协议或管辖权协议对扣船管辖权行使的影响问题暂付阙如[②]，而《1999年国际扣船公约》对此问题则作了更为明确详尽的规定。根据《1999年国际扣船公约》规定，为获得担保可以扣押船舶，即使根据任何有关合同中的管辖权选择条款或仲裁条款，或者其他规定，与该扣船措施有关的海

① See Francisco Garcimartín, “Provisional and Protective Measures under the Brussels I Recast,” p. 73.

② 参见：李海《船舶物权研究》，第269页。

事请求将由扣船法院所属国之外的另一国法院裁判，或根据该另一国的法律予以裁判。与船舶的扣押或释放的有关程序，除适用本公约的规定外，应受扣船地国或当事人申请扣船法院所属国家的法律支配。[①] 该公约第7条第1款进一步规定，扣押实施地国或为使被扣船舶得以释放而提供担保地国法院应拥有裁判案件实质问题的管辖权，除非当事人有效约定或业已有效约定将纠纷交由同意管辖的另一国法院管辖，或交付仲裁。第7条第3—5款规定，扣押实施地国或为使被扣船舶得以释放而提供担保地国法院，在其对案件实质问题无裁判管辖权或根据本条第2款规定拒绝行使管辖权的情况下，可以应当事人，或应规定申请人的申请向适格法院提起诉讼或提起仲裁的期间。当事人未能在规定的时间内提起诉讼或提起仲裁，则应另一方的要求，被告船舶或提供的担保应予以释放。而当事人在法院根据本条第3款所规定的时间内提起诉讼，或当事人是在扣押地国法院未规定起诉时间的情况下向适格法院提起诉讼或在另一国提交仲裁，则任何由此产生的终局判决应予以承认，并对所扣船舶或为释放被扣船舶而所提供的担保具有效力，如果:（a）已将该扣船或担保程序合理地通知了被告，并给予其提呈事实予以抗辩的合理机会;（b）对判决的此种承认不违背公共政策。

《汉堡规则》第21条第3款规定，根据本公约而提起的有关货物运输的任何法律诉讼，不得在本条第2款所未规定的地点提起。但本款上述规定并不妨碍缔约国采取临时性或保护性措施的管辖权。这意味着:第一，根据本公约有关货物运输的任何法律诉讼只能向公约第21条第1—2款所规定的地点所在国法院提起，即被告主营业所或惯常居所、契约订立地、装货港或卸货港、海上运输契约中为此目的而指定的任何其他地点（当事人所选择的法院）、船舶扣押地。第二，案件实质问题管辖法院固然拥有采取临时性保全措施的管辖权，但其他缔约国法院也可行使临时性保全措施的管辖权。可见，管辖权选择条款并不能剥夺其他国家法院的保全措施管辖权。

《1980年联合国国际货物多式联运公约》也作了类似于《汉堡规则》

① 《1999年国际扣船公约》第2条第3款、第4款。

的规定。该公约第26条第2款规定，根据本公约有关国际货物多式联运的任何诉讼程序均不得在本条第1款所没有规定的地点进行。[①] 但本条各款规定并不妨碍各缔约国对于临时性或保护性措施的管辖权。

同样，海牙国际私法会议2001年发布的《民商事项管辖权与判决公约草案》第13条第2款规定，缔约国法院即使对实体诉求事项无裁判管辖权，但有权就位于其境内的财产批予临时性保护措施，或批予限于其境内实施的临时性保护措施，以对申请人向对实体诉求事项拥有管辖权的缔约国法院提起诉讼之前或业已提起诉讼期间的实体事项诉求加以保护。第3款规定，本公约并不剥夺缔约国法院为对申请人向对实体诉求事项拥有管辖权的缔约国法院提起诉讼之前或业已提起诉讼期间的实体事项诉求加以保护而批予临时性保护措施的权力。海牙国际私法会议2005年发布的《选择法院协议公约》第7条“临时保护措施”明确规定，本公约不适用于临时保护措施问题。本公约既不要求也不禁止缔约国法院准许、拒绝或者撤销临时保护措施，也不影响一方当事人是否可以请求或者法院应否准许、拒绝或撤销该种措施。

（四）我国的实践

我国相关立法亦吸收了相应域外立法，使民事保全措施管辖权的行使不受管辖权选择条款的影响。《海事诉讼特别程序法》第十四、五十三、六十四条规定，海事请求保全、海事强制令及海事证据保全不受当事人之间关于该海事请求的诉讼管辖协议或者仲裁协议的约束。该法第十九、六十一、七十二条进一步规定，海事请求保全或海事强制令执行后，或者海事证据保全后，有关海事纠纷未进入诉讼或者仲裁程序的，当事人就该海事请求，可以向采取海事请求保全，或者作出海事强制令，或者采取证据保全的海事法院或其他有管辖权的

① 《1980年联合国国际货物多式联运公约》第26条第1款规定，原告可在其所选择的法院根据本公约提起有关国际多式联运的诉讼，如果该法院按其所在国法律规定有权管辖，而且下列地点之一是在其管辖范围之内：（1）被告主要营业地，或者如无主要营业地，被告的惯常居所地；（2）订立多式联运合同的地点，而且合同是通过被告在该地的营业所、分支或代理机构订立；（3）为国际多式联运接管货物的地点或交付货物的地点；（4）多式联运合同中为此目的所指定的并在多式联运单证中载明的任何其他地点。

海事法院提起诉讼，但当事人之间订有诉讼管辖协议或者仲裁协议的除外。由中国国际私法学会所拟的《中华人民共和国国际私法示范法》则作了更具一般适用性的规定。其第五十五条规定，外国法院对案件实体内容行使的审判权，并不影响中华人民共和国法院对案件有关的财产采取保全措施和其他临时性保全措施，也不影响中华人民共和国法院对该案件判决的承认和执行行使管辖权。其理论依据是，对同一案件有三种管辖权：实体审判管辖权、采取保全措施管辖权及判决承认和执行方面的管辖权。它们是彼此分开的，且无国界的限制。[①]

第三节　民事保全措施与扣押地法院管辖原则

早在19世纪末，法国法学家巴尔（Bar）指出：第一，被告财产的存在（presence）并不是行使案件实质问题裁判管辖权的充分根据，如果行使此种管辖权的话，则是过度的、不合理的、违背礼让的。第二，绝对有必要区分以扣留或扣押为根据的管辖权，和临时措施的使用。在必要时可采取临时措施以满足紧急需要，这也是人性的要求，如扣押债务人财产以阻止无耻的债务人挥霍财产。每一个国家的法院在用以证明颁布临时性命令为正当所必要的事实存在于其管辖区域内时，均有权力颁布此种临时性命令，但该问题由未决的主要诉讼进行地国法院管辖更为适当。并且，申请人有足够时间向该法院申请时，其他法院应拒绝申请人的申请。[②] 但时至今日，一国法院行使民事保全措施管辖权的事实是否当然地使该国法院取得对民商事案件的管辖权？

一、财产扣押的两种基本功能

依上所述，财产扣押为民事保全措施的基本形式之一，但比较各

---

① 中国国际私法学会编《中华人民共和国国际私法示范法》，法律出版社，2000，第116页。

② See L. Collins, “Provisional and Protective Measures in International Litigation,” p. 44.

国民商事管辖权立法，财产扣押又是诸多国家法院民商事纠纷的诉讼管辖依据之一。

在英美法系国家，财产扣押一般有两种不同的表现形式，即船舶扣押（arrest of ship）和财产扣留（attachment of property）。前者与海事对物诉讼有关，又称“诉物扣押”；后者与对人诉讼有关，又称“诉人扣留”。大陆法系国家则并无对人诉讼和对物诉讼之分，从而鲜见上述区分。

当法院基于对当事人财产的扣押而行使管辖权，或者基于被扣押财产所在的地理和司法管辖区域而确定管辖法院，即为扣押地法院管辖原则。据此，当被告住所不在法院地国而在法院地国有其财产时，扣押被告财产的法院仅凭其扣押被告财产的事实便可行使对案件实质争议的管辖权。对此，有观点主张，当被告在国内的财产与案件本身没有任何牵连的情况下，在管辖权上过分强调依赖被告在受诉国的财产，显然不合理。但是，不能否认的是，在有些情况下，出于对双方当事人的公平，法院并不是完全不可以将被告的财产作为管辖权的根据。因为当原告难于在债务人的住所所在地进行诉讼，或在外国取得的判决很难在国内得到承认时，承认此类管辖依据，对原告进行救济实际上很有必要。原告在国内起诉并获得胜诉后，通过对被告在国内所有财产的执行，能够方便、快捷地获得债权的满足。

然而，扣押地法院管辖原则引发关于该管辖权行使的两大基本问题：其一，扣押被告财产的事实本身赋予扣押法院多大程度的管辖权以裁判当事人间的实体争议？这存在两种不同实践。一种是管辖权的行使程度限于所扣押的财产价值，而另一种是一些国家无此种限制，扣押财产事实足以使其行使无限制的管辖权。① 其二，一国扣押财产行使临时性保全措施管辖权的事实能否当然地使该国法院取得对案件实质问题的管辖权？财产扣押是为债权人提供判决前保护的基本手段，从而产生作为临时性保全措施的财产扣押与作为管辖依据的财产扣押

① See L. Collins, “Provisional and Protective Measures in International Litigation,” p. 32. 另见国际法协会1996年通过的《国际诉讼中临时性和保护性措施通则》第21条。

之间的交集现象。从上可见，临时性保全措施管辖根据与案件实质问题管辖根据之间的相互独立关系业已不同程度地得到许多国际立法或文件和国内立法的认可，一国法院可依据其国内法就临时性保全措施所设置的独立的管辖规则行使保全措施的管辖权。然而，在有关临时性保全措施管辖权与案件实质问题管辖权之间的关系问题上，其中之一即是一国行使临时性保全措施管辖权的事实能否当然地使该国法院取得对案件实质问题的管辖权。对扣押措施而言，扣押财产的保全措施管辖权行使本身在何种情况下赋予扣押法院审理实体争议问题的管辖权？尽管有学者和一些国家的实践认为，必须区分以取得对案件实质问题行使管辖权为目的的扣押与作为临时性保全措施的扣押。前者是过度的、不合理的、与礼让相背离的。[①] 但由于不同国家对临时性保全措施管辖权问题独立性的不同认识，有关此问题的实践也不尽一致。

二、关于扣押地法院管辖原则的若干不同实践

（一）英美法系国家的相关实践

在英联邦国家，除南非外，一般而言，属于扣押财产保全措施范畴的唯有船舶扣押。[②] 在这些国家，无论传统上还是当今实践中，海事财产的扣押始终具有作为海事案件实质争议管辖权的行使根据的功能。如在英国法中，源于“伦敦习惯”的作为管辖依据的财产扣留，因上议院在1881年审理Mayor and Aldermen of the City of London诉London Joint Stock Bank案[③] 时称，当案外债务人（garnishee）为公司时不适用涉外扣留程序而被废弃。扣押是对物诉讼的有机组成部分，扣押措施的实施有赖于对物令状的送达，因而其附属于实质争议的管辖权。正是基于这个原因，扣船措施的管辖权问题通常是作为“扣押

---

① See D. C. Jackson, *Enforcement of Maritime Claims*, pp. 311, 314-315. 另见：林欣《国际私法理论诸问题研究》，中国人民大学出版社，1996，第52页；韩德培《美国国际私法（冲突发）导论》，法律出版社，1994，第59—60页。

② See D. C. Jackson, *Enforcement of Maritime Claims*, p. 346.

③ Mayor and Aldermen of the City of London v. London Joint Stock Bank (1881) 6 App. Cas. 393. See L. Collins, “Provisional and Protective Measures in International Litigation,” p. 33.

权利”（right to arrest）问题予以讨论。[①] 不过，当今扣船措施管辖权与案件争议管辖权之间的分离业已为英国成文立法所承认，但扣船措施的采取仍然是英国法院取得实质争议管辖权的根据，只不过英国法院是否行使由此所确立的管辖权得考量非方便法院原则以及其他限制管辖权行使的规则。[②]

在南非，财产扣押不仅包括财产扣押和财产扣留，而且任何的财产扣押均可使实施扣押的法院取得对海事案件实质问题的对人管辖权或对物管辖权。第一，对于财产扣留，《海事管辖权调整法》第3条第2款规定，对人诉讼仅能对下列之人提起：……（b）其在法院管辖区域内的财产业已为原告或申请人确立或确认管辖权而被扣留的人……。关于财产扣留的程序和规则，该法第4条第4款第a项规定，尽管在有关旨在确立或确认管辖权的扣留的立法中有相反的规定，行使海事管辖权的法院可以颁布扣留相关财产的命令。第b项规定，法院可以颁布命令，扣留在当事人申请时或在法院作出命令时并不在该法院管辖区域内的财产，并且这种命令可以在被扣留财产位于法院管辖区域内时实施。第二，对于财产扣押，第3条第4款规定，在不影响请求权人可获得其他救济或有关诉因合并规则的前提下，海事请求可通过对物诉讼而得以强制执行：（a）如果请求权人对扣押财产享有海事优先权；或（b）如果扣押财产的所有人在所涉诉因的对人诉讼中对请求权人负有责任。同条第5款规定，对物诉讼应通过扣押位于所涉法院管辖区域内的海事请求所针对的或与海事请求有关的下列海事财产而提起：船舶，不论其有无设备、系缆具、补给品或燃料；全部或部分设备、系缆具、补给品或燃料；全部或部分货物；运费；任何集装箱，如果请求产生于或与该集装箱在船舶上的使用，或海上或水上集装箱货物运输有关；基金。同条第6款规定，除有关任何抵押、船货抵押、留置权、质押或其他船舶的债务负担，或者任何冒险押船贷款或货船抵押贷款协议请

① See D. C. Jackson, *Enforcement of Maritime Claims*, pp. 311-312.

② See The Sargasso [1994] 2 Lloyd's Rep. 6; D. C. Jackson, *Enforcement of Maritime Claims*, pp. 327-328.

求的对物诉讼管辖权的行使不可以“关联船”[①]扣押为管辖依据外，其他海事请求对物诉讼可以通过“关联船”而非海事请求据以产生的当事船舶的扣押而提起。对于财产扣押的程序和规则，该法第4条第4款第c—d项规定作了规定。[②]其中，第c项规定，在受第3条第3款[③]约束的情况下：I. 为确立管辖权，法院可以命令扣押或扣留不在该法院管辖区域内的财产，如果（a）该财产在南非共和国境内，或者在作出命令后可能进入南非共和国境内；并且（b）除此之外，南非共和国境内没有法院拥有有关该请求的管辖权，或者通过实施旨在确立管辖权的扣押或扣留而拥有此种管辖权；或（c）在法院管辖区域内的其他财产业已或将为确立有关相同请求的管辖权而被扣押或扣留。II. 任何此类命令，以及由此所致的扣押或扣留在南非共和国的任何地方予以执行并具有法律效力。III. 根据此种命令而对任何财产进行的扣押或扣留应该是使命令扣押或扣留的法院取得相关管辖权的扣押或扣留。而第d项规定，为确立管辖权，法院可以命令扣押任何船舶，如果所涉诉讼是对物诉讼，该船舶可以是与所涉海事请求的产生有关的船舶的关联船舶。第三，通过扣留或扣押所确立的管辖权应受非方便法院原则或中止诉讼规则的约束。《海事管辖权调整法》第7条第1款第a项规定，法院如果认为南非共和国的任何其他法院，或者其他地方的任何其他法院、仲裁庭、法庭或机构将就该诉讼行使管辖权，并且由该任何其他法院、仲裁庭、法庭或机构就该诉讼作出裁决更为适当，则可拒绝行使管辖权。第b项规定，如果双方当事人同意将争议事项提交南非共和国境内或其他地方的仲裁机构仲裁，或者基于任何其他充分理由而认

① 关联船的含义，参见《海事管辖权调整法》第3条第7款。

② 《海事管辖权调整法》第4条第4款第c—d项的规定同样适用于财产扣留，即作为财产扣留的程序和规则。

③ An action in personam may not be instituted in a court of which the area of jurisdiction is not adjacent to the territorial waters of the Republic unless- a. in the case of a claim contemplated in paragraph (a), (b), (j) or (u) of the Definition of “maritime claim”, the claim arises out of an agreement concluded within the area of jurisdiction of that court; b. in the case of a claim contemplated in paragraph (g) or (h) of that definition, the goods concerned are or were shipped under a bill of lading to or from a place within the area of jurisdiction of that court; c. the maritime claim concerned relates to a fund within, or freight payable in, the area of jurisdiction of that court.

为应该中止诉讼，则法院可以中止根据本法进行的任何诉讼。

在美国，海事领域涉及财产扣押的保全措施有海事扣押和海事扣留两种措施。前者在行使船舶优先权时才发生，由此所发起的诉讼为对物诉讼，并且在此种诉讼中，被告是船舶。因此，可以说，船舶的扣押是扣船法院行使对物管辖权的根据。财产扣留作为取得准对物管辖权根据的做法由来已久。这种建立在财产扣留基础上的扣押地法院管辖原则据说是在美国殖民地时期由于引入英国涉外扣留程序这一伦敦惯例后确立起来的[①]，并在美国曾被长期广泛地使用，不仅被适用于一般民商事案件，而且也被适用于海事案件。但在1977年Shaffer诉Heitner案中，美国最高法院明确指出，美国法院不能仅因为某人的财产在美国法院管辖范围内，就可取得对该人的管辖权，并且未经过正当的法律程序，任何人的财产不应被剥夺，否则构成违宪行为。因此，通过扣留被告的财产而取得实质争议管辖权的做法，即扣押地法院管辖原则在美国从此受到限制。尽管《美国联邦民事诉讼规则》“补充规则”规则B就海事扣留程序作了规定，但其并没有改变Shaffer诉Heitner案所确立的原则，而仅进一步明确海事扣留自身的管辖权的行使根据或条件。这一点还可从美国法学会《第二次冲突法重述》(1986年修订本)中有关司法管辖权的规定予以佐证。就对物司法管辖权而言，其第56条规定，对物司法管辖权的基本规则是:(1)一州因其与某物的联系而能够合理地行使司法管辖权以影响该物中的权益时，该州即有权行使这种司法管辖权;(2)据以影响司法管辖权以影响某物权益的联系，由第59—68条规定。第66条规定，(1)在一诉讼中，当对于某物所有人的请求符合本条第1款诸项所规定的条件时，一州即有权通过查封、扣押或类似诉讼程序，以控制位于该州的有体物。第67条规定，当符合本条所规定的诸条件时，一州有权行使司法管辖权，对属某债权之被请求者所有，但由他人占有或控制的动产予以扣押以满足该项债权请求。第68条规定，当第66条第(1)款的要求得到满足时，一州有权行使司法管辖权，受其司法管辖的债务人应向该项债权

① See L. Collins, “Provisional and Protective Measures in International Litigation,” p. 32.

之被请求者履行义务以满足该项债权请求。《第二次冲突法重述》的上述规定意味着，当一州法院通过查封、扣押或类似程序控制位于该州的有体物，或者扣押由第三人占有或控制的被请求者所有的动产，或者扣押被请求者对第三人所享用的债权时，即表明该法院所在地州与该物之间存在据以合理地行使司法管辖权的联系，该法院从而有权行使针对案件实质争议的对物司法管辖权。与对物司法管辖权不同的对人司法管辖权的行使条件，《第二次冲突法重述》第24条规定，对人司法管辖权行使的一般原则是：（1）如果一人与一州之间的联系使该州能够合理地对人行使司法管辖权；（2）何种联系可据以对人行使司法管辖权，由第27—52条规定。第27—52条规定，据以证明存在联系的依据有出现、住所、居所、国籍、同意、在诉讼中出庭、在该州营业或完成的行为、在该州造成影响而于他处完成的行为，以及对州内物的所有、使用或占有等。"对州内物的所有、使用或占有"仅指位于州内的并在为被请求人所有、使用或占有时产生诉因的物，而非指被请求人所有、使用或占有的所有的物。因此，如果扣留的被请求人的某物位于州内，但并没有产生导致对人诉讼的诉因时，扣留法院并不能基于其扣留被请求人所有的物而行使对案件实质争议的对人管辖权。

（二）大陆法系国家的相关实践

扣押地法院管辖原则在不同程度上为大陆法系的许多国家的国内立法所承认。在德国，其民事诉讼法第23条规定，对于在国内无住所的人，因财产上的请求而提起的诉讼，该项财产或诉讼中请求标的位于某一法院管辖区时，该法院有管辖权。如为债权时，以债务人的住所视为财产所在地。如该债权有担保物时，以担保物所在地视为财产所在地。尽管此种管辖权为《布鲁塞尔公约》斥为"过度管辖权"，该项过度管辖规则不得适用于其住所在公约缔约国内的人为被告的案件，但在1991年之前，扣押地法院管辖原则仍可适用于其住所非在公约缔约国内的人为被告的案件。至1991年，德国最高法院终于在

Muduroglu Ltd.诉T. C. Ziraat Bankasi案[①]中裁决，其民事诉讼法第23条所规定的管辖权仅在争议与德国之间存在足够联系时方能行使。就海事扣押而言，由于德国是《布鲁塞尔公约》的缔约国，而《布鲁塞尔公约》第57条规定，其不影响缔约国是或将成为当事国在有关特定事项支配管辖权和判决的承认或执行的任何公约。因此，在为一些海事公约所调整的事项上，对在德国境内的海事财产予以扣押的事实无疑使实施扣押的德国法院拥有对海事争议的管辖权。

在法国，有关临时性保全措施国际管辖权方面的国内立法业已发生重大变化。在1995年之前，法国法院承认扣押管辖法院规则。这种形式的管辖权在Nassibian案判决中得到承认。根据该管辖规则，法国法院有权就案件的实质问题，或者作为保全措施之根据的请求的有效性问题作出裁决，以便使保全措施发挥其应有的功能，并继而转变为执行措施。但在1995年和1997年，法国最高法院推翻了这一判决，宣布法国法院今后不得仅凭其有权作出保全措施裁定而主张对案件实质问题有管辖权。[②]不过在海事领域，与德国一样，由于《布鲁塞尔公约》第57条的规定，海事扣押仍可使扣押法院获得对海事实质争议的管辖权。

在荷兰，如上所述，根据《荷兰民事诉讼法典》第765—767条的规定，如果债务人的财产位于荷兰境内，即使债务人并不居住在荷兰，荷兰有权扣留该财产。这一扣留也被称为“涉外扣留”（saisie foraine）。原则上，保全措施的管辖权并不为扣留法院创设案件实质争议的管辖权。然而，《荷兰民事诉讼法典》第767条补充性地规定，当案件实质争议的管辖权通常由外国法院行使，但该外国法院的判决不能在荷兰得以执行时，财产所在地的荷兰法院根据扣押地法院管辖规则可行使对案件实质争议的管辖权。当然，这种情况在实践中并不多见。[③]

---

① [1986] QB 1225 (CA). See L. Collins, "Provisional and Protective Measures in International Litigation," pp. 39-40.

② See Catherine Kessedjian, "Note on Provisional and Protective Measures in Private International Law and Comparative Law," pp. 32-35.

③ Ibid., pp. 37-38.

（三）国际公约或文件中的相应规定

1. 一般民商事领域的扣押地法院管辖原则

一般情况下，签发临时性保全措施令的法院被认为对案件实体问题拥有管辖权。[①] 但当代的国际裁判管辖权立法愈益强调管辖权行使的合理性，即管辖法院地国与案件之间存在合理的联系，《布鲁塞尔公约》便是如此。欧盟布鲁塞尔管辖权体制和海牙管辖权公约草案均对非海事领域的财产扣押这一管辖依据持否定立场。

《布鲁塞尔公约》第3条第1款规定，在一个缔约国有住所的人得在另一个缔约国法院被诉，但必须根据本篇第二节至第六节的规定。第2款规定，不得对其援用下列规定："……在德意志联邦共和国：民事诉讼法典第23条；……。"《德国民事诉讼法典》第23条规定，关于对在德国无住所的人，因财产上的请求而提起的诉讼，该人的财产所在地法院或诉讼请求标的物所在地法院有裁判管辖权……。《布鲁塞尔条例》第3条亦规定，在某成员国有住所的人可以在另一个成员国法院被诉，但必须根据本章第二节至第七节的规定。尤其不得对其援用附件一所列各项国内管辖权规定。而附件一同样将《德国民事诉讼法典》第23条列入其中。《布鲁塞尔条例》（修订）第5条第1款规定，住所在成员国的人仅可依据本章第二节至第七节中所列规则在另一成员国法院被诉。第2款规定，尤其是，根据第76（1）（a）条规定，应告知委员会的成员国，国内管辖规则不应适用于第1款所指之人。

同样，1999年版和2001年版《民商事项管辖权与判决公约草案》均拟定缔约国法院不应因被告在该国有财产或被告财产在该国被扣押而行使管辖权，除非争议与该财产直接相关。其1999年版和2001年版草案第18条"禁止性管辖依据"第1款、第2款第（a）项规定，当被告惯常居所在一成员国时，若争议与该国之间无实质性联系，则禁止适用该成员国国内法中的管辖规则。特别是，一成员国法院不得仅依

① See I. Pretelli, "Provisional and Protective Measures in the European Civil Procedure of the Brussels I System," p. 113.

据下列一个或数个事项行使管辖权：属于被告的财产存在于该国或在该国被扣留……。

国际法协会通过的《国际诉讼中临时性和保护性措施通则》更是直接宣称：准许临时性保全措施的管辖权应独立于案件实质问题的管辖权；财产在一国内的单纯的存在应构成行使有关该财产的临时性保全措施管辖权的充分根据；法院准许临时性保全措施的事实本身并不能使其拥有对实体请求的管辖权，而不论其是否限于被冻结的财产的价值。① 这意味着，财产的扣押并不当然地赋予扣押法院有关实质争议的管辖权。也就是说，《通则》并不承认扣押地法院管辖原则。

2. 海事领域的扣押地法院管辖原则

然而，基于海事活动的特殊性和海事诉讼的特殊需要，扣押地法院管辖原则却往往得到一些海事公约不同程度的首肯。

在《1952年扣船公约》起草过程中，"关于在其国内实施船舶扣押的法院是否对该案的实质问题具有管辖权的问题，已于1937年在巴黎召开的大会上得到解决，扣船法院应当具有管辖权，采用的是英美法系国家的处理办法，即扣船是取得管辖权的一种手段"。但是，"这一在巴黎取得的解决方案，在1947年安特卫普召开的大会重新考虑这一问题时，却遭到法国海商法协会的反对。理由是在法国法中有关管辖权的行使根据有着明确的规定，并且船舶扣押不具有赋予那些依据管辖根据没有管辖权的法院以管辖权的效力。这种原则被许多其他大陆法系国家所采用"。② 后来，作为妥协的结果，《1952年扣船公约》最后文本一方面规定，如果扣船地国的国内法规定扣船的法院对案件的实质问题具有管辖权，则该法院具有管辖权。③ 另一方面，公约在第7条第1款中又增列了6种情况：(a) 申请人的惯常居所或主营业所所在地位于扣船地国；(b) 请求发生于扣船地国；(c) 请求关涉船舶的航次，并且扣船是在船舶航次期间实施；(d) 请求产生于为在布鲁塞尔签署的

① 《国际诉讼中临时性和保护性措施原则》第10—11、21条。

② See F. Berlingieri, *Arrest of Ships* (London: Informa Law from Routledge, 2016), pp. 134-135. 另见：李海《船舶物权研究》，第269页。

③ 《1952年扣船公约》第7条第1款前半段。

《1910年统一船舶碰撞某些法律规定的国际公约》所规定的船舶碰撞或其他情势;(e)请求关涉救助费用;(f)请求是关于所扣押船舶的抵押权或抵押求偿。扣船法院若符合上述其中之一者也具有管辖权。

《1999年国际扣船公约》第7条第1款规定，扣押实施地国或为使被扣船舶得以释放而提供担保地国的法院应拥有裁判案件实质问题的管辖权，除非当事人有效约定或业已有效约定将纠纷交由同意管辖的另一国法院管辖，或交付仲裁。同条第2款规定，尽管有本条第1款的规定，扣押实施地国或为使被扣船舶得以释放而提供担保地国的法院在该国法律准许拒绝管辖，而另一国法院同意管辖的情况下，可以拒绝行使该案件实质问题的管辖权。据此可见，国际扣船公约完全接受扣押法院管辖原则，其所规定的扣押具有作为临时性保全措施和实质争议管辖根据的双重功能。[①] 不过，当存在有效的管辖权选择条款或仲裁条款时，扣押法院不得行使案件实质问题的管辖权[②]，而在其他情况下，扣押法院在符合公约规定的条件下可以拒绝行使案件实质问题的管辖权。

对扣押法院管辖原则持相同立场的还有《1952年船舶碰撞民事管辖权某些规定的国际公约》和1978年《汉堡规则》。《1952年船舶碰撞民事管辖权某些规定的国际公约》第1条第1款规定，关于海船与海船或海船与内河船发生的碰撞，只能向下列法院起诉：被告经常居住地或营业所在地的法院，或者扣押过失船舶或得依法扣押的属于被告的任何其他船舶的法院，或者本可进行扣押并已提出保证金或其他保全地点的法院，或者碰撞发生于港口或内河水域时碰撞发生地的法院。《汉堡规则》第21条第2款第（a）项规定，虽有本公约前述规定，如果载货船舶或属于该同一船舶所有人的任何其他船舶，在一缔约国的任何港口或地点依照适用于该国的法律或国际法的规则而被扣，便可向该港口或地点所在法院提起诉讼。但是，在这种情况下，经被告请求，原告须将诉讼转移到他所选定的本条第1款所述管辖法院之一，以

① See D. C. Jackson, *Enforcement of Maritime Claims*, p.313.

② 管辖权选择条款或仲裁条款这一管辖根据在效力上高于扣船或其他管辖根据。

作出对索赔的决定。但在诉讼转移之前，被告必须提供足够的保证，以偿付日后可能判归原告的赔偿金额。同条第3款规定，根据本公约而提起的有关货物运输的任何法律诉讼，不得在本条第2款所未规定的地点提起。本款上述规定并不妨碍缔约国采取临时性或保护性措施的管辖权。第4条第（a）款进一步规定，如已向根据本条第1款或第2款而有管辖权的法院提起诉讼，或已由此种法院作出判决，则除非受理第一次诉讼的法院的判决不能在提起新的诉讼的国家执行，相同当事人之间不得就同一案情提起新的诉讼。

与上述公约不同的是，《1976年海事索赔责任限制公约》则有条件地承认扣押法院管辖原则，即该原则的适用受制于责任限制基金的设立。① 该公约第13条第1款规定，如果责任限制基金已按第11条的规定设立，则已向基金提出索赔的任何人，不得针对该项索赔而对由其设立或以其名义设立基金之人的任何其他财产行使任何权利。同条第2款规定，责任限制基金已按第11条规定设立之后，则以其名义设立基金之人所属的任何船舶或其他财产，凡是因向基金提出索赔而已依缔约国有管辖权予以扣押或扣留的属于基金设立人名下的任何船舶或其他财产，或是由其提交的抵押物，均可由该国法院或其主管机关下令开释或退回。② 如果此项基金已在下列地点设立，则应一律发出此种开释命令：已在事故发生港设立，而如果事故发生在港外，则已在下一停靠港设立；对于人身伤亡的索赔，已在登陆港设立；对于货损，已在卸货港设立；已在执行扣押的国家设立。③ 同条第3款规定，第1款和第3款的规则，仅在索赔人向管理责任限制基金的法院就该基金提出索赔，而且就该项索赔而言，确有基金可用，并可自由划拨时，才可适用。

不过，在此值得一提的是，《1980年联合国国际货物多式联运公约》则对扣押法院管辖原则的适用予以更为严格的限制。该公约第26

① See D. C. Jackson, *Enforcement of Maritime Claims*, pp. 313, 319.

② 其规定可酌情开释被扣押或扣留的任何财产。See D. C. Jackson, *Enforcement of Maritime Claims*, p. 319.

③ 其规定强制开释被扣押或扣留的任何财产。

条第2款规定，根据本公约，有关国际多式联运的任何诉讼程序均不得在本条第1款所没有规定的地点进行。本条各款并不妨碍各缔约国对于临时性保全措施的管辖权。同条第1款规定，原告可在其选择的法院根据本公约提起有关国际多式联运的诉讼，如果该法院按其所在国法律规定有权管辖，而且下列地点之一是在其管辖范围之内：（1）被告主要营业地，或者如无主要营业地，被告的惯常居所地；（2）订立多式联运合同的地点，而且合同是通过被告在该地的营业所、分支或代理机构订立；（3）为国际多式联运接管货物的地点或交付货物的地点；（4）多式联运合同中为此目的所指定的并在多式联运单证中载明的任何其他地点。这也就意味着，如果原告选择在被告财产被扣押地国法院提起诉讼，而该国法律承认扣押法院管辖原则，并且该国是被告主要营业地或习惯住所地国，或者订立多式联运合同地国，或者接管货物地或交付货物地国，则扣押地国有权管辖有关国际多式联运的诉讼。据此可见，公约不仅承认临时性保全措施管辖权的独立性，而且扣押法院管辖原则的适用受有关国内法和公约本身规定的双重限制。

（四）我国的立法和实践

扣押法院管辖原则完全得到我国《民事诉讼法》和《海事诉讼特别程序法》的认可。[①]

《民事诉讼法》第一百零四条“诉前财产保全”规定，利害关系人因情况紧急，不立即申请保全将会使其合法权益受到难以弥补的损害的，可以在提起诉讼或者申请仲裁前向被保全财产所在地、被申请人住所地或者对案件有管辖权的人民法院申请采取保全措施。申请人在人民法院采取保全措施后三十日内不依法提起诉讼或者申请仲裁的，人民法院应当解除保全。《民诉法解释》第一百六十条规定，当事人向采取诉前保全措施以外的其他有管辖权的人民法院起诉的，采取诉前

① 在国内经济纠纷案件中，扣押法院管辖原则以前仅得到有限的承认。最高人民法院《关于在经济审判工作中严格执行〈中华人民共和国民事诉讼法〉的若干规定》第6条规定，人民法院在审理国内经济纠纷案件中，如受诉人民法院对该案件没有管辖权，不能因对非争议标的物或者对争议标的物非主要部分采取诉前保全措施而取得该案件的管辖权。

保全措施的人民法院应当将保全手续移送受理案件的人民法院。诉前保全的裁定视为受移送人民法院作出的裁定。

我国《海事诉讼特别程序法》不仅明确承认临时性保全措施管辖权的独立性，而且完全赋予行使保全措施管辖权的法院对案件实质问题的管辖权。这表现为，《海事诉讼特别程序法》不仅承认扣押法院管辖原则，而且承认其他临时性保全措施实施的事实是该法院行使案件实质问题管辖权的根据。

对于海事请求保全措施对海事案件实质问题管辖权的影响问题，即扣押法院管辖原则，《海事诉讼特别程序法》予以了充分的肯定。[①]该法第六条第二款第（七）项规定，因海船的船舶所有权、占有权、优先权纠纷提起的诉讼，由船舶所在地、船籍港所在地、被告住所地海事法院管辖。《海事诉讼特别程序法解释》第十条规定，与船舶担保或者船舶优先权有关的借款合同纠纷，由被告住所地、合同履行地、船舶的船籍港、船舶所在地的海事法院管辖。所谓“船舶所在地”，即指起诉时船舶的停泊地或者船舶被扣押地。[②]《海事诉讼特别程序法》第十九条更加直接明确地规定，海事请求保全执行后，有关海事纠纷未进入诉讼或者仲裁程序的，当事人就该海事请求，可以向采取海事请求保全的海事法院或者其他有管辖权的海事法院提起诉讼。《民事诉讼法》第二百七十二条也规定，因合同纠纷或者其他财产权益纠纷，对在中华人民共和国领域内没有住所的被告提起的诉讼，如果合同在中华人民共和国领域内签订或者履行，或者诉讼标的物在中华人民共和国领域内，或者被告在中华人民共和国领域内有可供扣押的财产，或者被告在中华人民共和国领域内设有代表机构，可以由……可供扣押财产所在地……人民法院管辖。该法第三十一条“海损事故管辖”规定，因船舶碰撞或者其他海事损害事故请求损害赔偿提起的诉讼，由碰撞发生地、碰撞船舶最先到达地、加害船舶被扣留地或者被告住所地人民法院管辖。

---

① 参见：邢海宝《海事诉讼特别程序研究》，法律出版社，2002，第120页。

② 《海事诉讼特别程序法解释》第七条。

对于其他临时性保全措施对海事案件实体事项管辖权的影响问题，我国《海事诉讼特别程序法》作了独创性的规定。该法第六十一条规定，海事强制令执行后，有关海事纠纷未进入诉讼或者仲裁程序的，当事人就该海事请求，可以向作出海事强制令的海事法院或者其他有管辖权的海事法院提起诉讼。第七十二条规定，海事证据保全后，有关海事纠纷未进入诉讼或者仲裁程序的，当事人就该海事请求，可以向采取证据保全的海事法院或者其他有管辖权的海事法院提起诉讼。

第三章

民事保全措施的申请条件和相关程序

民事保全措施虽然具有临时性，但其强制性特征使民事保全措施实施与否直接关系到当事人的合法权益：拒绝采取保全措施则可能损害原告利益，而准许采取保全措施则可能损害被告利益。为确保法院正确地行使批予民事保全措施的权力，充分发挥民事保全措施的应有功能，各国民事保全立法从民事保全措施的实施条件、程序以及错误实施时的救济等方面来规范民事保全措施批予权力的行使，以期降低其所固有的风险。

民事保全措施属于程序性问题，因而不仅一国法院可否行使保全措施管辖权由该国国内法确定，而且一国法院实施临时性保全措施的条件和程序也应适用该国国内法。目前，尽管国际社会及一些区域性国际组织就民事保全措施的某些方面取得一定程度的协调和统一，但其仍主要受国内程序法支配。而且，各国国内法有关此方面的规定相差甚大。

第一节　民事保全措施的申请条件

一、英美法系国家的实践

（一）英国的若干实践

在英国，临时性保全措施的申请条件基于其类型的不同而有所不同。[①]

1. 中间禁令

中间禁令的批予条件由上议院对American Cyanamid Co. 诉Ethicon案[②]的判决所确立。该判决被英国学者视为临时性保全措施方面的一项重大司法改革，结束了一直践行的中间禁令的申请人必须证明其有最终胜诉的可能或至少拥有强有力的初步案件事实（strong prima facie case）的要求。[③]

在该案中，上议院认为，只须使法院确信当事人的请求并非是无足轻重或无理缠讼，如存在一个需要审理的重大争议（serious issue to be tried）就已足够。迪普洛克（Diplock）勋爵很明显反对在临时禁令程序阶段进行诉讼请求的初步审理这一做法。目前的实践至少在理论上是法院在禁令申请阶段不必考虑潜在的诉讼实质问题，而在当事人之间存在需要审理的重要争议的前提下，着重考虑原告在审判后能否通过损害赔偿而得到充分的赔偿。如果其不能获得充分赔偿，则应考虑便利权衡（balance of convenience）结果是否要求准许禁令的申请。然而，当禁令申请的准许或拒绝将有效地影响整个案件的处理，而不论最终哪一方胜诉时，法院则必须考虑原告方面有关实质问题案件事实陈述的力度。[④]

---

① 1999年施行的《民事诉讼规则》和《实务指引》就中间申请和中间救济作了详尽的规定。

② [1975] AC 396.

③ See L. Collins, "Provisional and Protective Measures in International Litigation," p.26.

④ N. W. L. Ltd. v.Woods [1979] 1 WLR 1924, 1306 (HL); Cayne v. Global Natural Resources plc [1984] 1 WLR 225 (CA); Lawrence David Ltd. v. Ashton [1989] ICR 123 (CA); Lansing Linde Ltd. v. Kerr [1991] 1 WLR 251 (CA). See L. Collins, "Provisional and Protective Measures in International Litigation," pp. 26-27.

具体言之，在判定是否准许批予中间禁令时应遵循以下几条规则：[①] 第一，原告得证明存在一个需要审理的重大争议。所谓“重大争议”并非是指一个可能（probability）胜诉案件或表面可争辩案件（a arguable case），而是原告拥有实际和真正胜诉机会的争端（prospects of success which exist in substance and reality），原告拥有90%还是20%的胜诉机会无关紧要。第二，损害赔偿是否是一个充分的救济。法院得考虑如果不准许中间禁令申请，不保持现状，原告因此遭受的损失能否在后来胜诉时以金钱上的损失赔偿予以足够赔偿。同样，法院也得考虑被告在其胜诉时能否得到足够的损害赔偿。第三，权衡便利。如上所述，如果不保持现状而金钱上的损害赔偿对原告已足够的话，法院则不会准许中间禁令的申请。但不少案件非黑白分明，这使法院通过权衡便利来行使是否准许中间禁令的自由裁量权。“权衡便利”并非去平衡或比较对谁便利，而是考量公平与不公平。法院权衡便利时应考虑哪些因素？迪普洛克勋爵在该案中指出，列举出需要考虑的所有因素是不明智的，更不要说去说明它们所占的分量，这完全要看每一个不同案件而定。[②] 第四，其他特殊因素。迪普洛克勋爵在该案中提出了最后一个弹性标准，“除了我所提及的上述准则，我得强调，还有许多其他特殊因素需要在具有特殊情况的个案中予以考虑”。

由上述规则可知，在中间禁令申请阶段，法院没有责任在该阶段试图解决有关当事人请求最终所依赖的事实的宣誓证据的矛盾和冲突，或是判断复杂的法律问题。这些都需留待至开庭审理时双方详尽的争辩和法院成熟的考虑。[③] 然而，潜在的案件实质问题在中间禁令程序阶段所具有的重要意义并不是纯粹的理论性问题。[④] 许多案件为此未经审判即得以解决，并且法院在早期阶段所表达的有关案件实质问题的临时性看法通常会使纠纷解决。在德国，法院在面临临时性保全措施的

---

① See Axel Bosch (ed.), *Provisional Remedies in International Commercial Arbitration*, pp. 205-206. 另见：杨良宜《禁令》，第248—264页。

② 参见：杨良宜《禁令》第257—258页。

③ 同上书，第244页。

④ See L. Collins, “Provisional and Protective Measures in International Litigation,” p. 27.

申请时得考虑案件的实质问题，有关实质问题的事实越可信，原告越能证明临时性救济措施为维持现状或防止重大损害发生之虞的必要。在法国，原告也必须证明案件初步事实。[①] 为此，迪普洛克勋爵在该问题上的介入所导致的令人遗憾的结果招致了一些批评。英国法院得以解决纠纷的机会在许多情况下不得不丧失，因为这背离了这样一个普通的常识：在决定是否准许中间禁令时，对法官而言，正确的方法即是考量整个案件事实，其不仅必须考虑原告请求的力度，而且必须考虑被告抗辩的力度，从而决定该如何行事最好。[②]

2. 玛瑞瓦禁令

准许实施玛瑞瓦禁令必须符合以下标准：第一，原告必须证明有关其请求的实质问题方面存在一个“表面良好论据案情”（a good arguable case）。[③] 第二，必须有根据相信被告在法院管辖区域内有财产[④]，并且存在在判决执行之前财产被转移或流失或消失的危险。第三，符合公平与方便要求。实施玛瑞瓦禁令所要求的公平和方便，其平衡的考虑点与其他中间禁令不尽相同，不必遵循上述American Cyanamid Co.诉 Ethicon案所确立的要求或准则。其大致上应考量三个方面的因素：资产的性质或本质，是否不适当地干预无辜第三方，是否毁灭被告的生意或生活。[⑤] 然而，针对位于英格兰和威尔士境外的其他地区财产的全球玛瑞瓦禁令，除被告应该服从英格兰管辖权之外，申请人必须证明，被告在法院管辖区域内缺乏足够的财产，同时案件的具体情况特别要求采用玛瑞瓦救济方式。当然，这一世界范围并超出法院地域管辖司法命令的权力在行使时必须十分慎重，尤其是当这种禁令影响到必须服从外国法律的第三方时。[⑥]

---

① 尽管涉及言论自由的案件（如隐私案件或阻止出版的行动）可能需要进一步审查。

② Hubbard v. Vosper [1972] 2 QB 84, 96, per Lord Denning M.R..

③ 这与中间禁令和安东·皮勒令不同。参见：杨良宜《禁令》，第248—250、321—327页；Axel Bosch (ed.), *Provisional Remedies in International Commercial Arbitration*, p.206; D. C. Jackson, *Enforcement of Maritime Claims*, pp. 347-366.

④ 玛瑞瓦禁令所针对的财产范围，参见：杨良宜《禁令》，第304—320页。

⑤ 参见：杨良宜《禁令》，第341—343页；David Capper, *Mareva Injunctions*, pp. 23-56.

⑥ 参见：威廉·台特雷《国际海商法》，第338页。

在申请玛瑞瓦禁令时，原告有义务全面和坦诚地披露重要事实，而事实的重要性由法院而非原告或其律师确定。披露义务适用于为原告所知道的重要事实，以及根据案件所有情况而应该知道的任何其他事实。披露义务的违反将会使寻求禁令的原告从中受益。但问题是，未披露的事实是否足以证明立即解除禁令的正当性，取决于该事实对所要裁决的争议的重要性。在申请玛瑞瓦禁令时，当事人之间的诉讼正在或将被安排在外国法院进行的事实是一个必须告知法院的极其重要的事实，因为法院必须确信被告在数个法院受类似于玛瑞瓦禁令之类的禁令的约束不会产生不公正的结果。原告未披露此种诉讼将会导致解除禁令或拒绝禁令申请。法院的倾向性态度是原告必须严格遵守这一全面披露的条件。[①]

3. 安东・皮勒令

安东・皮勒令对于证据的保全具有重要的实践作用。申请安东・皮勒令必须符合由奥姆罗德（Ormrod）大法官和丹宁勋爵在Anton Piller KG.诉Manufacturing Process Ltd.案中所确立的四个条件。其中，奥姆罗德大法官提出了三个条件，故称为"奥姆罗德准则"。这四个条件是：第一，必须存在一个极其强有力的初步案件事实（extremely strong prima facie case）。这一条件与玛瑞瓦禁令和中间禁令相比标准最高，玛瑞瓦禁令的申请所要求的存在"表面良好论据案情"的标准次之，而中间禁令的申请要求被上议院从"初步案件事实"（prima facie case）调低至"需要审理的重大争议"，标准最低。[②] 第二，不颁布安东・皮勒令会对原告造成极其严重的损害。中间禁令只要求考虑如果原告胜诉，以金钱赔偿的一般救济是否足够。第三，被告拥有相关资料或文件或其他东西，并且有被处置或毁灭的危险。第四，对被告的影响。[③] 丹宁勋爵提出不要对被告造成损害。但这样的先决条件是不可能的，也是不正确的，因为安东・皮勒令的实施总免不了对被告造成或多或少的损害。为此，1992年斯托顿委员会（Staughton Committee）的报告将这一先决

① See Axel Bosch (ed.), *Provisional Remedies in International Commercial Arbitration*, pp. 206-207.

② 参见：杨良宜《禁令》，第432—433页。

③ 参见：威廉・台特雷《国际海商法》，第342页。

条件改为："安东·皮勒令的执行对被告或其商业事务所可能造成的损害不应该过度，或与该命令的立法目的不成比例。"这意味着，按照斯托顿委员会的理解，安东·皮勒令的执行不可能不损害被告，只是程度而已。为此，法院在考虑原告的申请时，应充分考虑与审查对被告的影响，然后比较作出或否定安东·皮勒令的得失优劣。为说服法院作出安东·皮勒令，原告必须提供全面和坦诚的陈述。原告履行这一披露义务的要求以及不履行所致的后果，与玛瑞瓦禁令的做法基本一样。[①]

4. 扣船令

扣船令的申请适用于对物诉讼，而船舶的扣押以被扣船舶位于英国领水为条件。

（二）澳大利亚的若干实践

在澳大利亚，申请人向法院申请临时性保全措施必须同时提供担保，法院通常仅在申请人就其申请临时性保全措施而可能给债务人或第三人造成的损害提供担保的情况下准许申请人的申请。因此，对于申请人而言，担保项下的赔偿金数额至关重要，并且可能是一个据以影响是否寻求保全措施的重要考量因素，在所寻求的保全措施将干涉被告的经营能力时尤其如此。除申请人提供担保外，申请人所申请的保全措施必须是适当的。[②] 为此，法院得就各种不同的保全措施考虑判例或成文法就不同的保全措施所设置的不同标准。

1. 禁令

澳大利亚法院在决定是否准许中间禁令时所适用的标准由澳大利亚高等法院在Castlemaine Tooheys Ltd. 诉South Australia案[③] 中所确立。其具体如下：第一，原告必须证明存在一个需要审理的重大问题，或初步案件事实；第二，原告必须证明如果法院不准许中间禁令，其将招致无法予以充分赔偿的不可弥补的损害；第三，便利权衡的结果支持授予中间禁令。

① 参见：杨良宜《禁令》，第444—445页；David Capper, *Mareva Injunctions*, pp. 104-105.

② See Axel Bosch (ed.), *Provisional Remedies in International Commercial Arbitration*, pp. 26-29.

③ [1986] 161 CLR 148 at 153.

2. 玛瑞瓦禁令

申请人申请玛瑞瓦禁令必须具备以下条件：第一，申请人必须证明如果法院不准许玛瑞瓦禁令申请，则将存在被告逃避债务的可能，或者存在被告将其财产转移出境，或在境内处置财产，或以其他方式处分财产，从而使申请人即使胜诉也无法使其判决得以执行之虞。申请人必须使法院相信其有根据认为存在一个将会发生的真正的风险。同时，申请人应特别陈述其之所以持如此看法的由来。第二，申请人必须确立其请求具有充分的特殊性，并且得证明存在一个有充分论据的案件事实（a good arguable case）。

3. 安东·皮勒令

申请人申请安东·皮勒令必须具备以下条件：第一，申请人必须证明存在有关其实体争议的极其强有力的初步案件事实；第二，对申请人的现实或潜在损害非常严重；第三，必须存在一个证明被告拥有重要资料的清楚的证据，并且申请人必须使法院相信其有合理的根据认为在要求获得有关证据的申请作出之前该重要资料可能被损坏或处置；第四，申请人必须承诺不将基于安东·皮勒令所得到的信息用于颁布安东·皮勒令的目的之外的其他目的；第五，补偿第三人由于实施安东·皮勒令和其他合理行为所招致的费用或损害。

4. 扣船令

当原告对某一艘船舶提起对物诉讼，并且扣押该船为海事法所允许时，法院则会准许原告的扣船申请。澳大利亚海事法允许原告出于单纯的扣船目的而提起诉讼。

（三）南非的若干实践

1. 临时强制令（interim interdict）

在南非，临时强制令是法院所颁布的禁止被告从事某些行为或要求被告从事某些行为的命令，旨在维持现状或恢复现状直至当事人的权利得以最终裁决。因此，临时强制令并不涉及也不影响实体权利的最终裁决。根据南非法，颁布临时强制令须满足以下几个条件：第一，存在一个清晰的权利，或者至少存在初步的权利（prima facie right）；

第二，有较充分的理由认为如果不准许临时强制令将导致不可弥补的损失，并且申请人将最后被授予最终救济；第三，权衡便利的结果支持准许颁布临时强制令；第四，申请人没有其他令人满意的救济。[①]

2. 扣押或扣留财产令

根据《海事管辖权调整法》，申请或颁布扣押或扣留财产令的条件较为宽松。第一，关于财产扣留的程序和规则，该法第4条第4款第b项规定，法院可以颁布命令，扣留在当事人申请时或在法院作出命令时并不在该法院管辖区域内的财产，并且这种命令可以在被扣留财产位于法院管辖区域内时实施。第二，对于财产扣押，第3条第5—6款规定，对物诉讼应通过扣押位于所涉法院管辖区域内的海事请求所针对的或与海事请求有关的海事财产以及"关联船"。第4条第4款第c项规定，在受第3条第3款[②]约束的情况下，为确立管辖权，法院可以命令扣押或扣留不在该法院管辖区域内的财产，如果:（a）该财产在南非共和国境内，或者在作出命令后可能进入南非共和国境内；并且（b）南非共和国境内没有法院除此之外拥有有关该请求的管辖权，或者通过实施旨在确立管辖权的扣押或扣留而拥有此种管辖权；或（c）在法院管辖区域内的其他财产业已或将为确立有关相同请求的管辖权而被扣押或扣留。而第d项规定，为确立管辖权，法院可以命令扣押任何船舶，如果所涉诉讼是对物诉讼，该船舶可以是与所涉海事请求的产生有关的船舶的关联船舶。

（四）美国的若干实践

在美国，每一个州均有其自己的临时性保全措施法律制度，因而临

① See Axel Bosch (ed.), *Provisional Remedies in International Commercial Arbitration*, p. 638.

② An action in personam may not be instituted in a court of which the area of jurisdiction is not adjacent to the territorial waters of the Republic unless- a. in the case of a claim contemplated in paragraph (a), (b), (j) or (u) of the Definition of "maritime claim", the claim arises out of an agreement concluded within the area of jurisdiction of that court; b. in the case of a claim contemplated in paragraph (g) or (h) of that definition, the goods concerned are or were shipped under a bill of lading to or from a place within the area of jurisdiction of that court; c. the maritime claim concerned relates to a fund within, or freight payable in, the area of jurisdiction of that court.

时性保全措施的颁布条件和程序在各州之间存在极大的差异。基本的规则是，保全措施的申请或实施条件由命令采取保全措施的法院所在州的州法确定，而联邦法仅在其可适用的范围内支配相关问题。①

1. 财产扣留令②

在美国，财产扣留令分为两类：海事扣留令和一般扣留令。

海事扣留令规定于《美国联邦民事诉讼规则》之补充规则的B规则，故又称“B规则扣留”或“诉人扣押”。根据B规则之规定，债务人财产以及第三人手中的债务人财产的扣留令适用于海事对人诉讼中，因而属于诉人扣押的范畴。同时，这一诉人扣押可针对任何财产，不限于船舶，并且包括船上燃油、银行存款等。但必须：第一，被告在“诉人”下会有责任；第二，属海事争议；第三，“找不到被告”（the defendant cannot be found within the district），即被告必须在境外或国外。但以什么标准来认定“找不到被告”，各个法院之间存在很大差异。一般来说，如果被告是一个非美国人，包括法人和自然人，海事扣留令申请获准的可能性还是很大的。③扣留银行存款表面看来似乎

① Rule 64 of Federal Rules of Civil Procedure—Seizure of Person or Property: At the commencement of and during the course of an action, all remedies providing for seizure of person or property for the purpose of securing satisfaction of the judgment ultimately to be entered in the action are available under the circumstances and in the manner provided by the law of the state in which the district court is held, existing at the time the remedy is sought, subject to the following qualifications: (1) any existing statute of the United States governs to the extent to which it is applicable; (2) the action in which any of the foregoing remedies is used shall be commenced and prosecuted or, if removed from a state court, shall be prosecuted after removal, pursuant to these rules. The remedies thus available include arrest, attachment, garnishment, replevin, sequestration, and other corresponding or equivalent remedies, however designated and regardless of whether by state procedure the remedy is ancillary to an action or must be obtained by an independent action.

② 参见：李海《船舶物权研究》，第279页。除了“对物诉讼”，美国也存在“对人诉讼”。而且，在“对人诉讼”中也存在作为保全措施的“扣留令”。美国法院实施扣留令主要是基于三个理由：其一，取得对人的管辖权；其二，就可能胜诉的判决请求取得担保；其三，以扣留的财产来满足判决。而且，扣留令可适用于各种请求，并可针对任何形式的财产，即不仅可扣留船舶、货物、燃油等海上财产，还可扣留其他一些陆上财产。从这个意义上讲，美国的“海事扣留令”与英国的“玛瑞瓦禁令”有着许多相似之处。由于通过扣留可使美国法院取得管辖权，亦即在美国法院本无法实现“对人诉讼”管辖的情况下，通过扣留可使财产所有人不得不接受美国法院的管辖（这实际上是由于美国法律以presence作为管辖根据使然，因为按照美国《冲突法重述》之规定，对保全措施令进行抗辩并不意味着被告承认美国法院的管辖——引者注）。正是因为这一点，这种因扣留而建立的管辖权，在美国常被称为“准对无管辖权”（quasi in rem jurisdiction）。

③ 参见：李海《船舶物权研究》，第280页。

与英国玛瑞瓦禁令一样，但实质上大不相同。美国的诉人扣押对原告而言肯定、容易与安全，其不需要原告显示一个“可充分论证的案情”（good arguable case），以及被告将来败诉后赖债等问题，其也不需要作为申请人的原告提供“损害赔偿保证”。这意味着没有所谓错误诉人扣押的说法。此外，玛瑞瓦禁令针对任何索赔或争议，不论海上或岸上，但美国的诉人扣押只是针对海事索赔或争议。玛瑞瓦禁令针对本土或外国的被告，但美国的诉人扣押只针对外国或外地的被告。[①]

一般扣留令的申请条件则主要适用法院所在州的州法。最典型的有关一般扣留令申请条件的州法是纽约州《民事诉讼法和规则》（New York's Prac. L. & R.）。该法第6201条规定，当（1）被告是非本州居民，或者是一个没有资格在本州从事商业活动的外国公司；或者（2）被告居住在本州或住所在本州，并且尽管竭尽努力但仍不能对其本人进行送达；或者（3）被告为诈骗债权人或使所作出的有利于原告的判决的执行失败，业已让与、处置、使之承担债务或隐匿财产，或将财产转移出本州，或即将实施上述任何行为；或者（4）诉因是以美国法院的判决、裁定或命令，或以在本州充分诚信地作出的判决、裁定或命令，或能够以第53条之规定被予以承认的判决为根据时，法院应准许扣留命令的申请。同时，原告通常必须证明在请求的实质问题上有胜诉的可能。[②] 在佐治亚州，一般扣留令获准的条件是：第一，债务人非居住在本州；第二，债务人将其住所迁至现辖区之外；第三，债务人逃避债务；第四，债务人实施藏匿；第五，债务人抵制合法的扣押；第六，债务人正将其财产转移出本州。

伊利诺伊州关于该问题的规定与上述两个州的规定相类似，但其又增设了若干项准许财产扣留的根据。根据该州法，拥有数额超过20美元的金钱请求的债权人，不论该请求属合同还是侵权，其金额是否确定，在下列任何一种情况下，可在提起诉讼之时或之后向任何有管辖权的法院申请扣留其债务人之财产：第一，债务人并不是本州居民；

---

① 参见：杨良宜《海事法》，第142页；《禁令》，第406页。

② See Axel Bosch (ed.), *Provisional Remedies in International Commercial Arbitration*, pp. 747-748.

第二，债务人进行隐匿，或对抗官员，以致无法向其送达传票；第三，为使其财物转移出本州，债务人业已或即将离开本州；第四，债务人即将将其财产转移出本州以损害债权人；第五，在提呈誓证之前或之后的两年内，债务人欺诈性地转让或让与其全部或部分财物，以阻碍或拖延债权人实现其请求；第六，债务人欺诈性地隐匿、让与或以其他方式处置其财产或财物，以阻碍或拖延债权人实现其权利。①

2. 海事扣押令

这一保全措施规定在《美国联邦民事诉讼规则》海事补充规则的C规则，并且是作为提起对物诉讼的条件，故又称“C规则扣押”或“诉物扣押”。根据海事补充规则C规则第1款之规定，在美国提起对物诉讼仅限于行使海事优先权或美国成文法所规定的海事对物诉讼或类似诉讼。海事优先权是海事诉讼中提起对物诉讼的必要基础。或者说，如果不享有海事优先权，在美国就不能提起对物诉讼。因此，在行使海事优先权时才发生船舶扣押。由于美国未加入任何有关海事优先权的国际公约，故由海事优先权担保的海事请求项目由国内法确认。有关海事优先权的法律不仅存在于制定法，而且还存在于判例法之中，并且不同州相互之间也存在一定差异。根据美国《联邦海事优先权法》第971条规定，任何人根据船东或船东授权的人的指示，对任何船舶提供了修理、补给、拖带、干船坞，或修理滑道或其他必需品，则对该船享有海事优先权，并可通过对物诉讼行使，而无须证明或主张信贷系给予该船舶。同时，有关海事优先权的法律至少在理论上是不封口的，在新的情况出现后，某一债权是否受海事优先权担保，由法院来决定。② 不过，在美国诉物扣押，原告如果不能肯定自己的索赔是否属于所规定的类别，一般会同时进行诉物扣押和诉人扣押，总之目标就是不让船舶开航直至船东提供了诉前保全。③

3. 禁令

在美国，向州法院申请禁令适用该州法，而向联邦法院申请禁令

① See Axel Bosch (ed.), *Provisional Remedies in International Commercial Arbitration*, p. 748.

② 参见：李海《船舶物权研究》，第277—278页。

③ 参见：杨良宜《海事法》，第143页。

则受由联邦法院所解释的一般衡平法原则支配。一般来说，申请禁令的先决条件与英国的玛瑞瓦禁令大同小异。① 根据联邦法院的实践和《美国联邦民事诉讼规则》第65条规定，向联邦法院申请禁令必须符合下列条件：第一，原告如果不能获得禁令，将会受到无法补救的损害。被告资产流失或损失，即使将来原告胜诉索赔也得不到实现即属于典型的"无法补救损害"。第二，原告有可能胜诉或有足够严重的问题。这显然比英国法"表面良好论据案情"，并由原告在宣誓书中予以陈述，特别是陈述被告抗辩这一要求要低得多。第三，"艰难的权衡"（balance of hardships）结果支持原告的申请。法院进行"艰难的权衡"时得比较原告如果未获准申请时所遭受的损害与被告由于颁布禁令所遭受的损害之间的轻重差异，被告是否可靠或可信等因素。不过，这些条件在法院判断是否准许禁令申请时所占的分量并不相同。② 第四，申请人必须提供适当的担保。根据《美国联邦民事诉讼规则》第65条第（c）款之规定，除申请人提供担保外不得颁布初步禁令和暂时制止令，而担保的数额应当适于支付该禁令的费用和如果当事人被不当禁止或限制时所可能承受或招致损害的赔偿。

二、大陆法系国家的若干实践

（一）德国的若干实践

在德国，假扣押和假处分的申请条件和程序一并规定在《德国民事诉讼法典》第五章之中。

1. 假扣押

假扣押的申请条件规定于该法第916—918条。根据此规定，无论是财产的假扣押还是人的假扣押，原告申请假扣押时均必须符合一个共同适用的条件：假扣押措施所保全的请求权必须是金钱债权或可以转换成金钱债权的请求权。并且，此种请求权可以附有条件或期限，

① 参见：杨良宜《禁令》，第403—404页。

② 参见：杨良宜《禁令》，第403—404页；Axel Bosch (ed.), *Provisional Remedies in International Commercial Arbitration*, pp. 748-749。

但附有条件的请求权因条件成就的可能性甚微，而无现在的财产价额的不在此限。

对于财产假扣押的申请，《德国民事诉讼法典》第917条还必须符合这样一个条件，即判决的执行由于存在即将发生的危险（imminent danger）而有不能实现之虞或者判决需要在外国执行。“判决执行无法实现”包括判决无法执行和甚难执行两种情况，“即将发生的危险”主要指被告出售、隐匿或转移财产。根据《德国民事诉讼法典》第917条第2款之规定，即使没有“即将发生的危险”，但如果不采取假扣押措施，原告必须在外国执行判决，这也可作为准许假扣押申请的理由。这种情况主要包括外国被告在德国仅有极其有限的财产和德国被告在外国有大量的财产。[①] 该规定的立法目的在于确保德国法院判决的执行。同时，从理论上讲，假扣押救济措施也只能适用于在德国判决的案件。不过，如果判决依照《布鲁塞尔公约》及其附加议定书或依照《洛迦诺公约》应予执行时，上述规定不予适用。

对于人的假扣押[②]，根据《德国民事诉讼法典》第918条规定，当为执行判决而绝对必要，并且即使被告拥有有价值的财产而扣押财产是徒劳时，可以准许对人假扣押。但合理的扣押期限须视请求的数额而定。对人假扣押的目的在于防止被告隐匿其财产，特别是将其财产转移出境，而并非强迫其交出财产。同时，对人假扣押对外国被告和德国被告同样适用，不存在区别对待。因为根据1954年签订的《海牙民事诉讼程序公约》第26条之规定，作为确保判决执行之手段的对人扣押仅在与适用于本国人相同的条件下适用于外国人。不过，申请对人假扣押还必须满足《德国民事诉讼法典》第917条规定的条件。[③]

2. 假处分

有关假处分的申请条件规定于《德国民事诉讼法典》第935条和第940条。对于有关争执标的物的假处分的申请，根据该法第935条规

① See Axel Bosch (ed.), *Provisional Remedies in International Commercial Arbitration*, p. 284.

② 即限制债务人的人身自由。参见：《德意志联邦共和国民事诉讼法》，谢怀栻译，中国法制出版社，2001，第255页。

③ See Axel Bosch (ed.), *Provisional Remedies in International Commercial Arbitration*, p. 285.

定，必须满足“如现状变更，当事人的权利即不能实现或难于实现”这一条件。对于定暂时状态假处分的申请，根据该法第940条规定，必须符合存在“为避免重大损害，或防止急迫的强暴行为，或因其他理由对于有争执的法律关系，特别是继续的法律关系得规定其暂时状态之必要”这一条件。法院在有关假处分的内容和事项的处置方面拥有绝对的自由裁量权，但其必须考虑处置的充分程度和内容的足够清晰程度。同时，假处分的目的并不是在于仅满足保全申请人的请求，因而假处分命令应尽可能避免作出有关事实的终局性结论。[①]

（二）法国的若干实践

1. 财产扣押

扣押的申请必须符合以下三个实质条件：第一，扣押申请人有申请的资格。1991年7月9日法令准许“债权没有争议但有必要采取谨慎态度确保其债权得到保护的任何人”采取保全措施。第二，存在针对债务人的在原则上看来有依据的任何类型的金钱请求。1991年7月9日法令规定，只要所援引的“债权在原则上看来有依据”，即可据以请求采取保全措施。所援引的债权是否具备这种特点，要由基层法官确认。该法第67条规定，“债权原则上有依据的任何人，如能证明具体情形可能威胁到该项债权的实现，均可请求法官批准，不经事先催告，就债务人财产采取保全措施。保全措施采取保全扣押的形式，或者经法院裁判设置的担保形式”。在债权人尚未持有执行根据的情况下，受请求批准保全措施的法官应当审查债权人所援引债权是否现实存在，债权人所援引的债权是否建立在虚假不实的基础之上。唯有对作为所援引的债权之基础的合同之存在或其有效性提出异议，才能阻止采取保全措施。同时，法国法认为无必要要求所援引的债权是“可追偿的债权”，也无必要要求其已经是数额确定的债权。债权的性质如何，可在所不问。因此，据以申请保全措施的债权可以是民事债权也可以是商事债权。就履行“作为之债”而言，不能申请实施保全措施。在这种情况下，债权人首先必须

① See Axel Bosch (ed.), *Provisional Remedies in International Commercial Arbitration*, p. 285.

就债务之不履行获准法院判处债务人给予损害赔偿，由于这种赔偿是有具体数额的金钱款项，所以可据以申请实施保全措施。[①] 第三，紧急状态的存在。1955年11月12日法令要求，有“情况紧急”以及“债权的实现看来处于危机时”，才能请求采取保全措施。只要“情况紧急”，即使所援用的根据被提出上诉，也仍然准许采取保全措施。但是，如果债权人在保全扣押申请中并没有提出足以让人相信债务人即将没有支付能力的各项因素，那就有可能不具备申请采取保全措施的条件。当被申请扣押的公司的资产负债表显示其经营良好，处于盈利状态，财务管理也很好，并且有充分的不动产作保证，如果债权人说其债权处于危机状态，这种说法就不能得到证明。法院判例也对“情况紧急”与“债权处于危机之中”的概念予以相对广义的解释。这两个概念被视作相类似的概念。1991年7月9日法令则使用了更为宽泛的表现形式，债权人只需要证明“有情况足以威胁其实现债权”时，便可以申请采取保全措施（第67条）。仅仅是持有执行根据，并不足以证明需要采取保全措施，还应当证明债权的实现已经面临着严重的威胁。[②]

2. 禁令或暂时阻止令

《法国民事诉讼法典》就禁令或暂时阻止令的申请条件设置了不同的标准。

原则上，禁令或暂时阻止令的申请必须符合两个条件：第一，存在诉因或基本请求；第二，存在一定的紧急状态。对此问题，《法国民事诉讼法典》分别在第808条、第872条和第809条、第873条作了不同的规定。其第808条规定，紧急情况下，大审法院院长得紧急命令采取不会遇到严重争议的任何措施，或者命令存在的争议证明有必要的一切措施。第872条规定，所有紧急情况下，商事法院院长均可在其权限内，紧急命令采取一切不会遇到严重争议的紧急措施，或者命令采取存在的争议证明属必要的一切措施。对于这两条规定所规范的禁令或暂时阻止令，请求人仅须证明：（a）其面临一项紧急情势；（b）所申请的救济措

---

① 让·文森、雅克·普雷沃：《法国民事执行程序法要义》，第224—225、231页。

② 参见：让·文森、雅克·普雷沃《法国民事执行程序法要义》，第224—226页；Axel Bosch (ed.), *Provisional Remedies in International Commercial Arbitration*, pp. 260-261。

施或没有受到重大的反对，或被眼下的争议证明为正当。

与这种情况下的禁令或暂时阻止令申请条件不同的是，该法第809条第1款则规定，为防止即将发生的损失，或者为制止明显非法的扰乱，法院院长得始终紧急规定采取保全措施，或者规定采取必需的恢复原状措施，即使存在严重争议，亦同。第873条第1款规定，为防止即将发生的损失，或者为制止明显非法的扰乱，法院院长得在相同的权限内，以及甚至在有严重争议的情况下，紧急命令采取保全措施或者必需的恢复原状措施。对于这两条规定所规范的禁令或暂时阻止令，请求人则必须证明：（a）损害即将发生，或者明显违法的行为正在发生；（b）申请人所申请的救济是为防止损害发生，或阻止明显违法的行为所必需。

然而，对于特定类型的禁令或暂时阻止令，《法国民事诉讼法典》规定了不同的申请条件。其第809条第2款和第873条第2款规定，在对债务之存在没有严重争议的情况下，法院院长得同意给予债权人预付款项，或者裁定履行债务，即使所涉及的是作为之债，亦同。也就是说，在下述情况下，禁令或暂时阻止令的申请只须满足“存在诉因或基本请求”这一条件，申请人无须证明紧急情事的存在：债务人对申请人所负担之债务的存在问题没有受到严重的争议，并且所寻求的救济即是该债务的履行，如到期款项的支付；或者所寻求的救济是为了结束明显违法的行为。当然，对申请人请求存有严重争议的举证责任由被告承担。①

（三）日本的若干实践

《日本民事保全法》第13条就作出保全命令的要件作了一般性规定，即保全命令的作出以被保全权利的存在和存在保全的必要性为要件。就前者而言，在涉外案件中，判断被保全权利存在与否，在准据法为外国法时，申请人可以自行证明作为自己申请基础的外国法的内容，但也允许直接适用法院地法。就后者而言，在内国法院仅以本案

① See Axel Bosch (ed.), *Provisional Remedies in International Commercial Arbitration*, pp. 262-263.

管辖地作为保全管辖权的行使依据的情况下，标的物或系争物不在内国，致使不能在内国执行保全命令，进而产生保全命令实效性问题。但无论如何，仅因标的物或系争物不在国内这一事实，不足以否定保全的必要性。[①]

在此基础上，《日本民事保全法》就假扣押和假处分分别规定了不同的申请条件。对于假扣押，根据该法第20条之规定，其申请必须符合两个条件：第一，存在以金钱支付为目的的债权，而金钱债权可以附有条件或附有期限。第二，该债权可能不能强制执行或强制执行有显著困难。对于假处分，该法第23条为区分两种情况设置了不同的条件：第一，对于系争物假处分，以“因变更该系争物现状而有使债权人不能实现其权利或实现权利有显著困难之虞”作为申请条件；第二，对于确定临时地位假处分，以“为避免所争执的权利关系给债权人造成显著的损失或紧迫的危险所必要”为申请条件。

（四）其他大陆法系国家

1. 荷兰的若干实践[②]

（1）初步救济令。根据《荷兰民事诉讼法典》第289条第1款之规定，基于所涉各方当事人利益之考虑，其申请以存在颁布禁止性救济措施之必要为条件。

（2）保护性扣留财产令。《荷兰民事诉讼法典》的一个重要特征即是就不同形式的保护性扣留措施详尽设置不同的标准，其中涉及海事领域的一些重要的保护性扣留的申请条件如下：

① 财产扣留令。此类扣留令所针对的动产，无论是未登记动产或无记名权利，还是经登记的股票和证券，无论是被告对第三人所享有的请求权或被告基于现存的法律关系所享有的直接请求权，还是为被告所有但为第三人所持有的动产，其申请应具备以下条件：第一，存在金钱请求；第二，申请人必须证明其有合理的根据担忧拟扣留的动

① 本间靖规、中野俊一郎、酒井一：《国际民事诉讼法》，第156—157页。

② See Axel Bosch (ed.), *Provisional Remedies in International Commercial Arbitration*, pp. 476-481.

产有消失或被侵吞之虞。这种担忧或消失之虞可能具有客观性，并不一定是由于被告的行为。

② 船舶扣押令。在荷兰，船舶扣押令的申请无须证明该船舶有消失之虞，但如果所扣押的是登记船舶，则须在船舶登记处进行扣押登记。

③ 船舶运输货物或获救财产的扣押。承运人在某些特定情况下就其运输费用的支付可以申请扣押业已由船舶运输的货物，不过这种扣押只能在货物从船上卸下后一个月内进行。海上救助人也可在某些特定情况下就救助费用的支付申请扣押不在船上的救助财产。对于此类扣押措施，有关债务人手中的动产扣押规则应予适用，但申请人无须证明其有合理的根据担忧拟扣押财产有消失或被侵吞之虞。

2. 比利时的若干实践①

根据比利时法，申请人向比利时法院申请临时性保全措施必须证明存在紧急情事。法院在颁布保全措施令前应考虑双方当事人之间的利益权衡结果和对被告可能造成的损害后果。然而，对于海事财产扣押，申请人则无须向法院提呈有关紧急情事的证据。

3. 丹麦的若干实践②

（1）审前扣押。根据《丹麦司法行政法》，扣押措施的申请必须具备以下几个条件：第一，存在金钱支付请求；第二，申请人必须证明如果不采取扣押措施将对请求的实现产生相当严重的损害。申请人必须向法院提呈有关债务人个人或财政状况的具体情况说明，以支持采取扣押措施的必要性。

（2）初步禁令。禁令所针对的是非法行为，因而申请人申请禁令必须证明被告业已或即将实施非法行为。为支持禁令的申请，申请人应进一步证明如果通过一般的法律程序来行使其权利，禁令的目的将会丧失。如果法院认为有关损害赔偿和惩罚的一般法律规则的适用已经充分的话，则会拒绝禁令的申请。

---

① See Axel Bosch (ed.), *Provisional Remedies in International Commercial Arbitration*, p.87.

② Ibid., pp.178-179.

三、国际扣船公约的相关规定

在有关扣船条件的问题上，1952年和1999年的扣船公约均从可请求保全的范围和可扣押船舶的范围两个方面来加以规定，但这两个公约的规定有所不同。

1.《1952年扣船公约》

对于可请求保全的范围，《1952年扣船公约》仅将其限于公约自身所规定的，即第1条第1款所规定的海事请求。《1952年扣船公约》第2条规定，悬挂缔约国旗子的船舶可在任何缔约国管辖区域内就任何海事请求，而非其他请求被扣。本公约的规定不应被视为赋予任何政府或其部门、公共当局、码头或港口当局根据其现行国内法，在其管辖区域内行使扣押、滞留或以其他方式阻止船舶航行的任何权利的扩大和限制。

至于可扣押船舶的范围，《1952年扣船公约》将其限于“当事船”和“关联船”。对于“当事船”的扣押，《1952年扣船公约》第3条第1款规定，请求权人可以扣押与所产生的海事请求有关的特定船舶；对于《1952年扣船公约》第1条第1款第（o）（p）（q）项所规定的请求①，则只能扣押与所产生的该请求有关的特定船舶而非其他船舶。同条第4款规定，在光船租赁的情况下，承租人而非船舶登记所有人对与特定船舶有关的海事请求负责，请求权人可以扣押该特定船舶（当事船舶）。而对于“关联船”的扣押，《1952年扣船公约》第3条第1款规定，请求权人可以扣押在海事请求产生时属于当事船舶之所有人的任何其他船舶，即使所扣押的船舶准备启航。同条第4款规定，在光船租赁的情况下，就该海事请求而言，请求权人不能扣押属于当事船舶登记所有人的其他船舶。

2.《1999年国际扣船公约》

对于可请求保全的范围，与《1952年扣船公约》一样，《1999年国

① (o) disputes as to the title to or ownership of any ship; (p) disputes between co-owners of any ship as to the ownership, possession employment or earnings of that ship; (q) the mortgage or hypothecation of any ship.

际扣船公约》也将其限于公约自身所规定的，即第1条第1款所规定的海事请求。《1999年国际扣船公约》第2条第2款规定，船舶仅可就海事请求，而非其他请求而被扣。对于可扣押船舶的范围，公约也将其限于“当事船”和“关联船”，但对“当事船”和“关联船”作了更为详尽的界定。

对“当事船”的扣押，《1999年国际扣船公约》第3条第1款作了如下要求：第一，该船舶与所主张的海事请求有关。并且，第二，（a）该船舶在海事请求发生时为对海事请求负有责任的人所有，而在实施扣押时仍为该人所有；或者，（b）该船舶在海事请求发生时为对海事请求负有责任的人所光船租赁，并且在实施扣押时仍为该人光船租赁或所有；或者，（c）海事请求是以设在该船舶上的抵押或船货抵押或相同性质的债务负担为根据；或者，（d）海事请求关涉该船舶的所有权或占有；或者，（e）海事请求是针对该船舶的所有人、光船租赁人、管理人或经营人，并且由所申请的扣押地国法律所授予或根据该国法律所产生的海事优先权所担保。不过，根据该公约第3条第3款规定，对非为对海事请求负有责任的人所有的船舶的扣押必须符合这样一个条件，即根据所申请的扣押地国法律，有关该海事请求的判决能通过对该船舶的司法或强制拍卖而予以执行。

对“关联船”的扣押，《1999年国际扣船公约》第3条第2款作了如下要求：第一，海事请求并非关涉船舶所有权或占有问题。并且，第二，该船舶于扣押实施时为对海事请求负有责任的人所有。并且，第三，（a）该人于海事请求发生时是与所发生的海事请求有关的当事船舶的所有人；或者，（b）该人于海事请求发生时是该当事船舶的光船租赁人或期租人或程租人。

四、我国的相关立法实践

（一）海事请求保全令

海事请求保全是指海事法院根据海事请求人的申请，为保障海事请求的实现，对被请求人的船舶或船载货物或船用燃油或船用物料所采取的强制措施。然而，我国《海事诉讼特别程序法》除间接地规定海事请求保全的申请以该法所规定的海事请求的存在为条件以外，并没有就其应否具备其他条件作出明确的规定。那么，《海事诉讼特别程序法》是由于疏忽而未作规定，还是认为没有必要作出规定？从国际扣船公约和一些国家有关海事扣押的立法规定来看，基于海事扣押的特殊性，均未作进一步的要求。不过，有我国学者认为，海事请求保全的申请应具备以下几个条件：第一，存在海事请求，即申请人具有《海事诉讼特别程序法》第二十一条所规定的海事请求。第二，被申请人对海事请求负有责任。第三，存在采取海事请求保全措施的必要。享有海事请求，是申请人申请海事请求保全措施的必要条件，但其还必须具备另一重要前提，即不采取保全措施将会使判决难以执行或不能执行，或者情况紧急，不采取保全措施将使申请人招致难以弥补的损失。这是《民事诉讼法》第一百零三条、第一百零四条所规定的财产保全的条件，也应作为海事请求保全措施申请的原则性条件。第四，海事请求保全措施所直接针对的是《海事诉讼特别程序法》所规定的被请求人的船舶或船载货物或船用燃油或船用物料。[①] 第五，在海事法院责令申请人提供担保时，则应提供担保。[②]

（二）一般性财产保全令

就其他海事请求保全而言，《海事诉讼特别程序法解释》第十八条规定，海事诉讼特别程序法第十二条规定的被请求人的财产包括船舶、船载货物、船用燃油以及船用物料。对其他财产的海事请求保全适用民事诉讼法有关财产保全的规定。《民事诉讼法》则区分诉前财产保全与诉中财产保全，并规定了不同的条件。结合《民事诉讼法》和《海事诉讼特别程序法》的相关规定，适用于海事领域财产保全的申请应具备如下条件：第一，存在《海事诉讼特别程序法》所规定的海事请求；第二，存在采取财产保全措施的必要。具体地说，对于诉中财产保全，

---

① 参见：邢海宝《海事诉讼特别程序研究》，第151—176、280—281页。

② 参见：《海事诉讼特别程序法》第十六条。

根据《民事诉讼法》第一百零三条的规定，必须存在因当事人一方的行为或者其他原因而使判决难以执行或者造成当事人其他损害之虞。如诉讼争议的财产有毁损、灭失等危险，或者有证据表明被申请人可能采取隐匿、转移、出卖其财产的行为。而对于诉前财产保全，根据《民事诉讼法》第一百零四条规定，必须存在紧急情况，不立即申请财产保全将会使申请人合法权益受到难以弥补损害之虞。第三，财产保全措施所针对的对象为海事请求保全措施所针对的财产之外的被申请人所有的其他财产，包括第三人对被申请人所承担的债务和为第三人所占有的被申请人的财产。不过，人民法院采取财产保全措施时，保全的范围限于请求的范围，或者与本案有关的财物。[①] 对案外人的财产不得采取保全措施，对案外人善意取得的与案件有关的财产，一般也不得采取财产保全措施。第四，申请诉前财产保全的，或者虽然申请诉中财产保全，但法院责令提供担保的，则必须提供相当于请求保全数额的担保。

（三）行为保全令

《民事诉讼法》及司法解释对此作了原则性规定。《民事诉讼法》第一百零三条第一款规定，人民法院对于可能因当事人一方的行为或者其他原因，使判决难以执行或者造成当事人其他损害的案件，根据对方当事人的申请，可以裁定对其财产进行保全、责令其作出一定行为或者禁止其作出一定行为；当事人没有提出申请的，人民法院在必要时也可以裁定采取保全措施。《民诉法解释》第一百五十二条第二款“诉前行为保全的担保”规定，申请诉前行为保全的，担保的数额由人民法院根据案件的具体情况决定。

在“西藏旅游股权纠纷案”[②] 中，案涉被告胡某等人于2015年7月15日大量收购上市公司西藏旅游的股票，将其持股比例由之前的3.09%瞬间增至9.59%。因其在触及5%股份比例时未能依法及时履行

① 《民事诉讼法》第一百零五条。

② 参见：《西藏旅游股权纠纷案　胡氏兄弟股东权利被限制》，搜狐网，2015年10月23日，https://www.sohu.com/a/37308659_11966，访问日期：2021年8月20日。

信息披露义务，构成超比例持股，国风集团便向法院起诉胡某等人，以保其对西藏旅游的控股地位。国风集团认为，胡某等人超过5%之后购买西藏旅游股票的民事行为属于无效民事行为，请求法院判令被告上述买股行为无效，且将超出5%的部分从二级市场抛售，所得收益赔偿给上市公司；同时要求被告在以上诉讼请求改正完成之前，在持有西藏旅游股票期间，不得对其持有的股份行使表决权、提案权等其他股东权利，不得自行或联合西藏旅游其他股东召集股东大会，不得以任何形式进行处分。拉萨中院认为，被告胡某等人购入并持有西藏旅游公开发行的股票已超出5%的持股比例，但其未按照我国证券法的相关规定及时进行信息披露，违反了上市公司股票交易的相关规定。在对胡某等人合并购入超过5%的股票行为效力审查之前，胡某等人超出5%持股比例的股东资格属于效力待定，因此禁止其行使该部分股东权利符合法律规定，该裁定书送达后立即执行。此案中的禁令属全国首创。

就海事领域的海事强制令而言，与海事请求保全不同的是，《海事诉讼特别程序法》对此作了明确的规定。根据该法第五十六条规定，作出海事强制令，应当具备下列条件。第一，请求人有具体的海事请求。第二，存在作出海事强制令的必要。具体地说：需要纠正被请求人违反法律规定或者合同约定的行为；情况紧急，不立即作出海事强制令将造成损害或者使损害扩大。第三，在海事法院责令申请人提供担保时，则应提供担保。

2019年1月1日起施行的最高人民法院《关于审查知识产权纠纷行为保全案件适用法律若干问题的规定》（以下简称《行为保全规定》）结合《民事诉讼法》相关规定，对知识产权领域行为保全的适用问题作了专门规定。但观诸其中内容，《行为保全规定》的关注重点并非就行为保全措施的批予条件予以详尽规定，而是对行为保全措施的申请、复议、实施等程序性事项作了详尽细致的规定。

对于诉讼中的行为保全，依《民事诉讼法》第一百零三条规定，或由当事人申请，或由法院依职权为之。在由当事人申请时，必须存在“因当事人一方的行为或者其他原因，使判决难以执行或者造成当事人其他损害”之虞；而由法院依职权为之时，必须是法院认为必要时方可裁定采取保全措施。同时，人民法院采取保全措施，可以责令申请人提供担保，申请人不提供担保的，裁定驳回申请。

对于诉前行为保全，依《民事诉讼法》第一百零四条规定，由当事人申请，且存在“情况紧急，不立即申请保全将会使其合法权益受到难以弥补的损害”之虞。同时，申请人应当提供担保，不提供担保的，裁定驳回申请。所谓“难以弥补的损害”，《行为保全规定》第十条规定，在知识产权与不正当竞争纠纷行为保全案件中，有下列情形之一的，应当认定属于民事诉讼法第一百零四条规定的“难以弥补的损害”：（一）被申请人的行为将会侵害申请人享有的商誉或者发表权、隐私权等人身性质的权利且造成无法挽回的损害；（二）被申请人的行为将会导致侵权行为难以控制且显著增加申请人损害；（三）被申请人的侵害行为将会导致申请人的相关市场份额明显减少；（四）对申请人造成其他难以弥补的损害。

在美国礼来公司、礼来（中国）研发公司诉黄孟炜侵害技术秘密纠纷案[①]中，被告于2012年5月入职中国子公司礼来（中国）研发公司，并于2013年1月从礼来（中国）研发公司的服务器上下载了48个原告所拥有的文件（其中21个为原告核心机密商业文件），同时将上述文件私自存储至其所拥有的设备中。经交涉，被告向原告承认“从公司的服务器上下载了三十三（33）个属于公司的保密文件……”，但随后被告拒绝履行删除私下文件的约定。原告遂于2013年7月向上海市第一中级人民法院起诉状告被告侵害技术秘密，同时提出行为保全的申请，请求法院责令被告不得披露、使用或者允许他人使用从原告处盗取的21个商业秘密文件。上海市一中院经审理认为，原告行为保全的申请符合《民事诉讼法》的相关规定，遂裁定禁止被告黄孟炜披露、使用或允许他人使用两原告主张作为商业秘密保护的21个文件。涉案21个信息文件构成《反不正当竞争法》所保护的商业秘密。被告违反公司规章制度，擅自将原告的技术秘密文件下载及转存于其个人

① 上海市第一中级人民法院（2013）沪一中民五（知）初第119号民事判决书。

所有的电子设备之中，且未履行承诺配合原告删除上述技术秘密文件，使原告的技术秘密存在失控的风险，构成商业秘密侵权行为，依法应当承担相应的民事责任。上海市一中院据此裁定被告于判决生效之日起停止侵害原告的技术秘密，即删除其所获取的21个信息文件，并不得披露、使用或者允许他人使用直至该技术秘密为公众知悉时止。该案系依据2012年修正的《民事诉讼法》在商业秘密侵权诉讼中适用行为保全措施的国内首例案件。

在杨季康（笔名杨绛）诉中贸圣佳国际拍卖有限公司（以下简称“中贸圣佳公司”）、李国强侵害著作权及隐私权案[①]中，钱钟书先生（已故）与申请人杨季康系夫妻，二人育有一女钱瑗（已故），钱先生夫妇及女儿钱瑗曾经与被申请人李国强系朋友关系，三人所写的私人书信手稿本由收信人李国强收存，而被申请人中贸圣佳公司却于2013年5月公告表示其将于2013春季拍卖会上举行“也是集——钱钟书书信手稿”专场拍卖活动及相关预展和研讨活动，计划公开拍卖私人书信手稿百余封。申请人杨季康通过多种渠道表示不同意公开发表其享有著作权的私人书信手稿，在制止无效的情况下，向北京二中院提出了诉前责令停止侵犯著作权行为的申请。北京二中院认为，涉案私人书信作为著作权法保护的文字作品，其著作权应当由作者即发信人享有，任何人包括收信人及其他合法取得书信手稿的人在对书信手稿进行处分时均不得侵害著作权人的合法权益。被申请人中贸圣佳公司在权利人明确表示不同意公开书信手稿的情况下，即将实施公开预展、公开拍卖的行为构成对著作权人发表权的侵犯，如不及时制止，将给权利人造成难以弥补的损害。北京二中院在充分考虑保护社会公众利益的前提下，裁定中贸圣佳公司在拍卖、预展及宣传等活动中不得以公开发表、展览、复制、发行、信息网络传播等方式实施侵害钱钟书、杨季康、钱瑗写给李国强的涉案书信手稿著作权的行为。本案是2012年修正的《民事诉讼法》实施以来首例知识产权诉前禁令裁定。

---

① 《“钱钟书书信手稿拍卖”诉前禁令案》，中国法院网，2014年4月17日，https://www.chinacourt.org/article/detail/2014/04/id/1281741.shtml，访问日期：2021年8月20日。

在上海诺华贸易有限公司（以下简称“诺华公司”）诉正大天晴药业集团股份有限公司（以下简称“正大天晴公司”）、北京医保全新大药房有限责任公司（以下简称“医保全新药房”）侵害专利权纠纷案①中，原告诺华公司是“胃肠基质肿瘤的治疗”的发明专利权人，被告正大天晴公司于2013年8月开始销售、许诺销售药品“格尼可”甲磺酸伊马替尼胶囊，根据其在官网及药品包装中所公布的药品说明书，该药品属于涉案专利权利要求中所述化学结构的可药用盐。此外，该药品由医保全新公司在其经营的药房中销售。综上，诺华公司认为两被告未经其许可实施专利的行为已构成侵权，应承担停止侵权、赔偿损失的责任，故诉至北京二中院，请求判令两被告停止侵权行为，支付经济损失及合理支出。在本案审理过程中，诺华公司向法院提出行为保全申请，要求两被告停止在生产、销售、许诺销售“格尼可”甲磺酸伊马替尼胶囊药品过程中，使用在说明书的“适应症”及“药代动力学”部分含有涉及“胃肠基质肿瘤的治疗”的相关内容，并提供了担保。经北京二中院审查，诺华公司的申请符合法律规定，依法裁定准许其申请。该案涉及一种医药用途发明专利，是北京市首例涉及医药用途发明专利的侵权案件，亦是首例专利侵权案件的诉中行为保全裁定。

（四）证据保全令

《民事诉讼法》第八十四条规定，在证据可能灭失或者以后难以取得的情况下，当事人可以在诉讼过程中向人民法院申请保全证据，人民法院也可以主动采取保全措施。因情况紧急，在证据可能灭失或者以后难以取得的情况下，利害关系人可以在提起诉讼或者申请仲裁前向证据所在地、被申请人住所地或者对案件有管辖权的人民法院申请保全证据。对于海事证据保全措施的申请条件，《海事诉讼特别程序法》作了明确的规定。根据该法第六十七条规定，采取海事证据保全，应

① 《医药用途专利诉中禁令案》，中国法院网，2014年4月25日，https://www.chinacourt.org/article/detail/2014/04/id/1283148.shtml，访问日期：2021 年 8月20日。正大天晴药业集团股份有限公司与上海诺华贸易有限公司等侵害发明专利权纠纷二审民事裁定书：北京市高级人民法院民事裁定书（2014）高民终字第278号。

具备下列条件:(一)请求人是海事请求的当事人;(二)请求保全的证据对该海事请求具有证明作用;(三)被请求人是与请求保全的证据有关的人;(四)情况紧急，不立即采取证据保全就会使该海事请求的证据灭失或者难以取得。

(五)先予执行令

《民事诉讼法》分别就先予执行适用的范围和条件作了规定。就先予执行的范围，依《民事诉讼法》第一百零九条规定，限于追索赡养费、扶养费、抚养费、抚恤金、医疗费用；追索劳动报酬；因情况紧急需要先予执行的。而先予执行的条件，依《民事诉讼法》第一百一十条规定，应当符合下列条件:(一)当事人之间权利义务关系明确，不先予执行将严重影响申请人的生活或者生产经营的;(二)被申请人有履行能力。人民法院要求申请人提供担保时，申请人须提供相应担保。

对于海事领域的先予执行，根据《民事诉讼法》及有关司法解释，海事领域的先予执行的申请必须具备以下条件：第一，申请人只能向受理案件实质问题的管辖法院提出。民事诉讼法规定的先予执行是一项诉中保全措施，人民法院应当在受理案件后终审判决作出前采取。[①]在管辖权尚未确定的情况下，人民法院不得裁定先予执行。第二，案件的基本事实清楚，当事人间的权利义务关系明确，被申请人负有给付、返还或者赔偿义务。[②]第三，先予执行的请求属于法定范畴，即属于《民事诉讼法》第一百零九条所规定的项目。第四，存在需要先予执行的紧急情况，不先予执行将严重影响申请人的生活或者生产经营。所谓“紧急情况”包括:(a)需要立即停止侵害、排除妨碍的;(b)需要立即制止某项行为的;(c)追索恢复生产、经营急需的保险理赔费的;(d)需要立即返还社会保险金、社会救助资金的;(e)不立即返还款项，将严重影响权利人生活和生产经营的。[③]第五，先予执行的

① 《民诉法解释》第一百六十九条。

② 《民事诉讼法》第一百一十条。

③ 《民诉法解释》第一百七十条。

限度符合法定要求，即先予执行应当限于当事人诉讼请求的范围，并以当事人生活、生产的急需为限。[①] 第六，被申请人有履行能力。第七，在法院责令提供担保的情况下，申请人应提供担保。

第二节　民事保全措施的申请、实施与撤销程序

对于民事保全措施的相关程序要求，各国立法之间差异明显：有的国家将民事保全程序分为申请、裁决、上诉、执行诸阶段，而有的国家则将之分为申请、裁决、异议、抗告、执行等阶段。所幸的是，民事保全措施的实施程序业已呈现一定程度的统一化趋向。

一、英美法系国家的若干实践

（一）英国的若干实践

1. 有关禁令的程序

包括玛瑞瓦禁令在内的中间禁令的有关程序目前受1998年《民事诉讼规则》支配。[②]

（1）申请。申请人应向英国高等法院皇座法庭申请禁令。虽然高等法院所有分支都有权作出禁令，但涉及国际贸易、保险与航运的禁令都属于皇座法庭（包括商事庭和海事庭）的权限范围。[③] 根据《最高法院规则》第29号令规则1，申请人可在实体争议审理前或后申请禁令；案情紧急时，申请人则可通过宣誓书单方面提出申请。除此之外，申请人应通过动议（motion）或传票（summon）方式申请禁令。[④] 对

---

① 《民诉法解释》第一百六十九条。

② See David Capper, *Mareva Injunctions*, p. 56; Axel Bosch (ed.), *Provisional Remedies in International Commercial Arbitration*, p. 212. 1999年《民事诉讼规则》（Civil Procedure Rules）对此作了一些重大的改革，参见：杨良宜《禁令》，第399页。

③ 参见：杨良宜《禁令》，第366页。

④ 一般申请是以动议或传票送达或告知被告。动议是向高等法院大法官法庭（Chancery Division）申请中间禁令，而皇座法庭负责商业争议，以传票作出申请。参见：杨良宜《禁令》，第226页。

于申请时间，除案情紧急外，申请人应在令状或传唤令签发之后申请禁令，并且在这种情况下，如果法院认为适当，则可根据令状或传票据以签发的条件和其他此种条件而批予禁令的申请。①

禁令的申请视是否存在“案情紧急”情况而分为单方面申请（ex parte application）与“双方出庭争辩”申请（inter parties application）。单方面申请只要符合两个条件：第一，给予陈述机会很可能迟延，或者被告或其他人在命令作出之前可能采取行动，使申请人招致不公平结果；第二，对被告的损害可以通过交叉保证（cross-undertaking）予以赔偿，或者不能赔偿的风险明显低于不颁布命令而给原告所造成的不公平风险。②

单方面申请禁令，尤其是玛瑞瓦禁令，违背自然公正，因而申请人应向法官进行全面和坦率的披露。③ 第一，申请人必须披露所有重要资料/事实。所谓“重要资料/事实”则由法官根据不同案件的具体情况加以认定，而并不是由申请人自己决定。第二，必须陈述被告可能会提出的对原告不利的抗辩。这是全面和坦率披露义务的核心内容之一，也往往使申请人处于十分矛盾的状态之中。第三，对于一些极其机密的资料，申请人也必须予以披露。不过，为防止被告知悉并采取相应行动，申请人是在宣誓书之外的文件中进行相关陈述，并口头向法官披露。第四，对于在成功申请禁令后所出现的新的资料和事实，申请人负有“连续的责任”，连续向法官陈述，以便使法官重新考虑，直至被告出面进行双方争辩。④

（2）上诉。申请人在其禁令申请被否决时，可向上诉法院上诉。⑤

（3）撤销或抗辩。对于法院所作出的单方面禁令，被告有权向法院申请撤销，并将之通知对方当事人。不过，法院也有权基于具有充

---

① 参见：David Capper, *Mareva Injunctions*, pp. 56-57; Axel Bosch (ed.), *Provisional Remedies in International Commercial Arbitration*, p. 212；杨良宜《禁令》，第277页。

② 杨良宜:《禁令》，第233—235页。

③ 同上书，第18—19页。

④ 参见：David Capper, *Mareva Injunctions*, pp. 58-61；杨良宜《禁令》，第346—366页。

⑤ See Axel Bosch (ed.), *Provisional Remedies in International Commercial Arbitration*, pp. 214-215.

分说服力的根据撤销或变更所作出的单方面禁令。[①]

对于“双方出庭争辩”申请的禁令，被告有权在禁令颁布之前出庭抗辩，对颁布禁令的必要性提出异议。[②]

（4）执行。禁令是一项衡平救济，因而必须对人实施。在禁令执行前必须向被告本身送达刑事通知（penal notice）。执行或通过行为实施令（order of committal）或通过查封财产令状（writ of sequestration）两种方式进行。[③]

2. 扣押令

按照英国的海事诉讼程序，扣押船舶必然是发生在对物诉讼开始后，不存在诉前的船舶扣押。[④]

（1）申请。为扣押船舶，申请人首先必须向法院申请签发对物索赔函。[⑤] 在签发对物索赔函之后，申请人方可申请扣押令。[⑥] 由于扣船产生严重后果，船东招致一连串其他的毁约、违约与不便，不得处置自己的财物等，而当时的争议又胜负未分，所以法律要求申请扣押令的原告律师作出誓词，以支持扣押令申请。根据《最高法院规则》第75号令规则5（8）规定，誓词必须包含以下几项内容：（a）索赔或反索赔的性质；（b）所扣押船舶的船名与注册港；（c）寻求担保的数额。除此之外，不同性质的海事请求还应有不同的陈述内容。[⑦]

同时，与申请玛瑞瓦禁令时必须提供誓词一样，申请人为获得扣船令必须作出“全面与坦率的披露”。不过，与申请玛瑞瓦禁令要求不

① 参见：Axel Bosch (ed.), *Provisional Remedies in International Commercial Arbitration*, pp. 219-220；杨良宜《禁令》，第358—359页。

② See Axel Bosch (ed.), *Provisional Remedies in International Commercial Arbitration*, pp. 219-220.

③ Ibid., p. 216.

④ 于萍：《英美海事对物诉讼中的船舶扣押制度研究》，硕士学位论文，大连海事大学，2006，第12页。

⑤ See D. C. Jackson, *Enforcement of Maritime Claims*, pp. 322, 327; Axel Bosch (ed.), *Provisional Remedies in International Commercial Arbitration*, p. 213.

⑥ 参见：Christopher Hill, *Maritime Law* (London : LLP, 1998), p. 92, pp. 115-116；杨良宜《海事法》，第58页；威廉·台特雷《国际海商法》，第355—356页。

⑦ 参见：D. C. Jackson, *Enforcement of Maritime Claims*, pp. 332-333; Axel Bosch (ed.), *Provisional Remedies in International Commercial Arbitration*, pp. 213-224；Christopher Hill, *Maritime Law*, p. 115；杨良宜《海事法》，第58—59页。

同的是，扣船申请人“全面与坦率的披露”的事项是有限的，其仅限《最高法院规则》第75号令所指的上述各项事实。[①]

（2）上诉。当法院拒绝签发扣船令时，申请人能否根据《最高法院规则》提起书面训令程序尚有争议。[②]

（3）执行。扣船令应申请人的要求而签发，并在就相关的费用提供担保后由海事执行官实施。[③]

（4）被告的救济。尽管被告在扣船令执行之前没有机会出庭抗辩，但法律赋予其采取措施使被扣船舶得以释放的救济权。

① 上诉或执行中止。被告有权就给原告提供临时救济的任何措施提起上诉，也有权在上诉期间申请中止执行。但上诉既不能中止下级法院的执行命令，也不能中止诉讼，是否中止属法院自由裁量权的行使范围。[④]

② 不得扣船预告（caveat）。为防止船舶被扣，正规的做法是向海事注册官预先登记“不得扣船预告”，同时保证船东律师接受诉物令状的送达，不必送达上船；另外，保证在通知开始诉讼3天时间内将保证金交予法院或提供保释担保。对原告来说，如果在申请扣船令时不理会“不得扣船预告”而又没有好的理由实施扣船，则可能会面临船东就扣船引起的所有损失而提出的索赔。[⑤]

③ 放船担保。船东为使被扣船舶得以释放，可考虑以下四种办法：保释担保、钱存银行、银行保函以及互保协会保函或其他同类保函。[⑥]

（5）司法拍卖。若扣押船舶被法院司法拍卖，在法院下令估价与出售船舶命令后，则根据《最高法院规则》第75号令规则23委托海事

---

① 参见：杨良宜《海事法》，第60页。

② See Axel Bosch (ed.), *Provisional Remedies in International Commercial Arbitration*, p. 215.

③ 参见：Christopher Hill, *Maritime Law*, p.117; D. C. Jackson, *Enforcement of Maritime Claims*, pp. 332-333; Axel Bosch (ed.), *Provisional Remedies in International Commercial Arbitration*, p. 217；杨良宜《海事法》，第62页。

④ See Axel Bosch (ed.), *Provisional Remedies in International Commercial Arbitration*, pp. 220-221.

⑤ 参见：杨良宜《海事法》，第65—66页；D. C. Jackson, *Enforcement of Maritime Claims*, p. 341。

⑥ 参见：杨良宜《海事法》，第90—100页；Axel Bosch (ed.), *Provisional Remedies in International Commercial Arbitration*, p. 221; Christopher Hill, *Maritime Law*, pp. 118-120; D. C. Jackson, *Enforcement of Maritime Claims*, pp. 341-346。

执行官作出安排与具体实施。[①] 出售所得则根据请求权的优先顺序分配给各请求权人。[②]

（二）南非的若干实践

1. 禁令

禁令的申请通过记载相关事实的誓词支持的书面申请书提出，唯有在例外情况下，法院无须将申请事项通知被告。被告在接到通知后即向法院提出答辩誓词，双方随后在一名法官的主持下进行辩论。[③]

申请人的禁令申请若为法院拒绝，其则有权经法院准许就此裁决提起上诉。如果申请人上诉未被批准，其则可向大法官提出上诉申请。经获准后，申请人则可上诉。[④]

除单方面禁令外，法院在准许申请人禁令申请之前必须通知被申请人，由其出庭陈述在最终裁决之前不能授予禁令或不得继续实施禁令的原因。被申请人有权反对禁令申请，并说服法官使其相信申请人无权申请禁令。一旦法院同意作出禁令，被申请人仍有权经法院准许就此裁决提起上诉。

禁令的执行由法院执行官进行，从而使法院对被申请人或其财产实行一定程度的控制。

2. 扣押或扣留令

基于扣押对象的不同而区分为两类：

（1）财产扣留令

① 申请。申请人向法院申请扣留令必须由誓词支持，而誓词必须包含以下内容：a. 请求属于被告对之应负责任的海事请求，并且法院基于拟实施的扣留而对该请求拥有管辖权；b. 拟扣留的财产为被告所有，或被告对该财产拥有一定利益；c. 该请求是否有任何担保，以及

---

① 参见：杨良宜《海事法》，第127页。

② 参见：Christopher Hill, *Maritime Law*, p.120; D. C. Jackson, *Enforcement of Maritime Claims*, p. 340；杨良宜《海事法》，第125—126页。

③ See Axel Bosch (ed.), *Provisional Remedies in International Commercial Arbitration*, p. 640.

④ Ibid., p.641.

请求法院支持的原因；d. 签署人信息来源，誓词内容的真实性和准确性；e. 情况紧急的原因。

② 证据。提交法院的证据取决于时间。在紧急情况下，信息可通过电传、电子邮件、电话等方式发送给法院，扣留则在数小时内即可实施。如果时间允许的话，原告还需提供相关文件。

③ 反担保。申请人并无提供反担保的义务，而被告如果能证明申请人的扣留无合理根据和可能诉因，则可提出申请，要求申请人提供反担保，以备将来赔偿由错误扣留所致的损害赔偿及必要费用。

④ 扣留令的撤销。扣留令以临时命令的方式作出，该命令要求所有相关利益人在命令所规定的时间内提出不应准许扣留的事由。这一司法审查程序使被告有机会参加聆讯，通过提出反对誓词对扣留令加以抗辩，同时也使原告在诉讼阶段早期知晓扣留令是否受到异议，进而使管辖权问题和其他初步问题得以迅速解决，或者使基本诉讼毫无迟延地得以进行。

⑤ 执行。扣留令由法院执行官负责执行。

⑥ 被扣财产的释放。被告有权通过提供与原告请求数额相当之担保要求释放被扣财产，也有权申请减少担保数额。在缺乏有关担保方式的协议时，法院注册官一般会要求提供由南非银行或外国银行签发的并可在南非兑现的担保函。

（2）船舶扣押令

① 申请。扣押令的申请通过提交原告或其律师所签署的证明书（certificate）而非誓词或申请书的方式进行。证明书应陈述以下内容：（a）请求属于海事请求，并且是关涉法院具有管辖权或法院有权实施扣押的请求；（b）拟扣押的财产是请求据以发生的财产，或符合法定条件的姊妹船；（c）是否提供担保或保证以防止财产扣押或使被扣财产得以释放，如果当事人已提供担保或保证，则应陈述试图扣押的根据；（d）证明书的内容是真实和准确的。

② 扣押令的签发。扣押令由法院注册官签发，但其也可将是否签发问题交由法官裁决。除法官命令扣押财产外，法院注册官应在诉讼传唤令签发后签发扣押令。

③ 扣押令的执行与抗辩。扣押令由海事执行官送达被扣财产处，而被告则可提出撤销扣押令的申请。

④ 被扣财产的释放。被扣财产的释放只能根据法院注册官签发的释放令进行。释放令的签发则或须经导致扣押实施的人的同意，或由被告提供担保。不过，法院也可命令签发释放令。

⑤被扣财产的强制拍卖。法院可在任何时候根据《海事管辖权调整法》所规定的条件行使管辖权以出售被扣财产。出售所得或作为一个基金由法院掌控，或以其他方式予以处理。根据法院命令所作的出售不受任何抵押权、海事优先权或其他债务负担的约束。

（三）美国的若干实践

在美国，临时性保全措施的有关程序性问题适用相关州法，而不同州法的程序要求存在一定的差异。

1. 禁令

一般而言，申请禁令通过提交由誓词和有关文件支持的动议（motion）的方式进行。这些文件应当证明诉因的存在、原告胜诉的可能以及其他支持颁布禁令的事由。禁令的签发是否要通知被告，不同的州就不同的禁令设置了不同的规定。大多数州法规定，禁令的签发无须通知被告。[①]《美国联邦民事诉讼规则》则就初步禁令和暂时制止令作了不同的规定。其第65条第a款规定，初步禁令的签发无须通知对方当事人。第b款规定，暂时制止令仅在符合以下条件时可无须书面或口头通知对方当事人：第一，誓词或经证明属实的诉状所陈述的具体事实清楚表明在对方当事人或其律师出庭作反对陈述之前申请人将可能遭受直接的不可弥补的伤害、损失或损害；第二，申请人律师向法院书面证实不应给予通知的理由。在暂时制止令不经通知而被准许时，初步禁令的动议应在尽可能早的时间内予以听审。在动议听审开始时，获得暂时制止令的当事人应提出初步禁令的申请，否则，法院将撤销暂时制止令。第c款规定，除非申请人提供适当数额之担保，否

① See Axel Bosch (ed.), *Provisional Remedies in International Commercial Arbitration*, p. 750.

则不得签发初步禁令和暂时制止令。

2. 海事扣留令和扣船令

《美国联邦民事诉讼规则》之“海事补充规则”一方面分别规定了海事扣留令和扣船令各自独特的程序，另一方面又规定了适用于两者的共同程序规则。

（1）海事扣留令：规则B程序

① 获得的时间、诉状（complaint）、誓词、司法许可及程序。在对人诉讼中，（a）如果未发现被告在管辖区域内，一份经证明属实的诉状可包含一项申请扣留在受托人（garnishees）手中的被告的无形或有形动产的诉讼请求。（b）原告或其律师必须签署并随同诉状递呈一份誓词，其中陈述：据申请人所知，或根据情报或推断，被告不可能在法院管辖区域内被发现。法院必须对诉状和誓词进行审查，如果规则B规定的条件可能存在的话，则签发一项命令准许扣留，或执行第三人手中财产扣留程序。书记官则可根据申请人的申请无须法院的进一步命令签发补充令以执行法院命令。（c）如果原告或原告律师证实存在紧急情势使法院不可能进行审查，书记官则必须签发传票和扣押令。原告在任何以后的扣留程序中有责任证明紧急情势的存在。（d）如果被扣留财产是船舶或船上有形财产，传票、扣留令以及任何补充命令均必须交由执行官送达；而如果被扣财产是其他有形或无形财产，传票、扣留令以及任何补充命令均必须交由授权送达的人或组织送达，该人或组织或是执行官，或是一些与美国有联系的人，或是法院为送达之目的而特别任命的人，或是在由美国所提起的诉讼中美国的官员或雇员。（e）原告也可为确保判决履行之目的而援用《美国联邦民事诉讼规则》规则64项下的人或财产扣留的州法救济措施。

② 被告之通知。除非根据由誓词所提供的证据证明以下情况，否则不得作出缺席判决：（a）诉状、传票以及扣留令业已根据《美国联邦民事诉讼规则》规则4所准许的方式送达给被告；或（b）原告或受托人业已使用要求回执的邮寄方式将诉状和扣留令送达给被告；或（c）原告或受托人业已恪尽职责试图将诉讼之事通知被告，但未果。

③ 答辩。（a）受托人的答辩。受托人应在扣留令送达给受托人后

的20天内，将答辩书和所送达的质询书的答辩书，一同送达给被告。对受托人的质询书可不经法院许可与诉状一并予以送达。如果受托人就债务、债权或在受托人手中的被告财产，或者由原告提出的涉及此种债务、债权或财产的任何质询书拒绝或忽略作宣誓答辩，法院则可作出针对受托人的强制令。如果受托人承认债务、债权或财产，其则应由受托人控制或交由法院注册官，并且无论哪种情况，这些财产均应受此后法院所作命令的约束。（b）被告的答辩。被告应在扣留令执行（无论是以扣留财产方式还是以向受托人送达方式）后的30天内送达答辩书。

（2）扣船令：规则C程序

① 诉状。在对物诉讼中，诉状必须：（a）经证明属实；（b）描述作为诉讼客体的财产的合理特征；（c）在海事或海商诉讼中，陈述在诉讼未决期间财产位于或将位于法院管辖区域内。

② 司法认可和命令。（a）扣押令。除没收以外的其他诉讼，法院必须审查诉状和任何支持文件。如果对物诉讼的条件可能存在，法院则必须签发命令，指令书记官签发针对作为诉讼客体的船舶或者其他财产的扣押令。如果原告或其律师证实存在使法院不可能进行审查的紧急情势，则书记官必须迅速签发传票和针对作为诉讼客体的船舶或者其他财产的扣押令。（b）送达。如果作为诉讼客体的财产是船舶或船舶上的有形财物，扣押令和任何补充文件则必须交由执行官送达。如果作为诉讼客体的财产是其他有形或无形财产，则扣押令和任何补充命令均必须交由授权执行该命令的人或组织，该人或组织或是执行官，或是一些与美国有联系的人，或是法院为送达之目的而特别任命的人，或是在由美国所提起的诉讼中美国的官员或雇员。（c）寄存法院（deposit in court）。如果作为诉讼客体的财产全部或部分是运费、出售财产所得，或其他无形财产，书记官除了签发扣押令还须签发传票，指示控制财产的任何人说明不寄存法院以服从判决的理由。（d）补充命令。书记官可根据申请而无须法院的进一步命令，签发补充命令以执行法院的命令。

③通知。当作为诉讼客体的财产根据规则E(5)[①] 予以释放时，除需要命令执行外无须通知。如果财产在命令执行后10天内未予释放，原告则必须或在法院认可的适当时间内，在法院命令所指定的并在法院管辖区域内具有一般发行量的报纸上，作出有关诉讼和扣押的公告，但如果财产在公告之前被释放则可中止公告。公告必须根据规则C（6）

① Release of Property: (a) Special Bond. Except in cases of seizures for forfeiture under any law of the United States, whenever process of maritime attachment and garnishment or process in rem is issued the execution of such process shall be stayed, or the property released, on the giving of security, to be approved by the court or clerk, or by stipulation of the parties, conditioned to answer the judgment of the court or of any appellate court. The parties may stipulate the amount and nature of such security. In the event of the inability or refusal of the parties so to stipulate the court shall fix the principal sum of the bond or stipulation at an amount sufficient to cover the amount of the plaintiff's claim fairly stated with accrued interest and costs; but the principal sum shall in no event exceed (i) twice the amount of the plaintiff's claim or (ii) the value of the property on due appraisement, whichever is smaller. The bond or stipulation shall be conditioned for the payment of the principal sum and interest thereon at 6 per cent per annum. (b) General Bond. The owner of any vessel may file a general bond or stipulation, with sufficient surety, to be approved by the court, conditioned to answer the judgment of such court in all or any actions that may be brought thereafter in such court in which the vessel is attached or arrested. Thereupon the execution of all such process against such vessel shall be stayed so long as the amount secured by such bond or stipulation is at least double the aggregate amount claimed by plaintiffs in all actions begun and pending in which such vessel has been attached or arrested. Judgments and remedies may be had on such bond or stipulation as if a special bond or stipulation had been filed in each of such actions. The district court may make necessary orders to carry this rule into effect, particularly as to the giving of proper notice of any action against or attachment of a vessel for which a general bond has been filed. Such bond or stipulation shall be indorsed by the clerk with a minute of the actions wherein process is so stayed. Further security may be required by the court at any time. If a special bond or stipulation is given in a particular case, the liability on the general bond or stipulation shall cease as to that case. (c) Release by Consent or Stipulation; Order of Court or Clerk; Costs. Any vessel, cargo, or other property in the custody of the marshal or other person or organization having the warrant may be released forthwith upon the marshal's acceptance and approval of a stipulation, bond, or other security, signed by the party on whose behalf the property is detained or the party's attorney and expressly authorizing such release, if all costs and charges of the court and its officers shall have first been paid. Otherwise no property in the custody of the marshal, other person or organization having the warrant, or other officer of the court shall be released without an order of the court; but such order may be entered as of course by the clerk, upon the giving of approved security as provided by law and these rules, or upon the dismissal or discontinuance of the action; but the marshal or other person or organization having the warrant shall not deliver any property so released until the costs and charges of the officers of the court shall first have been paid. (d) Possessory, Petitory, and Partition Actions. The foregoing provisions of this subdivision (5) do not apply to petitory, possessory, and partition actions. In such cases the property arrested shall be released only by order of the court, on such terms and conditions and on the giving of such security as the court may require.

的规定[①]指明提出对被扣财产拥有利益或权利申明和答辩的时间。但本规则不影响美国法典所规定[②]的取消优先船舶抵押诉讼中的通知要求。

④ 附随命令（ancillary process）。在有关命令业已根据本规则规定的方式予以送达的任何对物诉讼中，如果作为诉讼客体的财产的一部分由于业已转移或出售，或由于其属于未向其送达命令的人所控制的无形财产，而未放置在法院控制范围之内，则法院可根据动议命令占有或控制此类财产或其孳息的任何人，说明其未将财产交由执行官或拥有财产扣押令的任何人或组织监管，或者交存法院的事由；并且，在聆讯后，法院可根据法律和公平之要求而作出此种判决。

⑤ 请求和答辩；质询书。（a）海事扣押和其他诉讼程序。在不受规则C（6）（a）支配的对物诉讼中，（i）对作为诉讼客体的财产主张占有权或任何所有权利益的人必须在命令执行或公告完成后的10天内，或者法院所许可的时间内提呈关于该权利或利益的经证明属实的陈述；（ii）权利或利益陈述必须描述支持其抗辩诉讼权利或恢复原状主张的财产上的利益；（iii）主张占有权利或任何所有权利益的人必须在提呈权利或利益陈述后的20天内送达答辩状。（b）质询书可无须法院同意与对物诉状一同予以送达。对质询书的答辩必须与对对物诉讼状的答辩一同送达。

（3）共同规则：规则E程序

① 诉状与担保。（a）诉状。在对物诉讼和准对物诉讼中，诉状应当陈述请求据以产生的情势，从而使被告或请求人无须重新提出一个更为明确的陈述就能够进行有关事实的调查并拟定应辨之答辩。（b）费用担保。法院可以基于诉状之提出，被告、请求人或其他当事人之出庭，要求原告、被告、请求人或其他当事人提供担保或附加担保，以便使法院可通过任何质询命令或最终裁决或根据上诉法院之请

① Reduction or Impairment of Security: Whenever security is taken the court may, on motion and hearing, for good cause shown, reduce the amount of security given; and if the surety shall be or become insufficient, new or additional sureties may be required on motion and hearing.

② 46 U.S.C. 31301 et seq., as amended.

求，指示支付就该当事人所承担的所有费用。

② 命令。（a）在海事诉讼中，诉物或海事扣留命令仅能在法院管辖区域内进行送达;（b）签发和交付。如果原告有要求，诉物令或海事扣留令应根据该要求签发和交付。

③ 命令的执行；执行官执行报告；财产的监管；释放程序。（a）一般规则。命令一旦签发和交付，或在扣留令与传票一并签发之场合，如果未发现被告在管辖区域内，执行官或其他有扣押令的人或组织应立即根据本规则执行命令，并作出适当和即时的执行报告。（b）有形财产。如果扣押或扣留的是有形财产，执行官或其他拥有扣押令的人或组织为安全监管起见应将该财产置于执行官占有之下。如果财产的性质或状况使对该财产的实际占有不可能，执行官或执行命令的其他人应将一份副本贴于财产的显著部位，并将一份诉状和命令副本留给占有财产的人或其代理人。为确保执行官监管船舶，执行官有权向关税征收人作出一份书面要求，要求其不得准许该船舶的结关，直至执行官或代理执行官或书记官通知该船舶业已释放。（c）无形财产。如果扣押或扣留的是无形财产，执行官或其他拥有扣押令的人或组织应通过将诉状和命令副本留给受托人或其他债务人，并要求其按照规则B（3）（a）和规则C（6）的规定作出答辩的方式来执行命令。执行官也可同意其以钱存法院注册官的方式执行命令。不过，在这种情况下，受托人或其他债务人无须作出答辩，除非命令应予送达。（d）有关监管财产的指示。执行官或其他拥有扣押令的人或组织可在任何时候向法院申请有关被扣押或扣留财产的指示，并应将该申请通知法院可能指令的任何或所有当事人。（e）释放程序。当财产被扣押或扣留时，对该财产主张利益的任何人应有权申请即时听审，要求原告说明不撤销扣押或扣留或其他救济的原因。

④ 被扣财产的释放。（a）特别保证金。无论海事扣留令或诉物命令何时签发，经法院或书记官同意或根据当事人约定，在被告提供担保作为执行法院或任何上诉法院判决之条件时，命令的执行应予中止，或财产应予释放。当事人可以约定此种担保的数量和性质。在当事人无能力或拒绝如此约定的情况下，法院应确定保证金或保证的基本数

量，或规定一个足以包括陈述公正的原告的请求数额、应计利息和费用的数额。但在任何情况下，基本数量不应超过原告请求书的两倍或经适当估价的财产的价值。（b）一般保证金。经法院同意，船舶的船东可提供一般保证金或保证，以作为执行法院判决之条件。如果该保证金或保证所提供的数量至少是原告在所有已经开始并未决的诉讼中所请求总数量的两倍，针对船舶的所有命令的执行应予中止。该保证金或保证可以担保判决或救济，如同在每一次此种诉讼中业已提出特别保证金或保证一样。法院在任何时候可以要求提供进一步的担保。如果在某一特定案件中提供了特别保证金或保证，一般保证金或保证的责任在该案件中应予停止。（c）因同意或保证释放被扣财产；法院或书记官的命令；费用。在执行官接受、同意经代表被扣财产的当事人或其律师签署的保证、保证金或其他担保，并明示准许释放时，在执行官或其他拥有扣押令的人或组织监管之下的任何船舶、货物或其他财产应立即予以释放，而法院和其官员的所有执行费用应首先予以支付。否则，在执行官或拥有扣押令的其他人或组织，或其他法院官员监管之下的财产未经法院命令不应予以释放。当然，此种命令可由书记官在当事人提供法律所规定的担保或基于诉讼的中止或撤销的事实而作出。但在法院官员的执行费用未首先支付之前，执行官或拥有扣押令的其他人或组织不应交付被释放的财产。

⑤ 担保金的减少或增加。在当事人提供担保时，法院可根据动议和审理，基于所陈述的充分事由，减少所提供的担保数量。如果担保不充分，则可根据动议和审理，要求被告提供新的或附加担保。

⑥ 反请求的担保。当对原诉中的损害赔偿请求业已提供担保的一方就作为原诉客体的交易或事件主张反诉时，受益于担保的原告必须就反诉中所主张的损害赔偿请求提供担保，除非法院根据所陈述的事由作了不同的指令。关于原始请求的诉讼必须中止，直至提供反请求之担保，除非法院作了不同的指令。

⑦ 限制性出庭（restricted appearance）。对业已签发诉物令、扣押令的海事和海商请求所进行的抗辩出庭可明示限于有关该请求的抗辩，并且在这种情况下的出庭不是为了尚未签发此种命令的其他请求而进

行的出庭。

⑧ 财产的处分和出售。（a）中间出售令（interlocutory sales）和交付。如果被扣财产易腐烂，或在诉讼期间易毁损，或保管财产的费用巨大或不成比例，或迟延提供释放财产的担保不合理，法院则可根据一方当事人、执行官或其他监管财产的人的请求，命令出售全部或部分财产，出售所得交付法院以待法院的进一步命令。在上述情况下，法院根据被告或主张利益或权利的一方当事人的动议，在其提供担保时可命令将该财产交付给动议方（the movant）。（b）出售和出售所得。财产的出售应由执行官或代理执行官或拥有扣押令的其他人或组织进行，或者当执行官或拥有扣押令的其他人或组织是拥有利益的一方当事人时由法院所委派的任何其他人进行。出售所得应立即交付给法院注册官依法处置。

⑨ 财产的保存。当被扣财产所有人或其他人根据规则E（4）（b）的规定占有被扣财产时，法院可根据一方当事人的动议或依职权作出必要的命令，以保存财产并防止其转移。

二、大陆法系国家的若干实践

（一）德国的若干实践

1. 假扣押

有关假扣押的程序适用《德国民事诉讼法典》第920—934条之规定。

（1）申请。为获得假扣押，申请人必须向法院提交假扣押申请，或向法院书记官说明，使之作成笔录。申请书应指明请求权、其金额或以金钱计算的价额，以及假扣押理由。同时，对请求权和假扣押的理由应予释明。

（2）对申请的裁判和送达。裁判可不经言辞辩论为之。如申请人对对方当事人可能受到的损害提供担保，即使就请求权或假扣押理由未能释明，法院也可命令假扣押。即使对请求权和假扣押理由已经释明，法院也可命令于提供担保后实行假扣押。对假扣押申请的裁判，如经过言辞辩论，法院则以终局判决为之，否则以裁定为之。命令假扣押的裁判，如要在外国主张时，应附理由。在假扣押命令内，应记载债务人要求停止假扣押时，以及债务人申请撤销已执行的假扣押时所应提存的金额。命令假扣押的裁定应由申请假扣押的当事人送达；而驳回假扣押申请的裁定，或命令提供担保的裁定，不必通知对方当事人。

（3）抗告。申请人的假扣押申请如未经言辞辩论审理而被法院驳回，其则可根据《德国民事诉讼法典》第567条的规定对该驳回裁定以抗告的方式提出上诉。抗告由上级法院裁判之。对于抗告法院的裁判，只在该裁判中有新的独立的抗告理由时才许提起再抗告。而如果申请人的申请被法院判决驳回（即经过言辞辩论审理），则申请人可根据《德国民事诉讼法典》第511条以下的规定提起上诉。[①]

（4）异议及对异议的裁判。对于假扣押命令的裁定，可以提出异议。提出异议的当事人应在异议中陈述其提出撤销假扣押的理由。法院应依职权指定言辞辩论期日。假扣押的执行并不因提出异议而停止，但法院可依《德国民事诉讼法典》第707条之规定签发暂时命令。提出异议后，法院应以终局判决对假扣押的合法与否作出裁判。法院可准许、变更或撤销假扣押的全部或一部分，也可于提供担保后准许、变更或撤销之。

（5）假扣押的撤销。假扣押可在以下情况下撤销：第一，法院可依职权撤销之。第二，在提供担保后撤销之。第三，申请假扣押的当事人未在法院规定期限内起诉，法院则应依申请以终局判决宣布撤销假扣押。第四，因情况变更而撤销。即使在准许假扣押后，如果情况变更，特别是假扣押理由消灭，或者申请提供担保时，可以申请撤销假扣押。对于该申请的裁判，应以终局判决为之。

（6）假扣押的执行。假扣押的执行准用强制执行的规定，但《德国民事诉讼法典》第928—934条又对其作了一些特殊的规定。

① 执行条款和执行期间。假扣押如为假扣押命令内所记载的债权人以外的人执行，或假扣押命令内所记载的债务人以外的人执行时，

---

① See Axel Bosch (ed.), *Provisional Remedies in International Commercial Arbitration*, pp. 287-290.

必须有执行条款。自执行假扣押命令宣告之日起，或命令送达于申请假扣押的当事人之日起已逾一月时，不得再执行假扣押。执行假扣押，可以在将假扣押命令送达于债务人之前为之。但如在执行后已满一周时，或在上述所定期间已经届满时还未送达，其执行不发生效力。

② 对动产与债权的执行。对动产的假扣押，以扣押的方法加以实施。此种扣押，依与其他各种扣押相同的原则实施，并且发生具有《德国民事诉讼法典》第809条所定效力的质权。扣押债权时，假扣押法院为有管辖权的执行法院。被扣押的金钱与在分配程序中归属于债权人的卖得金应予以提存。有体动产显然有价额减少的危险时，或保管此项动产需要过多的费用时，执行法院可依申请命令将该项动产拍卖而提存其卖得金。

③ 对登记船舶的执行。对于已登记的船舶或建造中的船舶执行假扣押，除了应遵守扣押动产的规定，还应依下述方式实施之：第一，扣押后，扣押的船舶与建造中的船舶发生质权，此种质权在与其他权利的关系上赋予债权人与船舶抵押权同样的权利。第二，扣押由作为执行法院的假扣押法院依债权人的申请实施之；法院应同时嘱托登记法院将保全假扣押质权的登记记入船舶登记簿；如假扣押不实施时，这种登记失效。第三，执行员在实施扣押时，应对船舶或建造中的船舶予以监视或保管。第四，执行假扣押时，如将船舶或建造中的船舶强制拍卖，在此程序中所实施的船舶或建造中的船舶的扣押视为《德国民事诉讼法典》第826条中的第一次扣押，扣押记录的缮本应送交执行法院。第五，假扣押质权应依债权人的申请登记于船舶登记簿或造船登记簿。

④ 对人假扣押的执行。执行对人保全假扣押，如用拘留的方式，依《德国民事诉讼法典》第901条、第904—913条的规定实施；如用其他限制人身自由的方法，依假扣押法院所发以拘留限制为标准的特别命令实施。

⑤ 假扣押执行的撤销。如将假扣押命令中所确定的金额提存，执行法院应撤销已执行的假扣押；如继续实施需要特殊的费用，而申请假扣押的当事人又不预交必要的款项时，执行法院可以命令撤销假扣

押。撤销假扣押执行的裁判可以不经言辞辩论为之，对于撤销假扣押执行的裁定，可以提起即时抗告。

2. 假处分

有关假处分的程序适用《德国民事诉讼法典》第936—944条的规定。其中，第936条规定，除以下各条有特别规定外，关于假处分的命令与其他程序准用关于假扣押命令与假扣押程序的规定。

（1）单方面裁决。假处分申请仅在极其紧迫的情况下可以不经言辞辩论予以裁决。

（2）提供担保后的撤销。只有在特殊情形可以提供担保而撤销假处分。

（3）嘱托登记。根据假处分应在船舶登记簿或造船登记簿中登记时，法院有权嘱托船舶登记机关进行登记。

（4）争执标的物所在地初级法院的管辖权。第一，在急迫情形，管辖争执标的物所在地的初级法院可以命令实施假处分，同时命令申请人在一定期限内向管辖本案诉讼的法院申请传唤对方当事人，就应否实施假处分进行言辞辩论。第二，即使在非急迫情形下，管辖船舶的船籍港或船籍地，或管辖建造中船舶的建造地的初级法院，可以发出假处分，准许在船舶登记簿或造船登记簿上就其内容的正确性登记异议；船舶的船籍港不在国内时，此项假处分由汉堡初级法院发出。第三，期限过后而未起诉者，初级法院应依申请撤销假处分。第四，初级法院依上诉规定所作的裁判，可以不经言辞辩论为之。

（二）法国的若干实践

1. 扣押

法国法设置了各类扣押保全措施共同适用的程序规则，以及特定类型保全措施所专门适用的特别规则。

（1）共同规则。大致包括以下几个环节：① 申请。申请人请求批予扣押保全措施必须以申请的形式提出。② 批准。1991年7月9日法令保留了“事先应当经过法院批准”才能采取保全措施的规定；而对于并没有争议的债权，法律则取消了必须经法院批准的要求。③ 上诉。对于扣押裁定可以向上诉法院提出上诉。④ 重新审查。尽管法官已经同意暂时采取债权人所请求采取的措施，但是法官可以保留经过对审辩论，对其决定及其决定的执行进行重新审查的权力。⑤ 撤销。扣押裁定不具备1992年7月31日法令第210—216条所规定的各项条件，法官可以撤销已经采取的保全措施。此外，如果债务人提供了银行不可撤销的担保，当然撤销保全措施。[①] ⑥ 保全措施的替代。应债务人请求并且传唤债权人或者听取债权人的意见，法官可用任何适于保护当事人利益的措施来代替原来采取的保全措施。⑦ 执行。1992年法令第214条对此有明确规定，如果拟采取的保全措施在命令之日起3个月期限内没有执行，法官的命令即告失效。如果有必要事先经法官批准，按照1992年法令第215条规定，债权人在保全措施实施之当时尚未取得执行根据的，应当在保全措施开始执行起1个月期限内就债权提起诉讼程序，或者完成取得执行根据所必须履行的各项手续，否则保全措施即失去效力。该法令第216条规定，如果在第三人手中实施保全措施，债权人应在8日期限内向该第三人送达用以证明其已经完成第215条所要求的各项文书。[②]

（2）各别规定，分别针对一般保全扣押和特别保全扣押。

① 一般保全扣押。1992年7月31日法令第220—243条对一般性保全扣押程序作了具体规定。其中，对于有形动产的保全扣押，按照该法令第221条规定，实施有形动产保全扣押，司法执达员首先要向债务人重申其有义务指明哪些财产此前已被扣押，并且有义务向执达员传达这些扣押的笔录，执达员随后制作扣押书。[③]

对于债权的保全扣押，1955年11月12日法令在创设一般保全扣押时只考虑对有形动产的扣押，因而在涉及无形财产时则发生困难。为弥补这一立法缺漏，1991年7月9日法令确立了无形财产的扣押制度，而1992年7月31日法令则对无形财产扣押程序作了具体规定。[④]

---

① 参见：让·文森、雅克·普雷沃《法国民事执行程序法要义》，第230页。

② 同上书，第226—230页。

③ 同上书，第230—237页。

④ 同上书，第237—240页。

② 特别保全扣押。[1] 其中，对于股权和有价证券的保全扣押，制作扣押文书的司法执达员应当将此文书送达发行有价证券的法人，或者送达对以债务人名义登记的所有有价证券享有资格的中间人。在实施扣押后的8日期限内，应通过执达员将实施保全扣押的事由通知债务人，否则保全扣押失去效力。而对公司股权或有价证券实施保全扣押，可使债务人所享有的金钱权利成为不得处分的权利，但如果债务人寄存足够的款项满足债权人的利益要求，即可请求撤销扣押。

对于航空器的保全扣押，《民用航空法典》第123–8条第1款准许任何债权人经过航空器降落地法官的批准，对符合条件的航空器实施保全扣押。航空器所有人可以提供与要求偿还的债权数额相等的担保，以获准撤销对航空器的扣押（《民用航空法典》第123–9条第2款）。

2. 禁令或暂时阻止令

《法国新民事诉讼法典》第484—492条就禁令或暂时阻止令程序作了一般性规定，而第808—811条则特别适用于大程序法院，第872—878条特别适用于商事法院。上述规定区分了单方面程序和对立辩论程序。[2]

（1）申请。当事人以申请书方式请求法院颁布禁令，申请书应附有所有的支持文件。在提呈法官时，通常对案情进行简短的言辞陈述。[3] 在对立辩论程序中，法官应当保证在当事人传唤与开庭之间有足够的时间，以便受到传唤的另一方当事人能够准备辩护（第486条）。在单方面程序中，法官不经传唤对方当事人，不经对立辩论即可作出决定（第493条）。依申请作出的裁定应当说明理由。

（2）上诉和异议。在对立辩论程序中，对法官作出的裁定，可向上诉法院提起上诉；而对缺席时作出的终审裁定，得提起异议。提起上诉和异议的期限为15日（第490条）。在单方面程序中，如法官认为申请不成立，对此可以向上诉法院提出上诉。在单方面程序中，法

---

① 参见：让·文森、雅克·普雷沃《法国民事执行程序法要义》，第240—246页。

② 参见：沈达明《比较民事诉讼法》，第566、569页；L. Collins, "Provisional and Protective Measures in International Litigation," p.24.

③ See Axel Bosch (ed.), *Provisional Remedies in International Commercial Arbitration*, p. 265.

国法还规定了一项特殊的救济制度，即如法官认为申请成立，任何利害关系人均可就此向作出裁定的法官提出紧急审理申请（第496条第4款），申请适用对立辩论程序。[①]

（3）执行。经单方面程序作出的裁定，或由司法执达员应申请人请求执行，或由申请人律师执行。经对立辩论程序作出的裁定，则通过向被告送达裁定副本，并要求其以遵守的方式予以执行。[②]

（三）日本的若干实践

《日本民事保全法》对假扣押和假处分程序作了统一规定。

1. 申请

民事保全的命令，根据申请由法院作出。申请人申请保全命令，应明确其目的、应保全的权利或权利关系以及保全的必要性；对于应保全的权利或权利关系及保全的必要性，应予以释明。[③]

2. 裁判

有关民事保全程序的裁判，可不经过口头辩论。对于确定临时地位的假处分命令，除非确定口头辩论或债务人能参加的审问期日，否则不得发出。但如通过设定该期日而存在无法达到申请假处分命令的目的的情况，则不适用。[④]

发出保全命令，可使人提供担保，或者可以在认为适当的一定期限内提供担保以作为实施保全执行的条件，或者可以不使人提供担保。在根据《日本民事保全法》规定提供担保时，应当向作出提供担保命令的法院或保全执行法院所在地的地方法院管辖区内的提存所，以金钱或作出提供担保命令的法院认为适当的有价证券的提存方法，或者以最高法院规则所规定的方法提供。但当事人之间缔结特别合同

① See Axel Bosch (ed.), *Provisional Remedies in International Commercial Arbitration*, p. 270.

② Ibid., pp. 267-270.

③ 《日本民事保全法》第2条第1款，第13条。参见：白绿铉编译《日本新民事诉讼法》，第267—283页。

④ 《日本民事保全法》第3条，第23条第4款。参见：白绿铉编译《日本新民事诉讼法》，第267—283页。

的，依该合同。[①] 在提供担保的情况下，如果提存所有迅速提存困难的理由，经法院许可，可向管辖债权人的住所地或事务所所在地或法院认为合适的地方法院的管辖区域内的提存所提存。[②]

仅限于紧急情况下，审判长可以发出保全命令。对保全命令的申请作出裁定，应附上理由。但在不经过口头辩论而作出裁定的情况下，只表示理由的要点即可。保全命令应当向当事人送达。[③]

3. 撤回

申请人可以撤回保全申请。撤回保全命令的申请，即使在提出保全异议或撤销保全的申请之后，也不必经过债务人同意。

4. 债权人的抗告

对于驳回保全命令申请的裁判，债权人可在接到告知之日起两周内提出即时抗告，期限不可延长；对于驳回即时抗告的裁判，不得再度提起抗告。[④] 对于撤销保全命令的裁定提出保全抗告的，限于原裁定作为撤销原因的情况明确，并且释明因撤销该命令而可能产生不能补偿的损失的。抗告法院根据申请，使其提供担保或以提供担保作为条件，在对保全抗告作出裁判之前，可命令停止或撤销保全命令裁判的效力。[⑤]

5. 债务人的保全异议、撤回、撤销和抗告

（1）保全异议。对于保全命令，债务人可以向作出该命令的法院提出保全异议申请。《日本民事保全法》第26条第1款规定，当提出保全异议申请时，对于作为撤销保全处分原因的情况很明确或释明由于保全执行而有可能产生无法补偿的损失的，法院根据申请，可使其提供担保或以提供担保作为条件，在对保全异议的申请作出裁判之前，可以命令停止或撤销已经进行的保全执行处分。同条第2款规定，在抗告法院已发出保全命令的情况下，如果案件记录保存在原审法院，该

---

① 《日本民事保全法》第14条第1款，第4条第1款。参见：白绿铉编译《日本新民事诉讼法》，第267—283页。

② 《日本民事保全法》第14条第2款。参见：白绿铉编译《日本新民事诉讼法》，第267—283页。

③ 《日本民事保全法》第15—17条。参见：白绿铉编译《日本新民事诉讼法》，第267—283页。

④ 《日本民事保全法》第19条。参见：白绿铉编译《日本新民事诉讼法》，第267—283页。

⑤ 《日本民事保全法》第42条。参见：白绿铉编译《日本新民事诉讼法》，第267—283页。

法院也可以作出本条前款所规定的裁判。同条第3款规定，在保全异议申请的裁定中，法院应当作出撤销、变更或认可根据本条第1款规定已经作出的裁判。同条第4款规定，对于根据本条第1款及第3款规定作出的裁判，不得提出不服声明。

对于保全异议的审理，《日本民事保全法》第29条和第31条规定，法院未进行口头辩论或未确定双方当事人均能参加的审问期日，不得对保全异议的申请作出裁定。法院要终了审理，应当留出适当的宽限期，决定终了审理的日期。但在口头辩论或双方当事人可参加的审问期日，可以立即宣告终了审理。对于保全异议申请的裁定，《日本民事保全法》第32条第1款规定，在对于保全异议作出的裁定中，法院应当认可、变更或撤销保全命令。同条第2款规定，在本条前款规定的裁定中，法院可规定在认为适当的一定期限内使债权人提供担保，或者规定增加本法第14条第1款所规定的担保金额，并在适当的一定期限内以债权人对所增加的金额提供担保作为实行或继续实行保全执行的条件。同条第3款规定，在撤销本条第1款所规定的保全命令的裁定中，法院可以债务人提供担保作为条件。第33条规定，基于假处分的命令，如果债权人已经接受交付、交出的物品或支付的金钱，或者正在使用、保管物品的，法院根据债务人的申请，可对债权人作出返还债务人所交付、交出的物品，返还债务人所支付的金钱，或者返还债权人所使用、保管的物品的命令。第34条规定，法院在根据本法第32条第1款的规定作出撤销保全命令的裁定中，可宣告自收到该裁定之日起不超过两周的时间范围内，如果不经过认为适当的一定期限，则不产生该裁定的效力。

（2）保全异议的撤回。债务人撤回保全异议的申请，不必经过债权人的同意（《日本民事保全法》第35条）。

（3）撤销保全。根据《日本民事保全法》，撤销保全有以下三种情况：第一，因不提起本案之诉讼而撤销保全。《日本民事保全法》第37条第1款规定，发出保全命令的法院，根据债务人的申请，应当命令债权人在其认为适当的一定期限内提起本案之诉讼并提出证明提起该诉讼的文书，或者已经提起本案之诉讼的，命令提出证明该案件正在系属的文书。同条第3款规定，如果债权人在本条第1款所规定的期限内不提出该款所规定的文书，法院根据债务人的申请，应当撤销保全命令。第二，因变更情况而撤销保全。《日本民事保全法》第38条第1款规定，应保全的权利或权利关系或保全必要性不存在或者其他情况发生变更时，发出保全命令的法院或本案的法院，根据债务人的申请，可以撤销保全命令。同条第2款规定，对于本条前款规定的变更情况，应予以释明。第三，根据特殊情况而撤销保全。《日本民事保全法》第39条第1款规定，由于假处分命令而产生不能补偿的损失之虞时或有其他的特殊情况时，发出假处分命令的法院或本案法院，根据债务人的申请，以其提供担保为条件，可以撤销假处分命令。同条第2款规定，对于本条前款的特殊情况，应予以释明。

（4）保全抗告。对于保全异议或撤销保全的申请作出的裁判，可在收到告知之日起两周内提出保全抗告，期限不可延长。但对于抗告法院对保全命令的保全异议申请作出的裁判，则不适用。原审法院收到保全抗告时，对有无保全抗告的理由不作判断，应将案件交付给抗告法院。对于保全抗告作出的裁判，不得再度提出抗告。①

6. 保全执行

《日本民事保全法》一方面设置了执行假扣押和假处分所共同适用的一般程序规则，另一方面又针对假扣押和假处分分别设置了不同的执行规则。

（1）一般规则。《日本民事保全法》第43条第1款规定，保全执行应基于保全命令的正本实施。但对于保全命令所指明的当事人以外的人或为该人而进行的保全执行，应基于附有执行文书的保全命令的正本实施。从向债权人送达保全命令之日算起，已经过两周，不得实施保全执行。在向债务人送达保全命令之前，也可以实施保全执行。该法第44条第1款规定，根据本法第32条第2款的规定，以提供担保作为继续实施保全执行的条件时，债权人应当在本法第32条第2款规定的提供担保期限的最后一日起的一周之内，向保全执行法院或执行官

① 《日本民事保全法》第41条。参见：白绿铉编译《日本新民事诉讼法》，第267—283页。

提交文书，证明其在该期限内提供担保。同条第2款规定，在债权人不提交本条前款所规定的文书的情况下，如果债务人提交本条前款的裁判正本，保全执行法院或执行官应当撤销已经实施的执行处分。

（2）假扣押的执行。① 对船舶假扣押的执行。对于船舶假扣押的执行，以假扣押登记的方法，或命令执行官没收证明船舶国籍的文书及其他船舶航行所必要的文书并向保全执行法院提出的方法执行。这些方法，可以并用。以假扣押登记的方法执行假扣押，由发出假扣押命令的法院管辖；以没收船舶国籍文书等方法执行的假扣押，由管辖船舶所在地的地方法院作为保全执行法院管辖。[①] ② 对于动产假扣押的执行。对于动产假扣押的执行，由执行官以占有标的物的方法进行。执行官应当提存有关假扣押执行的金钱。对与假扣押执行有关的票据、支票及其他的以支付金钱为目的的有价证券，必须在行使权利的规定期限内接受或提示支付或要求支付，执行官接受支付的金钱，亦同。有关执行假扣押的动产有明显贬值之虞时，或者为保管该物而需要付出不适当的费用时，执行官应根据民事执行法的规定通过动产执行的程序将该物出售并将其所得提存。[②] ③ 对于债权及其他财产权的执行。《日本民事保全法》第50条第1款规定，对于民事执行法第143条所规定的债权假扣押的执行，保全法院以发出禁止第三债务人向债务人偿还的命令进行。同条第2款规定，对于本条前款规定的假扣押执行，由发出命令的法院作为保全执行法院进行管辖。第3款规定，第三债务人提存与以支付金钱为目的的债权金额相当的金钱时，视为债务人提存与本法第22条第1款所规定的金额相当的金钱。但超过该金额的部分，则不适用。第4款规定，本条第1款和第2款的规定，准用于对其他财产权的假扣押执行。

（3）假处分的执行。《日本民事保全法》第52条规定，对于假处分的执行，除了本节的规定，还应依照假扣押的执行或强制执行的规定。对于命令给付物及其他作为或不作为的假处分执行，假处分的执行命令

---

① 《日本民事保全法》第48条。参见：白绿铉编译《日本新民事诉讼法》，第267—283页。

② 《日本民事保全法》第49条。参见：白绿铉编译《日本新民事诉讼法》，第267—283页。

应被视为债务名义。《日本民事保全法》第54条规定，为保全不动产权利以外的权利的请求登记而作出的禁止处分的假处分执行，以登记禁止假处分的方法进行；为保全对于不动产权利以外的权利的保存、设定或变更的登记请求而作出的禁止处分的假处分执行，在按照上述规定进行禁止处分的登记的同时，依照假处分假登记的方法进行。

三、《1999年国际扣船公约》

《1999年国际扣船公约》在维持扣船程序适用扣押地国法律这一传统做法的同时，就扣船程序中诸如被扣船舶的释放、再扣押和多重扣押、被扣船舶所有人和光船租赁人的保护等一些重要问题作了统一规定。

（一）基本规则

《1999年国际扣船公约》将扣押实施地国国内程序法对扣船程序的适用作为一项基本原则。其第2条第4款规定，在受本公约规定约束的情况下，有关船舶扣押或释放程序应受扣押实施地或申请地国法律支配。

（二）被扣船舶的释放

《1999年国际扣船公约》第4条第1款规定，当以适当的方式提供充分担保时，被扣船舶应予以释放，但就本公约第1条第1款第（s）—（t）项所指的海事请求而扣押船舶的情况除外。在这种情况下，法院可许可占有船舶的人在其提供充分担保时继续运营船舶，或可以其他方式处理船舶在扣押期间的经营问题。同条第2款规定，在缺乏当事人之间有关担保的数量和形式的协议时，法院应确定担保的性质及不超过被扣船舶价值的担保数量。同条第3款规定，基于所提供的担保而要求释放船舶的任何请求不应被解释为对责任的承认，也不应解释为放弃任何抗辩或责任限制的任何权利。同条第4款规定，如果船舶在非公约当事国被扣，并且虽在一当事国就相同请求而提供有关该船舶的担保，但船舶未予释放，该当事国法院应根据申请而命令释放担保。同条第5款规定，如果船舶在非公约当事国基于该船舶所提供的适当担保而被释放，就相同请求而在一公约当事国所提供的任何担保应在两个国家所提供的担保总数额超过针对被扣船舶的请求或者船舶价值（以低者为准）的限度内予以释放。除非在非公约当事国所提供的担保能为请求人所实际获得，并且能够自由转移，否则不应命令释放担保。同条第6款规定，根据本条第1款规定而提供担保时，提供该担保的人可在任何时候请求法院减少、变更或取消该担保。

（三）船舶的再扣押(rearrest)和多重扣押(multiple arrest)

“再扣押”概念始见于《1985年扣船公约草案》，其是指基于同一海事请求两次或多次扣押同一船舶，或者被申请人所有的或光租的其他船舶。其特点是扣船所依据的海事请求相同，所扣押的船舶相同。当然，“相同”并不单指同一船舶，还包括被申请人所有的或光租的其他船舶。再扣押船舶原则上是禁止的，但也存在一些例外。多重扣押是指基于不同的海事请求两次或多次扣押船舶，其与再扣押的区别在于扣船所依据的海事请求是否相同。基于同一海事请求多次扣押同一船舶或同属被申请人所有的其他船舶，是再扣押；而基于不同的海事请求多次扣押同一船舶则为多重扣押。理论上，各个不同的海事请求是相对独立的，只要符合扣押船舶的条件，不同的申请人基于各自不同的海事请求都可以申请扣押船舶，即使各个申请都是针对同一船舶。多重扣押的情况在实践中已不属罕见。《1999年国际扣船公约》仅就再扣押作了规定，该公约所称的多重扣押并不是严格意义上的多重扣押，而实际上是多次再扣押，属于再扣押的范畴。[①]《1999年国际扣船公约》第5条第1款规定，当船舶在任何公约当事国业已被扣押并予以释放，或业已就该船舶提供了用于保全海事请求的担保时，该船舶此后不应再次被扣押或就相同海事请求而被扣押，除非：（a）在累计担保总额不超过船舶价值的前提下就相同请求而业已提供的有关该船舶

① 参见：金正佳、翁子明《海事请求保全专论》，第111—113页。

的担保的性质或数量不充分；或（b）业已提供担保的人未能或不可能履行其某些或所有债务；或（c）被扣押的船舶或以前所提供的担保由于请求权人基于合理的根据而申请或同意，或请求权人未能采取合理的措施阻止释放而被释放。同条第2款规定，就相同海事请求而可被扣押的任何其他船舶应予以释放，除非：（a）就相同海事请求而业已提供的担保的性质或数量不充分；或（b）符合第1款第（b）—（c）项情况。[①]

（四）被扣船舶所有人和光船租赁人的保护

《1999年国际扣船公约》第6条第1款规定，作为扣押船舶或维持业已实施的扣押之条件，法院可要求请求扣押或已获得扣船措施的请求权人根据法院所确定的条件提供担保的义务，以赔偿被告可能由于船舶扣押所遭受且请求权人可能对此负有责任的任何损失，此种损失包括但不应限于由于错误或不当扣船，或者被要求或提供过量的担保而使被告可能遭受的损失或损害。同条第2款规定，扣押实施地国法院应有权力确定请求权人对由扣船所致损失或损害之责任的限度，包括但不限于由于错误或不当扣船，或者被要求或提供过量的担保而使被告可能遭受的损失或损害。第3款规定，本条第2款所指的请求权人责任应根据扣船实施地国法律予以确定。第4款规定，如果一当事国法院或仲裁庭根据公约第7条规定裁判案件实质问题，有关本条第2款的请求权人责任的诉讼在案件实质问题裁判作出之前应予中止。第5款规定，在根据本条第1款业已提供担保的情况下，提供该担保的人可在任何时候请求法院减少、变更或取消该担保。

四、我国民事保全措施申请、实施与撤销程序

《民事诉讼法》和司法解释就民事保全措施的申请、实施等程序性事项作了统一规定。

如采取民事保全措施的法院，《民诉法解释》第一百六十条规定，

① “释放”不包括任何非法释放或从扣押中逃脱。

当事人向采取诉前保全措施以外的其他有管辖权的人民法院起诉的，采取诉前保全措施的人民法院应当将保全手续移送受理案件的人民法院。诉前保全的裁定视为受移送人民法院作出的裁定。第一百六十一条规定，对当事人不服一审判决提起上诉的案件，在第二审人民法院接到报送的案件之前，当事人有转移、隐匿、出卖或者毁损财产等行为，必须采取保全措施的，由第一审人民法院依当事人申请或者依职权采取。第一审人民法院的保全裁定，应当及时报送第二审人民法院。第一百六十二条规定，第二审人民法院裁定对第一审人民法院采取的保全措施予以续保或者采取新的保全措施的，可以自行实施，也可以委托第一审人民法院实施。再审人民法院裁定对原保全措施予以续保或者采取新的保全措施的，可以自行实施，也可以委托原审人民法院或者执行法院实施。

如法律文书生效后执行程序开始前采取民事保全措施的管辖法院，第一百六十三条规定，法律文书生效后，进入执行程序前，债权人因对方当事人转移财产等紧急情况，不申请保全将可能导致生效法律文书不能执行或者难以执行的，可以向执行法院申请采取保全措施。债权人在法律文书指定的履行期间届满后五日内不申请执行的，人民法院应当解除保全。

对于民事保全裁定的解除，第一百六十六条规定，裁定采取保全措施后，有下列情形之一的，人民法院应当作出解除保全裁定：（一）保全错误的；（二）申请人撤回保全申请的；（三）申请人的起诉或者诉讼请求被生效裁判驳回的；（四）人民法院认为应当解除保全的其他情形。解除以登记方式实施的保全措施的，应当向登记机关发出协助执行通知书。

对于民事保全措施向执行措施的转化，第一百六十八条规定，保全裁定未经人民法院依法撤销或者解除，进入执行程序后，自动转为执行中的查封、扣押、冻结措施，期限连续计算，执行法院无须重新制作裁定书，但查封、扣押、冻结期限届满的除外。

《海事诉讼特别程序法》及其司法解释，以及《行为保全规定》等亦针对具体保全措施的程序性事项作了专门规定。

（一）海事请求保全

《海事诉讼特别程序法》及相关法律对海事请求保全作了如下一般规定：

1. 申请

海事请求人申请海事请求保全，应当向海事法院提交书面申请。申请书应当载明海事请求事项、保全的标的物以及要求提供担保的数额，并附有关证据。海事请求人申请扣押当事船舶，不能立即查明被请求人名称的，不影响申请的提出。海事请求人不得因同一海事请求申请扣押已被扣押过的船舶，除非被请求人未提供充分的担保，或者担保人有可能不能全部或者部分履行担保义务，或者海事请求人因合理的原因同意释放被扣押的船舶或者返还已提供的担保，或者不能通过合理措施阻止释放被扣押的船舶或者返还已提供的担保。但应不同海事请求人的申请，海事法院可以对本院或其他海事法院已经扣押的船舶采取扣押措施。

至于船舶扣押的证据标准，《海事诉讼特别程序法》对此予以界定，但依照《最高人民法院关于民事诉讼证据的若干规定》第一条的规定，申请人应当提供符合扣船申请的相应证据。[①]

海事请求人申请扣押船舶的，海事法院应当责令其提供担保。但因船员劳务合同、海上及通海水域人身损害赔偿纠纷申请扣押船舶，且事实清楚、权利义务关系明确的，可以不要求提供担保。海事请求人申请扣押船载货物、船用燃油，以及船用物料的价值，应当与其债权数额相当，但船载货物为不可分割的财产除外。海事法院受理海事请求保全申请，可责令海事请求人提供担保。海事请求人不提供担保

① 南京海事法院：《船舶扣押法律问题研究——对〈海事诉讼特别程序法〉第三章船舶扣押规定的修改建议》，搜狐网，2020年10月14日，https://www.sohu.com/a/424534839_120057119，访问日期：2021年8月20日。

的，驳回其申请。[①] 对于担保的形式，海事法院应当有权决定担保的数额和方式。但从海事司法实践看，南京、武汉海事法院在一些“死扣”案件中，在当事人提供保函之外，会根据案件具体情况要求当事人提供10%—30%的现金担保，其他海事法院一般无须再提供现金担保。但现金担保在船东发生弃船时，可以应对船员工资、遣散费、锚地停泊费等费用；保证船舶看护费用的优先拨付；对于一些外轮可能涉及边防费用的支付。《1999年国际扣船公约》第6条也规定，法院可要求请求扣押或已获准扣押船舶的请求人按法院自定条件提供某一种类和某一金额的担保，赋予了法院对担保形式的决定权。故海事法院要求海事请求人提供一定比例的现金担保的，海事请求人应当提供。[②]

2. 裁定

海事法院接受申请后，应当在48小时内作出裁定。裁定采取海事请求保全措施的，应当立即执行；对不符合海事请求保全条件的，裁定驳回其申请。[③]

3. 复议与异议

当事人对海事法院作出的驳回其海事请求保全措施申请的裁定不服的，可在收到裁定书之日起5日内申请复议一次。海事法院应当在收到复议申请之日起5日内作出复议决定。复议期间不停止裁定的执行。利害关系人对海事请求保全提出异议，海事法院经审查，认为理由成

---

① 《最高人民法院关于扣押与拍卖船舶适用法律若干问题的规定》第二、四条；《海事诉讼特别程序法》第十五、十六、二十四、二十五、四十五、五十条。对于扣船担保问题，杨良宜先生对此提出质疑：第一，扣船要反担保，是否在各方面都能兼顾公平合理？第二，对中国而言，扣船会增加困难吓怕原告，不敢在中国港口扣船。这进一步影响律师、海事法院等的声誉与磨炼学习机会。尤其是其他国家或地区（主要是英美法系国家或地区）不这样做，而南非、法国等国家更是努力在放宽。第三，对原告，特别是中国原告而言，面对欠债的外轮，其是否有能力在很短时间内提供反担保。提供不了担保，扣不了船，一旦外轮开航，索赔便无望，因为去外国诉人是不可能的，而外轮再来中国和可允许中国法院去执行判决的可能性微乎其微。第四，反担保以何种方式提供、金额多少等也会带来许多做法上的不稳定。第五，这方面的讨价还价也会令被扣的船舶延长被扣时间，对原告和被告都不是好事。参见：杨良宜《海事法》，第70—72页。

② 南京海事法院：《船舶扣押法律问题研究——对〈海事诉讼特别程序法〉第三章船舶扣押规定的修改建议》，搜狐网，2020年10月14日，https://www.sohu.com/a/424534839_120057119，访问日期：2021年8月20日。

③ 《海事诉讼特别程序法》第十七条第一款。

立的，应当解除对其财产的保全。认为理由不成立的，应当书面通知利害关系人。[①]

4. 解除或失效

根据《海事诉讼特别程序法》规定，海事请求保全措施应基于以下原因而被解除：第一，被请求人提供担保，或者当事人有正当理由申请解除海事请求保全的，海事法院应当及时解除保全；第二，海事请求人在本法规定的期间内，未提起诉讼或者未按照仲裁协议申请仲裁的，海事法院应当及时解除保全或者返还担保；第三，申请人为申请扣押船舶提供限额担保，在扣押船舶期限届满时，未按照海事法院的通知追加担保的，海事法院可以解除扣押。[②]

《海事诉讼特别程序法解释》第二十七条规定，海事诉讼特别程序法第十八条第二款、第七十四条规定的提供给海事请求人的担保，除被请求人和海事请求人有约定的外，海事请求人应当返还；海事请求人不返还担保的，该担保至海事请求保全期间届满之次日失效。

5. 海事请求保全措施的执行

（1）船舶、船载货物、船用燃油及船用物料的扣押。海事请求人申请对船舶采取保全措施的，海事法院可以依照民事诉讼法的有关规定，裁定准许并通知船舶登记机关协助执行。[③] 海事请求保全扣押船舶的期限为30日，海事请求人在30日内提起诉讼或者申请仲裁以及在诉讼或者仲裁过程中申请扣押船舶的，扣押船舶不受这一规定期限的限制；而海事请求保全扣押船载货物、船用燃油或物料的期限为15日，海事请求人在15日内提起诉讼或者申请仲裁以及在诉讼或者仲裁过程中申请扣押船载货物、船用燃油或物料的，则不受这一规定期限的限制。[④] 海事法院裁定对船舶实施保全后，经海事请求人同意，可以采取限制船舶处分或者抵押等方式允许该船舶继续营运，而准许已经实施保全的船舶

① 《海事诉讼特别程序法》第十七条第二、三款。《海事诉讼特别程序法解释》第二十二条。

② 《海事诉讼特别程序法》第十八条。《海事诉讼特别程序法解释》第二十五条第一款、第二十六条。

③ 《最高人民法院关于扣押与拍卖船舶适用法律若干问题的规定》第一条。

④ 《海事诉讼特别程序法》第二十六、三十、四十六条。

继续营运的，一般仅限于航行于国内航线上的船舶完成本航次。[①]

（2）船舶、船载货物、船用燃油及船用物料的拍卖。船舶扣押期间届满，被请求人不提供担保，而且船舶不宜继续扣押的，海事请求人可在提起诉讼或者申请仲裁后，向扣押船舶的海事法院申请拍卖船舶；不申请拍卖被扣押船舶的，海事法院可以根据被申请人的申请拍卖船舶。拍卖所得价款由海事法院提存。船载货物、船用燃油或船用物料扣押期间届满，被请求人不提供担保，而且扣押物不宜继续扣押的，海事请求人可在提起诉讼或者申请仲裁后，向扣押船载货物、船用燃油或船用物料的海事法院申请，对无法保管、不易保管或者保管费用可能超过其价值的物品，海事请求人可申请提前拍卖。[②] 海事法院在收到拍卖船舶的申请后，应当进行审查，作出准予或者不准予拍卖船舶的裁定；而对于拍卖船载货物、船用燃油或船用物料的申请，海事法院应在7日内作出准予或者不准予拍卖的裁定。当事人对裁定不服的，可在收到裁定书之日起5日内申请复议一次，海事法院应当在收到复议申请之日起5日内作出复议决定。复议期间停止裁定的执行。[③]

海事法院裁定拍卖船舶，应当通过报纸或者其他新闻媒体连续公告3日。公告应包括被拍卖船舶的名称和国籍、拍卖船舶的理由和依据、拍卖船舶委员会的组成、拍卖船舶的时间和地点、被拍卖船舶的展示时间和地点、参加竞买应当办理的手续、办理债权登记手续及需要公告的其他事项。拍卖船舶的公告期间不少于30日。[④]

海事请求人提交拍卖船舶申请后，又申请终止拍卖的，是否准许由海事法院裁定。海事法院裁定终止拍卖船舶的，为准备拍卖船舶所发生的费用由海事请求人承担。利害关系人请求终止拍卖被扣押船舶的，是否准许，海事法院应当作出裁定；海事法院裁定终止拍卖船舶的，为准备拍卖船舶所发生的费用由利害关系人承担。拍卖船舶申请人或者利害关系人申请终止拍卖船舶的，应当在公告确定的拍卖船舶

---

① 《海事诉讼特别程序法》第二十七条。《海事诉讼特别程序法解释》第二十九条。

② 《海事诉讼特别程序法》第二十九、四十七条。《海事诉讼特别程序法解释》第三十条。

③ 《海事诉讼特别程序法》第三十、四十八条。

④ 《海事诉讼特别程序法》第三十二条。《海事诉讼特别程序法解释》第三十一条。

日期届满7日前提出。[①]

海事请求人和被请求人应当按照海事法院的要求提供已知的船舶优先权人、抵押权人和船舶所有人的有关确切情况。海事法院应当在拍卖船舶30日前向被拍卖船舶登记国的登记机关和已知的船舶优先权人、抵押权人和船舶所有人发出通知。通知内容包括被拍卖船舶的名称、拍卖船舶的时间和地点、拍卖船舶的理由和依据以及债权登记情况等。通知方式包括书面方式和能够确认收悉的其他适当方式。[②]

拍卖船舶由拍卖船舶委员会实施，拍卖船舶委员会由海事法院指定的本院执行人员和聘请拍卖师、验船师3人或者5人组成。拍卖船舶委员会组织对船舶鉴定、估价；组织和主持拍卖；与竞买人鉴定拍卖成交确认书；办理船舶移交手续。拍卖委员会对海事法院负责，受海事法院监督。而拍卖船载货物、船用燃油或船用物料由海事法院指定的本院执行人员和聘请的拍卖师组成的拍卖组织实施，或者由海事法院委托的机构实施。[③]

竞买人应当在规定的期限内向拍卖船舶委员会登记。登记时应当交验本人、企业法定代表人或者其他组织负责人身份证明和委托代理人的授权委托书，并交纳一定数额的买船保证金。拍卖船舶委员会应当在拍卖船舶前展示被拍卖的船舶，并提供查看被拍卖船舶的条件和有关资料。买受人在签署拍卖成交确认书后，应当立即交付不低于20%的船舶价款，其余价款在成交之日起7日内付清，但拍卖船舶委员会与买受人另有约定的除外。买受人付清全部价款后，原船舶所有人应当在指定的期限内于船舶停泊地以船舶现状[④]向买受人移交船舶。拍卖船舶委员会组织和监督船舶的移交，并在船舶移交后与买受人签署船舶移交完毕确认书。拍卖的船舶移交后，海事法院应当及时通知相关的船舶登记机关，发布解除扣押船舶命令，通过报纸或者其他新

① 《海事诉讼特别程序法》第三十一条。《海事诉讼特别程序法解释》第三十二、三十三条。

② 《海事诉讼特别程序法》第三十三条。《海事诉讼特别程序法解释》第三十四条。

③ 《海事诉讼特别程序法》第三十四、四十九条。

④ 《海事诉讼特别程序法解释》第三十五条规定，海事诉讼特别程序法第三十八条规定的船舶现状指船舶展示时的状况。船舶交接时的状况与船舶展示时的状况经评估确有明显差别的，船舶价款应当作适当的扣减，但属于正常损耗或者消耗的燃油不在此限。

闻媒体发布公告，公布船舶已经公开拍卖并移交给买受人。买受人接收船舶后，应当持拍卖成交确认书和有关资料，向船舶登记机关办理船舶所有权登记手续。原船舶所有人应当向原船舶登记机关办理船舶所有权注销登记。原船舶所有人不办理船舶所有权注销登记的，不影响船舶所有权的转移。①

（二）财产保全②

（1）申请。财产保全以当事人或利害关系人的申请进行；当事人没有提出申请的，人民法院在必要时也可以裁定采取保全措施。利害关系人申请诉前财产保全的，应当提供担保；对于诉讼中的财产保全，人民法院要求当事人提供担保的，当事人也必须提供担保。申请人提供担保的价值应相当于请求保全的数额。③

（2）裁定。为防止财产保全被滥用，人民法院应审查申请人的申请是否符合法定条件，对符合法定条件的，作出采取保全措施的裁定，而不符合条件的，应当裁定驳回。审查应当在法律规定的期限内完成：对诉前保全和情况紧急的诉讼保全申请，人民法院应当在48小时内完成审查并作出裁定。④

（3）复议。当事人对财产保全裁定不服的，可以申请复议一次，但复议期间不停止裁定的执行。⑤对当事人的复议申请，人民法院应及时审查。裁定正确的，通知驳回当事人的申请；裁定不当的，应当作出新的裁定以变更或撤销原裁定。

（4）解除。财产保全可基于以下原因而被解除：第一，申请人在人民法院裁定准许诉前保全后的30日内未提起诉讼的，人民法院应当解除财产保全；第二，被申请人在人民法院裁定准许财产保全后提供

---

① 《海事诉讼特别程序法》第三十五至四十条。《海事诉讼特别程序法解释》第三十七条。

② 《海事诉讼特别程序法解释》第十八条规定，海事诉讼特别程序法第十二条规定的被请求人的财产包括船舶、船载货物、船用燃油以及船用物料。对其他财产的海事请求保全适用民事诉讼法有关财产保全的规定。

③ 《民事诉讼法》第一百零三条；《民诉法解释》第一百五十条。

④ 《民事诉讼法》第一百零三、一百零四条。

⑤ 《民事诉讼法》第一百一十一条。

担保的，应当解除财产保全。解除保全的命令由执行员执行。

（5）执行。人民法院一旦裁定采取财产保全，就应当立即开始执行。诉讼中的财产保全裁定的效力一般应维持到生效的法律文书执行时止。但财产保全限于请求的范围，或者与本案有关的财物。对抵押物、质押物、留置物可采取财产保全措施，但抵押权人、质权人、留置权人有优先受偿权。财产已被查封、冻结的，不得重复冻结、查封。

财产保全采取查封、扣押、冻结或者法律规定的其他方式。人民法院冻结财产后，应当立即通知被冻结财产的人。人民法院决定保全的财产需要监督的，应当通知有关单位负责监督，费用由被申请人承担。具体言之，人民法院对季节性商品，鲜活、易腐烂变质以及其他不宜长期保存的物品采取保全措施时，可责令当事人及时处理，由人民法院保存价款；必要时，人民法院可予以变卖，保存价款。对不动产或特定的动产进行财产保全的，可采用扣押有关财产权证照并通知有关财权登记部门不予办理该项财产的转移手续的财产保全措施，必要时可以查封或扣押该项财产。对于债务人到期应得的收益采取财产保全措施的，限制其支出，通知有关单位协助执行。债务人的财产不能满足保全请求，但对他人有到期债权的，人民法院可依债权人的申请裁定该他人不得对本案债务人清偿。该他人要求偿付的，由人民法院提存财物或价款。①

（三）行为保全

《民事诉讼法》就行为保全问题作了一般性规定，而《海事诉讼特别程序法》及其司法解释，以及《行为保全规定》分别就海事强制令、知识产权领域的行为保全措施的申请实施程序作了专门规定。

1. 海事强制令

依《海事诉讼特别程序法》及其司法解释，海事强制令实施的相关程序主要包括以下几个阶段：

（1）申请。当事人在起诉前申请海事强制令，应当向海事纠纷发

---

① 《民诉法解释》第一百五十三、一百五十八、一百五十九条等。

生地海事法院提出，而不受当事人之间关于该海事请求的诉讼管辖协议或者仲裁协议的约束。起诉后申请海事强制令的，一般应向受理案件实质问题的法院申请。但在仲裁前后申请海事强制令的，申请人应如何提出申请及向哪个法院提出，《海事诉讼特别程序法》未作规定。鉴于海事强制令实质上是一种行为保全，仲裁中海事强制令的申请程序可参照仲裁中财产保全的申请程序。具体做法是，由当事人向仲裁委员会提出，再由仲裁委员会转交被申请人住所地或者海事纠纷发生地海事法院裁定作出。①

海事请求人申请海事强制令，应向海事法院提出书面申请，申请书应包括双方当事人的名称，海事保全的事项、事实和理由，并附有关证据。海事法院受理海事强制令申请，可责令海事请求人提供担保，海事请求人不提供的，驳回其申请。

（2）裁定。海事法院接受申请后，应当在48小时内作出裁定。准予申请人海事强制令申请的，应当制作民事裁定书并发布海事强制令。对不符合海事强制令条件的，裁定驳回其申请。

（3）复议与异议。当事人对裁定不服的，可在收到裁定书之日起5日内申请复议一次，海事法院应在收到复议申请书之日起5日内作出复议决定。复议期间不停止裁定的执行。利害关系人则可对海事强制令提出异议。

（4）解除。利害关系人对海事强制令提出异议，海事法院经审查认为理由成立的，应当撤销海事强制令。

（5）执行。裁定作出海事强制令的，应当立即执行。被请求人拒不执行海事强制令的，海事法院可以根据情节轻重处以罚款、拘留，构成犯罪的，依法追究刑事责任。

2. 知识产权领域的行为保全

《行为保全规定》结合《民事诉讼法》相关规定，对行为保全措施的申请、复议、实施等程序性事项作了详尽细致的规定。

（1）管辖法院。《行为保全规定》第三条规定，申请诉前行为保全，

① 参见：邢海宝《海事诉讼特别程序研究》，第314页。

应当向被申请人住所地具有相应知识产权纠纷管辖权的人民法院或者对案件具有管辖权的人民法院提出。当事人约定仲裁的，应当向前款规定的人民法院申请行为保全。

（2）申请。申请人向人民法院申请行为保全，应当递交申请书和相应证据。申请书应当载明法定记载事项，包括：申请人与被申请人的身份、送达地址、联系方式；申请采取行为保全措施的内容和期限；申请所依据的事实、理由，包括被申请人的行为将会使申请人的合法权益受到难以弥补的损害或者造成案件裁决难以执行等损害的具体说明；为行为保全提供担保的财产信息或资信证明，或者不需要提供担保的理由；以及其他需要载明的事项。同时，申请人应当依法提供担保，申请人提供的担保数额，应当相当于被申请人可能因执行行为保全措施所遭受的损失，包括责令停止侵权行为所涉产品的销售收益、保管费用等合理损失。在执行行为保全措施过程中，被申请人可能因此遭受的损失超过申请人担保数额的，人民法院可以责令申请人追加相应的担保。申请人拒不追加的，可以裁定解除或者部分解除保全措施。[①]

（3）裁定。人民法院裁定采取行为保全措施前，应当询问申请人和被申请人，但因情况紧急或者询问可能影响保全措施执行等情形除外。情况紧急的，必须在48小时内作出裁定；裁定采取保全措施的，应当立即开始执行。所谓“情况紧急”，《行为保全规定》第六条规定，有下列情况之一，不立即采取行为保全措施即足以损害申请人利益的，应当认定属于民事诉讼法第一百零三条、第一百零四条规定的“情况紧急”：（一）申请人的商业秘密即将被非法披露；（二）申请人的发表权、隐私权等人身权利即将受到侵害；（三）诉争的知识产权即将被非法处分；（四）申请人的知识产权在展销会等时效性较强的场合正在或者即将受到侵害；（五）时效性较强的热播节目正在或者即将受到侵害；（六）其他需要立即采取行为保全措施的情况。

人民法院审查判断申请人请求保护的知识产权效力是否稳定，应当综合考量下列因素：（一）所涉权利的类型或者属性；（二）所涉权利

① 《行为保全规定》第四、十一条。

是否经过实质审查；（三）所涉权利是否处于宣告无效或者撤销程序中以及被宣告无效或者撤销的可能性；（四）所涉权利是否存在权属争议；（五）其他可能导致所涉权利效力不稳定的因素。①

人民法院裁定采取行为保全措施前，应当询问申请人和被申请人，但因情况紧急或者询问可能影响保全措施执行等情形除外。人民法院裁定采取行为保全措施或者裁定驳回申请的，应当向申请人、被申请人送达裁定书。向被申请人送达裁定书可能影响采取保全措施的，人民法院可以在采取保全措施后及时向被申请人送达裁定书，至迟不得超过5日。当事人在仲裁过程中申请行为保全的，应当通过仲裁机构向人民法院提交申请书、仲裁案件受理通知书等相关材料。人民法院裁定采取行为保全措施或者裁定驳回申请的，应当将裁定书送达当事人，并通知仲裁机构。②

人民法院裁定采取行为保全措施的，应当根据申请人的请求或者案件具体情况等因素合理确定保全措施的期限。裁定停止侵害知识产权行为的效力，一般应当维持至案件裁判生效时止。人民法院根据申请人的请求、追加担保等情况，可以裁定继续采取保全措施。申请人请求续行保全措施的，应当在期限届满前7日内提出。③

（4）复议。当事人不服行为保全裁定申请复议的，人民法院应当在收到复议申请后10日内审查并作出裁定。④

（5）解除。在执行行为保全措施过程中，被申请人可能因此遭受的损失超过申请人担保数额的，人民法院可以责令申请人追加相应的担保。申请人拒不追加的，可以裁定解除或者部分解除保全措施。人民法院采取的行为保全措施，一般不因被申请人提供担保而解除，但是申请人同意的除外。⑤

（6）实施。人民法院采取行为保全的方法和措施，依照执行程序

① 《行为保全规定》第八条。
② 《行为保全规定》第五条。
③ 《行为保全规定》第十三条。
④ 《行为保全规定》第十四条。
⑤ 《行为保全规定》第十一条第三款、第十二条。

相关规定处理。[①]

（四）海事证据保全

《民事诉讼法》第八十四条规定，证据保全程序参照适用保全的有关规定。《海事诉讼特别程序法》及其司法解释就海事证据保全程序作了专门规定。

（1）申请。海事请求人申请海事证据保全，应当向海事法院提交书面申请。申请书应载明请求保全的证据、该证据与海事请求的联系、申请理由，同时还应当载明证据收集、调取的有关线索。海事法院受理海事证据保全申请，可责令海事请求人提供担保。海事请求人不提供担保的，驳回其申请。

（2）裁定。海事法院接受申请后，应对申请人的申请和担保进行审查。对符合证据保全条件，确有必要进行证据保全的，应在48小时内作出裁定。对不符合海事证据保全条件的，裁定驳回其申请。

（3）复议与异议。当事人对裁定不服的，可在收到裁定书之日起5日内申请复议一次。海事法院应当在收到复议申请之日起5日内作出复议决定。复议期间不停止裁定的执行。被申请人申请复议的理由成立的，应当将保全的证据返还给被申请人。利害关系人可对海事证据保全提出异议，海事法院经审查认为理由不成立的，应当书面通知利害关系人。

（4）撤销。利害关系人对海事证据保全提出异议，海事法院经审查认为理由成立的，应当裁定撤销海事证据保全；已经执行的，应当将与利害关系人有关的证据返还给利害关系人。

（5）执行。海事法院裁定采取海事证据保全的，应当立即执行。海事法院进行海事证据保全，根据具体情况，可以对证据予以封存，也可以提取复制件、副本，或者进行拍照、录像，制作节录本、调查笔录等。确有必要的，也可以提取证据原件。[②]

---

① 《行为保全规定》第十五条。

② 《海事诉讼特别程序法》第七十条。

（五）先予执行

依《民事诉讼法》及其司法解释，先予执行程序包括：

（1）申请。当事人应向人民法院提出申请，请求人民法院裁定先予执行。人民法院可责令当事人提供担保，申请人不能提供担保的，驳回申请。

（2）裁定。人民法院对符合民事诉讼法第一百零九条、第一百一十条规定的申请，应作出先予执行裁定。

（3）复议。当事人对先予执行的裁定不服的，可以申请复议一次，复议期间不停止裁定的执行。[①] 当事人对保全或者先予执行裁定不服的，可以自收到裁定书之日起5日内向作出裁定的人民法院申请复议。人民法院应当在收到复议申请后10日内审查。裁定正确的，驳回当事人的申请；裁定不当的，变更或者撤销原裁定。利害关系人对保全或者先予执行的裁定不服申请复议的，由作出裁定的人民法院依照民事诉讼法第一百一十一条规定处理。[②]

（4）执行。对于先予执行，人民法院应当在受理案件后终审判决前采取。先予执行后，依发生法律效力的判决，申请人应当返还因先予执行所取得利益的，适用民事诉讼法第二百四十条规定，即对已被执行的财产，人民法院应当作出裁定，责令取得财产的人返还，拒不返还的，强制执行。[③]

第三节　对民事保全措施不当实施的救济

民事保全措施的保全功能和强制特性要求法院在采取保全措施时必须谨慎行事，拒绝准许保全可能损害申请人的权益，而准许保全又可能损害被申请人的权益。因此，法院应将风险降至最低限度作为考

① 《民事诉讼法》第一百一十一条。

② 《民诉法解释》第一百七十一、一百七十二条。

③ 《民诉法解释》第一百六十九、一百七十三条。

量是否准许保全措施的一个根本准则。[①] 但在实践中，往往出现民事保全措施不当而损害被申请人权益的现象，故如何为被申请人提供救济成为各国立法者和法院最为关心的问题。由于民事保全措施不当的情形不同，救济方法也不尽相同。

一、管辖法院“非适当”时的救济：禁诉令的运用

在目前缺乏统一的民事保全措施裁判管辖权规则的情况下，原则上，一国法院能否行使民事保全管辖权依本国法律确定。但如果行使保全措施管辖权的法院非为当事人所选择的实体事项裁判法院，或在存在仲裁协议的情况下非为仲裁地法院，且该法院认为其所采取的民事保全措施是为帮助在外国进行的诉讼而属正当时，则被申请人能否向其他适当的法院申请救济以阻止在外国法院进行的有关保全措施程序，或者获得由于采取民事保全措施所受损失之赔偿？此即所谓的“非适当”管辖法院现象。

对于上述问题，虽然诸多国家未对此作出反应，但该问题常为英国法院所考虑。英国法院所采取的基本方法即是基于对管辖权条款或仲裁协议的正确解释，以确定当事人是否意图排除向所选择的管辖法院之外的其他法院申请临时性保全措施。[②] 而为避免当事人违反管辖权选择条款或仲裁协议到另一国法院诉讼，英国法院通常采用签发禁诉令的方式支持管辖权选择条款或仲裁协议。

禁诉令（anti-suit injunction）是在法院或仲裁庭受理案件后尚未作出裁判前，由法院以禁令的形式向当事人发出的、要求当事人停止在其他法院或仲裁庭提起诉讼或仲裁的命令。关于禁诉令签发的条件，不同法系国家所持标准宽严不一，大致有两种明显不同的模式：自由主义模式和保守主义模式。前者强调法院有禁止受其管辖的人在外国诉讼的传统权力，是否签发取决于“在两个诉讼中，当事人是否相同，

① See L. Collins, “Provisional and Protective Measures in International Litigation,” pp. 24-25.

② Ibid., pp.92-93.

纠纷是否相同。第一个诉讼的解决是否意味着第二个诉讼的解决”。该模式关注的是重复诉讼是否是欺压性的。只要在外国进行的诉讼是欺压性的，法院就会禁止外国的诉讼。而依后者，法院仅对危害法院所属国管辖权或对重大国家政策造成威胁的外国平行诉讼签发禁诉令。[①]

英国和美国法院最初签发禁诉令主要用于解决国内平行诉讼的问题。但法院目前发布的禁诉令涉及两类管辖权冲突：一类是两国法院之间的管辖权冲突，另一类是法院与仲裁庭之间的管辖冲突。在国际商事仲裁中，英国法院签发禁诉令的法律依据主要是《1981年英国高等法院法》第37条与《1996年英国仲裁法》第44条。《1981年英国高等法院法》第37（1）条规定，法院有权“在法院看来是公正和方便的所有情况下”发布临时禁令。第37（2）条规定，“任何该等命令均可无条件或按法院认为公正的条款和条件作出”。而《1996年英国仲裁法》第44条规定，“（1）除非当事人另有约定，为仲裁程序之目的，法院有权就仲裁程序的下列事项作出命令，就如同它为诉讼目的对与诉讼有关的事项作出裁定。（2）此类事项是：……（e）发出临时禁令……”。但事实上，英国法院仅在以下三项条件得到满足的情况，才会发布禁诉令：其一，英国法院能够对相关当事人主张管辖权；其二，当事人及时向英国法院作出了禁诉令的申请，而且域外相关诉讼的推进尚未深入；其三，英国法院主观上确信应针对相关当事人发布禁诉令。[②]

在Marazura Navegacion S.A.诉Oceanus Mutual Underwriting Ass’n案[③]中，海事互保协会在与船东就停靠费支付问题发生纠纷时，在荷属安的列斯群岛扣押了船东的一艘船舶。根据互保协会规则中的伦敦仲裁条款，船东向英国法院申请禁令以阻止互保协会在荷属安的列斯群岛继续所启动的程序，但遭英国法院拒绝。罗伯特·戈夫（Robert Goff）法官认为，仲裁条款的效力即英国仲裁庭是唯一能对条款意义内的任何分歧或纠纷作出裁断的法庭，但难以理解的是此种仲裁协议

---

① 傅攀峰：《国际商事仲裁中的禁诉令：特殊性及其应对》，《河北法学》2021年第8期，第133、138页；颜杰雄：《国际商事仲裁中禁诉令的运用》，《北京仲裁》2009年第2期，第99、103—104页。

② 傅攀峰：《国际商事仲裁中的禁诉令：特殊性及其应对》，第134、138页。

③ [1977] 1 Lloyd’s Rep. 283.

为何要明示或默示排除任何当事人出于纯粹获得担保之目的而在外国法院启动相应程序，即使该诉讼程序涉及属于仲裁条款所指纠纷之内容的请求主张。戈夫法官基于方便之权衡而拒绝了船东的禁令申请。

在Lisboa案[①]中，英国上诉法院认为，尽管提单赋予英国法院排他性管辖权，但船东无权向英国法院申请禁令以禁止在意大利法院实施的扣船。丹宁勋爵将其判决建立在对“任何和所有法律诉讼程序”的宽松解释之上。其认为，“任何和所有法律诉讼程序”应被解释为仅是有关确立责任的诉讼，而不能扩张至包括执行判决或裁决，或者获得担保的诉讼。任何其他的解释可能剥夺货物所有人唯一有效的针对单船公司的救济权利。其同时指出，“为获得担保而善意扣押船舶，我认为尽管可能会被认为违反排他性管辖权条款，但英国法院不应通过颁布禁令而对其加以限制。英国法院也不应基于违反此种管辖权条款而裁定损害赔偿。根据世界各国海商法，扣船权应该为债权人所享有，不论在何处发现船舶，均可就海事请求而善意行使该权力，即使纠纷的实质问题应由另一国家法院裁断或应在另一国家仲裁”。

而在欧盟，在当事人约定仲裁而一方向欧盟成员国法院申请临时保护措施的情况下，他方当事人能否向法院申请禁诉令以阻止欧盟成员国法院行使临时措施管辖权？[②]这涉及布鲁塞尔体制中“仲裁除外”条款的适用和禁诉令的运用问题，并经过相当长的时间后趋于定论。

早在2004年，欧洲法院在Turner案[③]中就一项基于合同中的管辖权条款而签发的禁诉令是否违反《布鲁塞尔条例》作出了初步裁决，裁决禁诉令与布鲁塞尔体制相矛盾。[④]该案涉及双方当事人之间的管辖权选择条款而不是仲裁条款，而英国上议院在向欧洲法院申请初步裁决申请时特意将其问题明确限定在基于仲裁协议而签发的禁诉令是

---

① [1980] 2 Lloyd's Rep. 546 (CA).

② See Francisco Garcimartín, “Provisional and Protective Measures under the Brussels I Recast,” pp. 70-72.

③ “Turner v. Grovit (C-159/02) EU: C: 2004: 228,” Practical Law, June 6, 2021, accessed July 20, 2021, https://uk.practicallaw.thomsonreuters.com/D-006-5386?_lrTS=20210606140930724&transitionType=Default&contextData=(sc.Default)&firstPage=true.

④ 柳叶:《禁诉令》，北京法院网，2014年5月20日，https://bjgy.chinacourt.gov.cn/article/detail/2014/05/id/1298641.shtml，访问日期：2021年8月20日。

否违反《布鲁塞尔条例》，以期欧洲法院能够区别对待为保障仲裁协议效力而签发的禁诉令的合法性。但欧洲法院却认为："《布鲁塞尔条例》应该被解释为反对一成员国法院作出禁令禁止一方当事人在另一成员国起诉或继续一项司法诉讼，即便该当事人是出于拖延诉讼的恶意。"[①] 实际上，就违反管辖权协议的临时性保全措施程序而言，《布鲁塞尔条例》对此予以了充分的肯定。英国法院以当事人业已同意英国法院管辖为由而试图阻止一方当事人在外国法院申请临时性保全措施，确实与公约规定相悖。[②]

2009年，欧洲法院在West Tankers案[③] 中明确裁决，缔约国法院不得以另一国法院进行的诉讼违反仲裁协议为由签发禁诉令。在该案中，West Tankers公司于2000年8月与Erg Petroli SpA公司订立租船合同，约定将其所有的一艘船舶出租给后者。但该船在意大利锡拉库扎港撞到Erg Petroli SpA公司所有的码头，造成码头毁损。租船合同约定适用英国法，在伦敦仲裁。Erg Petroli SpA公司随后向保险公司Allianz SpA和Gererali Assicurazioni Generali SpA索赔。Gererali Assicurazioni Generali SpA保险公司随即向意大利法院对West Tankers公司提起代位权诉讼，请求追回基于保单所支出的赔偿费。West Tankers公司则对此向英国法院提起诉讼，请求法院签发禁诉令以限制保险公司采取进一步措施，包括终止在意大利的诉讼程序。其称，保险公司基于代位权而向Erg Petroli SpA公司索赔，应受租船合同中仲裁条款的约束。据此，英国高等法院于2005年3月签发了禁诉令。但Gererali Assicurazioni Generali SpA保险公司提起上诉，称禁诉令不符合《布鲁塞尔条例》的精神。英国法院签发禁诉令限制另一欧盟成员国的诉讼程序是否与《布鲁塞尔条例》相符？英国上议院于2007年2月21日将此问题提交给欧洲法院作裁定。2009年2月，欧洲法院裁定，英国高

① 杨彩霞：《论欧盟法对仲裁协议效力保障之弱化——兼评欧盟法院West Tankers案》，《政治与法律》2010年第11期，第27页。

② See L. Collins, "Provisional and Protective Measures in International Litigation," p. 97.

③ "Allianz SpA and Generali Assicurazioni Generali SpA v West Tankers Inc. (C-185/07) EU: C: 2009: 69 ECJ (Grand Chamber)," EUR-Lex, accessed July 20, 2021, https://eur-lex.europa.eu/legal-content/EN/TXT/?uri=CELEX:62007CJ0185.

等法院作出禁诉令的行为剥夺了欧盟成员国法院基于《欧盟44/2001号条例》所拥有的自身管辖权，也违背了《布鲁塞尔条例》的核心原则——共同信任原则。因此，禁诉令与《布鲁塞尔条例》不兼容。故在国际商事仲裁中，英国法院不可针对欧盟成员国法院的诉讼发布禁诉令。这导致英国不得不放弃自身的普通法传统，使本国立法与司法符合欧盟法律一体化的进程要求。[①]

至于“仲裁除外”条款对禁诉令签发的影响，《布鲁塞尔公约》《布鲁塞尔条例》和《布鲁塞尔条例》（修订）第1条均规定“仲裁除外”。然而，何谓“仲裁除外”并非自始确定。但欧洲法院在Van Uden案[②]中指出，当事人之间存在仲裁条款的事实并不能妨碍《布鲁塞尔公约》第24条临时性保护措施条款的适用，只要临时性保护措施申请的内容关涉公约适用范围内的事项，《布鲁塞尔公约》第24条即赋予成员国法院对临时性措施申请予以管辖的权力，即使案件实体事项经由仲裁解决。而“仲裁除外”仅涉及从属于仲裁程序的命令，如仲裁员的任命或解聘、仲裁地的确定、审限的延长等，其并不包括与有关实体事项的程序并行的且旨在保护属于《布鲁塞尔公约》适用对象范围的实体权利的临时性保护措施。欧洲法院的上述主张亦为《布鲁塞尔条例》（修订）所吸纳。其序言第（12）条规定，任何诉讼或附属程序，如果涉及仲裁庭的成立、仲裁员的权力、仲裁程序的进行或该程序的任何其他事项，均不适用本条例。这也就意味着，成员国法院不得对在另一成员国法院进行的临时性保护措施程序签发禁诉令。

二、对民事保全措施不当实施的救济

尽管各国程序法对民事保全措施申请或实施的条件和程序设置了详略不等的规定，以尽量减少民事保全救济措施的滥用，但由于民事保全措施实施的急迫性、程序的简单性以及单方面申请程序的频繁使

① 参见：傅攀峰《国际商事仲裁中的禁诉令：特殊性及其应对》，第139页。

② ECJ, 17 November 1998, C-391/95, Van Uden v Deco-Line, ECR [1995] I-7122, at para. 19.

用，法院作出的保全措施裁定在此后被证明为不当或错误的现象在所难免。因此，应给予被申请人包括损害赔偿在内的充分的救济手段，以恢复申请人与被申请人之间的利益平衡。

（一）英美法系国家的若干实践

1. 英国的若干实践

英国法院对申请人错误实施民事保全措施时应否赔偿被申请人由此所致损失的立场，随保全措施类型的不同而不尽相同。

（1）错误扣押

根据英国法律，错误扣船应赔偿船东损失。但是否构成错误扣船，至今仍援用权威判例Evangelismos案[①]予以确定，即以申请人在申请扣船过程中存在“恶意疏忽”或“恶意”为条件。[②]也就是说，错误扣船的评判，英国法采用主观标准，从而无须等待本诉审理结束，即可确定申请人的行为是否构成错误扣船。同时，主观标准亦意味着仅凭事实上或法律上的错误结果，被申请人不能请求损害赔偿。所谓“事实上的错误结果”，是指申请人在识别责任人或肇事船等方面出现错误，导致被申请人的船舶遭到无辜扣押，或者船东已经同意提供银行担保而申请人仍申请扣船，或者要求的担保金额过多，或者借扣船向船东施压等。所谓“法律上的错误结果”，是指申请人在诉前或诉中申请扣押了被告船舶，申请人主张的海事请求由于缺乏法律上的依据而最终被法院驳回。[③]

（2）禁令

① 中间禁令。对于中间禁令，英国法院的做法是，申请人在获得中间禁令时，通常必须提供保证，以赔偿另一方当事人在其证明不应准许禁令的情况下由于实施禁令所遭受之损失。如果被申请人成功地

---

① The Evangelismos (1858) 12 Moo. P. C. 352. 参见：邢海宝《海事诉讼特别程序研究》，第131页。

② 参见：Axel Bosch (ed.), *Provisional Remedies in International Commercial Arbitration*, p. 212; D. C. Jackson, *Enforcement of Maritime Claims*, pp.337-338; Christopher Hill, *Maritime Law*, p. 120；杨良宜《海事法》，第66—67页。

③ 参见：邢海宝《海事诉讼特别程序研究》，第131页。

解除了禁令，法院则可能命令申请人赔偿损失。[①]

② 玛瑞瓦禁令。相同的原则也同样适用于玛瑞瓦禁令场合。但被申请人必须证明：第一，如果不准许实施玛瑞瓦禁令，损失或损害则可能不会发生；第二，玛瑞瓦禁令的实施与损失或损害之间存在关联，并且损失的类型应为当事人所预见。在无相反证据的情况下，法院则会命令申请人赔偿由于玛瑞瓦禁令的实施而给被申请人和无辜第三人所造成的损失。[②]

2. 美国的若干实践

美国法院对待临时性保全措施错误实施的损害赔偿问题的立场与英国法院基本相同。

（1）禁令

申请人在申请禁令时必须提供适当的担保，以备在禁令错误实施时赔偿被申请人损失之用。根据《美国联邦民事诉讼规则》第65条第（c）款之规定，除申请人提供担保外，不得颁布初步禁令和暂时制止令，而担保的数额应当适于支付该禁令的费用，以及如果当事人被不当禁止或限制时所可能承受或招致损害的赔偿。

（2）扣押与扣留

在美国，诉人海事扣留管辖权的确立对申请人而言肯定、容易和安全。申请人无须证明存在一个“强而有力的案件”及被申请人将来败诉后会逃避责任等，也无须提供“保证赔偿损失”。[③] 而对于诉物扣押，虽然理论上存在因错误扣船需承担赔偿船东损失的可能，但现实中极少发生。对于错误扣船的成立，船东必须证明申请人的“恶意”。不过，亦发生过申请人因错误扣船而赔偿船东损失的实例。在Maritime Prosperity案[④] 中，扣船申请人未披露其已经扣过船而取得互保协会保函的事实，但之后申请人在美国实施再扣押。为此，美国法院判扣船

① See Axel Bosch (ed.), *Provisional Remedies in International Commercial Arbitration*, p. 222.

② 参见：Axel Bosch (ed.), *Provisional Remedies in International Commercial Arbitration*, p. 222; D. C. Jackson, *Enforcement of Maritime Claims*, pp. 355-357；杨良宜《海事法》，第136页；《禁令》，第360、374—377页。

③ 参见：杨良宜《海事法》，第142页。

④ (1994) LMLN No. 429.

申请人存在“恶意”，赔偿船东延误9天的损失及有关律师费用。[①]

3. 澳大利亚的若干实践

澳大利亚《1988年海事法》第34条对不正当扣押的损害赔偿问题作了规定。该法第34条第1款规定，在有关根据本法所提起的诉讼中，如果（a）一方当事人不合理并没有充分事由要求提供过分的担保；或根据本法扣押船舶或其他财产；或者（b）一方当事人或其他人不合理并没有充分事由而就被扣船舶或财产的释放问题作出本法所要求的同意表示，该当事人或其他人应对由此直接遭受损失或损害的诉讼当事人，或对船舶或财产享有利益的人承担损害赔偿责任。同条第2款规定，根据本法而向其提起诉讼的法院的管辖权应扩及第1款项下的请求。

4. 南非的若干实践

对于诉人扣留，申请扣留财产的申请人并没有提供交叉担保的当然义务，但被申请人可提出一份正式的要求提供此种担保的反申请（counter-application）。并且，如果其能证明申请人扣留财产没有合理的可能的诉由（reasonable and probable cause），法院则可作出命令要求申请人提供反担保以赔偿被申请人所提出的由错误扣留所致的损害及有关的法律费用。

而对于诉物扣押，南非《海事管辖权调整法》第5条第4款规定，提出过分请求或要求过分担保并获得财产扣押或法院命令的任何人，应对任何人由于扣押所遭受的损失或损害承担赔偿责任。

（二）大陆法系国家的若干实践

1. 法国的若干实践

在申请人无正当理由申请保全措施的情况下，被申请人根据《法国民事诉讼法典》中有关民事责任之规则有权提出损害赔偿请求。受害人应证明由保全措施所致的损害程度。损害赔偿金的数量与所遭受的损害程度相当。[②]

---

① 参见：Axel Bosch (ed.), *Provisional Remedies in International Commercial Arbitration*, pp. 756-757；杨良宜《海事法》，第69页。

② See Axel Bosch (ed.), *Provisional Remedies in International Commercial Arbitration*, p. 271.

2. 德国的若干实践

根据《德国民事诉讼法典》第945条之规定，假扣押或假处分的命令经判明自始为不合法时，或者依第926条第2款或第942条第3款发出的命令在规定的期限内未起诉而被撤销时，请求发出命令的当事人对于对方当事人因执行该命令而受到的损害，或因免除执行或撤销处分而提供担保发生的损害，负赔偿之责。

此外，《德国民事诉讼法典》第1041条第（4）款规定，依第（1）款发出的有关措施的命令，如经证实自始即无理由时，申请执行的当事人应赔偿对方当事人由于执行该措施或因避免执行而提供担保所受的损失。这种请求可以在仲裁程序进行中主张之。该条款并非源于1985年制定的《国际商事仲裁示范法》，而是体现了德国法色彩的本土化规定，其直接源于《德国民事诉讼法典》第945条"损害赔偿义务"，旨在为在仲裁领域遭受损害的一方当事人提供保护。据此规定，损害赔偿请求权的提出应符合以下几个条件：其一，采取措施的命令由仲裁庭发布，而非由法院发布。如由法院发布临时措施命令，则受害人不能根据该规定请求损害赔偿，只能根据《德国民事诉讼法典》第945条的规定，向法院提出损害赔偿请求。其二，保全命令被证明从一开始便无理由。其三，该命令已由法院执行或即将执行。其四，造成了损害后果，或表现为因执行该措施而遭受损害，或为了避免执行而提供担保而遭受损失。其五，提出请求的主体为遭受损害的一方当事人，而有义务赔偿的主体是已经获得命令执行的一方当事人。其六，须在程序结束前向仲裁庭提出。[①]

3. 日本的若干实践

《日本民事保全法》仅规定了保全命令的担保问题，而未就保全措施错误实施的赔偿作出明示规定。该法第14条第1款规定，发出保全命令，可使人提供担保，或者可在认为适当的一定期限内提供担保以作为实施保全执行的条件，或者可以不使人提供担保。第32条规定，在对于保全异议作出的裁定中，法院可规定在认为适当的一定期限内

---

① 韩赤风：《德国仲裁临时措施制度及其借鉴》，《商事仲裁与调解》2021年第3期，第38—39页。

使债权人提供担保，或者规定增加本法第14条第1款所规定的担保金额，并在适当的一定期限内以债权人对所增加的金额提供担保作为实行或继续实行保全执行的条件。第44条规定，根据本法第32条第2款规定，以提供担保作为继续实施保全执行的条件时，债权人应当在本法第32条第2款规定的提供担保期限的最后一日起的一周之内，向保全执行法院或执行官提交文书，证明在该期限内提供担保。在债权人不提出文书的情况下，如果债务人提出裁判正本，保全执行法院或执行官应当撤销已经实施的执行处分。

（三）国际扣船公约

在国际海事诉讼中，扣船是一种临时措施，错误扣船时有发生。关于错误扣船的识别、错误扣船人的责任、补救措施等，各国国内法对此均有不同程度的规定。扣船公约也基本上将此问题交由各国国内法解决。

1.《1952年扣船公约》

在有关错误扣船的赔偿与反担保问题上，由于英国的反对，该公约未能就此问题直接作出统一的规定，而是通过冲突法来解决这一问题。《1952年扣船公约》第6条规定，在任何案件中，请求人是否必须对因扣押船舶而引起的损害，或者为释放或防止扣押船舶而提供的保证金或其他保全的费用负责等问题，都应根据在其管辖区内实行扣押或要求扣押的缔约国法律决定。

2.《1999年国际扣船公约》

与《1952年扣船公约》不同的是，《1999年国际扣船公约》对此问题作出了较为全面的规定。公约第6条第1款规定，作为扣押船舶或允许维持已实施的扣押的条件，法院可要求请求扣押的请求人或已实施船舶扣押的请求人就因扣押而可能使被申请人遭受的并且可能应由请求人负责的任何损失提供某种担保的义务，担保的数额和条件可由法院判定。此种损失或损害包括但不限于被申请人非法或不正当扣押，或要求并提供过分的担保而可能造成的损失或损害。第2款规定，扣押实施地国法院在请求人对扣船造成的损失或损害负有责任时，应具有判定此种责任程度的管辖权，此种损失或损害包括但不限于非法或不正当扣押，或要求并提供过分的担保而可能造成的损失或损害。第3款规定，如请求人根据本条第2款负有责任，应依扣押实施地国的法律予以确定。第4款规定，如一当事国法院或仲裁庭根据公约第7条规定将对案件的实质问题予以裁决，根据本条第2款而进行的有关请求人责任的诉讼程序在此判决之前可予以中止。第5款规定，如已按本条第1款规定提供了担保，则提供此担保的人可随时申请法院减少、变更或取消该担保。

（四）我国的若干实践

民事保全措施犹如双刃剑，民事保全措施申请的拒绝与准许之间的平衡关系双方利益，如何将风险降至最低限度应是相关制度设计的一个根本准则。为进一步强化被申请人的程序救济，《民事诉讼法》第一百一十一条规定："当事人对保全或者先予执行的裁定不服的，可以申请复议一次。复议期间不停止裁定的执行。"同时，为防止当事人滥用诉权，法律及相关司法解释还对当事人的保全申请作出一定限制，并在申请错误时，申请人应当赔偿被申请人因保全所遭受的损失。

1. 保全申请错误的损害赔偿纠纷管辖法院

错误申请保全致人损害被认为是一种民事侵权事件，其管辖依据是否同于民事保全措施本身的管辖依据并非无争议。

《民诉法解释》第二十七条规定，当事人申请诉前保全后没有在法定期间起诉或者申请仲裁，给被申请人、利害关系人造成损失引起的诉讼，由采取保全措施的人民法院管辖。当事人申请诉前保全后在法定期间内起诉或者申请仲裁，被申请人、利害关系人因保全受到损失提起的诉讼，由受理起诉的人民法院或者采取保全措施的人民法院管辖。

对于诉中保全错误赔偿事件的管辖法院，现行法律未予以明确，实践中有观点主张，错误申请保全致人损害是一种民事侵权行为，其责任应属民事责任，应根据《民事诉讼法》第二十九条的规定，因侵权行为提起的诉讼，由侵权行为地或者被告住所地人民法院管辖。[①] 与

---

① 马德龙:《实务中关于财产保全以及错误保全的法律责任的认定》，搜狐网，2018年2月26日，https://www.sohu.com/a/224143967_100014550，访问日期：2021 年 8月20日。

之不同的，在咸阳新兴分布式能源有限公司（以下简称“新兴公司”）与兴平市玉祥天然气有限公司（以下简称“玉祥公司”）诉中行为保全损害责任纠纷管辖案[①]中，陕西省西安市新城区人民法院认为，对因行为保全引发的损害责任纠纷类案件的管辖法院应遵循明确、可预期的“管辖确定”原则。因保全受到损失提起的诉讼，由受理起诉的人民法院或者采取保全措施的人民法院管辖。最高人民法院于2017年就浙江省高级人民法院的有关请示而印发的《最高人民法院关于因申请诉中财产保全损害责任纠纷管辖问题的批复》[②]指出：“为便于当事人诉讼，诉讼中财产保全的被申请人、利害关系人依照《中华人民共和国民事诉讼法》[③]第一百零五条规定提起的因申请诉中财产保全损害责任纠纷之诉，由作出诉中财产保全裁定的人民法院管辖。”事实上，诉中保全错误赔偿请求，或在实体纠纷诉讼或仲裁正在进行时提出，或在实体纠纷业已解决后单独提出。在前者情况下，其管辖法院的确定思路遵循《民诉法解释》第二十七条之规定，似乎更为妥适，即由受理起诉的人民法院或者采取保全措施的人民法院管辖；而在后者情形，则由侵权行为地或者被告住所地人民法院管辖为宜，这既有利于管辖的确定性和人民法院查明案件事实，又方便当事人诉讼。

2. 程序瑕疵与民事保全措施的执行效力

在兰州新区汇银小额贷款有限责任公司（以下简称“汇银公司”）诉兰州通用机器制造有限公司（以下简称“兰通公司”）借款合同纠纷案[④]中，甘肃省高级人民法院作出（2014）甘民二初字第13–2号民事裁定，裁定冻结兰通公司的银行存款2687.3416万元或查封、扣押其等值财产，并由任帆、邵维军为此诉讼保全提供担保。甘肃高院作出上

---

① （2019）陕0102民初4165号、（2019）陕01民辖终322号。姚建军：《〈人民法院报〉案例：诉中行为保全损害责任纠纷由采取保全措施的法院管辖》，搜狐网，2019年10月13日，https://www.sohu.com/a/346747188_120067504，访问日期：2021年8月20日。

② 《最高人民法院关于因申请诉中财产保全损害责任纠纷管辖问题的批复》于2017年7月17日由最高人民法院审判委员会第1722次会议通过，自2017年8月10日起施行。

③ 2017年修正版。

④ 甘肃省高级人民法院执行裁定书（2014）甘执异字第02号、最高人民法院执行裁定书（2014）执复字第25号。

述裁定后，对兰通公司名下的部分银行存款账户和两宗土地使用权采取了保全措施。但甘肃高院在对兰通公司采取冻结银行存款账户、查封土地使用权的措施时，未向兰通公司送达（2014）甘民二初字第13–2号民事裁定书。兰通公司对甘肃高院的冻结、查封行为不服，向甘肃高院提出书面异议，请求解除保全措施，对兰通公司的银行账户解除冻结。至于请求的理由，异议人兰通公司称，法院对其公司账户冻结超过保全申请范围；冻结账户的措施严重影响公司生产经营，将造成严重社会后果；保全措施不符合最高人民法院的相关文件精神。甘肃高院驳回兰通公司的异议，认为其依据生效法律文书对兰通公司的银行账户及资产采取冻结、查封措施符合法律规定，亦无超标的查封之事实：对兰通公司名下土地的查封仅为轮候查封，查封效力尚未显现；对其银行开户账户并未全部冻结，只在其中三个账户中冻结存款总计18190.58元，远未达到保全标的额。本案执行保全过程中，执行程序及措施符合法律规定，异议人兰通公司所提异议理由不成立。

兰通公司不服，向最高人民法院申请复议，请求撤销该异议裁定，并解除对其名下银行账户的冻结和土地使用权的查封。

结合兰通公司的异议和复议理由，最高人民法院认为，该案的焦点问题可分为两个方面：其一，甘肃高院在实施保全行为过程中是否存在违反程序的行为及相应法律后果；其二，甘肃高院冻结兰通公司的银行存款账户、轮候查封其土地使用权是否属于超标的保全。

对于担保的提供及其法律后果问题，最高人民法院指出，《民事诉讼法》（2012年修正）第一百条第二款规定，人民法院采取保全措施，可以责令申请人提供担保，申请人不提供担保的，裁定驳回申请。《民诉法解释》第一百五十二条第三款规定，在诉讼中，人民法院依申请或者依职权采取保全措施的，应当根据案件的具体情况，决定当事人是否应当提供担保以及担保的数额。最高人民法院据此认为，诉讼中保全裁定的作出并不需要严格的对审程序，要求申请人提供担保是为了及时有效地赔偿可能由申请人申请错误而给被申请人造成的损失，进而也促使申请人在申请保全时慎重考虑。因此，当事人在诉讼中申请保全，是否提供担保是法院依职权决定的事项，法院有权根据案件具体情况决定是否责令申请人提供担保以及担保的具体数额。而甘肃高院在对担保财产实施查封的过程中，对汇银公司提供的担保财产依法实施了查封，所采取的措施已足以实现财产担保的功能。兰通公司所提关于汇银公司未能提供有效担保以及甘肃高院掩盖汇银公司未能提供有效担保的复议理由与事实不符，且于法无据，不能成立。

对于保全裁定未及时送达的法律后果，最高人民法院指出，甘肃高院在对兰通公司采取保全措施时，确未向兰通公司送达民事裁定书，在程序上存在瑕疵。但最高人民法院认为，《民事诉讼法》（2012年修正）第一百零八条规定，当事人对保全或者先予执行的裁定不服的，可以申请复议一次。复议期间不停止裁定的执行。从该条规定的具体内容看，此类复议属于事中救济。法律之所以规定复议期间不停止裁定的执行，主要是为了防止被保全的一方当事人在申请复议期间转移财产。因此，甘肃高院未能立即向兰通公司送达诉讼保全的裁定不影响保全内容的执行，也不影响甘肃高院对兰通公司的财产采取保全措施的效力。而甘肃高院在对兰通公司名下的银行存款账户、土地使用权实施保全措施后，向兰通公司送达了保全裁定，此前送达程序中存在的瑕疵已得到补正，保全措施的效力应予维持。保全裁定送达后，兰通公司对该裁定不服，可依据有关法律规定申请复议。

对于轮候查封与超标的保全之间的关系，最高人民法院指出，对债务人的财产采取保全措施，旨在确保债权人债权的实现，确保实际变价处分时债权能够得以足额受偿。而为避免损害债务人的合法权益，《最高人民法院关于人民法院民事执行中查封、扣押、冻结财产的规定》（以下简称《查封规定》）第二十一条第一款规定，查封、扣押、冻结被执行人的财产，以其价额足以清偿法律文书确定的债权额及执行费用为限，不得明显超标的额查封、扣押、冻结。最高人民法院认为，甘肃高院对兰通公司名下土地使用权实施的是轮候查封，根据《查封规定》第二十八条第一款的规定，对已被人民法院查封、扣押、冻结的财产，其他人民法院可以进行轮候查封、扣押、冻结。查封、扣押、冻结解除的，登记在先的轮候查封、扣押、冻结即自动生效。据此可知，轮候查封在性质上不属于正式查封，并不产生正式查封的效力。轮候查封产生的仅是一种预期效力，类似于效力待定的行为。同时，甘肃高院对兰通公司名下土地使用权实施的轮候查封属于诉讼保全措施，在性质和效力上属于临时性措施，主要目的是防止兰通公司转移财产，在客观上并未对保全的标的进行处置。若本案进入执行程序，且甘肃高院在本案中对兰通公司名下土地使用权实施的轮候查封转变为正式查封，方发生正式查封的法律效力，所查封的两宗土地使用权变现所得价款究竟还有多少可用于实现本案债权，尚取决于在先查封案件的执行情况。故甘肃高院冻结兰通公司名下三个银行账户存款的措施不构成重复保全，兰通公司关于甘肃高院对其实施了超标的保全的理由与事实不符，且于法无据。

3. 保全申请错误的损害赔偿

（1）海事请求保全

《海事诉讼特别程序法》第二十条规定，海事请求人申请海事请求保全错误的，应当赔偿被请求人或者利害关系人因此所遭受的损失。《海事诉讼特别程序法解释》第二十四条规定了损失的范围。该等规定显然适用于扣押船舶、船载货物、船用燃油和船用物料错误时的赔偿问题。

① 错误扣船。被请求人或者利害关系人依据海事诉讼特别程序法第二十条的规定要求海事请求人赔偿损失，向采取海事请求保全措施的海事法院提起诉讼的，海事法院应当受理。[①]

对错误扣船的认定标准，我国法律未作明确的规定。《海事诉讼特别程序法》第二十条与《民事诉讼法》第一百零八条的规定是一致的。《民事诉讼法》第一百零八条规定，申请有错误的，应当赔偿损失。而实践中对于申请海事请求保全错误的标准存在两种观点：第一种观点认为，应当采用客观标准，只要存在保全对象错误或者生效判决支持

① 《海事诉讼特别程序法解释》第二十三条。但是，所使用的措辞是否意味着被请求人或者利害关系人可向其他法院提起损害赔偿之诉？有学者认为，申请扣船错误提起诉讼的管辖权，与因扣船所依据的海事请求提起诉讼的管辖权不一样，两者遵循不同的管辖原则。对前者具有管辖权的法院是唯一的，即是对海事请求保全具有管辖权的海事法院；对后者具有管辖权的法院不是唯一的，依据具体的海事请求的性质而定，可能会出现多个海事法院都有管辖权的情况。参见：金正佳、翁子明《海事请求保全专论》，第104—105页。

结果低于申请保全标的额达到一定比例，即可认定构成保全错误；第二种观点认为，应当采用主客观相结合的标准，除了保全对象错误或者生效判决支持结果低于申请保全标的额达到一定比例，尚需申请人具有损害他人的故意或者重大过失的主观要件。[①]

在我国，申请扣船错误主要表现为以下几种形式：第一，申请人不具有海事请求而申请扣押船舶。法院经审查发现申请人的确不具有海事请求，理所当然应认定其申请扣船错误，就像原告没有诉权而提起诉讼应当驳回一样。[②] 第二，被申请人对海事请求完全不负责任。但是，如果被申请人对海事请求负有哪怕是很小的责任，也不能认定为申请扣船错误。第三，扣押船舶的对象错误。所谓“扣船对象错误”，即指申请扣押了与海事请求无关的船舶，这在船舶碰撞而申请扣船的情况下偶有发生。第四，申请人要求并获得在种类或数量上过分的担保。这种形式的申请扣船错误在实践中较为常见，几乎在每一宗扣船案件中，申请人要求并获得的担保数额都高出最终确定的债权额。《海事诉讼特别程序法》规定，申请人要求的担保额应当与其债权额相当。应该说，“相当”是一个不确定但又比较能够操作的尺度。第五，有证据表明申请不符合法定条件但不主动向法院申请释放船舶，或者因扣船遭受的损失确定后不及时降低担保要求，致使船舶不合理滞留。[③] 在我国，诉前海事请求保全时，实体案件未经审理，申请错误的可能性大；诉中保全时，实体案件经过了立案审查或审理，申请错误的可能性小。根据客观标准，申请扣船是否错误须待本诉法院对案件实体问题进行审理后才能确定。客观标准虽易于操作，有助于防止海事请求人滥用权利，保障船舶所有人的利益，但申请扣船错误在实践中一般被认为构成侵权行为，客观标准只涉及侵权行为成立的一个要件，以扣船后的法院判决作为申请扣船错误与否的标准，使申请人在申请扣船时无法预见自己行为的法律后果。为此，在实践中，一些海事法院

① 参见：邢海宝《海事诉讼特别程序研究》，第132页。

② 参见：金正佳、翁子明《海事请求保全专论》，第99页。

③ 参见：金正佳、翁子明《海事请求保全专论》，第99—100页；邢海宝《海事诉讼特别程序研究》，第130—132页。

主张采用主客观相结合的标准。保全是保证诉讼顺利进行和维护司法权威的重要措施，即使可能造成被保全人的财产限制或损失，只要海事请求人不具备损害他人权益的主观故意或者重大过失，在扣船时已经尽到合理谨慎的注意义务，该限制或由此产生的损失应认定为民事主体面临的必要风险，不能轻易转嫁给海事请求人。因此，建议将来修改《海事诉讼特别程序法》时对保全错误标准予以明确，在目前的第二十条中增加一款，即海事请求人明知或应知保全对象错误的，或者保全财产价值明显大于请求数额，经对方申请和法院释明后，申请人坚持不解封的，或者海事请求人因故意或重大过失明显超标的保全，致使被申请人权益受损，被申请人依据前款规定主张赔偿的，应予支持。[①] 较为适当的做法是，既然申请扣船是申请人的一项法定权利，在向海事法院提出扣船申请时，申请人只要善意谨慎地初步履行举证责任，证明申请符合法律规定的扣船条件，海事法院就应该接受申请实施扣船，即使本诉法院判决结果与初步证据相反，也不构成申请扣船错误，反之则因滥用扣船权利而构成申请扣船错误。在申请扣船错误的认定标准上，不妨借鉴英国在此问题上的做法，即恶意申请保全而致被申请人或其他利益相关人损害的，应负赔偿责任。[②]

至于错误扣船的赔偿范围，根据《海事诉讼特别程序法解释》第二十四条规定，应包括因船舶被扣押在停泊期间产生的各项维持费用与支出、船舶被扣押造成的船期损失和被申请人为使船舶解除扣押而提供担保所支出的费用。

在海事实践中，申请卖船错误的现象也经常发生。申请卖船错误至少包括两种情况：拍卖了无责任当事人的船舶和拍卖了案外人的船舶。当然，船舶所有人如认为自己是案外人，可提出异议，故案外人的船舶被错误拍卖的可能性不大。对于申请卖船错误的法律适用问题，有学者认为，申请卖船错误属于申请海事请求保全错误范畴，应适用

---

① 南京海事法院：《船舶扣押法律问题研究——对〈海事诉讼特别程序法〉第三章船舶扣押规定的修改建议》，搜狐网，2020年10月14日，https://www.sohu.com/a/424534839_120057119，访问日期：2021年8月20日。

② 参见：杨良宜《海事法》，第70页；邢海宝《海事诉讼特别程序研究》，第132—133页。

《海事诉讼特别程序法》第二十条的规定。①

② 错误扣押船载货物②、船用燃油、船用物料。申请扣押船载货物错误主要表现为：第一，申请人不享有海事请求权。申请人在实体上没有损失，而在程序上不具有申请扣货的主体资格。第二，被申请人对海事请求不负责任。被申请人在实体上不负支付有关款项的义务，而在程序上不是适格的主体。第三，货物不属被申请人所有。不过，申请扣货不符合形式要件，不构成申请扣货错误。申请书格式和内容不符合要求，申请人提供的证据不足，以及提供的担保类型、方式和内容不符合要求等，不构成申请错误。而申请扣货过量或要求担保过分，仅为申请不当，并非申请错误。③ 此外，根据《海事诉讼特别程序法》第二十条的规定，申请人申请拍卖船载货物、船用燃油、船用物料错误的，应当赔偿被申请人和利害关系人因此所遭受的损失。

（2）财产保全

法院应当事人申请实施财产保全而发生错误，并因此使被申请人遭受损失的，被申请人应当得到赔偿。《民事诉讼法》第一百零八条规定，申请有错误的，申请人应当赔偿被申请人因保全所遭受的损失。

① 财产保全申请错误的赔偿责任归责原则。依《民事诉讼法》上述规定，申请人“申请有错误”，即应承担赔偿责任。对于该赔偿责任的归责原则，最高人民法院在重庆万州索特装卸搬运有限公司与宗一成申请诉前财产保全申请再审案④ 中指出，因保全引起的损害赔偿案件，应当适用侵权责任法规定的过错责任归责原则。申请是否有错误，不能简单地以申请人的诉讼请求是否得到人民法院支持为判断依据，应以申请人对出现保全错误存在故意或重大过失作为认定过错的标准。而在陈应桂、福建省东泉建筑工程有限公司与宁化县永龙房地产开发有限公司建设工程施工合同纠纷申请再审案⑤ 中，最高人民法

① 参见：邢海宝《海事诉讼特别程序研究》，第136页。

② 《海事诉讼特别程序法解释》第四十条规定，申请人依据《中华人民共和国海商法》第八十八条规定申请拍卖留置的货物的，参照海事诉讼特别程序法关于拍卖船载货物的规定执行。

③ 参见：邢海宝《海事诉讼特别程序研究》，第135—136页。

④ 最高人民法院民事裁定书（2014）民申字第2172号。

⑤ 最高人民法院民事裁定书（2015）民申字第1147号。

院再次详尽阐析，将《民事诉讼法》上述规定的赔偿责任，认定为《中华人民共和国侵权责任法》第七条规定的无过错责任。在申请人败诉的情况下，即认为构成“申请有错误”，并一概要求申请人承担申请财产保全错误的赔偿责任，不符合《民事诉讼法》该条款的立法本意。因此，该条法律规定的“申请有错误”，应当理解为不仅包括人民法院的裁判结果与申请人诉讼请求之间存在差异，申请人的诉讼请求未能全部得到人民法院支持的客观方面，亦应包括申请人主观上存在故意或重大过失等过错的主观方面。也就是说，法律规定的申请财产保全错误损害赔偿责任，应当适用一般侵权责任过错归责原则，而不能仅依据裁判结果来认定责任的成立与否。在都兴东与沈阳锦元纸业有限公司申请诉中财产保全损害责任纠纷案[①]中，最高人民法院依然采用过错责任原则确定申请人是否对损害有过错。

② 申请错误的认定。安徽省高级人民法院在安徽宏利房地产开发有限公司与华升建设集团有限公司等财产保全损害责任纠纷上诉案[②]和江西省高级人民法院在江西兴和置业发展有限公司与上饶市华丰铜业有限公司财产保全损害责任纠纷上诉案[③]中指出，财产保全引起的损害赔偿案件，应当适用侵权责任法规定的过错责任归责原则，以行为人主观上有过错作为其承担民事责任的前提条件，即行为人仅在有过错的情况下才承担民事责任。换言之，只有在申请人对财产保全错误存在故意或重大过失的情况下，才能认定属于申请有错误，而不能简单地以申请人对诉讼结果的认识与人民法院的最终认定不一致来判断申请有错误。也就是说，申请保全是当事人依法享有的诉讼权利，该权利是否恰当行使并不能简单地以其诉讼请求是否得到人民法院生效判决支持为判断依据，还应审查申请人申请保全是否存在主观恶意或重大过失。[④]申请保全的金额远高于判决所支持的金额，并不能当然

① 最高人民法院民事裁定书（2016）最高法民申2100号。

② 安徽省高级人民法院民事判决书（2014）皖民一终字第00075号。

③ 江西省高级人民法院民事判决书（2014）赣民二终字第33号。

④ 宗一成与重庆万州索特装卸搬运有限公司财产保全损害责任纠纷上诉案：重庆市高级人民法院民事判决书（2014）渝高法民终字第00146号。

认定申请人具有过错。[①] 驳回、撤诉或和解均不能当然表明申请人申请保全具有过错。[②] 证明申请人具有过错的举证责任在于被申请人。[③]

③ 申请财产保全错误与损害结果之间的因果关系。最高人民法院在润德集团有限公司与中国建筑第八工程局有限公司大连分公司、中国建筑第八工程局第四建筑公司申请诉前财产保全申请再审案[④] 中指出，申请诉前财产保全损害责任的成立应符合两个条件：一是当事人申请诉前财产保全错误；二是错误财产保全行为造成案外人损失。换言之，对于错误申请保全造成的损害赔偿，仅存在申请人具有过错以及损害结果的事实并不足以使申请人承担赔偿责任，被申请人或其他受害人还应当证明错误申请财产保全与损害结果之间具有因果关系，以确定申请人是否应当承担赔偿责任以及承担多少的赔偿责任。[⑤]

（3）海事强制令与行为保全

《海事诉讼特别程序法》第六十条规定，海事请求人申请海事强制令错误的，应当赔偿被请求人或者利害关系人因此所遭受的损失。而被请求人依据《海事诉讼特别程序法》第六十条的规定要求海事请求人赔偿损失的，由发布海事强制令的海事法院受理。[⑥]

对于知识产权领域的行为保全所致损害的赔偿，《行为保全规定》第十八条规定，被申请人依据民事诉讼法第一百零八条规定提起赔偿诉讼，申请人申请诉前行为保全后没有起诉或者当事人约定仲裁的，

---

① 上海乾承机械设备有限公司与上海欧驰机械设备有限公司财产保全损害责任纠纷上诉案：上海市第二中级人民法院民事判决书（2014）沪二中民四〈商〉终字第868号；李正辉与柴国生因财产损害赔偿纠纷申请再审案：最高人民法院民事裁定书（2012）民申字第1282号。

② 重庆宗德科技创业有限公司与重庆高技术创业中心财产保全损害责任纠纷申请案：重庆市高级人民法院民事裁定书（2014）渝高法民申字第00748号；司马义依力·阿布都热依木与喀什市金龙商贸有限公司财产损害赔偿纠纷申诉、申请案：最高人民法院民事裁定书（2015）民申字第3036号。

③ 新疆金石建设项目管理有限公司与邹雪花因申请诉中财产保全损害责任纠纷申请案：新疆维吾尔自治区高级人民法院民事裁定书（2014）新民申字第1523号。

④ 最高人民法院民事裁定书（2014）民申字第2006号。

⑤ 陈世伟诉陈云青等申请诉前财产保全案：浙江省高级人民法院民事判决书（2014）浙海终字第43号；株洲澳华工具有限公司与株洲县粮食局等因申请诉中财产保全损害责任纠纷上诉案：湖南省高级人民法院民事判决书（2014）湘高法民三终字第10号；吕春常与四川宜宾伊力集团横江发电有限公司申请诉前财产保全损害责任纠纷上诉案：云南省高级人民法院民事判决书（2012）云高民一终字第180号。

⑥《海事诉讼特别程序法解释》第四十六条。

由采取保全措施的人民法院管辖；申请人已经起诉的，由受理起诉的人民法院管辖。第十六条规定，有下列情形之一的，应当认定属于民事诉讼法第一百零八条规定的“申请有错误”：申请人在采取行为保全措施后30日内不依法提起诉讼或者申请仲裁；行为保全措施因请求保护的知识产权被宣告无效等原因自始不当；申请责令被申请人停止侵害知识产权或者不正当竞争，但生效裁判认定不构成侵权或者不正当竞争；以及其他属于申请有错误的情形。申请人撤回行为保全申请或者申请解除行为保全措施的，不因此免除民事诉讼法第一百零八条规定的赔偿责任。[1]

（4）证据保全

证据保全导致财产损失的情况比较常见。《海事诉讼特别程序法》第七十一条规定，海事请求人申请海事证据保全错误的，应当赔偿被请求人或者利害关系人因此所遭受的损失。但对于非海事领域证据保全错误的赔偿问题，民事诉讼法则暂付阙如。《民事诉讼法》第一百零八条主要针对财产保全错误的赔偿，为了体系上的完整性，在《最高人民法院关于民事诉讼证据的若干规定》的修订过程中，参照财产保全的相关条款，证据保全错误的赔偿也纳入其中，以完善证据保全的相关制度。

《最高人民法院关于民事诉讼证据的若干规定》第二十八条规定，申请证据保全错误造成财产损失，当事人请求申请人承担赔偿责任的，人民法院应予支持。根据《海事诉讼特别程序法》第七十一条的规定，申请保全人因其申请证据保全错误而给证据持有人造成损失，由此所形成的法律关系是侵权损害赔偿关系。所谓“申请证据保全错误”，应指申请人对证据保全错误结果的形成存在故意或者重大过失。在对证据保全错误的赔偿责任的具体认定上，应当以过错责任原则作为其归责原则。当事人的后续诉讼结果显然不能等同于证据保全错误。换言之，判断申请人申请证据保全是否存在过错，不能仅以申请人的诉讼请求或抗辩主张是否得到支持作为判断标准，而应根据申请保全的对

① 《行为保全规定》第十七条第二款。

象、方式以及申请保全的证据是否能够证明其所主张的案件事实等考察其申请证据保全是否适当。申请保全人提出的诉请或抗辩主张合理且申请证据保全适当的，不应认定申请人具有故意或重大过失。①

被请求人依据《海事诉讼特别程序法》第七十一条的规定要求海事请求人赔偿损失的，由采取海事证据保全的海事法院受理。②

（5）先予执行

在先予执行裁定的内容与判决结果相一致的情况下，自然不发生给予被申请人救济的问题，但如果申请人败诉，或者虽未败诉但判决给付的数额小于先予执行的数额，那就意味着申请人通过先予执行所取得的利益已失去了法律依据，而被申请人却因此而蒙受了损失。为此，《民事诉讼法》第一百一十条第二款规定，申请人败诉的，应当赔偿被申请人因先予执行而遭受的损失。《民诉法解释》第一百七十三条规定，人民法院先予执行后，根据发生法律效力的判决，申请人应当返还因先予执行所取得的利益的，适用民事诉讼法第二百四十条的规定。也就是说，对已被执行的财产，人民法院应当作出裁定，责令取得财产的人返还；拒不返还的，强制执行。③

① 最高人民法院民事审判第一庭编《民事审判实务问答》，法律出版社，2021，第200问。

② 《海事诉讼特别程序法解释》第五十一条。

③ 《民事诉讼法》第二百四十条规定，执行完毕后，据以执行的判决、裁定和其他法律文书确有错误，被人民法院撤销的，对已被执行的财产，人民法院应当作出裁定，责令取得财产的人返还；拒不返还的，强制执行。

第四章

民事保全措施跨国实施的司法合作

民事保全措施作为国内法中的救济措施，在各国内法框架下运用，从而难免呈现出“各行其是”的现象。但是，民事保全措施日益频繁地介入国际民商事诉讼和仲裁，成为当事人“上兵伐谋”的重要手段。为此，在民事保全措施国际统一立法形成之前，探索民事保全措施的跨国司法合作的路径，业已为一些全球和区域性组织着手实施，并形成若干为国际社会所肯定的民事保全措施跨国司法合作模式。

第一节　民事保全措施地域效力的扩张

一、民事保全措施地域效力的传统实践

传统民事保全理论认为，民事保全措施的实施是一国法院行使本国司法主权行为，具有严格的属地性，因而民事保全措施只在颁布保全命令的法院所属国领土内产生效力。这一传统的观念可见于各国立法和司法实践之中。

在英国，早期的立法和司法实践也对玛瑞瓦禁令的地域效力采取限制性立场。玛瑞瓦禁令的创设者丹宁勋爵在论及玛瑞瓦禁令的运作

机制时指出，玛瑞瓦禁令是一项对物措施，应如扣船措施、英格兰古代涉外扣留、美国诉人扣押以及大陆法系国家保全扣押程序那样运作，其具有扣留被告在英国法院管辖区域内的任何财产的效力。① 尽管丹宁勋爵关于玛瑞瓦禁令对物性质的观点并未被英国学者所认同，但其关于玛瑞瓦禁令实施条件和地域效力的主张则为英国司法界和立法所接受。② 玛瑞瓦禁令的实施应遵循这样一个原则，即原告证明存在一个表面良好论据案情，被告在英国法院管辖区域内有财产，原告所获胜诉判决存在由于被告将其财产转移出英国法院管辖区域而有不能履行之真正风险。从玛瑞瓦禁令的地域效力角度来说，玛瑞瓦禁令仅对位于英国法院管辖区域内的被告财产有拘束力。《1981年英国高等法院法》则进一步确认了这一实践。其第37条第3款规定，法院拥有权力颁布中间禁令，以禁止任何诉讼的一方当事人将位于高等法院管辖区域内的财产转移出该管辖区域，或以其他方式处置该财产，而不论该方当事人住所是否在该管辖区域，或其是否居住或出现在该管辖区域内。可见，英国成文法所认可的玛瑞瓦禁令仅禁止当事人对位于英国法院管辖区域内的财产加以转移或处置的行为，而对于被告位于外国的财产则无法律效力。③

英国唐纳森勋爵（Donaldson M. R.）在论及玛瑞瓦禁令的域外效力问题时亦指出，玛瑞瓦禁令的实施不应与国际法的一般原则相冲突，国际礼让原则禁止一国法院颁布命令以侵犯他国法院的排他性管辖权。斯托顿法官（Staughton L. J.）在Derby & Co. Ltd.诉Weldon (No.6)案④ 中以更为强烈的措辞指出，玛瑞瓦禁令域外效力的扩张是对在国外从事的交易和财产的干涉，如果这一做法成为英国法院对在外国的被告主张管辖权并命令其转移财产以使最终判决得以确实执行的一项

① See L. Collins, *Essays in International Litigation and the Conflict of Laws* (Oxford:Clarendon Press, 1994), pp. 192-193.

② 玛瑞瓦禁令是对人救济。See L. Collins, "Provisional and Protective Measures in International Litigation," p. 113.

③ See L. Collins, *Essays in International Litigation and the Conflict of Laws*, pp. 191-198; "Provisional and Protective Measures in International Litigation," p. 112.

④ [1990] 1 WLR 1139,1153 (CA).

普遍实践的话，那是一种不为国际社会所接受的沙文主义行为。[①] 玛瑞瓦禁令的管辖权不能扩张至位于国外财产的观点在上诉法院审理的Ashtiani诉Kashi案[②] 中达到顶峰。审理该案的狄龙法官（Dillon L. J.）认为，玛瑞瓦禁令的管辖权很清楚地限于位于法院管辖区域内的财产。

如前所述，在颁布玛瑞瓦禁令问题上所采取的有限地域效力方法作为一项实践问题业已为《1981年英国高等法院法》第37条第3款所确认。该规定明确揭示了法院行使玛瑞瓦禁令管辖权的实践，即自1975年以来玛瑞瓦禁令管辖权行使方法清楚说明玛瑞瓦禁令仅限于限制被告处置位于法院管辖区域内的财产。

在美国，根据《美国联邦民事诉讼规则》“海事补充规则”规则B，海事诉人扣押虽然只针对外国或外地的被告，但扣押令只能对位于法院管辖区域内的财产发生法律效力。[③]

在法国，财产保全扣押具有排他的属地性，如果债务人在法国有财产，不论其住所是否在国外，也不论外国法庭是否有排他性管辖权，法国法院毫无疑问拥有颁布保全扣押命令的管辖权。支付扣押也如此。如果第三债务人住所在法国，不论债务人住所在何地，根据债务人居住地即为债之所在地，也就是财产所在地规则，法国法院即有权颁布支付扣押令。同样，如果居住在外国的第三人因被告利益而持有位于法国的有形动产，法国也有颁布保全扣押令的权力。尽管曾有法国学者提出临时性保全措施域外效力的设想，但这种设想并未得到学界和官方的认可。如有学者指出，如果被告住所在法国，即使财产位于国外，法国法院应有权作出保全扣押。但其也承认，法国法院尚未就此种扣押的有效性作出过裁决，只有当财产位于法国境内时，法院才能作出保全扣押。相反，法国法院则不能就在外国作出的扣押的有

① See L. Collins, “Provisional and Protective Measures in International Litigation,” pp. 128-129.

② [1987] QB 888 (CA).

③ See L. Collins, “Provisional and Protective Measures in International Litigation,” p. 110.

效性作出裁决，而不论原告或被告的住所或国籍为何。[①]

《瑞士民事诉讼法典》第13条亦规定，除非法律另有规定，对实体事项拥有管辖权的法院，或者临时性措施拟将实施地法院，对临时性措施的批予拥有强制性管辖权。此规定也折射出临时措施属地效力理念。

在我国，民事保全措施属地效力的观念根深蒂固，这可能与我国长期以来只有对物保全制度的现实有关。尽管目前在海事领域由于《海事诉讼特别程序法》的实施而诞生了海事强制令这一对人保全措施制度，但迄今为止，我国海事法院仍然秉持着传统的观念。在这一观念影响下，我国法院不仅不主张保全措施的域外效力，而且也不支持外国法院作出的临时性保全措施在我国发生法律效力。早在1994年，辽宁省大连市中级人民法院在“日本籍人五味晃申请承认与执行日本国法院债权判决、债权扣押令和债权转让命令”案的裁定中指出，五味晃对日本国法院作出的债权判决、债权扣押令和债权转让命令申请在我国执行没有法律依据，中国法院不能承认。[②]

二、民事保全措施地域效力的扩张

在金融工具业已成为人们资产构成的重要部分、大多数国家放弃外汇管制、现金和证券离岸金融业务日益发达的当今时代，债务人轻松转移资金以挫败法院判决执行的现象司空见惯，扣押措施之不足凸现，而具有严格属地效力的禁令也日渐难以起到对法院判决有效实现的保障功能。[③] 为应对这一新的形势，国际社会，尤其是英美法系国家

① See L. Collins, “Provisional and Protective Measures in International Litigation,” p. 107. 法国于1993年1月1日实施的《民事执行程序法》第9条规定，除另有规定外，依申请人之选择，有地域管辖权的执行法官是被告居住地的法官或措施执行地法官。在已经向这些法官之一提出执行申请的情况下，不得再向另一法官提出此种请求。如债务人居住在国外，或者居住地不明，有管辖权的法官是措施执行地法官。

② 《最高人民法院关于我国人民法院应否承认和执行日本国法院具有债权债务内容裁判的复函》（1995年6月26日〔1995〕民他字第17号）。

③ See L. Collins, *Essays in International Litigation and the Conflict of Laws*, pp. 189-190.

开始扬弃传统实践，试图扩张临时性保全措施，尤其是对人保全措施的空间效力，赋予其不同程度的域外效力。

（一）美国的若干实践

在昔日的美国，原告在判决前寻求保全自己的主要救济措施即为财产扣押，而其空间效力仅限于位于颁布扣押命令的法院管辖区域内的被告财产。该种保全措施在当时保全债权人利益的有效性使美国法院深感没有必要发展类似英国玛瑞瓦禁令那样的禁令。而如今，美国法院不仅在认为没有充分的扣押措施时更加愿意以禁令的形式为当事人提供救济，而且竭力扩张禁令的域外效力。[①]

早在United States诉First National City Bank案[②]中，美国联邦最高法院裁定，美国法院拥有禁止纽约银行转移为其乌拉圭分支机构所持有的顾客的任何财产的管辖权。因为纽约银行实际控制着其各个分支机构，所以银行的事务处于诉人命令的效力范围之内。一旦确立对当事一方的诉人管辖权，联邦地区法院就有权力命令冻结为其控制的财产，而不论该财产是否在美国法院管辖区域内。

在Ebsco Industries Inc.诉Lilly案[③]中，美国法院更是积极扩张禁令的空间效力范围，使被告位于法院管辖区域外的财产置于禁令的支配之下。在该案中，买方公司以欺诈为由对被告卖方提起诉讼，被告采取措施隐匿财产，并拒绝披露其财产之所在。法院为此颁布禁令，并将其效力扩张至位于法院管辖区域外的被告财产。

而在著名的Marcos案[④]中，第九巡回上诉法院裁定，美国法院拥有颁布初步禁令以禁止菲律宾前总统马科斯及其夫人处置财产的管辖权，并且针对马科斯的禁令也适用于位于美国境外的财产。法院指出，禁令是针对人的，而非针对财产，其禁止马科斯夫妇及其助手转移位

---

① See 760 F. 2d 406 (2d Cir.1985); USACO Coal Co. v. Carbomin Energy, 689 F. 2d 94 (6th Cir.1982); L. Collins, "Provisional and Protective Measures in International Litigation," pp. 110-111.

② 379 US 378 (1965).

③ 840 F. 2d 333 (6th Cir.1988), cert. den. 488 US 825 (1988).

④ Republic of the Philippines v. Marcos, 862 F. 2d 1335 (9th Cir.), cert. den. 490 US 1035 (1988).

于任何地方的某些财产。由于禁令是作为诉人措施而非诉物措施运作，因而也就没有理由涉及禁令的地域效力范围，法院有权阻止被告处置财产以保存衡平救济的可能性。

（二）英国及其他英联邦国家

1. 英国的全球玛瑞瓦禁令①

玛瑞瓦禁令原先是为了禁止被告对英国法院管辖区域内的财产加以转移或处置而发展起来的，玛瑞瓦禁令管辖权的行使仅限于被告位于法院管辖区域内的财产。然而，随着1979年英国取消外汇管制，位于英国的被告比以往更容易处置国外财产，这一事实最终促使英国上诉法院在1988年审理的三个著名案件中抛弃以往所奉行的实践②：在Babanaft International Co. S. A.诉Bassatne案③中，有关欺诈诉讼的判决作出后，法院同意颁布玛瑞瓦禁令以禁止债务人处置其在全球的任何财产；在Republic of Haiti诉Duvalier案④中，为支持在法国法院进行的未结诉讼，法院颁布玛瑞瓦禁令以禁止被告处置位于任何地方的财产，并命令被告披露有关位于全球各地的财产的情况；在Derby & Co. Ltd.诉Weldon案⑤中，法院裁定，在英国法院未结诉讼进行过程中，就被告在全球各地的财产，法院可以颁布判决前的玛瑞瓦禁令和辅助披露令，而不论被告在英国是否有财产。⑥

从仅具有属地效力的玛瑞瓦禁令向具有域外效力的全球玛瑞瓦禁令的发展，是英国司法改革的又一重大突破。玛瑞瓦禁令拥有“核子

① 参见：杨良宜《禁令》，第293—301页。

② See L. Collins, *Essays in International Litigation and the Conflict of Laws*, pp. 190, 192; “Provisional and Protective Measures in International Litigation,” p.115. See also Gerry Maher and Barry J. Rodger, “Provisional and Protective Remedies: The British Experience of the Brussels Convention,” p. 323.

③ [1990] Ch.13 (CA). See Gerry Maher and Barry J. Rodger, “Provisional and Protective Remedies: The British Experience of the Brussels Convention,” pp. 322-324.

④ [1990] 1 QB 202 (CA).

⑤ [1990] Ch.48 (CA); (Nos. 3 & 4) [1990] CH.65 (CA).

⑥ 尽管玛瑞瓦禁令的适用对象最初只限于在英格兰和威尔士境内的财产，但从1988年开始，其逐渐适用于位于其他区域的财产，以限制被告处分或者放弃位于其他管辖区域的财产。当然，这种世界范围并超出法院地域管辖司法命令的权力在行使时必须十分慎重，尤其是当这种禁令影响到第三方时。

武器”的美誉名副其实。全球玛瑞瓦禁令的有效性，从《1981年英国高等法院法》角度而言，并没有违反该成文法之嫌。该法第37条第3款所使用的措施根本没有局限被告在英国或全球的财产。[①] 从法理上讲，英国法院所颁布之禁令的运作是对人的，命令所针对的人必须处于英国法院的管辖范围之内，或者服从英国法院的管辖。因此，如果所申请的禁令所针对的人在英国法院管辖范围内或者接受英国法院的传票，法院则可行使管辖权，而不论被告的行为地。该管辖权并非建立于国外行使司法或行政权的基础之上，而是以命令所针对的人处于法院管辖范围之内的情势为根据。[②] 因此，如果被告受英国法院的属人管辖，并且案件与英国之间存有某些适当的联系，那么原则上就没有理由说英国法院不应颁布玛瑞瓦禁令以限制被告对其在国外的财产的处置。[③]

如果被告有英国境外的财产，全球玛瑞瓦禁令的创设往往使原告在向法院申请玛瑞瓦禁令时顺便要求一个全球玛瑞瓦禁令。海事法院更是经常如此行事。此举对原告的好处是：第一，在找到当地有被告财产时，该做法比去不同的外国法院逐一冻结容易，省钱且快捷；第二，原告通常无法清楚地知道被告如何分散其财产，在英国法院申请玛瑞瓦禁令时可同时附上辅助命令，要求有关银行披露这方面的资料，从而更容易获得被告的机密底牌。[④]

不过，与传统的玛瑞瓦禁令相比，全球玛瑞瓦禁令的运作机制与传统的玛瑞瓦禁令有所不同：第一，原告应有一个表面良好的案情，并且能够证明存在被告通过处置或隐藏其财产而挫败任何最终判决执行之虞。第二，被告必须服从英国法院的属人管辖，并且必须出现在英国法院管辖区域之内，或者服从英国法院的管辖，或者案件属于《最高法院规则》第11号令规则I（1）或（2）。第三，即使涉及位于英国

---

① 参见：杨良宜《禁令》，第294页。

② See L. Collins, “Provisional and Protective Measures in International Litigation,” pp. 108-109, 116.

③ See L. Collins, *Essays in International Litigation and the Conflict of Laws*, p.204; “Provisional and Protective Measures in International Litigation,” p. 108.

④ 参见：杨良宜《禁令》，第294页。

法院管辖区域内的财产，如果被告处在英国法院管辖区域之外，并且不服从英国法院管辖，则不能颁布玛瑞瓦禁令。因为根据《最高法院规则》第11号令规则I（1）（c），所申请的玛瑞瓦禁令是命令被告做或不得做位于法院管辖区域内的任何事。第四，英国法院也可作出针对国外财产的披露命令，其若在判决前作出，则从属于玛瑞瓦禁令，而若在判决后作出，则通常根据《最高法院规则》第48号令作出。[①] 一般而言，英国法院比较乐意在针对被告的终局判决作出后，或者当原告的请求是一项财产权请求时行使全球玛瑞瓦禁令的管辖权。同时，即使玛瑞瓦禁令将不会得到财产所在地国法院承认，作出玛瑞瓦禁令也并非不当，因为英国法院可通过在被告不遵守命令时使抗辩无效的方法仍然保持玛瑞瓦禁令的效力。但英国法院通常不会在执行有关外国法院判决或外国仲裁裁决的英国诉讼中准许颁布全球玛瑞瓦禁令。[②]

2. 其他英联邦国家的实践

《1981年英国高等法院法》第37条第3款和上诉法院Ashtiani诉Kashi案[③] 的判决就玛瑞瓦禁令效力采取限制性立场，即玛瑞瓦禁令管辖权的行使仅限于法院管辖区域内的财产，并未被英联邦国家或地区所接受。[④]

在澳大利亚，新南威尔士州上诉法院Ballabil Holdings Pty.诉Hospital Products Ltd.案[⑤] 的判决即认可了玛瑞瓦禁令的域外效力。在该案中，被告在原告提起诉讼后的第二天即将其财产从新南威尔士州转移。而在同一天，法院颁布了玛瑞瓦禁令，禁止被告转移在新南威尔士州内外的作为原被告之间任何交易之客体的金钱或其他财产，并在此日任命临时管理人管理被告公司的财产。在一审中，罗杰斯法官（Rogers J.）认为，基于国际交易的跨国性质和转移财产之方便，玛瑞瓦禁令能

① See L. Collins, *Essays in International Litigation and the Conflict of Laws*, p. 224.

② See L. Collins, *Essays in International Litigation and the Conflict of Laws*, pp. 220-223; "Provisional and Protective Measures in International Litigation," p. 116.

③ [1987] QB 888 (CA).

④ See L. Collins, *Essays in International Litigation and the Conflict of Laws*, p.198; "Provisional and Protective Measures in International Litigation," p. 115.

⑤ [1985] 1 NSWLR 155.

够并且应该予以颁布。如果将玛瑞瓦禁令这一救济措施仅限于被告的本地财产，则显然是对法院权力的不当限制，法院难以确保命令不致成为一纸空文。而在上诉法院，普里斯特利法官（Priestley J. A.）完全同意罗杰斯法官的观点，但其他两位法官则对罗杰斯法官的判决作了限制性解释。他们认为，法院有权力对被告在国外的财产作出针对被告的对人命令，但该财产必须在诉讼提起时在新南威尔士州，而后被转移出去。按照他们的观点，没有必要就玛瑞瓦禁令管辖权空间范围的广泛问题作出裁决。[①] 尽管根据该案判决报告，被告将财产转移至外国还是将财产转移至澳大利亚其他州尚不清楚，但毫无疑问，在适当情况下，联邦体制下的澳大利亚法院对位于其他州的财产比对位于外国的财产可能更愿意作出玛瑞瓦禁令。在Coombs & Barei Construction Pty. Ltd. 诉Dynasty Pty. Ltd. 案[②] 中，当证据显示被告的大量财产位于澳大利亚的其他地区时，南澳大利亚州法院就被告的财产颁布了玛瑞瓦禁令。米尔豪斯法官（Millhouse J.）对罗杰斯法官在Ballabil案中的观点予以认可，但同时指出，就玛瑞瓦禁令管辖权的目的而言，将澳大利亚其他州视为外国是荒谬的。[③]

（三）意大利的若干实践

当今，大多数国家的法院通常针对不同的保全措施赋予不同的效力。对于对物保全措施，法院管辖权是以拟颁布的保全措施所针对的财产在该法院管辖区域内为根据，因而对物保全措施具有严格属地性，位于法院管辖区域外的被告财产不受对物保全措施效力的支配。而对于对人保全措施，其所针对的是被告的行为，且法院行使对人保全管辖权以法院对被告拥有对人管辖权为前提，因而试图赋予其域外效力，并对不遵守保全措施的当事人科以藐视法庭罪来达到对人保全措施域外效力的实际效果。然而，在意大利，法院则不区分临时性保全措施的类型而主张有权颁布发生域外效力的对人保全措施和对物保全措施，

---

① See L. Collins, *Essays in International Litigation and the Conflict of Laws*, p. 198.

② [1986] 42 SASR 413.

③ See L. Collins, *Essays in International Litigation and the Conflict of Laws*, pp. 198-199.

保全命令可能发生域外效力的事实并不构成对法院命令临时性保全措施之权力的限制。[①]

在Gagliardi诉La Rocca案[②]中，原告根据《意大利民事诉讼法典》第670条的规定就位于意大利境内外，特别是瑞士和委内瑞拉的财产申请司法扣押（sequestro giudiziario）。[③]意大利高等法院认为，就有关位于国外的财产颁布扣押令是合法的，至于这种保全措施在国外可能难以执行的问题是无关紧要的，执行问题应由外国法院根据其本国的程序规则，包括相关国际公约予以解决。另外，在Brennero SAS诉Wendel GmbH案[④]中，欧洲法院认为，意大利法院有权在双方当事人的诉讼中颁布旨在影响位于德国的财产的临时性保全命令。

（四）我国香港法院的实践

我国香港法院有关临时性保全措施的司法实践，在涉及禁令空间效力的问题上，就外国法院的禁令和本地法院的禁令采取区别对待的做法。对于外国法院的禁令，坚持保全措施具有严格属地性的立场，而对于本地法院的禁令则主张域外效力。

香港法院在1990年的Nanas Asia Co., Inc.案中认为，美国纽约地方法院所颁布的渣打银行香港分支机构将被告李和王的存款转移到纽约地方法院账户的保全令在香港没有直接或间接效力。香港法院没有权力直接或间接执行外国公法，因而美国法院的保全令不能在香港执行。[⑤]而在Asean Resources Ltd.诉Ka Wah International Merchant Finance Ltd.案[⑥]中，香港法院则并未接受英国上诉法院对Ashtiani诉Kashi案的判决。在判决前，香港法院即作出玛瑞瓦禁令禁止被告处分其新加坡公司的股票，并任命了监管人。这意味着香港法院如有权力就位于国外

① See L. Collins, "Provisional and Protective Measures in International Litigation," p. 106.

② Cass. No. 3464 of 8 June 1985, 1987 Riv. dir. int. priv. proc. 79.

③ 在意大利，司法扣押（sequestro giudiziario）是为了确保判决能够得到满足；保护性扣留（sequestro conservativo）是为了保存争议中的财产。

④ Case 258/83, ECR [1984] 3971.

⑤ See L. Collins, "Provisional and Protective Measures in International Litigation," pp. 132-138.

⑥ [1987] LRC (Comm.) 835.

的财产颁布命令，必须行使该管辖权，否则将毫无意义。[①]

第二节　民事保全措施跨国实施路径的探索

为缓解民事保全措施在国际民商事争议解决机制中愈益重要的作用与各国国内法固守民事保全措施属地效力的传统实践之间的矛盾，国际社会积极寻求民事保全措施国际合作的途径，并在部分地区和国家得以践行。

事实上，就涉外民商事纠纷的解决进程而言，当事人寻求民事保全措施通常在以下时间段进行：起诉或提请仲裁前；实体事项裁判作出前；裁判作出后，但在为另一国家承认与准予执行前。[②] 在整个进程中，由于诉讼或仲裁地、裁判执行地、意欲保全的财产或证据或事实状态所在地往往分布在不同国家，当事人在不同时间段申请或实施民事保全措施的条件和目的也可能各不相同。为此，一些国际组织针对不同情况设计了民事保全措施国际合作的三种模式，即异地申请与实施模式、裁判执行地国申请与实施模式，以及民事保全措施域外执行模式。

一、民事保全措施的异地申请与实施模式

当事人在其将实体事项争议拟或业已在一国提起诉讼或申请仲裁解决时，向在该国的法院或仲裁庭申请和实施民事保全措施，为民事保全措施的常态化运用。基于实体事项争议裁判地与民事保全措施申请和实施地位于同一国家，此种同地申请与实施模式项下的民事保全申请与实施，无疑在该国法律框架下运作。然而，为解决涉外民商事纠纷，当事人往往需要向一国法院申请和实施民事保全措施，以保全即将或正在另一国进行的实体事项争议裁判。此种民事保全措施的异地申请与实施，

① See L. Collins, *Essays in International Litigation and the Conflict of Laws*, p. 199.

② 得到他国承认与准予执行后至最终执行前所申请或采取的措施属于执行措施的范畴。

在涉外民商事诉讼或仲裁实践中存在强劲的现实需求，并业已成为常见现象。就此所形成的民事保全措施异地申请与实施模式则成为民事保全措施跨国司法合作的基本形态，其主要用以解决实体性裁判为他国承认与执行之前的各阶段中民事保全措施的国际合作问题。[①]

（一）欧盟的实践：双轨制

1. 双轨制的基本内容与前提

《布鲁塞尔公约》第24条规定，即使按本公约规定，某一缔约国法院对案件的实质性问题有管辖权，亦得向另一缔约国法院申请该国法律所允许的临时措施，包括保护措施。该条款的基本内容丝毫未变，分别成为《布鲁塞尔条例》第31条和《布鲁塞尔条例》（修订）第35条。该等条款的内容极其宽泛，可适用于整个欧洲司法领域进行的属于布鲁塞尔体制范围之内的所有诉讼[②]，从而也就成为欧盟成员国法院之间进行临时性保护措施国际合作的主要法律依据。[③]据此，债权人既可向对案件实体问题拥有管辖权的成员国法院申请临时性保护措施，亦可向其他成员国法院申请，从而为涉外民商事案件当事人向对案件实体问题拥有管辖权的成员国法院之外的其他成员国法院寻求临时性保护措施提供替代性路径。[④]

双轨制的形成主要基于两个事实：其一，民商事纠纷的涉外性。涉外民商事案件诉讼或仲裁程序持续时间往往比纯国内民事案件更长；而各国国内法中民事案件管辖依据的多样性为债务人跨国转移资产以

---

① See W. A. Kennett, *The Enforcement of Judgments in Europe* (Oxford: Oxford University Press, 2001), p. 130.

② See Gerry Maher and Barry J. Rodger, "Provisional and Protective Remedies: The British Experience of the Brussels Convention," p. 303.

③ 尽管该条款在欧盟成员国法院司法实践中的地位举足轻重，但该条款在司法实践中所暴露出来的问题以及对临时性保全措施有限规范的不足也相当惊人，这主要包括临时措施的范围、管辖权的分配以及与其中判决执行条款之间的关系问题，以致欧盟成员国不得不对包括该规定在内的整个布鲁塞尔体制进行细致的审查和磋商。See W. A. Kennett, *The Enforcement of Judgments in Europe*, pp. 130-131; Gerry Maher and Barry J. Rodger, "Provisional and Protective Remedies: The British Experience of the Brussels Convention," pp. 303-304.

④ I. Pretelli, "Provisional and Protective Measures in the European Civil Procedure of the Brussels I System," pp. 113-114.

挫败最终裁判的有效实施提供了契机。其二，民事保全措施管辖依据的独立性。以往，各国国内法往往将民事保全措施的管辖权归属于对实体事项的管辖法院；而民事保全措施管辖权与实体事项管辖权之间的分离，使双轨制的设计和运行成为可能。

但由于双轨制的运用，在案件实体问题管辖法院之外存在一个保全措施的管辖法院，依诸多国家法律和司法实践，颁布民事保全措施的法院被认为对案件实体问题亦随之拥有管辖权。因此，在布鲁塞尔体制下，该保全措施令亦可在其他成员国得以执行。为避免这一现象的发生，《欧洲账户保全令程序条例》排除对案件实体问题无管辖权而颁布账户保全令的可能性。其第33条第1款规定，如果在主诉提起之前，成员国法院所采取的国内临时救济措施系账户保全令，且当事人此后在其他成员国法院提起主诉，则账户保全令必须予以撤销。在学界，诸多学者亦主张，颁布诉前保全措施的法院若因申请人在其他国家法院提起诉讼而丧失管辖权，则该保全措施亦应予以撤销或其效力终止。①

2. 双轨制的运作

尽管《布鲁塞尔公约》第24条、《布鲁塞尔条例》第31条和《布鲁塞尔条例》（修订）第35条为双轨制运作提供了法律依据，但对临时性保护措施的有限规范亦影响双轨制的运作。

（1）另一成员国的“临时措施，包括保护措施”的范围

双轨制运行所涉及的核心事项之一即是当事人所能申请实施的临时性保护措施。《布鲁塞尔公约》第24条、《布鲁塞尔条例》第31条和《布鲁塞尔条例》（修订）第35条均将该临时性保护措施限于另一成员国“法律所允许的临时措施，包括保护措施”。但如何解释，仍存争议：第一，临时性保护措施的界定是由每一个成员国法院根据本国的法律概念和原则确定还是根据自治或独立的欧洲法原则确定？第二，根据国内法被视为临时性保护措施的措施是否必然属于此处所谓的“临

① I. Pretelli, “Provisional and Protective Measures in the European Civil Procedure of the Brussels I System,” pp. 113-114.

时措施，包括保护措施”？①

1）条款的文义解释

就《布鲁塞尔公约》中的一些重要术语而言，某些术语，诸如公约第5条第1款中的“合同”和第5条第3款中的“侵权或不法行为或准不法行为”，欧洲法院强调对此应依自治性界定标准予以解释的必要性。但对于第21条所谓的“最先受理法院”，欧洲法院则指出，这是一个属于由国内法确定的事项。欧洲法院对于不同的术语运用不同的方法予以处理并非不妥，毕竟欧洲法院就第21条所涉及的程序性事项创设出一项独立的原则，这显然要比根据各国实体法归纳出一个独立的自治的合同或侵权概念更为不易。② 临时性保护措施也以同样方式处理。各国有关临时性保护措施概念之间的重大互异事实③，使公约第24条本身不可能直接提供一项临时性保护措施的界定标准，更没有创设任何类型的临时措施或保护措施，而是将之交由各国国内法确定，即“临时措施，包括保护措施”是根据第21条规定拥有管辖权的法院所属国法律所允许的包括保护措施在内的临时措施。

然而，在不同缔约国国内法中，临时性保护措施的类型极其广泛。这些国内法往往将这些措施或归类为临时措施（provisional），或归类为保护措施（protective），或归类为暂时措施（interim）。但必须注意到，公约本身并没有使用interim这一术语。④ 同时，有诸多学者也认为，暂时性救济措施实际上是诸如临时支付令或临时损害赔偿令之类的部分判决（part judgments），不应属于第24条所指措施的范畴。⑤ 此外，尽管原告为了在最终判决中胜诉而冻结被告财产的保护措施显然属于公约第24条的范围之内，但其他保护措施是否属于公约第24条

① See A. Layton and H. Mercer, *European Civil Practice* (London: Sweet and Maxwell, 2004), p. 230; Francisco Garcimartín, Provisional and Protective Measures in the Brussels I Regulation Recast, p. 60.

② See Gerry Maher and Barry J. Rodger, “Provisional and Protective Remedies: The British Experience of the Brussels Convention,” pp. 304-305.

③ See W. A. Kennett, *The Enforcement of Judgments in Europe*, pp. 130-131.

④ Interim也有“临时”的意义，在涉及特定术语，如interim payments、interim damages时，通常译法仍为“临时支付令”和“临时损害赔偿令”。

⑤ See L. Collins, *Essays in International Litigation and the Conflict of Laws*, pp. 5, 37-39; W. A. Kennett, *The Enforcement of Judgments in Europe*, p. 132.

的范围并不十分确定。如在苏格兰法中，在某些情况下，法院可命令被告将诉求款项之全部或一部分交存法院以待诉讼结果。不过，由于公约第24条使用了“临时措施，包括保护措施”的措辞，据此可以说，公约所指的临时措施或保护措施的范围远比那些保护诉讼中当事人最终判决的措施广泛得多。

在这里，特别值得一提的是有关证据的保全措施。有关文件或具有证据价值的财产的保全措施很显然具有保护性，但该类措施并不涉及最终判决的担保，而涉及对诉讼进程有影响的资料的保全。一些学者认为，公约第24条并不涉及诉讼中证据的提呈或提取问题，或专家证人委托或任命的证据的采集问题。无疑，直接针对当事人之间关系的临时措施和保护措施与关涉诉讼程序本身的临时措施和保护措施之间存有区别，但问题是一些保全措施均具有这两方面的功能。[①] 而有些学者则对公约第24条中的保全措施的范围采取相当宽泛的立场。英国学者格里·马厄（Gerry Maher）和巴里·罗杰（Barry J. Rodger）指出，所有的法律体系实际上赋予诉讼当事人各种暂时性和临时性救济措施。这些救济措施具有不同的功能和理念，但其中两个是基本的：第一，保护措施通过确保现状在诉讼进行时得以维持而给诉讼当事人提供一定程度的保护；第二，这些救济措施不仅确保诉讼当事人在诉讼进行时的地位，而且也确保在诉讼结束获得判决时的地位，其中最为典型的即是冻结另一诉讼当事人财产的救济措施；第三，保护措施还具有其他功能。有些救济措施确保当事人利益在诉讼前得以实现，如披露证据令；而另一些救济措施则为当事人提供其在诉讼中努力获得的全部最终救济，或部分实现判决的手段，如临时支付令或临时损害赔偿令。[②]

可见，在有关临时性保护措施的范围问题上可谓是众说纷纭，尽管公约第24条确认由缔约国国内法来确定当事人可申请的临时措施或保护措施，但这也并不意味着在某一缔约国根据其国内法为某一特殊

① See Gerry Maher and Barry J. Rodger, “Provisional and Protective Remedies: The British Experience of the Brussels Convention,” pp. 305-306.

② Ibid., p. 302.

类型的保全措施必然属于公约第24条意义上的临时措施或保护措施，国内法所许可的临时措施或保护措施要归属公约第24条的范畴，必须满足某些标准。从这个意义上讲，为使公约第24条有效运作，需要设置用以释明临时措施或保护措施的范围，并供判定缔约国法律中各种临时性保护措施是否属于公约第24条范畴的一套原则。[①]

2）欧洲法院的实践

在有关临时性保护措施范围问题上，诸多的《布鲁塞尔公约》解释报告并没有提供具有实质性价值的指导性意见。[②] 杰纳德报告指出，根据公约第24条所能采取的措施应依申请地国的国内法。这一意见意味着将救济措施归类为包括保护措施在内的临时措施，并不是依自治的独立的根据进行。[③] 相反，欧洲法院在此方面的贡献卓越。[④] 在相关案件中，《布鲁塞尔公约》第24条所谓的“临时措施，包括保护措施”的范围成为欧洲法院裁决的直接焦点。欧洲法院在Reichert/Köchler案中首次就《布鲁塞尔公约》第24条“临时措施，包括保护措施”概念作了澄清。当然，一些重要的观点至今仍值得商榷。

① Reichert and Others诉Dresdner Bank AG案。[⑤] 该案涉及法国《拿破仑法典》第1167条中的“撤销之诉”（action paulienne）能否被认定为《布鲁塞尔公约》第24条中的临时措施的问题。

在该案中，一家德国银行对住所在德国的两个自然人位于法国的财产的转移问题在法国法院提起“撤销之诉”。据说，财产的转移与作为被告债权人的银行的权利相冲突。法国法院行使管辖权的根据之一

① See Gerry Maher and Barry J. Rodger, “Provisional and Protective Remedies: The British Experience of the Brussels Convention,” pp. 305-306; W. A. Kennett, *The Enforcement of Judgments in Europe*, pp.131, 133.

② See Gerry Maher and Barry J. Rodger, “Provisional and Protective Remedies: The British Experience of the Brussels Convention,” pp. 310-311.

③ The Jenard Report (1979) O.J.C59/1, 42, section 9.

④ Costanza Honorati, “Provisional Measures and the Recast of Brussels I Regulation: A Missed Opportunity for A Better Ruling,” p. 4.

⑤ Case C-261/90—Mario Reichert, Hans-Heinz Reichert and Ingeborg Kockler v Dresdner Bank AG, ECLI: EU: C: 1992: 149. See Ilaria Pretelli, “Provisional and Protective Measures in the European Civil Procedure of the Brussels I System,” pp. 102-104.

即是公约第24条，而这又涉及在法国法中被作为包括保护措施在内的临时措施的“撤销之诉”的特性。在辩论中，各当事方均援引了杰纳德报告中“临时措施和保护措施应依法院地国的国内法确定”的意见，以及将“撤销之诉”定性为保护措施的有关法国法的各种著作。

在法国法中，在债务人所作的财产转移违背债权人利益时，“撤销之诉”确实是一项仅为债权人所利用的救济措施。为保护债权人利益，并且只能基于该目的，债务人的财产转移交易可通过在诉讼中作出一项判决而被宣告无效。

但欧洲法院对此作了否定回答，其将“临时措施，包括保护措施”的一般性特征描述为“临时措施通过保全一些事实或法律情势以保护为对案件实体问题拥有管辖权的任何地方的法院所进行的诉讼所承认的权利”。欧洲法院认为，法国法中的“撤销之诉”不符合临时措施的一般特征，因为“撤销之诉”的效力并非是纯粹保全一些事实或法律情势，而实际上是通过使以前进行的交易无效而变更相关财产的法律情势或地位。或者说，“撤销之诉”以及其他类似之诉并非是对在他国被诉的权利予以保护的手段，而是基于对实体争议事项的通彻分析，为债权人的实体权利提供终局性保护。一旦胜诉，原告的诉求得到实现，而被告则被剥夺其昔日拥有的权利。这种救济措施不具暂行性和可逆性。如第一章所述，缺乏“工具性”是“撤销之诉”不得被定性为临时措施的无法逾越的障碍。这里必须注意到，欧洲法院在裁断“撤销之诉”是否符合临时措施或保护措施的定义时并不想使其自身受法国法中对“撤销之诉”定性的拘束，而似乎是说定性问题应依一项独立的根据予以解决。

一方面，欧洲法院在该案中将临时措施或保护措施定义为保全事实或法律情势的措施，使尽管具有禁止性效力但也具有赋予债权人以优先受偿地位之效力的一些保护措施无法轻易地被归入“临时措施，包括保护措施”的范围。[①] 另一方面，欧洲法院的“工具性”标准，在

① See Gerry Maher and Barry J. Rodger, “Provisional and Protective Remedies: The British Experience of the Brussels Convention,” p. 312.

不影响各成员国程序法的各类措施异质性的同时，使某一成员国程序法中可利用的救济措施被定性为《布鲁塞尔公约》第24条中的措施成为可能。“工具性”成为将欧盟成员国法律体系中各类措施纳入《布鲁塞尔公约》第24条“临时措施，包括保护措施”的最低标准。[①]

② CHW诉GJH案。[②] 在该案中，荷兰法院作出一项命令，命令一方当事人向另一方当事人交付在当事人之间纠纷中具有证据价值的文件。荷兰法将该救济措施定性为中间诉讼中暂时性救济措施（interim relief）的一种形式。但问题是，其是否属于公约第24条的适用范围。欧洲法院并未对此作出直接的回答，而是认为不能指望公约第24条能使与被公约所排除的事项相关的临时措施或保护措施归入公约的范畴。与具有证据价值的文件相关的临时性命令由于涉及为公约所排除适用的诸事项之一，因此并不属于公约的范畴。不过，有关证据保全的命令本身可被视为临时措施或保护措施。

③ De Cavel I案。[③] 该案是有关在法国家事法院提起的离婚诉讼。法国法院颁布命令，冻结当事人在德国的包括银行账户在内的财产。问题是，《布鲁塞尔公约》承认与执行的条款是否适用于该命令。尽管根据公约第1条之规定，有关自然人地位或婚姻财产的事项排除在公约的适用范围之外，但有观点认为，法国法院的保护性命令是一个独立类型的命令，属于《布鲁塞尔公约》的范畴。

然而，欧洲法院裁定，一项判决或命令是否归入公约的范畴，对确定的判决和临时性或保护性命令同样适用，但就后者而言，是否属于公约适用范围的问题与其说是由保护措施本身的性质确定，不如说是由该措施意欲保护的权利的类型确定。国内法中的临时措施与案件实质问题的未来判决之间存在功能性关联，或者说，与临时措施意欲保护的实体权利之间存在功能性联系。《布鲁塞尔公约》第24条“临时措施，包括保护措施”应被理解为就布鲁塞尔条例适用范围内的事

---

① See Ilaria Pretelli, “Provisional and Protective Measures in the European Civil Procedure of the Brussels I System,” pp. 101-105.

② Case 25/81, ECR [1982] 1189.

③ Case 143/78, De Cavel v. De Cavel I, ECR [1979] 1055.

项。[1] 在本案中，法国法院的命令是与有关婚姻财产的权利相关的，因而不属于公约的范畴。

据此，这一判决是否意味着当适用公约第24条时，必须得考虑与临时措施或保护措施相关的权利或利益是否不属于公约适用范围？CHW诉GJH案和De Cavel I案清楚地揭示，公约第24条本身不可能使此种性质的命令归入公约的范畴。[2]

④ Van Uden案。[3] 该案是有关荷兰公司Van Uden与德国公司Deco-Line之间的纠纷。根据当事人签订的合同，Deco-Line公司应按约定的时间向Van Uden公司支付款项，合同中含有仲裁条款。Van Uden公司主张，Deco-Line公司已经拒绝支付货款，并根据合同规定在荷兰提起仲裁，同时向荷兰法院申请临时支付令（interim relief）。荷兰法院准许颁布临时支付令，要求Deco-Line公司支付包括合同项下到期款项在内的一笔具体数额的金钱。Deco-Line公司上诉至荷兰最高法院。荷兰最高法院向欧洲法院申请，请求其就数个问题作出初步裁决，其中一个问题即是临时支付令是否属于公约第24条所指的临时措施或保护措施。

欧洲法院认为，在本案中，尽管合同中含有仲裁条款，但仲裁条款本身不属于公约适用范围的事实，并不能将合同项下的有关商事事项的请求排除在任何相关公约条款的范围之外。就临时支付令的性质而言，欧洲法院尽管认同在Reichert and Others诉Dresdner Bank AG案中有关临时措施和保护措施的描述，但法院认为，不可能以概括或抽象的方式说明合同之债的临时支付令是否属于公约第24条的范畴。在一些案件中，此种命令可很好地保护原告的地位。然而，法院也注意到，临时支付令不单单具有单纯的保护性功能，临时支付令经常可替代有关争议实质问题的判决，而原告住所地国法院作出的命令比被告

① See Ilaria Pretelli, "Provisional and Protective Measures in the European Civil Procedure of the Brussels I System," pp. 104.

② See Gerry Maher and Barry J. Rodger, "Provisional and Protective Remedies: The British Experience of the Brussels Convention," p. 313.

③ Case C-391/95, Van Uden Maritime BV v. Kommanditgesellschaft in Firma Deco-Line, Peter Determann KG, judgment of the ECJ, 17 Nov. 1998.

住所地国法院作出的命令更有可能产生这样的结果。因此，根据公约第24条命令采取措施的法院必须考虑设置条件或条款，以确保措施的临时性或保护性的必要。契约性对价的中间支付令（德国法中的履行性假处分、法国法中的临时支付令、荷兰法中紧急短程序）并不属于《布鲁塞尔公约》第24条项下的临时措施，除非：第一，被告所支付的裁决款项在原告的实体请求未胜诉时能保证予以返还；第二，原告申请的措施仅与被告位于或将位于申请作出地国法院管辖区域内的特定财产有关。如果有关国内法未向被告提供返还临时支付款项的保证，临时支付措施就不可能被认为属于公约第24条的范畴。① 就本案而言，欧洲法院裁决，荷兰法院的临时支付令如果仅是保护原告利益，而没有其他功能，则可归入第24条的范畴。为此，其必须符合两个前提条件：第一，必须保证被告根据临时支付令所业已支付的款项在原告实体请求未胜诉时得以返还；第二，临时支付命令限于被告位于作出此命令的法院管辖区域内。② 然而，欧洲法院所提出的附加条件的含义仍有模糊之嫌。第一，"位于申请作出地国法院管辖区域内的特定财产"这一限制属于一般性限制？即也可包括位于法院管辖区域内的证据，还是属于仅限于临时支付令的申请这一特定情况的特殊限制？第二，"位于或将位于"申请作出地国法院管辖区域内的特定财产，是否意味着可以申请仅在被告财产进入申请作出地国法院管辖区域内时方发生效力的浮动性措施（floating measure）？③

（2）另一成员国的临时措施或保护措施管辖权

双轨制运行所涉及的另一个核心事项便是另一成员国临时措施或保护措施管辖权行使的条件。

1)《布鲁塞尔公约》本身的各种学理解释

《布鲁塞尔公约》第24条的适用所引发的争议，不仅涉及该条款所指的"临时措施，包括保护措施"的范围问题，而且涉及临时措施或

① See W. A. Kennett, *The Enforcement of Judgments in Europe*, pp. 133-134.

② See Gerry Maher and Barry J. Rodger, "Provisional and Protective Remedies: The British Experience of the Brussels Convention," pp. 313-314.

③ See W. A. Kennett, *The Enforcement of Judgments in Europe*, pp. 139-140.

保护措施管辖权行使的条件。而后者实际上涉及该条款本身的性质问题，即该条款是否是一项有关管辖根据的条款。

①《布鲁塞尔公约》第24条的性质。从条款安排角度看，《布鲁塞尔公约》第24条在公约第2篇“管辖”的第9节之中。第2篇专门规定了民商事件管辖权问题，因而第24条可被理解为其也是关涉管辖权的分配问题。但问题是，第24条所涉及的管辖权问题是否同时涵盖实体性事项管辖权和临时性措施管辖权两个方面，对其所涉及的管辖根据的解释应采用狭义解释法还是广义解释法。

从《布鲁塞尔公约》第24条的措辞来看，公约第24条赋予缔约国法院在特定情况下，即在另一缔约国法院根据公约的其他条款对纠纷实质事项拥有管辖权时采取包括保护措施在内的临时措施的管辖权。同时，从欧洲法院有关第24条所涵盖的临时措施或保护措施的性质的判决来看，这些判决业已确立涉及案件实质事项的措施，如临时性损害赔偿令不属于第24条的适用范围。据此，第24条本身并不解决有关实体性事项的管辖权问题，而仅仅解决临时性和保护性救济措施这一补充性问题。否则，主要诉讼进行地国法院之外的他国法院颁布了涉及诉讼实体性内容的临时措施，即使该措施（如临时性损害赔偿令）仅部分或暂时涉及实体性内容，则可能发生诉讼实体事项管辖权之间的竞争问题。①

至于第24条的解释方法，有学者指出应对此予以狭义解释。在解释公约第5条的各项条款时，欧洲法院强调公约的基本管辖根据是被告的住所，既然第5条中的各个管辖根据背离了公约的根本性管辖根据，该条款自然应予以狭义解释。同样，对第24条来说，对其解释也不应减损有关争议实质问题的任何基本管辖原则。②

② 第24条管辖权规则的特征：直接性（positive）抑或授权性（permissive）

学界比较一致地认为，公约第24条是关涉临时措施或保护措施管

① See Gerry Maher and Barry J. Rodger, “Provisional and Protective Remedies: The British Experience of the Brussels Convention,” pp.306-307.

② Ibid.

辖权的规则。然而问题是，第24条是否本身赋予缔约国法院准许采取临时措施或保护措施的管辖权，还是要求缔约国法院在作出采取临时措施命令前必须拥有一个附加的管辖根据？从第24条的字面看，一缔约国法院根据《布鲁塞尔公约》享有实质性管辖权的事项这一事实本身即足以授予另一缔约国法院采取第24条所指措施的管辖权。而第24条又规定，包括保护措施在内的临时措施是申请作出地国法律所允许的包括保护措施在内的临时措施。这样表述既可以将第24条理解为其只涉及临时措施或保护措施的各种类型，也可赋予其更宽泛的意义，将其理解为其内容涉及适于采取临时措施或保护措施的所有情势，包括国内法所规定的管辖权。其实，赋予第24条宽泛的意义似乎更有理由。公约第24条本身并不含有关于临时措施或保护措施的定义，也并不含有临时措施或保护措施管辖权分配的直接或积极规则（positive rules），而仍将这些问题留归国内法解决。①

准许缔约国国内法来确定临时措施或保护措施的管辖权行使，应该说较为合理。审理案件实质问题的法院无疑拥有采取临时措施或保护措施的管辖权，但根据《布鲁塞尔公约》，其单方面作出的判决（ex parte judgment）并不一定被承认。因为其并不始终是采取临时措施或保护措施的最佳法院，申请人意欲保全的证据、财产或事实状态并不必然在该法院所属国。相反，申请人应在临时措施或保护措施能被执行的国家申请临时措施或保护措施。而临时措施或保护措施能被执行的国家实际上即是意欲保全的证据、财产或事实状态所在地国。欧洲法院在Denilauler案中指出，保全措施所针对的财产所在地的缔约国法院是评估据以作出或拒绝作出保全措施命令之情势的最恰当法院。② 从有关此方面的国内立法实践看，许多国家，尤其是欧洲大陆的许多国家，其旨在分配保护措施管辖权的国内规则长期以来将意欲保全的财产、证据或事实状态所在地作为联结因素。只不过，在过去，这种方法并不必然扩张使用于国际纠纷之中。商业环境的变化提升了保护措施在诉讼中的重

① See W. A. Kennett, *The Enforcement of Judgments in Europe*, pp. 131, 135.

② Case 125/729, ECR [1980] 1553, at 1570. See L. Collins, “Provisional and Protective Measures in International Litigation,” p. 55.

要性，也促使了国际背景下分散或不完善的保护措施条款的改变。许多国家重新解释了现行法律或进行了新的立法，这些国家的法院更愿意扩张其提供给诉讼当事人的保护范围。在欧洲的许多国家，对财产实行保护性扣押是一项具有悠久历史的实践。财产所在地法院有权采取保护措施，在冻结财产案件中，属地管辖权通常被分配给审理案件实质问题的法院，或者财产所在地法院。这一规则原先是用于解决在国内案件中的管辖权分配，而目前则被解释为在某些场合可同样适用于实质性诉讼在外国法院进行的案件中。①

不过，由缔约国国内法来确定临时措施或保护措施的管辖权也同样存在一些不尽人意的局限。

第一，基于公约第24条目的之考虑，临时措施或保护措施管辖权的行使能否以公约第3条所示例的过度管辖根据为基础？有学者指出，这些过度管辖根据仅在涉及公约第2篇第2—6节中的管辖规则时被排除适用，而第24条在公约第2篇第9节中。这意味着第2—6节中的管辖根据以外的其他管辖根据，包括第3条所指的过度管辖根据，可在行使第24条所指的管辖权时被采用。同时，公约第3条仅涉及“住所在一缔约国的自然人可在另一缔约国被诉（be sued）”这种情况，而“被诉”意指实质性事项的诉讼，而非公约第24条所指的救济措施。②

第二，与上述问题相关的一个问题是，各国临时措施或保护措施管辖根据的互异事实可能为债务人所利用，使债权人得不到应有的保护。各国国内法将保全措施管辖权分配给审理案件实质问题的法院，或者财产、证据或事实状态所在地法院的做法，在被告财产位于与其没有其他联系的国家境内，并且其也没有压力遵守该国法院作出的保护性命令的案件中尤为重要。但问题是，一方面，财产、证据或事实状态所在地法院实际上能否在判决前的阶段行使临时措施或保护措施的管辖权；另一方面，各国临时措施或保护措施管辖根据的互异，尤其是过度管辖根据的使用，在缺乏管辖权之间的协调机制以确保保护

① See W. A. Kennett, *The Enforcement of Judgments in Europe*, pp. 134-135.

② See Gerry Maher and Barry J. Rodger, “Provisional and Protective Remedies: The British Experience of the Brussels Convention,” p. 307; W. A. Kennett, *The Enforcement of Judgments in Europe*, p. 138.

措施体制有效运作的情况下，所存在的任何法律缺漏均有可能为债务人所利用。如A国仅主张以债务人的出现或居所作为行使临时措施或保护措施管辖权的根据，而B国则仅主张以财产的所在地作为行使管辖权的根据。在这种情况下，如果债务人居住在B国，而其主要财产在A国，债务人则可有效挫败债权人申请临时措施或保护措施。

第三，任由国内法来确定临时措施或保护措施管辖权的行使也可能导致债权人通过提起多重诉讼而给债务人造成不公平的压力。因此，最佳的选择即是在欧洲层面创设包括统一的直接的管辖权规则在内的协调机制，以改善各国之间的司法合作，避免实施临时措施或保护措施而导致各国法院之间的冲突。[①]

2）《布鲁塞尔公约》解释报告

《布鲁塞尔公约》的各种解释报告也并没有提出有助于解决该问题的指导性意见。尽管艾夫里耶尼斯和克莱默斯报告指出，采取临时措施或保护措施的管辖权原则上独立于案件实质问题的管辖权，但其并没有进一步阐述这一区别的意义。[②]

3）欧洲法院的实践

若干欧洲法院判决涉及公约第24条所指的临时措施或保护措施管辖根据的性质。在De Cavel I案中，欧洲法院指出，公约第24条本身要求该条款项下的管辖权行使以另一缔约国法院根据公约对实质性事项拥有管辖权为前提。然而，第24条并未明言其他缔约国法院是否必须实际行使以公约为根据的管辖权，甚至说，虽然不可能有实质性诉讼或没有预料有实质性诉讼，但存在此种性质的法院这一事实本身是否已经足够。

然而，这一问题由于CHW诉GJH案的判决而略显棘手。在该案中，住所在比利时的两个荷兰公民之间的两个诉讼在荷兰法院进行。这两个诉讼其中一个是离婚诉讼，另一个是有关财产的诉讼。由于荷兰法院行使管辖权的根据之一即是公约第24条，从而也就产生了这样

---

① See W. A. Kennett, *The Enforcement of Judgments in Europe*, pp. 138-139.

② (1986) O. J. C298/a, 3. See Gerry Maher and Barry J. Rodger, "Provisional and Protective Remedies: The British Experience of the Brussels Convention," p. 311.

一个问题，荷兰法院是否拥有管辖权？一般认为，由于并没有在另一缔约国法院进行或将进行有关基于临时措施或保护措施的与荷兰法院管辖权相关的纠纷的实质性诉讼，第24条不应予以适用。尽管在听取了特派调查员（rapporteur）的报告和欧洲法院总法律顾问（advocate general）的意见后，欧洲法院本身也对发生第24条适用问题的原因有所疑虑。然而，在判决中，尽管欧洲法院注意到第24条使用了“另一缔约国法院对实质性事项拥有管辖权”的措辞，但其还是以这样的理由否定了荷兰法院的主张：“该条款实际上设想了这样一类案件：一缔约国法院在另一缔约国法院根据公约拥有实质性事项的管辖权时作出临时措施的命令。因此，不能根据第24条而将与被公约所排除的事项相关的临时措施或保护措施纳入公约的范畴。”

而在Van Uden案中，欧洲法院就有关临时措施或保护措施管辖权行使的三个问题发表了意见。第一个问题涉及临时措施或保护措施管辖权的行使是否以临时措施或保护措施所针对的对象与申请人提出申请的法院所属缔约国之间存在真正联系为必要。在该案中，欧洲法院指出，临时措施或保护措施限于位于申请作出地国法院管辖区域内的特定财产。不过，这一限制是属于一般性限制，即包括位于法院管辖区域内的证据保护措施在内，还是仅限于临时支付令的申请，尚不清楚。如果属于后者，则有必要考虑在其他案件中何种其他的真正联系是充分的。[①] 第二个问题涉及一缔约国法院以公约第3条所禁止的管辖根据为依据行使临时措施或保护措施管辖权的问题。欧洲法院指出，由于第24条并不包含在公约第2篇第2—6节之中，公约第3条所禁止的管辖根据并不适用于第24条的适用问题。第三个问题则涉及对公约第24条“另一缔约国法院对实质性事项拥有管辖权”的解释。在该案中，尽管欧洲法院注意到当一缔约国法院根据公约拥有实质性事项的管辖权时，另一缔约国法院则可以行使有关临时措施或保护措施的通常权力，而不会发生该权力行使的管辖根据问题。然而，在该案中当事人之间所签订的合同中含有一项仲裁条款，并且仲裁程序已经启动，

① See W. A. Kennett, *The Enforcement of Judgments in Europe*, pp. 139-140.

因而关于保护措施的任何申请只能以第24条为根据。欧洲法院则出乎意料地认为，仲裁条款或仲裁程序的存在并不能排除公约第24条的适用。因为第24条所规定的临时措施或保护措施涉及属于公约范围的权利，本案中所涉及的合同项下的权利即属于此类权利。Van Uden公司所申请的措施无论如何不附属于仲裁程序，而是保护其契约权利。据此，可以得出这样一个结论：尽管存在仲裁程序，但临时措施涉及属于公约范围的Van Uden公司的权利，因而第24条授予荷兰法院以管辖权。欧洲法院的这一推理可以说并不能完全令人信服。当一缔约国法院根据公约拥有实质性事项的管辖权时，公约第24条则赋予另一缔约国法院有关临时措施或保护措施的管辖权。欧洲法院判决的这一部分内容无法与公约第24条清晰的措辞相协调。同时，在目前的情况下，仲裁条款的效力是使任何缔约国法院无管辖权，就此而言，人们则可能更倾向于第24条根本不可能予以适用。[①]

（二）海事公约的规定

《1978年联合国海上货物运输公约》(《汉堡规则》）和《1980年联合国国际货物多式联运公约》也对临时性或保护性措施的相互协助问题作出了类似于《布鲁塞尔公约》模式的规定。《汉堡规则》第21条第3款规定，根据本公约而提起的有关货物运输的任何法律诉讼，不得在本条第2款所未规定的地点提起。本款上述规定并不妨碍缔约国采取临时性或保护性措施的管辖权。也就是说，第一，海上货物运输实质性问题的管辖权必须根据公约所规定的根据予以行使，而临时性或保护性措施的管辖权则根据缔约国国内法所规定的根据行使，而不受公约有关管辖权规则的约束；第二，海上货物运输实质性问题诉讼在一缔约国法院进行的事实并不妨碍另一缔约国法院根据本国法律规定行使临时性或保护性措施的管辖权。这也就意味着，一缔约国法院可根据本国法律规定采取临时性或保护性措施以协助在另一缔约国法院进行

① See Gerry Maher and Barry J. Rodger, "Provisional and Protective Remedies: The British Experience of the Brussels Convention," pp. 314-316.

的有关实质性问题的诉讼。

《1980年联合国国际货物多式联运公约》也作了相同的规定。其第26条第2款规定，根据本公约，有关国际货物多式联运的任何诉讼程序均不得在本条第1款所没有规定的地点进行。本条各款并不妨碍各缔约国对于临时性或保护性措施的管辖权。

但美中不足的是，《汉堡规则》和《1980年联合国国际货物多式联运公约》并没有对一缔约国法院能否采取临时性或保护性措施以协助在另一缔约国进行的仲裁问题作出规定。从有关临时性或保护性措施管辖权问题的条款在公约中所处的先于仲裁条款的位置看，答案应该是否定的。

（三）美洲国家间《关于执行保全措施的公约》

考虑到美洲国家的司法行政要求，美洲国家组织各成员国为保证在其各自属地管辖权下作出的临时措施方面的相互合作，在1979年召开的美洲国家国际私法特别会议上签订《关于执行保全措施的公约》，就保全措施的国际合作机制作了全面规定，而保全措施的协助机制即是其中的一项重要内容。

与《布鲁塞尔公约》不同的是，该公约对保全措施作了统一的定义。《关于执行保全措施的公约》第1条规定，依本公约的宗旨，“保全措施”，或“安全措施”或“保障措施”均具有相同意义，它们均用来指其目的在于使判决或未决案件中的财产，或在未来案件中涉及人、财产的安全，或债务的给付，或在民事、商事或劳动案件中为或不为一定的行为，或在刑事审判中应追究的民事赔偿，应得到保证而采取的程序或措施。但成员国可宣布其对公约将只适用于公约所规定的一种或多种保全措施。可见，《关于执行保全措施的公约》避免了《布鲁塞尔公约》授权各缔约国依其本国法律界定临时措施所导致的不确定后果，并且几乎将各国国内法中的保全措施均纳入《关于执行保全措施的公约》的适用范围。

《关于执行保全措施的公约》第10条规定，根据一方当事人的有充分根据的请求，为了保障一个正在审理的或可能提起的诉讼的结果付诸执行，公约成员国的法官或法院，可就具有属地性质的任何保全或紧急措施，发布命令并予执行。不管任一成员国的法官或法院是否有权审理此种国际案件，只要此种措施影响的财产或权利是位于当事人向其申请的法官或法院管辖领土之内，这一规定便可适用。如案件延期审理，作出此种命令的法院应立即通知主诉的法官或法院。如诉讼尚未提起，发布保全措施命令的法官或法院应指定申请人必须出庭申诉其权利的日期；其必须受任一成员国有权审理国际案件的法官或法院作出的终局判决的约束。与《布鲁塞尔公约》不同的是，《关于执行保全措施的公约》对保全措施管辖权的行使根据也作了统一规定，即保全措施影响的财产或权利的所在地国法院拥有采取保全措施的管辖权，而《布鲁塞尔公约》则将临时措施的管辖权交由各缔约国国内法确定。

（四）国际法协会《国际诉讼中临时性和保护性措施通则》

国际法协会于1996年在赫尔辛基会议上通过的《国际诉讼中临时性和保护性措施通则》（以下简称《通则》）也就临时性和保护性措施方面的相互协助问题作了规定。其第12条规定，法院行使临时性和保护性措施的管辖权以实质性诉讼在合理时间内向该法院提起（如果其有实质性管辖权）或向外国法院提起（但如果外国法院就实质问题所作的判决不存在采取临时性和保护性措施的法院所属国执行的合理可能性，则该法院不应采取临时性和保护性措施以协助在外国法院进行的实质性诉讼）为条件。《通则》项下的临时性和保护性措施协助机制的运作可从以下几个方面予以说明。

1. 临时性和保护性措施的范围

《通则》虽未就其所适用的临时性和保护性措施作出明确的定义，但其从临时性和保护性措施所具有的功能出发作了说明。《通则》第1条规定，民商事诉讼中的临时性和保护性措施具有两大基本功能：（a）维持现状直至争议得以裁决；（b）保全财产使终局判决得以执行。同时，《通则》第22条将临时支付措施排除在临时性和保护性措施之外。其规定，法院根据其国内程序法所采取的临时性支付措施（如在以后可根据终局判决加以变更的向原告所作的一次性支付）不是国际诉讼中的临时性或保护性措施。但《通则》并未就有关证据保全和费用担保的措施是否属于临时性和保护性措施作出说明。①

2. 临时性和保护性措施的管辖法院

《通则》将临时性和保护性措施的管辖权分配给两个法院：行使实质性案件管辖权的法院和财产所在地法院。② 在前者情况下，法院有权颁布针对被告本人的临时性和保护性命令，以冻结其财产，而不论财产位于何地。而在后者情况下，法院仅能就位于其管辖区域内的被告财产采取临时性和保护性措施，而单纯的财产在法院所属国存在的事实构成其就该财产采取临时性和保护性措施管辖权的充分根据，但其本身并不能使该法院确立对案件实质问题的管辖权，不论是否限于被冻结财产之价值。③ 当然，当案件实质问题管辖法院行使临时性和保护性措施管辖权时，不可能发生一国法院采取临时性和保护性措施以协助在另一国法院进行的实质性诉讼问题。

3. 采取临时性和保护性措施的条件

《通则》第3条规定，各国应无差别地采取临时性和保护性措施，以实现通过保全财产使终局判决得以执行之目的。④ 同时，根据《通则》规定，财产所在地国法院采取临时性和保护性措施应符合以下条件：第一，原告应以低于准据法的证明标准证明案件实质问题的是非曲直。该适当标准即是证明存在良好论据案情。第二，对原告的潜在损害大于对被告的潜在损害。⑤

4. 实质问题管辖法院和采取临时性和保护性措施的法院之间的相互配合

实质问题管辖法院和采取临时性和保护性措施的法院之间的相互配合和互通信息，是《通则》所设计的临时性和保护性措施协作机制

① See W. A. Kennett, *The Enforcement of Judgments in Europe*, p. 157.

② Ibid., pp. 152-153.

③ 《通则》第12、16、17、21条。

④ See Case 398/92, Mund & Fester v. Hatrex International Transport, ECR [1994] I-146; W. A. Kennett, *The Enforcement of Judgments in Europe*, p. 153.

⑤ See W. A. Kennett, *The Enforcement of Judgments in Europe*, p. 153.

的重要特征。[1] 其体现为：第一，实质问题管辖法院对其他法院所采取的临时性和保护性措施的监督。《通则》第14条规定，行使实质问题管辖权的法院，应被告的申请对在另一国法院所采取的临时性和保护性措施实施监督，特别应考量这些措施从诉讼整体和原告所请求的数量而言是否正当。实际上，审理案件实质问题的法院是对临时性和保护性措施的运用情况加以监督的最佳法院，因为当事人之间的争议情况是法院在行使采取或变更或撤销此种措施的自由裁量权时的重要考虑因素，而审理案件实质问题的法院随着诉讼的进展最能了解案情。不同国家司法机构之间的直接沟通显然比单纯依赖申请人更能有效地协调和监测临时性和保护性措施的运用情况。第二，采取临时性和保护性措施的法院对实质性诉讼的全面协助。《通则》不仅要求采取临时性和保护性措施的法院采取临时性和保护性措施以协助在他国法院进行的实质问题的诉讼，而且基于临时性和保护性措施在特定时间有效的事实，要求该法院根据实质性问题诉讼的进展情况延续即将到期的临时性和保护性措施的有效时间。[2] 第三，申请人的告知义务。《通则》课予申请人将在他国法院所采取的临时性和保护性措施的执行情况告知审理案件实质问题的法院的义务，以便法院确认被告是否不堪重负。《通则》第15条规定，临时性和保护性措施的申请人应将临时性和保护性措施的申请和在他国法院进行的案件实质问题诉讼的进展状况告知所请求的法院。

（五）海牙国际私法会议的设想

海牙国际私法会议2001年版《民商事项管辖权与判决公约草案》第13条设置了两套选项：依选项B规定，对实体事项拥有管辖权的法院可命令采取旨在保护实体请求之标的的临时性保护措施。换言之，选项B将临时性保护措施管辖权归属于实体事项管辖法院。

而第13条选项A第1款规定，根据本公约，对实体事项拥有裁判

---

① See W. A. Kennett, *The Enforcement of Judgments in Europe*, pp. 154-155.

② 《通则》第13条。

管辖权的法院拥有命令采取临时性保护措施的管辖权。第2款规定，缔约国法院即使对实体事项无裁判管辖权，但就位于其境内的财产有权命令采取临时性保护措施，或有权命令采取仅限于该国境内实施的临时性保护措施，以就申请人在对实体事项拥有管辖权的法院提起诉讼之前或业已提起诉讼期间的实体请求加以保护。第3款规定，本公约并不妨碍缔约国法院为就申请人在对实体事项拥有管辖权的另一缔约国法院提起诉讼之前或业已提起诉讼期间的实体请求加以保护而命令采取临时性保护措施。据此，2001年版公约草案将实体事项管辖权与临时性保护措施管辖权相分离，并设置了统一的临时性保护措施的管辖依据，即所涉财产所在地或临时性保护措施实施地国，消除了欧盟布鲁塞尔体制下临时性保护措施在管辖依据问题上国内法标准说与统一标准说之间的争论，进而使当事人有权向所涉财产所在地国或临时性保护措施实施地国法院申请临时性保护措施，以支持就实体事项向另一缔约国法院提起的诉讼或向仲裁机构提请的仲裁。

（六）各国国内立法和司法实践

早在19世纪末，法国法学家巴尔（Bar）指出：第一，被告财产的存在（presence）并不是行使案件实质问题裁判管辖权的充分根据，如果行使此种管辖权的话，则是过度的、不合理的、违背礼让的；第二，绝对有必要区分以扣留或扣押为根据的管辖权，和临时措施的使用。但在必要时可采取临时措施以满足紧急需要，这也是人性的要求，如扣押债务人财产以阻止无耻的债务人挥霍财产。每一个国家的法院颁布临时性命令是为正当必要的事实存在于其管辖区域内时，均有权力颁布此种临时性命令。但该问题由未决的主要诉讼进行地国法院管辖更为适当，并且申请人有足够时间向该法院申请时，其他法院应拒绝申请人的申请。①

20世纪下半叶，以《布鲁塞尔公约》为代表的国际民商事管辖权

① L. V. Bar and G. R. Gillespie, *Theory and Practice of Private International Law* (Edinburgh: W. Green & Sons, 1892), p. 913, quoted from L. Collins, "Provisional and Protective Measures in International Litigation," p. 44.

立法的发展印证了巴尔的主张。当今，各国法院之间在临时性和保护性措施方面相互辅助的国际合作模式已为大多数国家所接受，一国法院在适当的情况下可命令采取临时性或保护性措施以支持在其他国家进行的诉讼或仲裁。

1. 欧洲国家的实践

（1）英国的若干实践。英国有关临时性保护措施异地申请实施实践的发展变化大致可分为四个阶段：第一阶段，即《1982年民事管辖权和判决法》实施之前，英国法院采取否定立场。在著名的Siskina案中，英国贵族院裁定，当实质性诉讼在外国法院进行，即使冻结在英国的保险金是原告所希望的用以确保判决执行的唯一方法，英国法院也不能颁布玛瑞瓦禁令以保全位于英国的保险金。玛瑞瓦禁令只能辅助或协助确实存在一个真正的诉因，并且将在英国法院进行的诉讼或仲裁，即英国法院对将来的胜负有实质的管辖权。① 这一判决无疑阻碍了玛瑞瓦禁令的进一步发展。第二阶段，即《1982年民事管辖权和判决法》于1987年生效后，英国法院在《布鲁塞尔公约》缔约国范围内推行异地申请实施模式。第三阶段，即《1996年英国仲裁法》实施后，英国法院开始就在国外进行的仲裁准许临时性保护措施的异地申请实施模式。第四阶段，即《1982年民事管辖权和判决法的1997年（临时救济）令》于1997年4月1日生效后，英国法院开始不再区分是否是《布鲁塞尔公约》缔约国，而全面推行异地申请实施模式。②

1）《1982年民事管辖权和判决法》第25、26条

为在英国国内实施《布鲁塞尔公约》，英国议会制定了《1982年民事管辖权和判决法》。其中，公约第24条的内容规定在该法第25条之

---

① See L. Collins, *Essays in International Litigation and the Conflict of Laws*, p. 215; Gerry Maher and Barry J. Rodger, "Provisional and Protective Remedies: The British Experience of the Brussels Convention," pp. 318-319; L. Collins, "Provisional and Protective Measures in International Litigation," pp. 48-53; W. A. Kennett, *The Enforcement of Judgments in Europe*, p.136. 另见：杨良宜《禁令》，第281—283页。

② 参见：杨良宜《禁令》，第284—285页；W. A. Kennett, *The Enforcement of Judgments in Europe*, p.137; Gerry Maher and Barry J. Rodger, "Provisional and Protective Remedies: The British Experience of the Brussels Convention," p. 319.

中。此外，该法第26条也涉及异地申请实施问题。

①《1982年民事管辖权和判决法》第25条

• 临时性救济措施（interim relief）的范围

该法第25条第1款规定，英格兰、威尔士或北爱尔兰高等法院在以下情况下应有权力实施临时性救济措施：（a）诉讼业已或将在联合王国之外的《布鲁塞尔公约》或《洛迦诺公约》缔约国，或者高等法院管辖区域外的联合王国其他地方提起；并且（b）正在进行或即将进行的诉讼的客体在由《布鲁塞尔公约》第1条所确定的公约范围之内（不论任何其他公约是否对该诉讼有法律效力）。这一规定意味着Siskina案所埋下的英国法院必须对案件有实质管辖权这一障碍开始被清除①，而临时性保护措施异地申请实施机制开始逐步确立。

然而，正如《布鲁塞尔公约》并没有对“临时性保护措施”作出定义一样，《1982年民事管辖权和判决法》也并没有就“临时性保护措施”应该包含哪些类型而为法院提供详尽的界定标准。相反，其则使用了interim relief（临时性救济措施）这一概念。而何谓“临时性救济措施”，该法第25条第7款对此作了一个概括说明。其规定，临时性救济措施是指财产扣押令和收集证据措施之外的在有关属于法院管辖范围事项的诉讼中有权采取的任何类型的临时性的救济措施。这一定义显然将英国法中唯一的对物保全措施，即海事诉讼中的船舶扣押措施，以及在各种民商事诉讼中的证据保全措施排除在辅助机制适用范围之外。同时，该定义至少引发两个问题：第一，英国法院所能采取的临时性救济措施的范围如何确定；第二，临时性救济措施在何种情况下构成《布鲁塞尔公约》第24条意义上的临时性保护措施。对此，英国学者认为，英国法院所能采取的临时性救济措施主要是单方面的中间或临时禁令，而颁布这种类型的禁令的权力源于《1981年英国高等法院法》第37条第1款。② 最主要的单方面的中间或临时禁令莫过于玛瑞瓦禁令。至于诸如临时性损害赔偿措施之类的金钱裁决是否属于临时

① 参见：杨良宜《禁令》，第283页。

② See Gerry Maher and Barry J. Rodger, “Provisional and Protective Remedies: The British Experience of the Brussels Convention,” p. 320

性救济措施的范畴，尚无判例。即使其属于《1982年民事管辖权和判决法》第25条第1款所指的临时性救济措施，英国法院极有可能在对案件实体事项无管辖权的情况下就临时性损害赔偿措施的异地申请实施问题采取相当保守的态度，甚至利用第25条第2款的“不适当条款”拒绝采取临时性损害赔偿措施以辅助在其他《布鲁塞尔公约》缔约国法院进行的实质性诉讼。[①]

• 临时性救济措施管辖权行使的程度

《布鲁塞尔公约》第24条并没有直接规定管辖权的行使根据，因而其并不是采取临时性保护措施的权力之源，而仅是一项授权性（permissive）规则，缔约国法院能否和如何行使管辖权悉由其国内法确定。[②]

就英国法院临时性救济措施管辖权的行使程度而言，在Republic of Haiti诉Duvalier 案中，英国上诉法院的斯托顿法官（Staughton L. J.）指出，《布鲁塞尔公约》第24条要求每一缔约国采取如同该国法院正在审理实质性案件时其国内法所允许的临时措施或保护措施，以辅助在其他缔约国法院进行的诉讼。[③] 在Alltrans Inc. 诉Interdoms Holding Ltd. 案[④]中，上诉法院进一步指出，《布鲁塞尔公约》第24条和《1982年民事管辖权和判决法》第25条并不可作同等扩张性解释，《1982年民事管辖权和判决法》第25条赋予英国法院广泛的采取临时性救济措施的管辖权。[⑤]

此外，与《布鲁塞尔公约》第24条不同的是，《1982年民事管辖

---

① See Gerry Maher and Barry J. Rodger, “Provisional and Protective Remedies: The British Experience of the Brussels Convention,” pp. 321, 325-329; L. Collins, “Provisional and Protective Measures in International Litigation,” pp. 53-56.

② See W. A. Kennett, *The Enforcement of Judgments in Europe*, p. 135; L. Collins, “Provisional and Protective Measures in International Litigation,” p. 56; Gerry Maher and Barry J. Rodger, “Provisional and Protective Remedies: The British Experience of the Brussels Convention,” p. 321.

③ [1989] 1 All ER 456. See L. Collins,“Provisional and Protective Measures in International Litigation,” p. 56.

④ [1991] 4 All ER 458, 468.

⑤ See Gerry Maher and Barry J. Rodger, “Provisional and Protective Remedies: The British Experience of the Brussels Convention,” p. 322.

权和判决法》第25条还规定了拒绝行使管辖权的自由裁量权的行使条件。其第25条第2款规定，对于根据第1款所提出的临时性救济措施的申请，如果法院认为法院对诉讼客体无管辖权的事实使其采取临时性救济措施不适当时，则可拒绝采取该救济措施。该“不适当条款”的适用问题在Credit Suisse Fides Trust诉Cuoghi案得到考虑。[①] 在该案中，法院否定了采取财产冻结措施的管辖权应保留给财产所在地国法院的主张，而认为这是一个有关命令的有效性问题，在英格兰和威尔士法院有能力执行其命令（受礼让考量因素和有效国际合作的制约）的任何情况下，法院都有采取临时性救济措施的权力。因此，采取临时性救济措施的管辖权并不受有关满足任何积极标准要求的限制，而受旨在确保临时性救济措施仅在适当时方能采取这一自由裁量权的限制。

②《1982年民事管辖权和判决法》第26条

该法第25条所规定的临时性救济措施异地申请实施机制将财产扣押排除在外，因而在第26条中专门对海事司法实践中所存在的有关海事诉讼中的财产扣押或担保措施的实施机制予以确认。[②] 其第26条第1款规定，当在英格兰或威尔士或北爱尔兰，法院以争议应提交仲裁，或者联合王国其他地方或外国法院裁决为由，而中止或撤销海事诉讼时，如果在该海事诉讼中财产业已被扣押，或为阻止财产被扣押，或使被扣财产得以释放，而业已提供保释金或其他担保物，法院则可：（a）命令继续保留被扣财产以作为，（i）就英国本地诉讼被中止或撤销的仲裁或法律诉讼中所涉争议作出的，且（ii）在英格兰或威尔士或北爱尔兰可予以执行的任何裁决或判决执行之担保；（b）命令诉讼中止或撤销的条件是提供作为任何此种裁决或判决执行之担保的相当担保物。第2款规定，当法院根据第1款作出命令时，其可就该命令附加其认为适当的条件，特别是有关所涉仲裁或诉讼提起或实施方面的条件。据此，当为支持仲裁或海外诉讼而中止或撤销英国本地的海事诉

---

① [1997] 3 All ER 724. See Gerry Maher and Barry J. Rodger, “Provisional and Protective Remedies: The British Experience of the Brussels Convention,” p. 320; W. A. Kennett, *The Enforcement of Judgments in Europe*, p. 137.

② See Christopher Hill, *Maritime Law*, p. 146.

讼时，法院可命令继续保留业已提供的任何担保或提供其他替代性担保以确保将来仲裁裁决或判决之执行。其中，第26条第1款第（a）项适用于船舶仍被扣押的情况，而第（b）项适用于为防止扣押船舶或为使被扣船舶得以释放而提供担保的情况。[①]

该条款的适用问题在许多海事诉讼中得到充分论证。在World Star案[②]中，承租人扣押船舶以作为仲裁裁决之担保。被告船东请求法院中止诉讼并释放被扣船舶。希恩法官（Sheen J.）裁决，既然案件在程序上属于第26条的适用范围，法院根据第26条第1款第（a）项规定，有权继续扣押船舶以作为执行仲裁裁决之担保。

在Jalamatsya案[③]中，原告在船舶租约纠纷的仲裁开始后认识到其并没有获得将来可能作出的胜诉判决执行之担保，遂向法院申请扣押属于被告的船舶。由于原告的海事请求属于高等法院海事管辖的范围，扣押申请被批准并予以执行。但被告并没有提出中止诉讼申请，而以扣船属于滥用法院程序为由要求撤销诉讼。同时，被告主张：第一，第26条规定并没有改变以前有关该问题的判例法规则，即程序性救济仅存在于申请中止诉讼的案件中，如果没有提出中止诉讼的申请，第26条规定不应予以适用；第二，由于仲裁已经开始，第26条规定不应予以适用。希恩法官对此予以否定，认为船舶可继续予以扣押直至提供担保。并且，船舶的扣押与解释第26条规定并将其适用于特定情况毫不相干，区分仲裁已经开始与仲裁尚未开始两种情况也并无意义。第26条的目的是使原告在其通过仲裁而非诉讼解决纠纷时以对物诉讼程序获得担保，而不论仲裁程序是否已经开始。法院的程序并没有被滥用。如果仲裁程序已经开始，并且原告尚未获得任何可能作出的裁决执行之担保，则原告如果在仲裁程序进行中得知属于被告所有的船舶进入法院的管辖区域，有权申请签发对物令状，扣押该船舶以获得担保。

① See Christopher Hill, *Maritime Law*, pp. 146-147.

② [1986] 2 Lloyd's Rep. 274.

③ [1987] 2 Lloyd's Rep. 164.

在Bazias 3和Bazias 4案[①]中，当事人之间就用于提供海峡轮渡服务的船舶所签订的光船租赁合同发生纠纷。该纠纷被提交仲裁裁决。原告扣押船舶作为仲裁请求之担保，并将被扣船舶置于海事执行官的监管之下。但是，被扣船舶此后被允许继续提供海峡轮渡服务。被告船东根据《1975年英国仲裁法》申请中止扣押程序，并主张《1982年民事管辖权和判决法》第26条保留了以前所存在的实践做法，因而当请求受仲裁条款约束时，法院拥有根据被告是否可满足原告胜诉裁决执行的需要而决定是否释放被扣船舶的自由裁量权，而无须要求其提供相当担保。第26条的效力即是将仲裁程序中的请求等同于海事法院对物诉讼中的请求，因而法院的自由裁量权在这两种情况下是相同的。上诉法院认为，在涉及仲裁案件时，法院已不再拥有宽泛的自由裁量权。在船东提出释放被扣船舶请求时，通常的做法是船舶的释放仅以船东提供足够数额的担保为条件，该担保是基于原告所证明的充分论据案情所得出的，包括请求的数额和费用。被告所提出的有关其不可能按时筹集资财以提供担保的主张不能被接受。该案也不存在可背离通常命令的任何根据，因而船舶应继续予以扣押，直至海事法院作出进一步的命令，同时诉讼应根据《1975年英国仲裁法》予以中止。此外，船舶不能继续由海事执行员监管，而应允许其在法院管辖区域外从事经营活动。

在Havhelt案[②]中，船舶基于提单项下的货物损害赔偿请求而被扣押。提单规定，提单项下的纠纷应由挪威法院根据挪威法加以解决。被告船东认为，在英国法院提起诉讼违反了管辖权条款，因而请求英国法院中止或撤销诉讼，并请求释放船舶。原告则认为，如果在挪威法院提起诉讼，将会由于被剥夺担保之权利而使其利益受到损害。需要裁决的问题是，在英国法院进行的诉讼应否予以中止？船舶应否继续予以扣押？法院认为，当事人已明示约定纠纷应交由挪威法院根据挪威法予以裁决，因而在英国法院进行的诉讼应予以中止。被告所谓

① [1993] 1 Lloyd's Rep. 101.

② [1993] 1 Lloyd's Rep. 523.

"由于《海牙规则》规定的一年诉讼时限已过，在挪威法院提起的任何诉讼已丧失时效，进而担保物应予以释放"的主张，因未被挪威法证明而不能被接受。至于原告根据EL Amria案所提出的因原告被迫在外国法院进行诉讼，有关法院在决定是否应赋予管辖权条款效力时，应考虑原告不能获得担保而将受到损害的主张，法院认为该特定因素在一定程度上业已为第26条规定所替代。在问题没有被裁决之前，法院可根据第26条的规定，命令船舶应继续予以扣押，以作为挪威法院将可能作出的任何裁决或判决执行之担保。不过，作为继续扣押船舶之条件，原告应就被告3万英镑的费用提供担保。

2)《1996年英国仲裁法》

与《布鲁塞尔公约》第24条相同，《1982年民事管辖权和判决法》第25条仅规定英格兰或威尔士或北爱尔兰法院有权采取财产扣押和证据保全之外的临时性救济措施，以辅助在其他地方法院进行的诉讼。对于在其他地方进行的仲裁，英格兰或威尔士或北爱尔兰法院能否采取此类临时性救济措施加以辅助的问题并未一并作出规定。

为弥补这一缺陷，于1997年1月31日生效的《1996年英国仲裁法》第44条第1—2款规定，除非当事人另有约定，对于仲裁程序，法院就下述事项拥有与在涉及诉讼程序时相同的权力：证据的收集、证据保全，以及就作为诉讼标的或在诉讼中出现任何问题的财产作出命令。可见，该仲裁法不仅扩张了临时性救济措施的范围，而且允许法院对在英国本土或外国进行的仲裁作出包括玛瑞瓦禁令在内的禁令。① 不过，与《1982年民事管辖权和判决法》第25条规定相同的是，法院对于是否采取临时性救济措施拥有自由裁量权。该法第2条第3款规定，即使仲裁地位于英格兰或威尔士或北爱尔兰，或者尚未指定或确定，对于第44条所赋予的权力，法院如果认为仲裁地位于或者待选定或确定之仲裁地可能位于英格兰或威尔士或北爱尔兰之外的事实使其行使该权力不适当，则可拒绝行使该权力。

---

① 参加：杨良宜《禁令》，第284—285页；Gerry Maher and Barry J. Rodger, "Provisional and Protective Remedies: The British Experience of the Brussels Convention," p. 319.

3)《1982年民事管辖权和判决法的1997年(临时救济)令》

《1982年民事管辖权和判决法》旨在实施《布鲁塞尔公约》的规定，英国行使临时性救济权力仅辅助在另一缔约国法院进行的实质性诉讼，而对于采取临时性救济措施管辖权的积极规则，以及当实质性诉讼在非公约缔约国法院进行时英国法院可否采取临时性救济措施以辅助在该国法院进行的诉讼，则并未作出规定。为弥补这一缺陷，《1982年民事管辖权和判决法的1997年(临时救济)令》第2条特规定，英格兰或威尔士或北爱尔兰高等法院就下列诉讼应拥有《1982年民事管辖权和判决法》第25条第1款项下采取临时性救济措施的权力:(a)诉讼程序不是在《布鲁塞尔公约》或《洛迦诺公约》缔约国法院提起或将提起;(b)诉讼客体并非在《布鲁塞尔公约》第1条所规定的范围之内。这意味着，临时性救济措施的异地申请实施机制业已扩张适用于在非《布鲁塞尔公约》缔约国法院进行的实质性诉讼和不属于《布鲁塞尔公约》范围的实质性诉讼事项。[①]

临时性救济措施异地申请实施机制适用范围的扩大，使现在不论在世界任何地点进行实质性诉讼或仲裁，英国法院都有权作出包括玛瑞瓦禁令在内的临时性救济措施。香港著名海事法专家杨良宜先生对此予以了高度评价，其指出:“这确也是填补了一个‘黑洞’。以前这个世界的人士未曾‘国际化’不必面对。今天，不论是公司或私人有一个外国银行账户绝不稀奇，而账户在伦敦或纽约的国际金融/银行中心更是正常。但他/它们的商业活动会在世界各地，可在任何地方遇上官司，或是同意任何地点的仲裁条款，与伦敦/纽约毫无关系。……而这一改法，也就表示英国可去申请一种叫Free-standing Mareva的禁令，它与英国毫无关系，仅是被告资产在英国，如银行账户或保险赔付。这案件如果在或会在外国法院管辖，申请的依据是《1982年民事管辖权和判决法》第25条，而如果在或会在外国仲裁，申请的依据可以是

① See W. A. Kennett, *The Enforcement of Judgments in Europe*, pp. 137-138; Gerry Maher and Barry J. Rodger, “Provisional and Protective Remedies: The British Experience of the Brussels Convention,” p.319. 另见：杨良宜《禁令》，第285页。

《1996年英国仲裁法》第44条。"[①]

（2）德国的若干实践。在德国，根据《德国民事诉讼法典》第919、937、942条之规定，假扣押和假处分由审理本案的法院、假扣押标的物所在地的法院或争执标的物所在地的管辖法院管辖。这一临时性保全措施管辖权规则尽管属于国内法规则，但现已扩张适用于国际民商事案件。这意味着，当实质性诉讼在外国法院进行时，德国法院可采取假扣押或假处分措施以协助该诉讼。实际上，许多德国法院如今都根据《德国民事诉讼法典》第917条第2款之规定实施财产扣押，以作为由外国法院审理的请求之担保。[②]

（3）法国的若干实践。在法国，临时性保全措施协助机制据说早在1850年就已开始实行，法国法院可以扣押位于法国境内的财产，即使外国法院对案件的实质问题拥有管辖权，并且法国法院的扣押程序可以中止，以待外国法院的判决结果。[③] 自《布鲁塞尔公约》在法国实施以来，若干个法院判决指出，法国法院可根据《布鲁塞尔公约》第24条之规定命令采取临时措施或保护措施，即使外国法院根据公约对案件的实质问题享有专属管辖权。不过，正如法国法院所指出，一项措施被法国法定性为临时措施或保护措施的事实，并不意味着也可同样被定性为公约意义上的临时措施或保护措施，因为公约中的术语应从公约意义上加以解释，而不应根据法院地法或准据法予以定性。[④] 然而，目前在有关临时性或保护性措施辅助问题上，法国司法实践中出现逆转现象。在Menegatti诉Soc. Metallurgica Nova Stefano e Giuseppina案中，代理协议授予意大利科摩法院专属性管辖权，原告根据《布鲁塞尔公约》第24条的规定向法国巴黎商事法院申请临时支付令。巴黎上诉法院认为，该救济措施原则上应该属于公约第24条所指的临时措施，但意大利法官能更好地就这些临时措施作出裁决，即意大利法院

① 参见：杨良宜《禁令》，第285—286页。

② See Court of Justice of European Communities, Digest of Case-Law Relating to the European Communities, D Series, case at I-24. See also L. Collins, "Provisional and Protective Measures in International Litigation," p. 56.

③ See L. Collins, "Provisional and Protective Measures in International Litigation," p. 45.

④ Ibid., pp. 57-58.

是更为适当的法院。[1]

（4）意大利的若干实践。意大利对临时性保护措施的异地申请实施机制作了明确的规定。《意大利国际私法制度改革法》第10条规定，如果临时措施将在意大利实施，或者意大利法院对案件的实质问题拥有管辖权，意大利法院拥有采取临时措施的管辖权。[2] 这意味着，当案件的实质问题诉讼在外国法院进行，并且当事人申请的临时措施在意大利实施时，意大利法院即有权采取临时措施以协助在外国法院进行的诉讼。而《意大利民事诉讼法典》也作了类似的规定。该法典第724条规定，当案件实质问题的诉讼将在外国法院进行，或案件实质问题将在外国仲裁时，判决或裁决执行地法院或者临时措施发生效力地法院拥有采取临时措施的管辖权。

（5）荷兰的若干实践。《布鲁塞尔公约》于1973年2月1日对荷兰生效，此后有三个案件涉及公约第24条适用问题，其中一个为海事案件。在Deco-Line诉Van Uden案[3] 中，Van Uden公司于1993年3月与Deco-Line公司签订了一份租船协议。根据该协议，Van Uden公司必须在其自己经营的轮船上或通过与他人合作的方式为Deco-Line公司提供舱位。Deco-Line公司则应支付所租舱位的租金。而后，因Deco-Line公司未支付应付款项，Van Uden公司根据协议第10条对Deco-Line公司提起仲裁。Van Uden公司后以Deco-Line公司在选择仲裁员时拖延时间，以及后者的不支付行为对其财政状况构成威胁为由，向鹿特丹地区法院庭长提起即决诉讼，请求支付未付款项。Deco-Line公司对地区法院庭长的管辖权提出异议。然而，地区法院庭长则认为其拥有法定资格，并作出对原告有利的判决。Deco-Line公司提起上诉，并再次对地区法院庭长的管辖权提出异议。上诉法院认为，地区法院庭长援引公约第24条，将其管辖权建立在《荷兰民事诉讼法典》第126条第3款

① See L. Collins, “Provisional and Protective Measures in International Litigation,” pp. 58-59.

② 《意大利民事诉讼法典》第669条之三中的第3款涉及保护措施的申请程序：如果意大利法院无权处理案情，则应将诉讼提交给就案件的实质问题或索赔价值有管辖权的法院。See W. A. Kennett, *The Enforcement of Judgments in Europe*, p. 136.

③ (1995) KG 449, Court of Appeal of ′s-Gravenhage, 11 October 1994, reversing President District Court of Rotterdam, 21 July 1994, (1994) KG334.

规定之上。而第3款规定，当被告的住所不在荷兰时，原告住所地的法院有合法资格。但对于公约第24条项下的管辖权，依据国内法行使管辖权是不充分的，还必须有其他联结因素为其管辖权行使提供理由。因此，判决地区法院没有行使国际管辖权的充足基础，从而推翻了鹿特丹地区法院庭长作出的判决。

（6）瑞士的若干实践。作为《洛迦诺公约》成员国的瑞士对公约所规定的临时措施协助机制作出了积极的回应。《瑞士联邦国际私法法规》第10条规定，瑞士法院或主管机关即使对案件的实质问题没有管辖权，也有权采取临时措施。这一规定所使用的措辞显然与《布鲁塞尔公约》和《洛迦诺公约》第24条的规定极其相似。然而，该条款并未规定瑞士法院行使临时措施管辖权的根据，而是将此问题留由其他条款予以确定。“其他条款”之一即是该法第4条。其规定，对于本法未作规定的，关于财产扣留有效性的诉讼，可由财产扣留所在地的瑞士法院管辖。①

2. 其他国家和地区对临时措施异地申请与实施模式的回应

临时性保护措施异地申请与实施模式在其他国家和地区受到不同的回应。

（1）美国。1977年，美国最高法院在Shaffer诉Heitner案②中指出，通过涉外扣留程序而行使准对物管辖权是违宪的，单纯的财产之存在不是充分的管辖根据，与对州法院权力所课予的正当程序限制不相一致。美国宪法第十四条修正案中的正当程序条款并未授权州法院可针对与州没有相关联系的被告作出一项有拘束力的判决。单纯的被告财产在该州的存在并不构成此处所指的“相关联系”，但财产的存在可以证明采取临时措施的正当性，即财产在管辖区域内的存在意味着财产所在地州法院有权扣留该财产，以作为审理案件的另一法院由符合最低程度联系这一正当程序要求而作出的判决之担保。美国最高法院在Shaffer诉Heitner案中的这一观点为美国哥伦比亚特区上诉法院在

① See W. A. Kennett, *The Enforcement of Judgments in Europe*, p. 136.

② 433 US 186 (1977).

Barclays Bank S.A.诉Tsakos案[①]中所采纳。在该案中，原告分别在法国、瑞士和美国的法院对被告提起诉讼，并在美国哥伦比亚特区对被告在该地的公寓加以扣留。美国哥伦比亚特区上诉法院指出，“原告实际上仅是为保全在判决作出前对扣留物优先受偿的地位，以作为欧洲国家法院作出的判决之担保。而我们在这里也并不处理有关旨在行使管辖权的扣留问题”。[②]

（2）澳大利亚。澳大利亚《1988年海事法》第29条以“被中止或撤销诉讼之担保”为名就扣押措施的协助问题作了规定。该条第1款规定，当（a）法院认为由于所涉请求应由仲裁庭（不论在澳大利亚还是在其他地方）作出裁决或外国法院作出判决，根据本法而在本法院进行的未决诉讼应中止或撤销，并且（b）船舶或其他财产业已在本诉讼中被扣押，则该法院可以命令中止该诉讼，条件是继续留置该船舶或财产以作为在仲裁或外国法院诉讼中作出的裁决或判决执行之担保。同条第2款规定，上述第1款规定并不限制法院的任何其他权力。第3款规定，法院中止或撤销诉讼的权力包括根据公平的条件行使的权力，这些条件包括：（a）在外国法院提起仲裁或诉讼；（b）就在该外国法院的仲裁或诉讼中作出的裁决或判决之执行而提供相当的担保。第4款规定，当法院根据上述第1款或第3款作出命令时，法院则可就有关船舶或财产作出适当的临时性或补充性命令以保全：（a）该船舶或财产；（b）一方当事人或对该船舶或财产拥有利益的其他人的权利。第5款规定，当（a）船舶或其他财产在诉讼中被扣押，（b）上述第1款所提及的判决或裁决业已作出，并有利于一方当事人，并且（c）该裁决或判决在澳大利亚具有可行性，则该方当事人除了可采取任何其他程序以执行该裁决或判决，还可向中止诉讼的法院申请有关该船舶或财产的适当命令以实现裁决或判决之内容。

（3）南非。南非的《海事管辖权调整法》第5条第3款规定，行使海事管辖权的法院可以命令扣押任何财产，如果：（i）申请扣押的人对

---

① See 543 A. 2d 802 (DC App.1988). See also Carolina Power & Light Co. v. Uranex, 451 F. Supp.1044 (ND Cal. 1977).

② See L. Collins, “Provisional and Protective Measures in International Litigation,” pp. 47-48.

所涉财产有通过对物诉讼强制执行的请求，或在没有进行第（ii）项所述的仲裁或诉讼的情况下可如此强制执行的请求；（ii）该请求是或可能是在南非共和国或其他地方进行的仲裁或诉讼之客体，不论其是否受南非法律约束。任何被扣押的财产或担保或该财产之孳息应作为该请求之担保，直至作出仲裁裁决或判决。同条第2款规定，除非法院作出不同的命令，被扣押的财产应被视为根据本法而在诉讼中被扣押之财产。

（4）新加坡。虽然新加坡《国际仲裁法》明确规定，不论当事人约定的仲裁地是否为新加坡，申请人可以为了担保仲裁裁决执行而申请扣船，但是为在外国法院进行诉讼而能否向新加坡法院申请扣船，新加坡立法和司法实践却未曾予以明确。

在DSA Consultancy (FZC) 诉“欧洲希望”（Eurohope）号轮案中，新加坡高等法院明确表示，新加坡法院不得为了在外国法院进行的诉讼而准予扣船。新加坡高等法院认为，对物诉讼中的扣押权不应用于协助在外国法院进行的法律程序。本案中，由于原告提起对物诉讼的唯一目的是扣押“欧洲希望”号轮以获取担保，继而协助在伦敦法院进行的诉讼，因此属于滥用程序。法院在对物诉讼中扣押船舶的管辖权是为对物诉讼而非为任何其他诉讼提供担保。对物诉讼是行使《新加坡高等法庭（海事管辖权）法》第3（1）条授予高等法院海事管辖权的一种方式。该管辖权用以审理和裁判由第3（1）条，包括第3（1）（h）条所列各项海事索赔。此外，没有任何法定条款授权新加坡法院有权下令扣押财产，直至在外国法院的诉讼中作出的判决得以履行。①

① [2017] SGHC218。在该案中，原告DSA Consultancy (FZC) 租用被告所有的“欧洲希望”号轮，租约约定适用英国法，伦敦高等法院具有排他性管辖权（除非索赔金额不超过10万美元）。2016年2月29日，被告终止租约。2016年3月30日，原告就被告错误终止租约而在伦敦高等法院启动海事诉讼程序（简称“伦敦诉讼”）。2016年4月25日，原告向新加坡高等法庭申请对物令状，并扣押了“欧洲希望”号轮。原告声明：扣船旨在获得担保以支持在伦敦法院进行的诉讼；而一旦获得担保，原告将申请中止新加坡法院的程序直至伦敦诉讼作出判决。被告提供了美国保赔协会的保函作为担保，船舶于2016年4月29日释放。2016年5月5日，原告申请暂停新加坡高等法庭的“对物诉讼”程序。2016年5月17日，被告上诉，申请撤销扣押令并要求索赔错误扣船的损失。参见：余正、杨安山《新加坡法院拒绝为外国法院诉讼扣船》，https://www.themecogroup.co.uk/charterers-liability-insurance/wp-content/uploads/sites/2/2017/12/adm-63-2016-the-eurohope-final-pdf，访问日期：2021年6月20日。

（5）日本。日本学界和实务界认为，保全诉讼是以担保本案诉讼的实效性为目的，附随于本案诉讼的。因此，当日本为财产所在地，本案在外国进行审理或仲裁的情况下，如果在外国作出的判决或仲裁裁决预计可以合理地在日本得到承认与执行，则视为有作出保全的必要性。相反，若没有承认与执行的可能性，作出保全命令的法院依据《日本民事保全法》第37条第3项撤销保全命令。[①]

3. 我国有关民事保全措施异地申请与实施的实践

在涉外民事保全措施，尤其是海事保全措施的问题上，我国一直比较重视国际上通行的做法，注重我国法院与外国法院之间在此方面的相互协作。不过，在司法或仲裁实践中，海事领域和非海事领域则存在不同现象。在非海事领域，鲜见我国法院应当事人申请颁布保全措施以支持在域外进行的诉讼或仲裁实例，即约定境外诉讼或仲裁的当事人在诉讼或仲裁中不得向我国内地法院申请财产保全。海事领域则存在不同实践，这折射了现行法律框架下，保全措施异地申请与实施的跨区域合作在海事领域和非海事领域的不同可能性。

（1）非海事领域的民事保全措施异地申请与实施

《民事诉讼法》没有涉及涉外民商事诉讼中保全措施的异地申请与实施的跨区域合作可能性问题，但其第二百七十九条规定，当事人申请采取保全的，中华人民共和国的涉外仲裁机构应当将当事人的申请，提交被申请人住所地或者财产所在地的中级人民法院裁定。据此，由于我国现行立法并没有就涉外商事仲裁中仲裁地的确定问题设置限制性规定，上述条文似乎可作两种不同的可能解释：第一，仲裁地在国内时，当事人向被申请人住所地或者财产所在地的中级人民法院申请保全措施；第二，仲裁地不在国内时，当事人向被申请人住所地或者财产所在地的中级人民法院申请保全措施。在第一种情况下，显然不存在保全措施的跨区域合作现象。但在第二种情况下，仲裁地与保全措施申请、发布和实施地位于不同区域，从而显然属于保全措施的异地申请模式。故从条款文义而言，上述条文蕴含准予保全措施异地申

① 本间靖规、中野俊一郎、酒井一：《国际民事诉讼法》，第157页。

请与实施的跨区域合作的可能文义。

《中华人民共和国国际私法示范法》更直白地表述了建立诉讼领域保全措施异地申请与实施的跨区域合作机制的意思。其第五十五条规定，外国法院对案件实体内容行使的审判权，并不影响中华人民共和国法院对该案件有关的财产采取保全措施和其他临时性措施，也不影响中华人民共和国法院对该案件判决的承认和执行行使管辖权。

（2）海事领域的海事保全措施异地申请与实施实践

早在1989年，《全国沿海地区涉外、涉港澳经济审判工作座谈会纪要》指出，诉讼保全的目的在于能使以后的生效判决得到执行。但是，采取诉讼保全措施既不能违反我国法律规定，也不能违反我国缔结或参加的国际条约和国际上通行的惯例。1994年颁布的《最高人民法院关于海事法院诉讼前扣押船舶的规定》第四条第（九）项规定，扣押船舶，不受当事人之间的关于该海事请求在管辖、仲裁或法律适用方面的协议的约束。这意味着，当事人就其海事请求的管辖、仲裁或法律适用等事项作出约定的情况下，不排除我国海事法院行使扣押船舶的管辖权。在当事人选择外国法院管辖，或选择在外国进行仲裁时，我国海事法院所采取的海事保全措施即起到协助在外国法院进行诉讼或在外国仲裁机构进行仲裁的作用。

现行海事立法依其措辞，显然延续了上述规定，对海事保全措施的异地申请与实施问题作了明确规定，且不论海事诉讼抑或仲裁。《海事诉讼特别程序法》第十四、五十三、六十四条规定，海事请求保全、海事强制令及海事证据保全不受当事人之间关于该海事请求的诉讼管辖协议或者仲裁协议的约束。该法第十九、六十一、七十二条进一步规定，海事请求保全或者海事强制令执行后，或者海事证据保全后，有关海事纠纷未进入诉讼或者仲裁程序的，当事人就该海事请求，可以向采取海事请求保全，或者作出海事强制令，或者采取证据保全的海事法院或者其他有管辖权的海事法院提起诉讼，但当事人之间订有诉讼管辖协议或者仲裁协议的除外。《海事诉讼特别程序法解释》第二十一条规定，诉讼或者仲裁前申请海事请求保全适用海事诉讼特别程序法第十四条的规定。外国法院已受理相关海事案件或者有关纠纷已经提交仲裁，但涉案财产在中华人民共和国领域内，当事人向财产所在地的海事法院提出海事请求保全申请的，海事法院应当受理。而第十八条规定，海事诉讼特别程序法第十二条规定的被请求人的财产包括船舶、船载货物、船用燃油以及船用物料。对其他财产的海事请求保全适用民事诉讼法有关财产保全的规定。这意味着：第一，海事请求保全或海事强制令或海事证据保全的管辖权独立于海事案件实质问题的管辖权；第二，为协助当事人在所选择的外国法院进行诉讼或在外国仲裁机构进行仲裁，我国海事法院可依当事人的申请采取诉前临时性海事保全措施。据此，在海事领域，无论诉讼或仲裁，亦不论诉前保全抑或诉中保全，基于实体事项管辖权与保全措施管辖权行使主体的分离，实施海事保全措施异地申请与实施的跨区域合作，并不背离上述条文的可能文义。

然而，我国现行立法并未就民事保全措施的异地申请与实施问题作出全面的规定。其一，在财产保全场合，保全措施异地申请与实施的跨区域合作仅以保全标的系船舶、船载货物、船用燃油以及船用物料为限。以其他财产为保全标的时，则适用《民事诉讼法》的相关规定。其二，在当事人并非根据管辖权选择协议而在外国法院提起诉讼时，当事人能否向我国海事法院申请并实施临时性海事保全措施以协助在该法院进行的诉讼，《海事诉讼特别程序法》并未对此作出规定。但从协议管辖或仲裁情况下该法对保全措施的协助问题所作的特别规定来看，答案似乎是否定的。

在申请人中国租船有限公司诉被申请人青山控股集团有限公司保函纠纷案[①]中，被申请人向申请人出具的履约担保函约定适用英国法在香港仲裁。而申请人向宁波海事法院申请冻结被申请人银行存款200万元。宁波海事法院认为，上述担保函约定，因保函引起或与保函相关的任何争议应提交香港仲裁，故申请人要求冻结被申请人银行存款200万元的诉前财产保全申请，与法不符，不予准许。

在韩国东远F & B株式会社（Dongwon F & B）诉上海乐韩商业

---

① 宁波海事法院民事裁定书（2010）甬海法温保字第7号（2010年11月10日）。

有限公司货物买卖合同纠纷案[①]中，申请人因与被申请人上海乐韩商业有限公司之间的货物买卖合同纠纷而向大韩商事仲裁院提起仲裁申请。为防止被申请人转移或隐匿财产，申请人向上海市第一中级人民法院申请对被申请人的财产进行保全。法院认为，根据《民事诉讼法》，因申请人并非在我国申请仲裁，故申请人申请财产保全缺乏法律依据，不予受理。但在该案中，宁波海事法院依据《海事诉讼特别程序法》第十七条、《海事诉讼特别程序法解释》第二十一条第二款之规定，准予当事人在域外仲裁程序进行中向其提出的保全申请。

在CAI国际公司与大新华物流控股（集团）有限公司诉前财产保全案[②]中，CAI国际公司将与大新华物流控股（集团）有限公司之间的集装箱租赁合同纠纷提交美国仲裁协会仲裁，CAI国际公司请求天津海事法院依法冻结大新华物流控股（集团）有限公司所属银行存款1000万美元，或查封、扣押、冻结其他等值财产。天津海事法院认为，该海事请求保全申请符合我国有关民事法律规定，裁定准许该保全申请。在诺登轮船有限公司与大新华物流控股（集团）有限公司申请诉前财产保全案[③]中，天津海事法院亦作了相同裁判。在厦门西凌海运有限公司与非洲海上承运人有限公司（African Maritime Carriers Ltd.）海事请求保全申请案[④]中，申请人已在英国伦敦提起了仲裁。被申请人所期租的“黄金载体”（Gold Carrier）号轮将停泊在上海港。申请人向上海海事法院提出海事请求保全申请，请求扣押“黄金载体”号轮上的重油600吨和柴油20吨，并向上海海事法院提供了限额为5万美元的担保。上海海事法院认为，申请人的海事请求保全申请符合法律规定，可予准许。

依武汉海事法院（2016）鄂72财保427号裁定书，申请人海洋十一航运公司在业已向香港国际仲裁中心申请仲裁后，为保障将来生效的仲裁裁决的顺利执行，向武汉海事法院请求对被申请人老挝开元

① 上海市第一中级人民法院民事裁定书（2014）沪一中受初字第2号。
② 天津海事法院民事案件裁定书（2013）津海法保字第68–1号。
③ 天津海事法院民事案件裁定书（2014）津海法保字第7–1号。
④ 上海海事法院民事案件裁定书（2005）沪海法商保字第35号。

矿业有限公司在中国的财产采取财产保全措施。武汉海事法院在申请人提供相应担保后，认为保全申请符合现有法律规定，裁定支持了申请人提出的仲裁中财产保全申请。

依广州海事法院（2016）粤72财保字第11号裁定书，申请人华夏航运（新加坡）有限公司与东海运输有限公司因双方间租船合同发生纠纷，并依据仲裁协议于香港启动仲裁程序，申请人胜诉。在获知被申请人在招商银行股份有限公司深圳总行账户可能有存款后，遂凭香港仲裁裁决书向广州海事法院申请诉前财产保全，广州海事法院支持了申请人依据香港仲裁裁决提出的诉前财产保全的申请。

上述案例揭示了财产保全措施异地申请与实施机制运行的基本现状，即对船舶、船载货物、船用燃料和船用物料实施保全扣押，无论国内仲裁或者涉外仲裁，或者约定域外仲裁或涉港澳仲裁机构仲裁，当事人都可以向财产所在地的我国内地海事法院申请海事请求保全。而对于上述保全标的之外的财产保全措施，在当事人约定域外仲裁或涉港澳仲裁机构仲裁而向我国内地法院申请财产保全的，无论仲裁前或者仲裁中，均无法律依据。

（3）保全措施异地申请与实施的区际司法协助

① 单边模式：我国香港地区的实践。与新加坡的司法实践相同的是，当事人若在香港地区以外已经启动或者即将启动仲裁程序，可以向香港法院申请委任接管人或颁布临时救济。香港特别行政区《仲裁条例》第45条规定，已在或将会在香港或香港以外地方展开的任何仲裁程序：若（1）该仲裁程序能引起一项可根据本条例或任何其他条例在香港强制执行的仲裁裁决（不论是临时裁决或最终裁决）;（2）所寻求的临时措施，属香港法院可就仲裁程序而在香港批准实施的临时措施的类型或种类；及（3）除非所寻求的临时措施在当时是仲裁程序的标的，或香港法院认为由仲裁庭处理所寻求的临时措施更为适当，则香港法院都可因应任何一方的申请，就该仲裁程序批予临时措施。

而与新加坡的司法实践不同的是，当事人可向香港法院申请签发临时救济措施以支持在其他法域进行的诉讼，即香港法律认可临时措施的异地申请实施。香港特别行政区《高等法院条例》第21M条规定，任何法律程序：若（1）已在或将会在香港以外地方展开及（2）该法律程序能产生一项可根据任何香港条例或普通法在香港强制执行的判决，香港法院即具有司法管辖权无条件地或有条件地委任接管人或批予临时救济。为确保该等命令的有效性，香港法院具有相同的权力作出任何附带命令或指示，包括委任接管人接管任何的香港公司及/或其股权、禁止任何法律程序的一方将位于香港境内的资产转移或以其他方式处理，及禁止土地损坏或侵入行为。也就是说，对在其他法域正在审理的诉讼案件，在满足法律规定的条件下，当事人可以向香港法院申请颁布“临时救济”命令或中间禁令，命令被告作出或停止作出某些行为。其中，最常见的中间禁令便是玛瑞瓦禁令（资产冻结令）和安东·皮勒令（搜查令）。

在中国银行股份有限公司日照分行诉杨帆案中，中国银行股份有限公司日照分行就与被告之间的借款合同纠纷向日照市中级人民法院提起诉讼，并申请冻结了被告的若干资产。在内地诉讼期间，原告于2015年7月24日取得了香港法院原讼法庭颁发的资产冻结令（以下称“禁止令”），该禁止令根据《高等法院条例》第21M条禁止被告处分在香港的价值5亿元人民币的资产。在该资产冻结令届满时，原告向香港法院申请延长其期限，被告则要求解除该禁止令。2016年4月29日，香港高等法院原讼法庭作出了HCMP 1797/2015号判决。该案是公开报道的在内地进行诉讼的原告在香港申请资产冻结令获得成功的首例案件。[①]

② 双边安排。与在国际民事诉讼中坚持绝对的属地原则不同的是，民事诉讼中民事保全措施异地申请与实施的区际司法协助，其实在我国早已成形。《最高人民法院关于内地与香港特别行政区法院相互认可和执行当事人协议管辖的民商事案件判决的安排》第十四条规定，法院受理认可和执行判决的申请之前或者之后，可以按照执行地法律关于财产保全或者禁制资产转移的规定，根据申请人的申请，对被申请人的财产采取保全或强制措施。《关于内地与香港特别行政区法院相互

① 冼一帆：《深度分析——内地在诉案件在香港法院申请财产保全第一案》，搜狐网，2018年1月21日，https://www.sohu.com/a/218013172_99953131，访问日期：2021年6月20日。

认可和执行民商事案件判决的安排》第二十四条规定，申请认可和执行判决的，被请求方法院在受理申请之前或者之后，可以依据被请求方法律规定采取保全或者强制措施。也就是说，由香港或内地法院所作的民事判决，当事人在向内地或香港法院申请认可和执行民事判决之前，可向被申请认可和执行地法院申请采取保全措施。相同条款亦出现在《内地与澳门特别行政区关于相互认可和执行民商事判决的安排》第十五条和《最高人民法院关于认可和执行台湾地区法院民事判决的规定》第十条之中。

二、民事保全措施在判决执行地国的申请与实施模式

民事保全措施立法是指在双方当事人所争议的民事权利义务关系尚未确定、执行依据尚不存在时给予债权人的一种救济。[①] 而民事保全措施与执行措施之间的区别，亦体现在我国《民诉法解释》相关条款之中。其第一百六十八条规定，保全裁定未经人民法院依法撤销或者解除，进入执行程序后，自动转为执行中的查封、扣押、冻结措施，期限连续计算，执行法院无须重新制作裁定书，但查封、扣押、冻结期限届满的除外。由此可见，民事保全措施在一定情况下可转化执行措施，亦足见两者的区别。

在判决作出后执行前，仍然存在债务人实施隐匿、转移、出卖或毁损财产行为之虞，债权人应有权针对债务人财产向法院申请民事保全措施，否则无任何救济手段可资援用。我国《民诉法解释》第一百六十三条规定，法律文书生效后，进入执行程序前，债权人因对方当事人转移财产等紧急情况，不申请保全将可能导致生效法律文书不能执行或者难以执行的，可以向执行法院申请采取保全措施。债权人在法律文书指定的履行期间届满后五日内不申请执行的，人民法院

---

① 参见：李仕春《民事保全程序研究》，第27页。

应当解除保全。[①]

然而，在涉外民商事判决域外承认与执行的情况下，民事保全措施又该如何申请？为此，一些国际公约或文件作了相应规定，形成所谓在判决执行地国的申请与实施模式，即判决执行地国法院在执行由他国法院作出的判决前应判决债权人申请而批准并实施民事保全措施的机制，以应对判决作出后债权人对民事保全措施的特殊需求。

（一）欧盟的实践

在判决的域外执行问题上，《布鲁塞尔公约》《布鲁塞尔条例》与《布鲁塞尔条例》（修订）之间存在重大不同。

依《布鲁塞尔公约》和《布鲁塞尔条例》，成员国法院的判决在其他成员国予以自动承认，而在其他成员国的执行，则须由该其他成员国作出执行决定方予以执行。《布鲁塞尔公约》第26条第1款（《布鲁塞尔条例》第33条第1款）规定，一个缔约国所作的判决，其他缔约国应予承认，而无须任何特别手续。《布鲁塞尔公约》第31条（《布鲁塞尔条例》第38条）规定，由一个缔约国作出的并可在该国执行的判决，经利害关系人的申请，而由另一缔约国发出执行命令时，可在另一国执行。但依《布鲁塞尔条例》（修订）第36条第1款、第39条，一成员国法院所作的判决，其他成员国应予以承认，而无须任何特别手续；由一成员国作出的并可在该国执行的判决可在另一国执行，而无须任何可执行性宣告。判决域外承认与执行之间的区分，亦相应影响到临时性保护措施当地申请与执行问题的条款设计。

1. 判决域外承认情况下临时性保护措施的申请与实施

《布鲁塞尔公约》并没有对判决域外承认情况下临时性保护措施的申请与实施问题作出单独规定。这意味着，在该场合下的临时性保护措施的跨国实施问题仍根据公约第24条规定予以解决。而胜诉方能否向判决承认国法院申请和实施临时性保护措施，则不无疑惑。鉴于此，

① 《最高人民法院关于人民法院民事执行中查封、扣押、冻结财产的规定》第三条、第四条，《最高人民法院关于人民法院办理财产保全案件若干问题的规定 》第一条第三款、第九条第二款、第十七条亦有相关规定。

《布鲁塞尔条例》第47条第1款明确规定，根据本条例承认一项判决时，在无须第41条规定的可执行性声明的情况下，不得阻止申请人根据被请求成员国的法律采取临时措施，包括保护措施。此即《布鲁塞尔条例》就判决承认地国的临时性保护措施的申请与实施问题所作的一般性规定。然而，《布鲁塞尔条例》并没有就“采取临时措施，包括保护措施”的具体条件和程序作出具体规定，而是授权由“被请求成员国的法律”确定。这种处理方法乃各成员国不同的实践所致。

2. 判决域外执行情况下临时性保护措施的申请与实施

在涉外民商事案件中，于判决作出后而另一国法院作出执行命令前向执行地国法院申请临时性保护措施，其重要性和迫切性并不亚于在诉前或诉讼进行时向相关法院申请和实施临时性保护措施。第一，债权人可在将判决送达给判决债务人之前申请并获得保护措施，从而仍可使保护措施产生出其不意的效果。第二，尽管在大多数案件中，债权人在较早阶段已确定并冻结了债务人财产，但在一些案件中，对意欲保全的债务人财产可能留待胜诉判决作出后方予确定，并且到判决作出时还可能发现以前所未知的新的债务人财产。在这种情况下，债权人无疑拥有更多的选择余地和采取保护措施的对象。①

但在此阶段，当事人如何向法院申请实施临时性保护措施？执行地国法院采取临时性保护措施的依据为何？

从一些国家的国内实践观之，如比利时，由于将外国法院判决作为保全措施凭证（titre conservatoire）对待，并不需要判决执行决定程序，因此可以直接以外国法院判决为根据而由执达员（huissier）采取保护措施而无须法院的干预。② 而在另一些国家，尽管避免法院干预是不可能的，但由法院作出裁断的事项则可以减少。如果债权人的请求业已为外国法院判决所承认，判决执行地国法院则应考虑这一事实：有关债权人案件事实论据的强弱因案件事实本身已为原审地国法院所充分考虑，从而在决定是否批予临时性保护措施的程序中，不再属于

① See W. A. Kennett, *The Enforcement of Judgments in Europe*, p. 140.

② Ibid.

法院考虑的对象。如果债权人请求的充分性已为原审地国法院判决所确认，判决执行地国法院考虑的因素则应限于采取临时性保护措施的其他条件或标准，如债权人需要保护措施的急迫性和债务人处置财产的风险。[①]

《布鲁塞尔公约》第39条第1款规定，在按第36条规定的上诉期限内，直至对上诉作出判决之前，除对被执行的一方财产采取保护措施外，不得采取其他强制措施。同条第2款规定，批准执行的决定，应包括有采取此种保护措施的授权。然而，对于判决执行地国法律与申请实施临时性保护措施之间的关系，则语焉不详。在《布鲁塞尔公约》修正草案中，就该阶段临时性保护措施的当地申请实施模式的选择，欧洲委员会采纳了比利时等国家的做法。其最初的文本草案英文本第27条规定，在一缔约国法院作出的判决，在签发最终执行命令时，可作为根据申请地国法律作出临时性和保护性措施的权利依据。而法文本则使用了更为直接明确的措辞：在一缔约国法院作出的判决确认了可根据申请执行地国法律采取临时性和保护性措施的债的存在。根据法文本，缔约国法院作出的判决仅确认请求的有效性，而不涉及有关采取临时性保护措施的其他事项。也就是说，采取临时性保护措施所需要的紧急程度、当事人之间利益的平衡问题显然交由执行地国国内法确定。[②]不过，由于该文本的规定，将外国法院判决作为临时性保全措施的实施依据成为正当。此外，其最后的条例草案第44条规定，当一项判决根据本条例必须被宣布可予执行时，申请人即可根据判决执行地国法律获得临时性保护措施，无须第37条所要求的宣布判决可执行的决定。[③]由于存在不可调和的分歧，欧盟理事会在《布鲁塞尔条例》中基本保留了《布鲁塞尔公约》所采用的立法技术。其第47条第2款规定，批准执行的决定，应包括采取任何保护措施的授权。同条第3款规定，在根据第43条第5款所规定的对执行决定的上诉期限内，并且直到任何此类上诉得到裁定为止，除对被执行的一方财产采取保护

① See W. A. Kennett, *The Enforcement of Judgments in Europe*, pp.141-142.

② Ibid., pp. 142-143.

③ Ibid., p.143.

措施外，不得采取其他强制措施。

然而，《布鲁塞尔条例》（修订）则对此进行了重大修正。其第40条规定，一项具有可执行性的判决具有依法启动在被申请执行的成员国法律项下任何保护措施的效力。该条规定显然凸显了被申请执行的成员国法律在申请与实施临时性保护措施中的地位。此外，第44条第1（a）款规定，如根据第3节第2分节请求拒绝执行判决，被申请执行的成员国法院根据执行相对人的申请，可以将执行程序限于保护措施。

（二）美洲国家间《关于执行保全措施的公约》

《关于执行保全措施的公约》也对判决执行地国法院采取保全措施问题作了规定。该公约第7条规定，外国法院判决要求其执行的，执行地国法官或法院不需要其他程序，也不需要根据当事人的申请，即可依照本国法律采取必要的保全措施。与欧盟布鲁塞尔体制相比，《关于执行保全措施的公约》大大简化或降低了判决执行地国法院采取保全措施的程序和条件，并且明确赋予判决执行地国法院采取保全措施的自由裁量权，而无须当事人提出申请。

（三）我国的区际司法协助实践

民事保全措施的判决执行地申请与实施模式其实属于异地申请与实施模式，且在我国区际民事判决的认可与执行程序中早已成形。《最高人民法院关于内地与香港特别行政区法院相互认可和执行当事人协议管辖的民商事案件判决的安排》第十四条规定，法院受理认可和执行判决的申请之前或者之后，可以按照执行地法律关于财产保全或者禁制资产转移的规定，根据申请人的申请，对被申请人的财产采取保全或强制措施。《关于内地与香港特别行政区法院相互认可和执行民商事案件判决的安排》第二十四条规定，申请认可和执行判决的，被请求方法院在受理申请之前或者之后，可以依据被请求方法律规定采取保全或者强制措施。也就是说，由香港或内地法院所作的民事判决，当事人在内地或香港法院受理认可和执行民事判决申请之后，可向被申请认可和执行地法院申请采取保全措施。相同条款亦出现在《内地与澳门特别行政区关于相互认可和执行民商事判决的安排》[①] 和《最高人民法院关于认可和执行台湾地区法院民事判决的规定》[②] 之中。

三、民事保全措施的域外实施模式

随着临时性保护措施地域效力的扩张，临时性保护措施的域外实施问题遂成为学界和实务界共同关注的问题。

传统上，一国作出的临时性保全措施令在另一国的执行问题似乎在有关文献中并没有引起应有的注意。究其原因，主要有以下几点：第一，临时措施通常在其最有可能发生效力的地方采取，如财产或被告所在地，因而一般情况下其没有域外执行的必要。正如欧洲法院在Denilauler案[③] 中所言，财产所在地的法院是对据以作出或拒绝作出临时措施的情势作出评价，或确立有关程序和原告必须遵守的条件以确保所采取措施的临时性或保护性特性的最佳法院。第二，判决的承认与执行传统上限于终局判决，即最终解决当事人之间争议的判决，而临时性保护措施不属于此类判决。第三，判决的执行传统上限于支付金钱的判决，而临时性保护措施即使有也很少涉及金钱的支付。尽管美国《冲突法重述》第102条设想命令做出某种行为而非支付金钱，或者不得做出某种行为的有效判决可在其他州予以执行或可作为救济的内容，但《冲突法重述》本身也承认，该原则是否适用于外国法院判决是有争论的。第四，临时性保护措施的域外执行往往遭到承认或执行地国法院的抵制。这种对外国法院作出的命令的承认或执行的抵制态度，使命令采取临时措施的法院在决定是否作出此种命令时格外小心谨慎。例如，英国法院一方面在涉及外国的第三人时通过但书

---

① 《内地与澳门特别行政区关于相互认可和执行民商事判决的安排》第十五条规定，法院受理认可和执行判决的申请之前或者之后，可以按照被请求方法律关于财产保全的规定，根据申请人的申请，对被申请人的财产采取保全措施。

② 《最高人民法院关于认可和执行台湾地区法院民事判决的规定》第十条规定，人民法院受理认可台湾地区法院民事判决的申请之前或者之后，可以按照民事诉讼法及相关司法解释的规定，根据申请人的申请，裁定采取保全措施。

③ Case 125/79 ECR [1980] 1553, 1570.

（Babanaft proviso）来限制玛瑞瓦禁令对该第三人尤其是外国银行的效力；另一方面，当有证据表明外国法院不会承认英国法院作出的命令时，英国法院则会扩大玛瑞瓦禁令的范围以避免外国法院不愿意承认英国法院之命令所致的不利后果。[①]

但在当今的商业社会，由于债权人意欲扣押的财产、证据或保全的事实状态往往分布在不同国家，一国法院作出的临时性保护措施如果在该国内没有现实的作用对象，而又得不到他国法院的承认或执行，无疑成为一纸空文。债权人即使可利用异地申请与实施的相互辅助模式向有关国家法院申请临时性保护措施，也会由于对该国法律的生疏、时间较长等因素而效果甚微。[②] 此外，债务人还可利用各国法律之间的互异，有恃无恐地实施旨在挫败终局判决执行的各种行为。

临时性保护措施的域外执行模式主要是因应临时性保护措施域内效力向域外效力扩张的实践而发展起来的国际合作模式，其可在一定程度上避免上述这些现象的发生，尤其在债权人掌握债务人有关财产的信息时，快捷有效的域外执行模式能够确保临时性保护措施起到出其不意、先发制人的效果。随着临时性保护措施域外执行机制在一些国际公约或国际文件出现，临时性保护措施呈现国际承认与执行的趋势。[③]

（一）国际公约和文件中的临时性保护措施域外实施机制

1. 欧盟实践

（1）双轨制与临时性保护措施令的域外执行

在双轨制项下，临时性保护措施由实质事项管辖法院和其他法院实施。但这两类管辖法院所实施的临时性保护措施之间的关系，在《布鲁塞尔公约》和《布鲁塞尔条例》（修订）中则有不同体现。

1）《布鲁塞尔公约》项下的双轨制。《布鲁塞尔公约》第25条规定，本公约所谓“判决”，系指某一缔约国法院或法庭所作的决定，而不论该决定称作什么，诸如裁决、命令、决定或执行令状以及由法院书

---

① See L. Collins, “Provisional and Protective Measures in International Litigation,” pp. 121-122.

② See W. A. Kennett, *The Enforcement of Judgments in Europe*, p. 135.

③ See L. Collins, “Provisional and Protective Measures in International Litigation,” p. 126.

记官就诉讼费用或其他费用所作的决定。[①] 从字面上看，公约并未将作为承认或执行客体的判决限于金钱判决或终局判决，因而似乎在一缔约国作出的有关临时性保护措施的命令可在另一缔约国得到承认和执行[②]，不论临时性保护措施由实质事项管辖法院还是由其他法院颁布。然而，在《布鲁塞尔公约》框架下，临时性保护措施的域外承认与执行，在理论和实践中还是存在不同的看法。[③]

临时性保护措施能否域外承认和执行问题，在学界存有两种相互对立的看法：文本主义和政策考量主义。文本主义认为，关键问题是《布鲁塞尔公约》第27条和第46条[④] 中所指的"判决"是否包括命令采取临时措施的判决，"缺席判决"是否包括在单方面审理后作出的判决，是否限于经传唤的被告未出庭情况下所作的判决。《布鲁塞尔公约》第24条有关临时性保护措施特殊规则的存在，意味着《布鲁塞尔公约》的一般性规则并不适用于此种临时措施。而政策主义认为，在现阶段，共同体法发展所要讨论的问题是，政策因素是否有助于临时措施的承认和执行，临时性保护措施的承认和执行如果需要符合一定条件，应具备何种条件。[⑤]

欧洲法院审理的若干案件不同程度地反映了这两种不同观点。在

---

① 《布鲁塞尔条例》第32条规定，本规则所指"判决"，系指某一成员国法院或法庭所作的任何决定，而不论该决定的名称是什么，诸如裁决、命令、决定或执行令状，以及由法院书记官就诉讼费用或其他费用所作的决定。

② See L. Collins, *Essays in International Litigation and the Conflict of Laws*, pp.216-218; "Provisional and Protective Measures in International Litigation," pp. 126-127. See also W. A. Kennett, *The Enforcement of Judgments in Europe,* pp. 145-148.

③ Gerry Maher and Barry J. Rodger, "Provisional and Protective Remedies: The British Experience of the Brussels Convention," pp. 308-310.

④ 《布鲁塞尔公约》第27条规定，下列判决不能予以承认：（1）如果此种判决违背被请求国的公共政策者；（2）如果由于被告未及时收到有关起诉的文件，不能有充分时间安排辩护，而作出缺席判决者；（3）如果该判决，与被请求承认国就同一当事人间的争端所作判决，不相容者；（4）如果缔约国在关于自然人的身份或能力、夫妻财产制、遗嘱和继承方面作出了不符合被请求国国际私法规定的判决，但如适用该国国际私法规定后，仍将达到同样效果者，不在此限。《布鲁塞尔公约》第46条规定，要求承认或申请执行判决的当事人应提出：（1）符合认证所需条件的判决副本；（2）如系缺席判决，须提供已将传票送达缺席一方当事人的证明正本或证明无异的副本。

⑤ See W. A. Kennett, *The Enforcement of Judgments in Europe*, pp. 145-146.

De Cavel I案[①]中，欧洲法院指出，诸如冻结财产之类的临时性保护措施在《布鲁塞尔公约》的适用范围之内，但对有关公约所包括的事项，并不存在据以区别临时性措施和终局性措施的法律根据。

在Denilauler案[②]中，法国法院作出了一项准许冻结德国公司在法国银行法兰克福分行的银行账户的单方面保全扣押命令。原告随后根据公约向德国法院申请执行该扣押令，要求德国法院根据公约第30条规定签发执行令，同时请求德国法院采取特别的保护措施。尽管保全扣押令并未送达给被告，但其认为这对于执行扣押令而言并非必要，因为保全扣押令出其不意的效力是至关重要的。原告的主张为德国一审法院所采纳。然而，被告对德国法院根据《布鲁塞尔公约》所签发的执行令提起上诉，认为德国法院签发执行令并不符合《布鲁塞尔公约》第27条第2款、第47条第1款和第2款的要求。欧洲法院虽然并没有接受被告的主张，但其认为，此种经常用于准许采取保护措施的单方面命令并不在公约所设置的有关承认和执行的简易程序的适用范围之内。这种简易程序建立在这样的事实基础之上，即被告业已有机会参加在原审法院进行的审理程序。当这一前提条件未获满足时，简易程序的适用缺乏正当理由。这一结论还可为公约第24条特别规则的存在所进一步佐证，而该条款即考虑了有关临时性保护措施的特殊政策问题。也就是说，公约的承认和执行条款并不适用于意欲在送达前予以执行的单方面命令。[③]

Denilauler案中，原被告双方的不同主张是文本主义和政策考量主义的体现。该案中的政策考量集中于临时措施的特殊性质，尤其是远离被扣财产所在地的法院作出的扣押财产的命令是否适当，或者说此种命令是否属于所涉财产所在的本地法院管辖事项。具体言之，这些考虑的政策因素包括：第一，临时性保护措施，特别是冻结银行账户

① Case 143/78, ECR [1979] 1055.

② Case 125/79, ECR [1980] 1553, 1571.

③ See L. Collins, *Essays in International Litigation and the Conflict of Laws*, pp. 216-217; "Provisional and Protective Measures in International Litigation," pp. 126-127. See also W. A. Kennett, *The Enforcement of Judgments in Europe*, p. 146.

的措施经常产生严重的后果，这对商业企业尤其如此。随着并不知悉的诉讼程序的启动，其账户被冻结，从而使其既没有足够的资金来偿付海外的债务，又没有机会进行其他的安排以应付各类账单或支出。第二，不仅被告的利益，第三人的利益也将会由此受到严重影响。第三，为避免对此类人的权利造成严重的损害，以及避免商事交易的不确定性，此类保护措施应迅速地告知所有所涉各方，并使其有机会采取迅速的反诉行动。第四，此种机会仅在以下情况方存在：采取保护措施的法院与该人之间地理上比较近，受影响的当事人熟悉保护措施所依赖的法律体系，不存在语言上的障碍。[①] 出于对这些因素的考量，Denilauler案确立了《布鲁塞尔公约》项下域外承认和执行临时性保护措施的基本做法：法院作出的单方面保护措施命令通常具有出其不意的效力，但这意味着准许采取具有域外效力的保护措施的判决虽然根据某些国家的非公约规则可得到承认，但根据现行的《布鲁塞尔公约》规则不可能为其他缔约国法院所承认，而能得到承认或执行的有关临时性保护措施的判决只能是经双方当事人争辩后作出的判决（inter partes judgments）。但在这种情况下，债务人已知悉针对其所提起的诉讼，因而将会采取各种措施以藏匿或转移其海外财产。[②]

Denilauler案所确立的临时性保护措施域外执行的做法为Brennero SAS诉Wendel GmbH案[③] 所支持。在该案中，作为原告的意大利公司在意大利法院对被告德国公司提起诉讼，并获得保护性扣押令。由于德国公司在意大利并无财产，意大利公司遂向德国法院提出执行扣押令的申请。德国法院根据《布鲁塞尔公约》作出了执行命令，而后案件提交欧洲法院。欧洲法院仅就被告所上诉的有关在德国执行扣押令的执行程序方面的问题作出裁决。欧洲法院总法律顾问指出，由于意大利法院的扣押令是在双方当事人相互辩论情况下作出的，因而毫无疑义，其原则上应在德国予以执行。

① See W. A. Kennett, *The Enforcement of Judgments in Europe*, pp. 147-148.

② Ibid., pp. 145-146.

③ Case 258/83, ECR [1984] 3971.

此外，在Mietz案[①]和Purrucker案[②]中，欧洲法院指出，如果颁布临时性保护措施的法院在其判决中明确表示其管辖权源于与《布鲁塞尔公约》第24条相关的国内法，则被请求执行的成员国法院必须裁定。申请执行的诸如无条件中间支付令等临时性保护措施，不属于《布鲁塞尔公约》第24条项下的临时性保护措施，从而亦不属于公约第III篇项下执行令的对象。而如果法院在其判决中就其管辖依据缄口不语，为确保公约不为当事人所规避，该判决应被解释为，作出该判决的法院是以有关临时措施的国内法，而非公约项下实体事项的管辖依据，作为颁布临时措施的管辖依据。为此，有学者主张，这亦意味着被请求执行的成员国法院有权审核作出判决的成员国法院的管辖权，进而基于该判决不属于公约第III篇适用范围之内而拒绝予以执行。[③]

然而，上述诸案中，欧洲法院均未探讨一些根本性问题，即在一缔约国作出的旨在影响位于另一缔约国的财产的命令可在该另一缔约国执行的程度或范围，《布鲁塞尔公约》第24条与承认和执行条款之间关系如何等。有学者指出，在目前的背景下，这些案件对于未被裁决的问题比对已被裁决的问题更为重要。但学界比较一致的做法是，旨在影响位于国外财产的诸如全球玛瑞瓦禁令之类的临时性保护命令，可以得到域外的承认和执行，如果作出该命令的诉讼在相关公约的适用范围内，并且该命令是在双方辩论情况下（inter partes）作出的。[④]

2）《布鲁塞尔条例》项下的双轨制。《布鲁塞尔条例》第32条关于“判决”的定义与《布鲁塞尔公约》第25条并无区别。然而，与《布鲁塞尔公约》时期不同的是，学界开始对由对实体事项拥有管辖权的成员国法院所作出的临时性保护措施与由其他成员国法院所作出的临时性保护措施加以区分。其主张，实体事项管辖法院颁布的临时性保护措施基于《布鲁塞尔条例》项下判决承认与执行机制，可为其他成

① ECJ, 27 April 1999, C-99/96, Mietz v Intership Yachting, ECR [1999] I-2277, at para. 54.

② Purrucker v Vallés Perez, 15 July 2010, C-256/09, ECR [2010] I-07353, at para. 87.

③ Francisco Garcimartín, “Provisional and Protective Measures under the Brussels I Recast,” pp. 75-77.

④ See L. Collins, *Essays in International Litigation and the Conflict of Laws,* p. 216; “Provisional and Protective Measures in International Litigation,” p. 127.

员国法院予以承认和执行，而由其他成员国法院以其国内法为管辖依据而颁布的临时性保护措施仅在该法院所属国具有属地效力，而不适宜为其他成员国法院予以承认与执行。① 而反对者主张，欧洲法院有关《布鲁塞尔条例》的相关判决并未指出由非实体事项的国内管辖法院所颁布的临时性保护措施不能在其他成员国流转。②

就欧洲法院的实践而言，对于《布鲁塞尔条例》项下的临时性保护措施，依上所述，欧洲法院就此设置了两项条件以防止申请人规避条例所设置的统一管辖规则，即“双重条件检测标准”：措施的临时性，以及措施的标的与受理申请的成员国法院的属地管辖区域之间存在真正联系。③ 真正联系条件的满足，实际上使根据《布鲁塞尔条例》第31条所颁布的临时性保护措施通常无须由其他成员国法院予以承认与执行。④ 但在Maersk Olie & Bas A/A案和Italian Laether案中，欧洲法院指出，正如《布鲁塞尔公约》报告⑤ 所指，公约第25条并非仅适用于全部或局部终止争议的裁决，其亦适用于临时或中间裁决。⑥

3）《布鲁塞尔条例》（修订）项下的双轨制。《布鲁塞尔条例》（修订）第35条除不再将本条例作为其他成员国法院的实体事项管辖依据外，与《布鲁塞尔公约》第24条和《布鲁塞尔条例》第31条并无区别。这意味着，其亦延续了《布鲁塞尔公约》第24条和《布鲁塞尔条例》第31条所隐含的理论和实践问题。然而，与《布鲁塞尔公约》和《布

---

① Francisco Garcimartín, “Provisional and Protective Measures under the Brussels I Recast,” p. 76.

② Costanza Honorati, “Provisional Measures and the Recast of Brussels I Regulation: A Missed Opportunity for A Better Ruling,” p. 4.

③ See ECJ, 27 April 1999, C-99/96, Mietz v Intership Yachting, ECR [1999] I-2277, at para. 42; ECJ, 21 May 1980, C-125/79, Denilauler v Couchet Frères, ECR [1980] I-1553, at para. 15; ECJ, 17 November 1998, C-391/95, Van Uden v Deco-Line, ECR [1995] I-7122, at para. 38; ECJ, 28 April 2005, C-104/03, St Paul Dairy v Unibel Exser, ECR [2005] I-3497, at para. 16. See also Francisco Garcimartín, “Provisional and Protective Measures under the Brussels I Recast,” pp. 75-76.

④ Francisco Garcimartín, “Provisional and Protective Measures under the Brussels I Recast,” p. 76.

⑤ OJ 1979 C59, p. 71, point 184.

⑥ See ECJ, 14 October 2004, C-39/02, Maersk Olie & Bas A/A v Firma M. de Hann en W. Boer, ECR [2004] I-9657, at para. 46; ECJ, 6 June 2002, C-80/00, Italian Laether v WECO Polstermöbel, ECR [2002] I-4995. See also Francisco Garcimartín, “Provisional and Protective Measures under the Brussels I Recast,” p. 62.

鲁塞尔条例》不同的是,《布鲁塞尔条例》(修订)虽然并不意欲对《布鲁塞尔公约》第24条和《布鲁塞尔条例》第31条进行任何修正，但却通过介入判决的承认与执行阶段，明确禁止由非实体事项管辖法院所作的有关临时性保护措施裁定在其他成员国流转。此举将《布鲁塞尔公约》第24条和《布鲁塞尔条例》第31条所隐含的问题转移至承认与执行阶段。①

（2）双轨制与“判决”的再定义

《布鲁塞尔条例》(修订)进一步丰富了双轨制的内容，为临时性保护措施的实施设计了不同制度，并为临时性保护措施的域外执行设置了具体要求，即临时性保护措施能否在域外实施，取决于临时性保护措施是由实体事项管辖法院还是由其他成员国法院所批予。②

为此,《布鲁塞尔条例》(修订)吸纳了欧洲法院的上述判例规则，对“判决”予以再定义。其第2条第（a）款规定，就本条例而言，“判决”是指成员国法院或法庭作出的任何判决，不论该判决名称如何，其包括裁定、命令、决定或执行令状，以及由法院书记官就诉讼费用或其他费用所作的决定。就第三章而言，“判决”包括根据本条例实体事项具有管辖权法院或法庭所命令的临时措施，包括保护措施。但其并不包括由该法院或法庭在未传唤被告出庭听审情况下颁布的临时措施，包括保护措施，除非包含该措施的判决在执行前已送达给被告。与此相对应,《布鲁塞尔条例》(修订)“鉴于”部分第（33）条指出，案件实体事项管辖法院所发布的临时措施，包括保护措施的自由流通应依本条例予以保障。然而，若临时措施，包括保护措施系由法院在被告未被传唤出庭听审情况下作出，则不应根据本条例予以承认和执行，除非内含该措施的判决系在执行之前送达给被告。此种规定并不排除根据国内法对上述措施的承认和执行。若临时措施，包括保护措施系由对案件实体问题没有管辖权的成员国法院所颁布，其效力根据

① Costanza Honorati,“Provisional Measures and the Recast of Brussels I Regulation:A Missed Opportunity for A Better Ruling,” op.cit., pp. 2-3.

② I. Pretelli, “Provisional and Protective Measures in the European Civil Procedure of the Brussels I System,” p. 112.

本条例应限于该成员国领域内。

据此，《布鲁塞尔条例》（修订）将非实体事项管辖法院所采取的临时措施，包括保护措施完全排除在“判决”之外。这亦意味着，此类临时性保护措施仅在该法院所属成员国领域内产生属地效力，而绝无由其他成员国法院予以承认与执行的可能。而实体事项管辖法院在双方当事人出庭听审情况下颁布的临时性保护措施，即双方间措施（inter partes measures）在成员国的自由流通，由本条例项下的承认与执行机制予以确保。但未传唤被告出庭应诉的情况下颁布的临时措施，包括保护措施，即单方（ex parte）临时性保护措施，却被附条件地排除在“判决”之外。[①] 也就是说，实体事项管辖法院所颁布的临时性保护措施仅在例外情况下与非实体事项管辖法院所颁布的临时性保护措施同命运。

（3）临时性保护措施令域外承认与执行机制的运作[②]

《布鲁塞尔条例》（修订）“鉴于”部分第（33）条明确指出，案件实体事项管辖法院所颁布的临时措施，包括保护措施的自由流通应依本条例予以保障。

1）相互信任原则与临时性保全措施令的自动承认与执行。1997年10月2日签署的《阿姆斯特丹条约》对《欧洲联盟条约》以及成立欧洲各大共同体的条约进行了修改。为使《欧洲联盟条约》引入的“民事方面的司法合作”具体化，修订后的《欧洲共同体条约》第65条明确授权欧盟理事会可在民事司法合作领域采取各项措施。其规定：“为了内部市场正常运转的需要，在具有跨境关系的民事司法合作领域，根据第6条采取的措施包括：……承认和执行民商事司法判决和司法外裁决……”因此，《布鲁塞尔条例》（修订）第36条、第39条规定，在一成员国作出的判决，在其他成员国应予以承认，无须任何特别手

---

① Costanza Honorati,“Provisional Measures and the Recast of Brussels I Regulation: A Missed Opportunity for A Better Ruling,” pp. 3-4; Francisco Garcimartín, “Provisional and Protective Measures under the Brussels I Recast,” p. 62.

② Gerry Maher and Barry J. Rodger, “Provisional and Protective Remedies: The British Experience of the Brussels Convention,” p. 308.

续。在一成员国作出的且在该国具有可执行性的判决，在其他成员国应具有可执行性，而无须任何可执行性宣告。

《布鲁塞尔条例》（修订）"鉴于"部分第（26）条指出，欧盟司法互信证明了在成员国作出的判决应当无须任何特别程序在所有成员国获得承认的原则。另外，为了实现跨境诉讼更节省时间和费用，有必要废除在有关成员国的执行之前进行可执行宣告的程序。因此，其他成员国法院作出的判决应被当作在被请求承认的成员国境内作出的判决一样予以对待。第（27）条规定，为实现判决的自由流通，在一成员国作出的判决在其他成员国应得到承认和执行，即使该判决针对的不是在成员国境内居住的人。第（29）条规定，在某一成员国境内直接执行在另一成员国境内作出的判决无须宣布其可执行性，不应损害对抗辩权的尊重。

除了《布鲁塞尔条例》（修订）"鉴于"部分第（33）条，其第42条第2款还规定，为了在一成员国执行在另一成员国作出的临时措施，包括保护措施的判决，申请人应向有权执行机关提供：（a）符合所需条件以证明其真实性的判决副本。（b）根据第53条出具的证明，其中包含对该措施的表述且证明：（i）该法院对案件实体事项拥有管辖权；（ii）该判决在原成员国具有可执行性。以及（c）若该判决是在未传唤被告出庭时作出，证明该判决已被送达。《布鲁塞尔条例》（修订）为实现单方面临时措施的跨境流通，而额外要求债权人向被请求执行的成员国法院提供判决副本和包括判决已被送达的相关证明，实际上是固守单方面临时措施的"突袭之效"仅具属地性而无域外性的必然结果。

2）临时性保护措施令域外承认与执行的一般规则。《布鲁塞尔条例》（修订）第42条第2款就临时性保护措施的承认与执行设置了具体要求。与第42条第1款关于判决执行一般性要求相较，两者之间最显著的区别即是判决所附随的证明形式的要求。[1]

① 实体事项管辖权声明的效力。《布鲁塞尔条例》（修订）"鉴于"

① I. Pretelli, "Provisional and Protective Measures in the European Civil Procedure of the Brussels I System," p. 112.

部分第（27）条规定，为实现判决的自由流通，在一成员国作出的判决在其他成员国应得到承认和执行，即使该判决所针对的不是在成员国境内居住的人。第（33）条指出，案件实体事项管辖法院所颁布的临时措施，包括保护措施的自由流通应依本条例予以保障。结合《布鲁塞尔条例》（修订）第42条第2款的规定，被请求承认与执行的成员国仅能就证明的形式条件对临时性保护措施的域外承认与执行予以有限控制。如果颁布临时性保护措施的成员国法院依《布鲁塞尔条例》（修订）第42条第2（b）（i）款之规定证明其对案件实体问题拥有管辖权，被请求承认与执行的成员国法院必须执行该措施而不得予以进一步控制，且不得复核由以前法院所作的判决。同样，执行相对人亦不得以颁布临时性保护措施的成员国法院对其实体事项管辖权问题的判决存在错误而对执行事项持有异议。[①] 而如果法院在其判决中就其管辖依据缄口不语，依欧洲法院对Mietz案[②] 和Purrucker案[③] 的判决，该判决应被解释为，作出该判决的法院是以有关临时措施的国内法，而非公约项下的实体事项管辖依据，作为颁布临时措施的管辖依据。[④]

但是，成员国法院的实体事项管辖权因申请人事后在其他成员国法院就案件实体争议提起诉讼而被否定，或因被告对法院就其自身拥有实体事项管辖权问题所作裁定提起上诉而遭否定时，其他成员国则相应地应拒绝执行临时性保护措施。[⑤]

② 可予执行的临时性保护措施的类型和转换。依《布鲁塞尔条例》（修订）第35条的规定，实体事项管辖法院拥有颁布任何类型的临时措施，包括对人的临时措施和对物的临时措施的充分的管辖权，且该

---

① Francisco Garcimartín, “Provisional and Protective Measures under the Brussels I Recast,” p. 62; I. Pretelli, “Provisional and Protective Measures in the European Civil Procedure of the Brussels I System,” p. 112.

② ECJ, 27 April 1999, C-99/96, Mietz v Intership Yachting, ECR [1999] I-2277, at para. 54.

③ Purrucker v Vallés Perez, 15 July 2010, C-256/09, ECR [2010] I-07353, at para. 87.

④ Francisco Garcimartín, “Provisional and Protective Measures under the Brussels I Recast,” pp. 75-77.

⑤ Ibid., pp. 62-63.

措施当然应由其他成员国法院予以充分承认与执行。[①]《布鲁塞尔条例》（修订）第41条规定，另一成员国作出的判决的执行程序应以被请求国法律为准。一成员国作出的在被请求国具有可执行性的判决，应当按被请求国作出判决的相同执行条件予以执行。第44条第1（a）款规定，如根据第3节第2分节请求拒绝执行判决，被请求执行的成员国法院根据执行相对人的申请，可以将执行程序限于保护措施。

当意欲执行的判决包含不为被请求执行的成员国法律所知的措施或命令时，依《布鲁塞尔条例》（修订）第54条的规定，该措施或命令应尽可能地按照该成员国法律已知的具有相同效果且具有类似目的和利益的措施或命令予以调整。但这种调整不应产生超出判决作出国的法律所规定的效力。任何一方均可在法庭上对措施或命令的调整提出异议。如有必要，可要求援用判决或寻求执行的当事人提供判决的翻译或转译。此外，"鉴于"部分第（28）条再次指出，如果判决中包含某项措施或命令，而该项措施或命令在被请求国法律中并不存在，则该措施或命令，包括其中的任何权利，应当尽可能地被转化成该成员国法律中具有相同效果和相似目的的某种措施或命令。至于如何和由谁来进行这种转化，应由各成员国来决定。

3）单方临时性保护措施令的域外承认与执行。依上所述，在《布鲁塞尔公约》时期，欧洲法院在Denilauler案中指出，准许采取临时措施或保护措施的司法裁决，若在未传唤其所针对的当事人出庭听审的情况下作出，并且意欲在送达之前执行，则不在《布鲁塞尔公约》第III篇所规定的承认与执行制度的适用范围之内。[②]也就是说，临时性保护措施，若同时满足在未传唤其所针对的当事人出庭听审的情况下作出，以及意欲在送达之前执行这两个条件时，则不适用《布鲁塞尔公约》第III篇所规定的承认与执行制度。而至《布鲁塞尔条例》时期，

① Costanza Honorati,"Provisional Measures and the Recast of Brussels I Regulation:A Missed Opportunity for A Better Ruling," p. 3; Francisco Garcimartín, "Provisional and Protective Measures under the Brussels I Recast," p. 63.

② See ECJ, 21 May 1980, C-125/79, Denilauler v Couchet Frères, ECR [1980] I-1553, at para. 18; Francisco Garcimartín, "Provisional and Protective Measures under the Brussels I Recast," p. 64.

欧洲法院指出，单方面临时措施不在条例第III章适用范围之内。所谓“判决”，虽然宽泛解释其亦包括临时性保护措施，但仅限于被告出庭听审后所颁布的临时性保护措施，即双方间措施。

《布鲁塞尔条例》修订建议稿延续上述实践，建议在实体事项管辖法院颁布单方面临时措施后，若被告有机会对该措施提出异议，则仍可予以承认和执行。[①]《布鲁塞尔条例》（修订）则作了与上述欧洲法院判例法规则不尽相同的规定。其第2条第（a）款规定，“判决”不包括由实体事项管辖法院或法庭在未传唤被告出庭听审情况下颁布的临时措施，包括保护措施，除非包含该措施的判决在执行前已送达给被告。《布鲁塞尔条例》（修订）“鉴于”部分第（33）条亦作出规定，由此引发单方面措施是否属于判决以及可否在其他成员国流通问题上的分歧。

① 执行前送达说。该主张认为，《布鲁塞尔条例》（修订）并未完全吸纳欧洲法院在Denilauler案的判例规则。[②]其第2条第（a）款和“鉴于”部分第（33）条分别将单方面临时性保护措施附条件地纳入“判决”的范畴和承认与执行制度的适用范围。从字面解释，单方面措施，即使由实体事项管辖法院或法庭在未传唤被告出庭听审情况下颁布，但在向被告送达之后即为“判决”，并可在其他成员国予以执行。不过，这意味着，《布鲁塞尔条例》（修订）降低了欧洲法院上述判例法规则给予被告的保护程度。[③]

② 完全排除说。[④]该主张认为，《布鲁塞尔条例》（修订）第2条第（a）款和“鉴于”部分第（33）条实际上将单方面措施明确排除在承认与执行制度的适用范围之外。其基本理由为：第一，在成员国国

---

① See Green Paper on the review of Council Regulation (EC) No 44/2001 on jurisdiction and the recognition and enforcement of judgments in civil and commercial matters, COM (2009) 175 final, p. 8, accessed May 10, 2021, https://eur-lex.europa.eu/legal-content/EN/TXT/?uri=celex%3A52009DC0175; Francisco Garcimartín, “Provisional and Protective Measures under the Brussels I Recast,” p. 64.

② Francisco Garcimartín, “Provisional and Protective Measures under the Brussels I Recast,” p. 67.

③ Ibid., p. 67.

④ I. Pretelli, “Provisional and Protective Measures in the European Civil Procedure of the Brussels I System,” pp. 114-115; Gerry Maher and Barry J. Rodger, “Provisional and Protective Remedies: The British Experience of the Brussels Convention,” pp. 307-308.

内法中采取单方面临时措施特别出于强化“突袭之效”的目的。此种措施虽然具有临时性，但其执行往往使被告承受相当大的损失乃至破产。而原告如欲获得此种具有“突袭之效”的临时措施，完全可依据《布鲁塞尔条例》(修订)第35条的规定实现其目的。无论如何，《布鲁塞尔条例》(修订)第35条为试图获得具有“突袭之效”的临时措施的申请人提供了充分的替代路径。① 第二，欧洲法院虽然在Denilauler案判决结论部分称，在向被执行人送达前予以执行的临时措施不适用承认与执行制度，但其判决理由显然在于强调未传唤其所针对的当事人出庭听审的情况。欧洲法院指出，《布鲁塞尔公约》特别关注的是，在其他成员国寻求承认与执行的司法裁判，在临时措施作出国的对抗式程序中业已受到质询的事实。《布鲁塞尔公约》执行程序所具有的开放性特征，也正基于双方当事人在临时措施作出国法院业已陈述案情或有机会陈述案情之事实而具有充分依据。

不过，如果在寻求其他成员国予以执行之前，被告有机会向颁布单方面临时措施的成员国法院陈述案情，则判决可予以承认和执行。但仅仅将有关临时措施的事实告知被告，尚不足以启动承认与执行制度的适用程序。《布鲁塞尔条例》(修订)并未准确体现欧洲法院的上述判例规则。送达之后速即执行，意味着临时措施令并非是在确保被告有充分时间和机会陈述的情况下送达的。提交判决已被送达的证据，并不能确保双方充分陈述的原则得以遵守，而仅消弭了单方面措施的“突袭之效”。② 这种折中的解决方案既不能为被告提供充分保护，亦使单方面措施因送达而丧失其唯一具有的“突袭之效”的优势。确保单方面措施的“突袭之效”亦只有在签发临时措施的法院所属国领域内方能达到。因此，在Denilauler案中，如果债权人意欲出其不意地冻结债务的财产，其应该直接向德国法院申请单方面冻结令。③

将有“突袭之效”的临时措施排除在可域外执行的判决范畴之外

① Francisco Garcimartín, “Provisional and Protective Measures under the Brussels I Recast,” p. 65.

② I. Pretelli, “Provisional and Protective Measures in the European Civil Procedure of the Brussels I System,” p. 115.

③ Ibid., p. 115.

的理由，在Hengst Import案[①]的判决中得到进一步解释。该案涉及一份意大利禁令在荷兰的执行问题。该禁令系单方面措施，被送达给被告，以便被告对禁令提出异议，从而据以挫败禁令的执行。欧洲法院指出,《布鲁塞尔公约》包括第II篇“管辖权”和第III篇“承认与执行”在内的全部条款清楚地显示，其意在确保最终形成司法裁判的诉讼程序，在公约目标范围之内，以使辩论权得以尊重的方式进行，即承认与执行制度是以充分尊重辩论权为依归。对辩论权的漠视是《布鲁塞尔公约》第27（2）条和《布鲁塞尔条例》(修订)第45条第1（b）款中拒绝执行判决的依据之一。[②]不过，单方面临时措施之所以不具可执行性，并非因第45条所规定的事由而不予承认和执行，而因其被排除在承认与执行体制适用范围之外使然。但这并不排除其根据成员国国内法，包括双边条约规定，在一些成员国承认与执行的可能。[③]《布鲁塞尔条例》(修订)“鉴于”部分第（33）条对此亦予以认可。因此,《布鲁塞尔条例》(修订)第35条并不能阻止债权人在未传唤相对方出庭听审的情况下获得一份具有“突袭之效”的冻结令，亦不能阻止由对案件实体问题拥有管辖权的法院所签发的单方面措施的域外执行。[④]正基于此，将单方面措施排除在判决之外的意义，大打折扣。

2. 美洲国家间《关于执行保全措施的公约》

保全措施的域外执行机制是美洲国家间《关于执行保全措施的公约》的最基本内容。该公约就保全措施在各成员国的相互执行机制，包括公约的适用范围、法律适用、执行程序三大问题作出相当详尽的规定。

（1）执行对象的一般性限制。《关于执行保全措施的公约》在赋予保全措施宽泛的含义的同时，又对能够在域外执行的保全措施予以一定的限制。公约规定，公约成员国的法官或法院应执行另一成员国在

① Case C-474/93 Hengst Import BV—Anna Maria Campese, ECLI: EU: C: 1995: 243, at pt. 16.

② I. Pretelli, “Provisional and Protective Measures in the European Civil Procedure of the Brussels I System,” p. 115.

③ Francisco Garcimartín, “Provisional and Protective Measures under the Brussels I Recast”, pp. 65-68,

④ I. Pretelli, “Provisional and Protective Measures in the European Civil Procedure of the Brussels I System,” p. 115.

国际案件中有权能的法官或法院作出的保全措施的命令，而执行这种措施的目的或是保证人的安全，或是保证财产的安全。[①]

（2）保全措施的法律适用。保全措施的根据，依诉讼地的法律并由诉讼地法官决定。但其执行及对保全措施或保障的反对执行，应由执行地的法官依执行地的法律决定。申请方提供的保证，以及责令被申请方在执行地提供的保证，应适用此种保全措施执行地的法律。[②] 保全措施的修改，以及对预谋的无根据的请求所作的裁定，均适用保全措施执行地的法律。只有在被申请方证明绝对缺乏提供保全的根据时，或申请是为损害所提供的保证时，执行地国法官才可依自己国家的法律，解除此种保全措施。[③] 在扣押，或其他任何包括有被执行财产的情况下，受此种措施影响的人，可以向接受委托书的法官，就其第三方当事人的主张，或有关的异议，提出申辩。主诉的法官应审理此种异议并适用自己的法律。如第三方的主张包含对被扣押财产的所有权或其他物权，或异议是基于对被扣押财产的占有或所有，则应由法官依财产所在地法律作出决定。[④]

（3）程序要求。保全措施应有委托书方予执行，此种委托书应由有关利益方当事人亲自转交给法官或法院，或通过领事或外交机关，或通过作出保全令的原国家或预定执行国的中央机构转交给法官或法院。凡符合下列条件的委托书，应在各成员国内执行：（a）委托书经认证。经有权的领事或外交机构认证的委托书，应认为在作出国是完全合法的；（b）委托书与附件应译成预定国官方语言。司法机关可要求依照其本国法律进行翻译。委托书应有以下附件，此等附件应递交给预定国的中央机构或法官或法院：（a）经证明的要求或申请保全措施的副本，附件的副本，命令保全的裁定的副本；（b）规定特别程序的作出国要求预定国应该遵循的特别规则的资料；（c）在需要时，还应包括由法院指定的被告律师或作出国有权能的司法援助团体的机构及地址的资

① 美洲国家间《关于执行保全措施的公约》第2条。
② 美洲国家间《关于执行保全措施的公约》第3条。
③ 美洲国家间《关于执行保全措施的公约》第4条。
④ 美洲国家间《关于执行保全措施的公约》第5条。

料。在处理与执行有关的委托书的过程中所需的费用或其他开销，应由利益有关方当事人承担。[①] 预定国法院的法官对保全措施的执行，并不承担对所涉案件作出的外国判决的承认与执行的义务。[②]

根据公约规定，如被要求执行的法官或法院认为其对执行委托书无管辖权，其应依职权将案件的有关文件及过去的材料，转交给有管辖权的国家的司法机关。如执行有关保全措施的委托可能与自己的公共政策相抵触，预定国有权拒绝执行。[③]

3. 国际法协会《国际诉讼中临时性和保护性措施通则》

《国际诉讼中临时性和保护性措施通则》（以下简称《通则》）就临时性和保护性措施域外执行的条件作了一般性规定。

（1）域外执行对象。《通则》对域外执行的临时性和保护性措施作了明确的限制，即将其限于经过双方辩论后作出的临时性和保护性措施命令。《通则》第7条规定，被告应有权利在合理时间内参与庭审，并就法院所命令的临时性和保护性措施提出反对意见。第6条规定，原告应确保被告就保全命令得到及时告知，而不论送达命令的任何正式法律要求及由于送达而可能产生的法律后果。可见，《通则》显然将单方面临时性和保护性措施排除在域外执行机制的适用范围之外。但是，《通则》并不要求临时性和保护性措施命令是临时性的还是终局性的。其第20条规定，外国法院作出的命令具有临时性还是终局性的事实本身不应成为承认或执行该命令的障碍。

（2）执行地国法院的自由裁量权。《通则》赋予承认或执行地国法院承认或执行外国法院作出的临时性和保护性措施命令的自由裁量权。《通则》第18条规定，应一方当事人的要求，法院可考虑在其他国家作出的命令。第19条规定，当有必要实现由外国法院作出的命令之功效时，法院应予以相互配合，并考虑适当的当地救济措施。

---

① 美洲国家间《关于执行保全措施的公约》第13—16条。

② 美洲国家间《关于执行保全措施的公约》第6条。

③ 美洲国家间《关于执行保全措施的公约》第11—12条。

（二）若干国内立法实践[①]

1. 英国的若干实践

外国法院作出的临时性保护措施在英国的承认或执行问题并未被学界所重视。但根据英国法，传统的做法是外国法院作出的决定欲为英国法院所承认或执行，则必须具有终局效力，而临时性保护措施的决定并不属于终局性决定。[②] 因此，外国法院的临时性保护措施不能在英国境内得到承认或执行。然而，上诉法院对Credit Suisse Fides Trust诉Cuoghi案[③] 的判决，则可能预示着在该问题上传统立场的转变，尽管法院并未就外国法院的决定效力作出裁断。米利特（Millett）勋爵指出，礼让原则要求不同国家法院之间相互尊重各自属地管辖的完整性。这是一项业已为广泛接受的原则，但并不禁止一国法院就位于该国领域内的财产或居住在该国领域内的人员向另一国法院提供适当的协助。据此，英国法院承认或执行外国法院作出的临时性保护措施决定，并非绝对不可能。

2. 丹麦的若干实践

在丹麦，1986年6月4日通过的制定法第1条规定，《布鲁塞尔公约》和1971年公约解释文本对丹麦生效。对于外国法院作出的临时性保护措施命令在丹麦的承认或执行问题，丹麦法院似乎遵循欧洲法院的有关判决。在Ugeskrift for Retsvasen案[④] 中，丹麦法院遵循但没有援引欧洲法院在Denilauler案中的判决，拒绝执行由德国法院单方面作出的扣押财产令，因为被告没有被给予在德国法院进行辩护的机会，尽管该扣押令在德国能够予以执行。

---

① See Catherine Kessedjian, “Note on Provisional and Protective Measures in Private International Law”.

② See L. Collins,“Provisional and Protective Measures in International Litigation,” p. 121. See also Nouvion v. Freeman (1989) 15 App Case 1, 9; Blohn v. Desser [1962] 2QB 116; Carl Zeiss Stiftung v. Rayner and Keeler Ltd. [1967] 1 AC 853.

③ [1997] 3 All ER 74.

④ (1994) 991 Φstre Landsret. 参见：肖永平主编《欧盟统一国际私法研究》，武汉大学出版社，2002，第366页。

3. 美国的若干实践

美国《第二部冲突法重述》虽然认为美国法在有关外国禁令的承认与执行方面的立场并不确定，但其又指出，“可以推定，在外国作出的有关命令或禁止从事某一行为的裁定，如果其执行是实施该裁定所必要，并且不会给美国法院施加不适当的负担，同时依美国法院的观点符合公平和良好道德风尚这一基本原则，则可在美国予以执行”。《第三部美国对外关系重述》并未对此问题直接作出规定，而仅仅指出《统一外国判决承认法》虽然限于金钱判决，但无论是该法所用的措辞，还是联邦法院的司法实践均未揭示其他类型的判决不可在美国予以承认或执行。① 但另一方面，现有的若干个美国法院判例主张可以执行在外国作出的保护措施。② 至于承认或执行由外国法院作出的针对位于承认或执行地国的财产的扣留措施命令，至今并未有相应判决揭示在该方面也存在类似问题。

4. 法国的若干实践

在法国，该问题至今仍未引起学界的深入研究，在涉及该问题时通常仅援引有关外国判决承认和执行的法律规则加以解决。

根据法国传统的法律规则，可执行的外国判决虽并不必须是终局性的，但必须具有域外可执行性。附有执行认可书的外国判决在法国并不具有比在其作出国更高的效力，因而如果外国判决在其作出国受到异议，执行认可书在法国也将失去效力。不过，法国学界仍对由外国法院作出的临时措施在法国的执行可能问题举棋不定。反对承认和执行外国临时措施的主要理由即在于与执行方式直接相关的临时性保护措施的性质。临时措施的执行被视为属于作出国司法主权的排他性管辖的范畴。③ 然而也有学者持不同看法，认为临时措施毕竟是一项

① Catherine Kessedjian, “Note on Provisional and Protective Measures in Private International Law,” pp. 22-23.

② See G. A. Bermann, “Transnational Provisional Relief in the Courts,” in J. L. Goldsmith (ed.), *International Dispute Resolution—The Regulation of Forum Selection* (New York:Transnational Publishers Inc.,1997), pp. 149-155; Buzard, “US Recognition and Enforcement of Foreign Country Injunctive and Specific Performance Decrees,” Cal. West Int’l L. J. 20 (1989), p. 91.

③ Catherine Kessedjian, “Note on Provisional and Protective Measures in Private International Law,” p. 35.

法院命令，其本身并不具有执行令状的性质。临时措施的执行虽然具有此种性质，但临时措施的执行所存在的问题与任何其他法院决定的执行所存在的问题并未有着真正的区别。实际上，真正棘手的问题只有当法院地国法律本身并未规定在外国作出的临时措施，并且并不存在执行该措施的手段时方发生。但根据目前有关国际司法协助的原则，被请求国法院有义务通过替代执行措施，而非存在于该国法律中的相当的措施，来执行外国的临时措施。并且，法国目前的法学理论业已存在认可在法国承认或执行外国临时性保护措施的趋势。

5. 瑞士的若干实践

传统上，瑞士法律并不愿意承认和执行外国法院作出的临时性保护措施的决定。然而，这一传统的立场由于1988年《洛迦诺公约》对瑞士生效而在近几年开始有所转变。但瑞士国际私法并未就外国的临时性保护措施能否在瑞士得到承认或执行作出明确的具体规定。该法第25—32条规定了承认和执行外国法院决定的一般条件。第25条第（b）项规定，外国法院的决定必须不再可能以通常的途径予以上诉，或者必须是终局性的。为此，一些学者认为，外国法院的决定必须是终局性的这一条件排除了在瑞士承认外国法院作出的临时措施的可能。这实际上使外国法院作出的临时措施在瑞士的承认和执行问题完全取决于对"终局性"的解释。不过，如果从狭义上来理解终局性决定的话，这一条件确实使外国法院的临时措施或保护措施不可能在瑞士得到承认或执行。①

6. 日本的若干实践

依《日本民事诉讼法》第118条及《日本民事执行法》第24条第3项的规定，作为承认与执行对象的外国判决必须是确定判决。而保全命令因受制于其后的本案诉讼的撤销或变更，并不具备足够的安定性，故外国保全令作为证明保全必要性的资料之一而非承认与执行的对象。但随着欧盟布鲁塞尔体制和海牙管辖权公约草案所显示的在内国承认外国保全令效力的倾向，日本学界亦有建议修改日本传统的保守

① Catherine Kessedjian, "Note on Provisional and Protective Measures in Private International Law," p. 35.

规定的趋向，主张除可以在作出的内国保全令中承认外国保全令实体性判断内容的见解、对确定的外国保全令予以承认执行的见解外，依个案不同衡量权利实现的必要性或紧急性、命令撤销或变更的可能性、恢复债务人损害的可能性等，留下例外的执行余地。[①]

第三节　国际商事仲裁中民事保全措施跨国实施的司法协助

仲裁作为解决商事争议的基本方式之一，在当事人以此解决其争议时，存在着与以诉讼方式解决争议时对民事保全措施相同的需求。[②]但仲裁作为民间的争议解决方式，尤其在国际商事仲裁中，民事保全措施的实施与跨国司法协助则存在与诉讼时不同的现象或问题。

一、民事保全措施的管辖权归属：仲裁庭抑或法院

民事保全措施的申请与实施属于程序性问题，其管辖权归属自应依仲裁程序法，尤其是仲裁地国仲裁程序法予以确定。观诸当前域外各国仲裁立法和实践，以及相关国际立法和实践，虽然各国将实施或执行民事保全措施的权力专属于法院，法院是唯一有权实施或执行民事保全措施的机关，但对于仲裁领域颁布民事保全措施令的管辖权分配，主要存在以下三种实践。

1. 法院专属管辖

法院专属管辖即民事保全措施令只能由法院签发。采取此种做法的理由，诸如认为签发民事保全措施令属于行使国家司法主权；民事保全措施是一种强制性措施，无论仲裁机构或者仲裁庭均无权作出；仲裁庭的管辖权基于当事人的意思自治，其只能处理双方当事人之间

① 参见：本间靖规、中野俊一郎、酒井一《国际民事诉讼法》，第157—158页。

② 鉴于在仲裁领域“临时措施”或“临时保全措施”用语的广泛使用，故在本节中没有统一使用“民事保全措施”用语。

的争议，不能发布针对第三人的临时措施等。不少国家之前或目前采取此做法，如意大利①、奥地利②、中国、泰国③、德国④等。

在我国，诸多仲裁规则就仲裁保全事项作了规定。如《中国（上海）自由贸易试验区仲裁规则》（2014年施行）第十八条“临时措施”规定，当事人可以根据临时措施执行地所在国家/地区的法律向仲裁委员会及/或具有管辖权的法院提出如下一种或数种临时措施的申请：财产保全；证据保全；要求一方作出一定行为及/或禁止其作出一定行为；法律规定的其他措施。《北京仲裁委员会仲裁规则》（2019年施行）第十七条“仲裁保全”规定：“（一）一方当事人因另一方当事人的行为或者其他原因，可能使裁决难以执行或者造成当事人其他损害的，可以提出申请，要求对另一方当事人的财产进行保全、责令其作出一定行为或者禁止其作出一定行为。（二）证据可能灭失或者以后难以取得的情况下，当事人可以提出证据保全申请。（三）当事人向本会提出上述申请的，本会将当事人的申请转交至有管辖权的法院。（四）因情况紧急，不立即申请保全将会使其合法权益受到难以弥补的损害或者证据可能灭失或以后难以取得的情况下，当事人可以在申请仲裁前提出上述申请。”第六十二条“临时措施”规定：“（一）根据当事人申请，仲裁庭可以依据有关法律决定采取其认为适当的临时措施，采取临时措施的决定可以以仲裁庭决定、中间裁决或者有关法律认可的其他方

① 1994年修订通过的《意大利民事诉讼法典》第818条规定，仲裁庭本身不得扣押财产，也不得采用其他临时保护措施。

② 1983年修订的《奥地利民事诉讼法典》第589条规定，仲裁员认为有必要但其无权进行的司法行为，可由有管辖权的国家法院根据仲裁员的申请作业。有疑问的，申请应提交到在其辖区内进行该行为或提取证据的地方法院。向其提出申请的法院应在法律许可的范围内准许申请。尤其是，即使现行法律将取证的权力保留给受托的法院，法院也应作出关于取证的决定。

③ 1987年颁布的《泰历2530年仲裁法》第18条规定，如果传唤证人或要求证人宣誓，为了取得文据或其他附件，为了保护当事人的利益而采取临时保护措施，或为了就任何一个法律问题作出初步决定，需要法院的协助，那么，任何一名仲裁员均可向管辖法院申请采取上述步骤。如果法院认为，上述申请是可以接受的，就应按所提的要求办理，在此情况下，应在作必要的细节修正的情况下适用《民事诉讼法典》中的规定。

④ 1998年版《德国仲裁法》（《德国民事诉讼法典》第十编第1033条“仲裁协议和法院采取的临时措施”）规定，在仲裁程序开始前或进行之中，法院应一方当事人的请求，就仲裁标的采取临时保全措施，并不与仲裁协议相抵触。

式作出。如果必要，仲裁庭有权要求申请临时措施的当事人提供适当的担保。（二）当事人也可以依据有关法律直接向具有管辖权的法院提出临时措施申请。”但上述仲裁规则仅规定当事人可向仲裁机构提出保全申请，而并未规定仲裁机构对当事人保全申请进行批准的权力。即使对于国际商事仲裁，《中国（上海）自由贸易试验区仲裁规则》亦仅规定“当事人可以根据临时措施执行地所在国家/地区的法律”向仲裁机构提出临时措施申请。《北京仲裁委员会仲裁规则》亦同样规定，“仲裁庭可以依据有关法律决定采取其认为适当的临时措施”。而所谓“有关法律”，即为保全执行地国的法律。也就是说，在国际仲裁领域，如果根据保全执行地国的法律，采取临时措施的决定可以由仲裁庭作出，或者有关法律赋予本国法院执行仲裁庭作出的临时措施决定，那么仲裁庭作出的临时措施就可以在当地得到执行。为弥补仲裁机构或仲裁庭无权批准临时措施的短板，《北京仲裁委员会仲裁规则》引入了紧急仲裁员仲裁制度。其第六十三条“紧急仲裁员”第（一）款规定：“组成仲裁庭之前，当事人需要申请临时措施的，可以依据有关法律规定向本会提出指定紧急仲裁员的书面申请。是否同意，由本会决定。”但是，指定紧急仲裁员的书面申请也是“依据有关法律规定”。就我国目前立法规定而言，《民事诉讼法》第二百七十九条规定，当事人申请采取保全的，中华人民共和国的涉外仲裁机构应当将当事人的申请，提交被申请人住所地或者财产所在地的中级人民法院裁定。据此，民事保全措施令由法院专属签发的传统实践尚未得到修正。[①]

我国首例仲裁程序中的行为保全案，是海南亨廷顿医院管理咨询有限公司（以下简称“亨廷顿公司”）与慈铭博鳌国际医院有限公司（以下简称“慈铭医院”）之间的合作协议纠纷案[②]。与慈铭医院发生纠纷后，亨廷顿公司等向中国国际经济贸易仲裁委员会申请仲裁，在仲裁过程中，亨廷顿公司分别提出财产保全、证据保全、行为保全。法

---

① 不过，司法部2021年7月30日发布的《中华人民共和国仲裁法（修订）（征求意见稿）》第三节“临时措施”放弃了法院专属管辖，拟引入法院和仲裁庭并行管辖模式。

② 海南省第一中级人民法院（2019）琼96财保13号、（2019）琼96财保13号之一、（2019）琼96证保1号、（2019）琼96行保1号、（2019）琼96行保1号之一民事裁定书。

院经审查后作出裁定，予以准许。其中，对于行为保全，法院经审查认为，在仲裁案中，申请人亨廷顿公司请求医疗设备属于其所有，亨廷顿公司请求保全的医疗设备属于涉案标的物，且IVF中心是独立的科室，停止使用对慈铭医院的其他活动影响不大。有初步证据表明，申请人亨廷顿公司的合法权益将要受到被申请人慈铭医院的侵害，如不采取仲裁行为保全措施，将会给申请人亨廷顿公司的合法权益造成损害或者使其损害扩大。申请人亨廷顿公司请求慈铭医院停止使用IVF中心的医疗设备，有事实根据和法律依据，法院予以支持。关于申请人亨廷顿公司请求将设备搬离等其他行为保全申请不符合法律规定，法院不予支持。

2. 仲裁庭专属管辖

仲裁庭专属管辖的理由为，仲裁协议具有排除法院管辖的效力，故签发或发布民事保全措施令的权力应归属仲裁庭。但如此设计，其价值恐怕多在务虚，毕竟民事保全措施若无法强制执行，最终还需法院协助。

3. 法院和仲裁庭并行管辖

法院和仲裁庭并行管辖，即仲裁庭和法院在一定条件下均有权签发或发布民事保全措施令。当前，国际上诸多国家或地区立法，以及国际规则均采取此做法。如2006年联合国国际贸易法委员会修订的《国际商事仲裁示范法》第9条“仲裁协议和法院的临时措施”规定，在仲裁程序开始前或进行期间，一方当事人请求法院采取临时保全措施和法院准予采取这种措施，并不与仲裁协议相抵触。第17条“仲裁庭下令采取临时措施的权力”第（1）款规定，除非当事人另有约定，仲裁庭经一方当事人请求，可以准予采取临时措施。这就意味着，采纳《国际商事仲裁示范法》的国家或地区，其立法和实践亦基本如此。

日本传统实践主张，仲裁庭的职责在终局性仲裁裁决作出时完成，作出保全措施令不属于仲裁庭的权限之内。即使仲裁庭作出保全令，亦不具有执行力。然而，否定仲裁庭作出保全令的权力，会减损仲裁审理迅速及秘密等优点，故日本新仲裁法修改传统实践，规定仲裁庭有权作出保全措施令。[①]

法院和仲裁庭并行管辖模式亦为我国学界和实务界所推崇。司法部于2021年7月30日发布的《中华人民共和国仲裁法（修订）（征求意见稿）》第三节“临时措施”第四十三条规定，当事人在仲裁程序进行前或者进行期间，为了保障仲裁程序的进行、查明争议事实或者裁决执行，可以请求人民法院或者仲裁庭采取与争议标的相关的临时性、紧急性措施。临时措施包括财产保全、证据保全、行为保全和仲裁庭认为有必要的其他短期措施。第四十七条规定，当事人向人民法院提出保全措施申请的，人民法院应当依照相关法律规定及时作出保全措施。当事人向仲裁庭申请保全措施的，仲裁庭应当及时作出决定，并要求当事人提供担保。保全决定经由当事人或者仲裁机构提交有管辖权的人民法院后，人民法院应当根据相关法律规定及时执行。第四十八条规定，当事人申请其他临时措施的，仲裁庭应当综合判断采取临时措施的必要性与可行性，及时作出决定。前款规定的临时措施作出后，经一方当事人申请，仲裁庭认为确有必要的，可以决定修改、中止或者解除临时措施。第四十九条规定，临时措施需要在中华人民共和国领域外执行的，当事人可以直接向有管辖权的外国法院申请执行。仲裁庭组成前，当事人需要指定紧急仲裁员采取临时措施的，可以依照仲裁规则向仲裁机构申请指定紧急仲裁员。紧急仲裁员的权力保留至仲裁庭组成为止。

不过，并行管辖模式在不同国家或地区呈现不同的表现形态，主要体现为“自由选择模式”和“法院辅助模式”两种类型。

（1）自由选择模式。此模式即当事人可直接向法院或仲裁庭申请发布民事保全措施而无任何附加条件。除了联合国2006年修订的《国际商事仲裁示范法》，德国、澳大利亚、新西兰、日本等国及我国香港、澳门地区也采用此模式。

德国立法者在对其民事诉讼法典第十编“仲裁程序”部分的某些方面保留德国法特色的同时，进行了全面的现代化改造，在诸多方面

① 本间靖规、中野俊一郎、酒井一:《国际民事诉讼法》，第158—159页。

借鉴了《国际商事仲裁示范法》之规定，使德国仲裁法与国际接轨。《德国仲裁法》(《德国民事诉讼法典》第十编）第四章“仲裁庭的管辖权”中的第1041条“临时保全措施”第（1）款规定，当事人无其他约定时，仲裁庭依一方当事人的申请可以命令采取对争议标的所必要的临时保全措施。仲裁庭在采取这些措施时可以要求任何一方当事人提供适当的担保。第（2）款规定，经一方当事人请求，仲裁庭可以准许执行第（1）款所述的措施，除非当事人也已向法院申请相应的临时措施。法院认为执行上述措施有必要时，可以作出与请求不同的裁定。第二章“仲裁协议”中的第1033条“仲裁协议与法院的暂时措施”规定，在仲裁程序开始前或进行之中，法院应一方当事人的请求，就仲裁标的采取临时保全措施，并不与仲裁协议相抵触。这两款条文明确了仲裁庭和法院均可采取临时措施，只不过前者针对仲裁庭采取的临时措施，后者则针对法院采取的临时措施。保留法院采取临时措施的管辖权，一则在仲裁协议的一方当事人向仲裁庭提出申请而遭到拒绝后，仍然可以向法院提出申请，从而避免因仲裁庭失误而不能发布临时措施之后果，并最大限度地保护当事人的利益。二则在当事人明确约定排除临时措施的申请后，如果一方当事人认为有必要申请采取临时措施时，仲裁庭因第1041条第（1）款的限制而无法下令采取临时措施，但法院因不受此约定的限制而仍然可根据一方当事人申请发布临时措施命令，从而可以避免因当事人最初判断失误而无法申请采取临时措施之后果，并最大限度地保护当事人的利益。[①]

（2）法院辅助模式。此模式即当事人仅在一定条件下方可向法院申请民事保全措施，而法院仅在一定条件成就时方有权签发或发布民事保全措施令。具体又可细分为两类：

第一类，以当事人无约定为前提，即在当事人未约定由仲裁庭签发民事保全措施令时，则由法院签发民事保全措施令。瑞典旧仲裁法即有类似规定。

第二类，以法定条件是否成就为前提，即法律设置法院行使民事

① 韩赤风:《德国仲裁临时措施制度及其借鉴》，第39页。

保全措施管辖权的条件，法院在法定条件成就时方有权签发民事保全措施令，否则由仲裁庭签发。英国及我国香港地区仲裁法即有类似规定。《1996年英国仲裁法》第44条第（1）款规定，除非当事人另有约定，为仲裁程序之目的，法院有权就仲裁程序的下列事项作出命令，就如同其为诉讼目的对与诉讼有关的事项作出裁定。同条第（3）款规定，如情况紧急，经仲裁程序的当事人或拟提起仲裁的当事人申请，法院如认为确有必要，可以作出证据保全或财产保全的命令。第（4）款规定，如情况并不紧急，法院仅可在一方当事人申请且得到仲裁庭的准许或其他当事人的书面同意后，方可作出上述裁定。第（5）款规定，无论何种情况，法院仅可在仲裁庭或当事人授予此项权力的仲裁机构、其他机构或个人无权或暂时不能有效行使此项权力的情况下，方可行使此项权力。

新加坡仲裁立法亦体现了法院支持仲裁的辅助性。依新加坡《国际仲裁法》（2012年）第12A条相关规定，在案情并不紧急时，高等法院或其法官只有经仲裁一方当事人申请，将该申请通知其他仲裁当事人和仲裁庭后，仲裁庭允许或其他仲裁当事人同意，法院方可签发临时性保全措施令；在任何情况下，高等法院或其他法官只有在仲裁庭无权或不能及时有效地发布临时措施的前提下，才有权发布支持仲裁的临时措施。

目前，并行管辖模式已为国际社会普遍接受，仲裁庭与法院在一定条件下共享签发民事保全措施令的管辖权。

二、民事保全措施的异地申请模式

在国际商事仲裁中，仲裁地点的意义非同寻常，据此可确定仲裁协议准据法以及仲裁程序法、仲裁地法院对仲裁所能行使的相应的司法协助和监督的权力，以及仲裁裁决国籍的确定。其通常由仲裁当事人约定，无约定时则由仲裁庭、仲裁机构或法院确定。在国际商事仲裁中，仲裁地与保全标的所在地分处异地是常见现象，而当事人若得不到必要的民事保全措施的支持，则势必影响其相关权利的行使和实现。但仲裁当事人能否向仲裁地所在国之外的他国法院申请民事保全措施以支持业已或即将在仲裁地进行的仲裁程序，尚未得到大多数国家立法和司法实践的积极认可。

（一）国际立法中的异地申请模式

1958年在纽约召开的联合国国际商业仲裁会议上签署的《承认及执行外国仲裁裁决公约》（以下简称《纽约公约》）第2条第3款规定，当事人就诉讼所涉及的事项已经达成本条意义内的协议，缔约国法院受理诉讼时应该依一方当事人的请求，命令当事人提交仲裁，但该法院查明该项协议无效、未生效或不能实行者不在此限。据此，有效仲裁协议排除法院对该协议项下实体事项争议的管辖权。但是否亦排除法院签发临时性保全措施的管辖权，则语焉不详，致使各缔约国法院实践不一。

1961年签订的《欧洲国际商事仲裁公约》第6条第（4）款规定，向司法机关请求临时处分或保全处分，不应看作同仲裁协议不相一致，也不应看作是就案件实质问题向法院提出申诉。

受此影响，《国际商事仲裁示范法》（2006）第9条“仲裁协议和法院的临时措施”规定，在仲裁程序开始前或进行期间，一方当事人请求法院采取临时保全措施和法院准予采取这种措施，并不与仲裁协议相抵触。该等规定为仲裁当事人可以向仲裁地所在国之外的他国司法机关申请支持仲裁的临时措施提供了依据。[①] 该法第17J条规定，法院发布与仲裁程序有关的临时措施的权力应当与法院在诉讼程序方面的权力相同，不论仲裁程序的进行地是否在本国境内。法院应当根据自己的程序，在考虑国际仲裁的具体特征的情况下行使这一权力。

（二）各国国内立法中的异地申请模式

一国法院可否应域外仲裁当事人的申请以发布支持域外仲裁的临时措施，目前得到相当国家或地区的立法支持，如德国、奥地利、比

① 邹晓乔：《国际商事仲裁中的临时措施域外执行研究》，第31页。

利时、俄罗斯、英国、澳大利亚、爱尔兰、斯洛文尼亚、塞浦路斯、新加坡，以及我国香港地区等。

其中，《德国仲裁法》(《德国民事诉讼法典》第十编）第1033条规定，在仲裁程序开始前或进行之中，法院应一方当事人的请求，就仲裁标的采取临时保全措施，并不与仲裁协议相抵触。第1025条第（3）款规定，仲裁程序的地点在外国或尚未确定的，第1033条仍予适用。在法国，依《法国仲裁改革法》(2011年施行)，法院可以签发单边临时措施令以支持在法国境外的国际仲裁，但禁令和临时限制令只有在听取双方当事人意见后才能签发。

在英国，尽管法院为支持仲裁而拥有的签发临时措施令的权力具有辅助性，但依《1996年英国仲裁法》第44（3）条规定，如情况紧急，经仲裁程序的当事人或拟提起仲裁的当事人申请，法院如认为确有必要，可以作出证据保全或财产保全的命令。而该法第2（2）条规定，即使仲裁地位于英格兰或威尔士或北爱尔兰之外，或没有选定或确定仲裁地，下列各条仍予适用。可见，法院有权依第44条之规定签发临时性措施令，以支持仲裁地不在英国境内或仲裁地没有选定或确定的仲裁程序。

在新加坡，高等法院或其法官在仲裁庭无权或不能及时有效地发布临时保全措施时，有权签发支持仲裁的临时措施令。而其《国际仲裁法》(2012年）第12A条第（1）款第（b）项规定，本条适用于不论仲裁地是否在新加坡境内的仲裁。第（4）款规定，在案情情况紧急时，高等法院或其法官应仲裁一方当事人的申请，可以签发本条第（2）款项下认为必要的证据保全或财产保全措施令，但不包括行为保全措施令。[①] 尽管新加坡高等法庭在DSA Consultancy (FZC)诉“欧洲希望”(Eurohope)号轮案中认为，新加坡法院不能为了外国法院的诉讼扣船，但其国际仲裁立法却明确允许申请人可为担保仲裁裁决执行而申请扣船，不管当事人约定的仲裁地是否为新加坡或者是其他地方。

在澳大利亚，澳大利亚法院可依据《国际商事仲裁示范法》(2006)

① 邹晓乔:《国际商事仲裁中的临时措施域外执行研究》，第74页。

第17J条的规定，根据自己的程序，考虑国际仲裁的具体特征，发布支持域外仲裁的临时措施。

在美国，联邦法院在该方面的实践尚不统一。一些法院，如第三、第四巡回法院通常不允许法院发布支持仲裁的临时措施，因而该法院就不可能应仲裁地在美国之外的仲裁当事人申请而发布域外仲裁的临时措施。不过，多数法院允许颁布临时措施以支持域外仲裁。①

而有些国家的立法甚至赋予法院在外国仲裁裁决执行阶段颁布支持域外仲裁的临时措施的权力。2011年发布的《乌克兰民法典关于外国仲裁裁决执行程序中的临时措施修正案》规定，乌克兰相关法院在外国仲裁裁决的承认与执行阶段，可以应当事人在此阶段的临时措施申请，发布查封债务人财产或资金、禁止债务人某种行为、命令债务人执行某种行为、禁止将债务人的财产或资金转移给第三人，或命令将争议标的转移给第三人监管等临时措施，如不颁布该临时措施将使仲裁裁决不能执行或执行更为困难。

我国香港特别行政区的《仲裁条例》在全面采纳《国际商事仲裁示范法》(2006)第17条相关规定的同时，在其第45条、第60条就法院签发临时措施令以支持域外仲裁问题作了规定，明确法院发布临时措施令以支持域外仲裁的条件，以修正《国际商事仲裁示范法》(2006)的不确定性。其中，《仲裁条例》第45条规定，某个已在或将会在香港或香港以外地方展开的任何仲裁程序：若（1）该仲裁程序能引起一项可根据本条例或任何其他条例在香港强制执行的仲裁裁决(不论是临时裁决或最终裁决)；(2)所寻求的临时措施，属香港法院可就仲裁程序而在香港批准实施的临时措施的类型或种类；及（3）除非所寻求的临时措施在当时是仲裁程序的标的，或香港法院认为由仲裁庭处理所寻求的临时措施更为适当，则香港法院都可因应任何一方的申请，就该仲裁程序批予临时措施。据此，对已在或将在香港或香港以外地区进行的仲裁程序中申请相关临时措施，只要在仲裁程序中能够产生可根据本条例或任何其他条例在香港强制执行的仲裁裁决，

---

① 加里·B.博恩:《国际仲裁法律与实践》，第292页。

且所申请的临时措施属于香港高等法院原讼法庭可就仲裁程序而在香港准许颁布的临时措施的类型或种类，原讼法庭就可颁布临时措施予以支持。在Wen Yuzhou and Others诉Man Shu Kwan案[①]中，双方之间的争议涉及中国内地一处住宅的预售。原告已将购房款支付给由被告控股的某中介。随后，原告发现，案涉住宅在出售前后已被出售或抵押给其他第三方。2020年8月26日，被告与原告签订了退款协议，约定由本协议引起的或与本协议有关的争议提交深圳国际仲裁院仲裁。在深圳国际仲裁院于2020年12月14日受理该案后，原告于2020年11月25日依《仲裁条例》第45条之规定向香港高等法院原讼法庭申请针对被告的协助仲裁。原讼法庭认为，原告能证明，从被告的行为和将案涉财产秘密转售的方式可推断其商业道德较低和有实际转移或隐藏资产的风险。因此，依《仲裁条例》第45条之规定，原讼法庭于2021年8月19日作出判决，同意原告申请，签发针对被告的有期限的玛瑞瓦禁令。[②]

尽管仲裁协议并不妨碍当事人向一法院申请临时救济，但并未规定这一法院仅限于仲裁地法院。不过，即使各国国内法院有权协助域外仲裁而采取临时措施，也应因诸多重要原因而谨慎地行使此等权力。法院“应在履行其监督和支持职能时非常谨慎，以免与当事人选择的仲裁地法院的意向相抵触”。[③]

三、民事保全措施的域外实施模式

由于当前国际上诸多国家或地区立法和国际规则规定，法院和仲裁庭并行行使签发民事保全措施令的管辖权，进而在国际商事仲裁程序中所签发的民事保全措施令的域外执行分为两种情况：其一，仲裁

① [2021] HKCFI 2510.

② 张振安:《仲裁早新闻：法院批准在香港以外地方展开的仲裁程序申请的Mareva禁令（香港案例）》，搜狐网，2021年10月19日，https://www.sohu.com/a/495917002_120677543，访问日期：2021年10月25日。

③ 加里・B.博恩:《国际仲裁法律与实践》，第292页。

庭发布的民事保全措施令的域外执行；其二，法院发布的民事保全措施令的域外执行。

（一）仲裁庭发布的民事保全措施令的域外执行

1. 国际立法

（1）《国际商事仲裁示范法》（2006）项下仲裁庭临时措施令的域外执行。《国际商事仲裁示范法》（2006）第9条“仲裁协议和法院的临时措施”规定，在仲裁程序开始前或进行期间，一方当事人请求法院采取临时保全措施和法院准予采取这种措施，并不与仲裁协议相抵触。第17条“仲裁庭下令采取临时措施的权力”第（1）款规定，除非当事人另有约定，仲裁庭经一方当事人请求，可以准予采取临时措施。第17H条第（1）款规定，仲裁庭决定采取的临时措施应当被确认为具有约束力，并且除非仲裁庭另有规定，应当在遵从第17I条各项规定的前提下，经向有管辖权的法院提出申请后加以执行，而不论该措施是在哪一国作出的。第17I条第（1）款规定，仅在下述任何情形下，法院才能拒绝承认或执行临时措施：（a）应临时措施所针对的当事人请求，法院确信：（i）拒绝因素因第36条第（1）（a）款第（i）（ii）（iii）或（iv）项中所述的理由而是正当的；[①] 或（ii）未遵守仲裁庭就临时措施作出的提供担保的决定的；或（iii）该临时措施已被仲裁庭终止或中止，或被已获此项权限的仲裁发生地国法院或依据本国法律准予采取临时措施的国家的法院所终止或中止的。或（b）经法院认定：（i）临时措施不符合法律赋予法院的权力，除非法院决定对临时措施作

---

① 《国际商事仲裁示范法》（2006）第36条“拒绝承认或执行的理由”第（1）款规定，仲裁裁决不论在何国境内作出，仅在下列任何情形下才可拒绝予以承认或执行：（a）援用的裁决所针对的当事人提出如此请求，并向被请求承认或执行的管辖法院提出证据，证明有下列任何情况：（i）第7条所指仲裁协议的当事人有某种无行为能力情形，或者根据各方当事人所同意遵守的法律或在未指明何种法律的情况下根据裁决地所在国法律，该协议是无效的；或（ii）未向援用的裁决所针对的当事人发出指定仲裁员或仲裁程序的适当通知，或因他故其不能陈述案情；或（iii）裁决处理的争议不是提交仲裁意图裁定的事项或不在提交仲裁的范围之列，或者裁决书中内含对提交仲裁的范围以外事项的决定，但如果对提交仲裁的事项所作的决定可以与对未提交仲裁的事项所作的决定互为划分，内含对提交仲裁的事项所作的决定的那部分裁决可得予承认和执行；或（iv）仲裁庭的组成或仲裁程序与当事人的约定不一致，或无此种约定，则与仲裁地所在国法律不符；……

必要的重新拟订，使之为了执行该临时措施而适应自己的权力和程序，但并不修改临时措施的实质内容；或（ii）第36条第（1）（b）款第（i）或（ii）项中所述任何理由适用于对临时措施的承认和执行的。[①] 同条第（2）款规定，法院根据本条第（1）款中所述任何理由作出的任何裁定，效力范围仅限于为了申请承认和执行临时措施。受理承认或执行请求的法院不应在作出这一裁定时对临时措施的实质内容进行审查。

（2）《纽约公约》项下仲裁庭临时措施令的域外执行。对于临时措施令能否根据《纽约公约》予以执行，《纽约公约》的规定还是引发不少争议。

《纽约公约》第3条规定，裁决具有约束力，不存在第5条所列举的拒绝承认与执行的情况，且符合仲裁地的程序规则。但对于临时措施的终局性问题，一种观点认为，只有“终局”裁决才可以执行，临时措施并不是终局性的。但相反观点则认为，准予临时措施是对此种临时措施请求的终极解决，临时措施之所以有“终局性”，是因为其处理了仲裁裁决作出之前有关救济的请求。准予采取临时救济的命令本意就是希望被遵守和执行，这有别于仅仅解决附属法律问题的中间决定。在美国，尽管《联邦仲裁法》未明确规定准予临时措施的仲裁决定的可执行性，但一些法院则认为准予临时措施的仲裁决定是终局裁决并且可以执行。之所以如此，是因为该裁决并不具备终局之前的“中间阶段”意义上的“临时性”。裁决的目的就是在对案件实体作出终局裁定之前，临时性地明确当事人的权利，因而是终局性的。[②]

但为明确这一问题，联合国国际贸易法委员会仲裁工作组曾在2000年3月召开的第32届会议工作报告中设问：仲裁庭以临时裁决形式颁布临时措施能否依《纽约公约》而予以执行？工作组认为，《纽约公约》并未对“裁决”一词作出界定，所以难以直接确定公约是否适用于临时裁决。而主流的且为一些国家判例法所确认的观点是，该公约

① 《国际商事仲裁示范法》（2006）第36条“拒绝承认或执行的理由”第（1）（b）款规定，法院认定有下列任何情形：（i）根据本国的法律，争议事项不能通过仲裁解决；或（ii）承认或执行该裁决与本国的公共政策相抵触。

② 加里·B. 博恩：《国际仲裁法律与实践》，第282—283页。

不适用于临时措施的域外执行。一些国家虽然业已在终局裁决外通过立法规定了仲裁庭作出的临时措施具有司法可执行性，仲裁地法院有权执行仲裁庭作出的临时措施，但这些规定并未涉及临时措施的域外执行。[①]

2. 域外国家或地区立法与实践

域外仲裁庭作出的临时措施令能否予以执行取决于被请求执行的国家或地区的法律规定。采纳《国际商事仲裁示范法》(2006)的相当多的国家或地区允许执行域外仲裁庭发布的临时措施，如澳大利亚、英属哥伦比亚、克罗地亚、法国、爱尔兰、新西兰、马耳他、苏格兰、新西兰、美国、荷兰，以及我国香港地区等。而在俄罗斯，虽然法院可发布临时措施以支持域外仲裁程序，但域外仲裁庭所发布的临时措施令目前在俄罗斯得不到强制执行。

至于紧急仲裁员所颁布的临时措施令的域外执行，允许予以执行的国家或地区并不多见。在新加坡，依其《国际仲裁法》第2条之规定，紧急仲裁员属于仲裁庭范畴。其第19条规定，所有由仲裁庭，包括紧急仲裁员作出或发出的指示或者裁定，经高等法院或其法官许可后，可予以强制执行。因此，在新加坡域外进行的仲裁程序，紧急仲裁员发布的临时措施可以被新加坡法院执行。

我国香港地区的《仲裁条例》第3A部分详细规定了紧急仲裁员作出的临时措施的执行问题。对于紧急仲裁员根据有关仲裁规则作出的临时措施或救济，第22B条明确了其可执行性，而不必考虑仲裁程序在何地进行。但与在香港地区作出的临时措施的执行不同，对于不在香港地区作出的临时措施在香港地区的执行，条例设置了更为具体严格的条件。第22B条规定，法院可不执行在香港地区以外作出的临时救济，除非一方当事人寻求执行的该救济只包含一项或更多的临时措施，紧急仲裁员是通过该项或该等措施命令一方作出以下一项或更多的事情：(a)维持或恢复现状，直至争议裁定；(b)采取防止或采取避免可能造成当前或即将发生的伤害、损害仲裁程序本身的行为；(c)提

① 加里·B.博恩:《国际仲裁法律与实践》，第283页。

供一种保存资产的方法，使仲裁庭之后作出的裁决可被顺利执行；(d)保存与解决实质性争议相关的证据；(e)对根据(a)(b)(c)或(d)条所作的任何行为提供担保；(f)为仲裁费用提供担保。与仲裁地在香港地区的紧急仲裁员作出的临时措施相同，当事人不得对法院准予执行或拒绝执行的决定提起上诉。

(二)法院发布的临时措施的域外执行

对于法院发布的支持仲裁程序的临时措施的域外执行问题，除欧盟成员国法院基于《布鲁塞尔条例》(修订)而执行其他成员国法院颁布的临时措施令外，鲜见其他国家或地区关于本国法院执行域外法院为支持仲裁而颁布的临时措施令的相应法律制度和实践。《1996年英国仲裁法》第44条，以及我国香港地区的《仲裁条例》第45条和第60条亦均未提及本地法院对域外仲裁地法院发布的临时措施的执行问题。

四、我国商事仲裁领域民事保全措施跨国实施模式的探索

在我国，仲裁业已成为解决国际商事争议的基本方法。但在漫长的仲裁程序中，当事人销毁对己不利的证据，或者转移资产等现象的存在，使人们逐渐认识到就民事保全措施跨国实施问题进行国际合作的重要性和紧迫性，并着手开始探索仲裁领域民事保全措施跨国实施路径，以回应国际商事仲裁实践中对民事保全措施的需求。

(一)立法条款的可能文义与民事保全措施的严格属地性

在我国仲裁领域，就民事保全措施实施能否进行跨国司法合作，否定性主张似乎是主流观点。司法部发布的《中华人民共和国仲裁法(修订)(征求意见稿)》第三节“临时措施”第四十九条规定，临时措施需要在中华人民共和国领域外执行的，当事人可以直接向有管辖权的外国法院申请执行。此种提示性或授权式条款，明显体现有关该问题的理念偏向。

1. 民事保全措施的异地申请路径

《民事诉讼法》虽然就涉外民商事诉讼中保全措施的跨区域合作问题缄口不提，但其第二百七十九条“当事人申请采取保全的，中华人民共和国的涉外仲裁机构应当将当事人的申请，提交被申请人住所地或者财产所在地的中级人民法院裁定”的规定，却蕴含准予保全措施跨区域合作的可能文义。而在司法或仲裁实践中，海事领域和非海事领域则又存在不同现象。在后者，鲜见我国法院应当事人申请颁布保全措施以支持在域外进行的仲裁程序。实际上，约定境外或涉港澳仲裁的当事人在仲裁中不得向我国内地法院申请财产保全。而在海事领域，则存在与之不同的实践。[①] 如意欲对船舶、船载货物、船用燃料和物料实施保全扣押，无论国内仲裁或者涉外仲裁，或者约定域外仲裁或涉港澳仲裁机构仲裁，当事人均可向财产所在地的我国内地海事法院申请海事请求保全。而意欲对上述保全标的之外的财产采取保全措施，约定域外仲裁或涉港澳仲裁机构仲裁的当事人向我国内地法院申请财产保全的，无论仲裁前或者仲裁中，均无法律依据。

2.《纽约公约》与仲裁庭民事保全措施令的域外执行

依前所述，虽然《纽约公约》未直接涉及临时措施，但对于仲裁庭作出的临时措施令能否根据《纽约公约》予以执行问题，国际社会则存在不同实践。我国有学者认为，临时措施包括实体性临时措施与

① 《海事诉讼特别程序法》第十四、五十三、六十四条规定，海事请求保全、海事强制令及海事证据保全不受当事人之间关于该海事请求的诉讼管辖协议或者仲裁协议的约束。该法第十九、六十一、七十二条进一步规定，海事请求保全或者海事强制令执行后，或者海事证据保全后，有关海事纠纷未进入诉讼或者仲裁程序的，当事人就该海事请求，可以向采取海事请求保全，或者作出海事强制令，或者采取证据保全的海事法院或者其他有管辖权的海事法院提起诉讼，但当事人之间订有诉讼管辖协议或者仲裁协议的除外。《海事诉讼特别程序法解释》第二十一条规定，诉讼或者仲裁前申请海事请求保全适用海事诉讼特别程序法第十四条的规定。外国法院已受理相关海事案件或者有关纠纷已经提交仲裁，但涉案财产在中华人民共和国领域内，当事人向财产所在地的海事法院提出海事请求保全申请的，海事法院应当受理。而第十八条规定，海事诉讼特别程序法第十二条规定的被请求人的财产包括船舶、船载货物、船用燃油以及船用物料。对其他财产的海事请求保全适用民事诉讼法有关财产保全的规定。据此，在海事领域，无论诉讼或仲裁，亦不论诉前保全抑或诉中保全，基于实体事项管辖权与保全措施管辖权行使主体的分离，实施保全措施异地申请的跨区域合作，并不背离上述条文的可能文义。但在财产保全场合，保全措施异地申请的跨区域合作则以保全标的系船舶、船载货物、船用燃油以及船用物料为限。以其他财产为保全标的时，则适用民事诉讼法的相关规定。

程序性临时措施。实体性临时措施旨在解决当时所产生的与案件整体纠纷存在必要联系的争议。该争议能被独立解决，且若不及时解决将会导致最终裁决价值无法实现。而程序性临时措施是指与仲裁庭推进仲裁程序有关，与当事人权利义务的分配无关的临时措施。实体性临时措施由于在特定的时间内约束当事人之间的实质性关系，并在某种意义上决定了当事人的权利义务分配，因而应纳入《纽约公约》的适用范围。[①] 但就程序性临时措施而言，在我国司法实践中，对于域外仲裁庭作出的有关临时措施令，我国法院拒绝予以承认与执行，其理由基本有二：

（1）仲裁庭临时措施令不构成《纽约公约》中的“仲裁裁决”。该观点主张，国际商事仲裁中，仲裁庭往往以“命令、禁令”，或者以“裁决”的形式批准实施临时措施或中间措施，是具有临时性、中间性、程序性的，而非终局性的，不构成《纽约公约》的“仲裁裁决”，不能得到我国法院的承认和执行。[②]

（2）临时措施不属于商事事项。在塞尔维亚共和国Hemofarm DD、MAG国际贸易公司及苏拉么媒体有限公司申请承认与执行国际商会仲裁院仲裁裁决案[③] 中，申请人以被申请人济南永宁制药股份有限公司（以下简称“永宁公司”）在中国法院申请财产保全和强制执行，导致合资企业最终不能维持正常运营和合资公司市价的实质性降低，请求国际商会仲裁院裁决永宁公司赔偿投资损失及利润损失。国际商会仲裁院经审理认为，被申请人永宁公司在中国法院诉讼期间，从中国法院获得了财产保全裁定，该财产保全裁定的执行对共同申请人在合资合同项下的权利和利益造成了直接的、实质的和不利的影响，其直接

---

① 傅成伟：《国际商事仲裁中临时措施可执行性问题研究》，中国国际贸易促进委员会网站，2014年10月11日，http://www.ccpit.org/Contents/Channel_3488/2014/1011/422304/content_422304.htm，访问日期：2021年10月10日。

② 吴胜顺：《论境外仲裁非海事请求保全之限制》，http://blog.sina.com.cn/s/blog_9a43aa100102vz0b.html，访问日期：2021年5月10日。

③ 《最高人民法院关于不予承认和执行国际商会仲裁院仲裁裁决的请示的复函》（〔2008〕民四他字第11号）；赵秀文：《从永宁公司案看公共政策作为我国法院拒绝执行外国仲裁裁决的理由》，《法学家》2009年4期，第98—105页。

并最终导致合资公司终止运营及关闭。国际商会仲裁院最终裁决永宁公司向外方投资者支付损害赔偿金6458708.4美元，赔偿在中国法院的诉讼费用9509.55美元和其他费用1270472.99美元，仲裁费用295000美元。裁决作出后，由于被申请人永宁公司未能执行此裁决，申请人向济南中级人民法院申请承认与执行该裁决。被申请人永宁公司则以仲裁裁决处理了依我国法律不可仲裁的事项等为由，请求不予承认与执行。济南中级人民法院、山东省高级人民法院和最高人民法院均认为，永宁公司针对其与合资公司的诉讼向我国法院申请财产保全，属于民事诉讼法律关系范畴，对于诉讼保全申请的合法性与正当性发生的争议，属于诉讼法律关系引起的争议，既不属于平等主体之间的合同和其他财产权益纠纷，也不属于契约性和非契约性商事法律关系所引起的争议。对于这种由诉讼法律关系引起的争议，我国法院享有排他的管辖权。无论是诉讼当事人，还是其他案外人，对在我国法院进行的诉讼保全行为的正当性和合法性的任何异议，均只能向管辖法院或其上级法院提出并寻求救济，国际商会仲裁院无权仲裁。但本案中，国际商会仲裁院认定永宁公司向我国法院申请并获得财产保全不具有任何法律和商业上的正当性，认定我国法院的财产保全导致了合资公司终止经营，并据此裁令永宁公司承担巨额赔偿责任，显然违反了我国法律关于可仲裁性问题的规定。国际商会仲裁院裁决了依据我国法律不能通过仲裁解决的争议事项，"依据《承认及执行外国仲裁裁决公约》第五条第一款（丙）项和第二款（乙）项之规定，应拒绝承认和执行"。

（二）仲裁领域民事保全措施跨国实施模式的探索

《中国国际经济贸易仲裁委员会仲裁规则》（2012年版）第二十一条"保全及临时措施"第（二）款规定，经一方当事人请求，仲裁庭依据所适用的法律可以决定采取其认为必要或适当的临时措施。《仲裁规则》（2015年版）第二十三条"保全及临时措施"第（三）款规定，经一方当事人请求，仲裁庭依据所适用的法律或当事人的约定可以决定采取其认为必要或适当的临时措施。与此基本相同，2015年版和2019年版《北京仲裁委员会仲裁规则》第六十二条"临时措施"规定，根据当事人申请，仲裁庭可以依据有关法律决定采取其认为适当的临时措施；当事人也可以依据有关法律直接向具有管辖权的法院提出临时措施申请。第六十三条“紧急仲裁员”规定，案件受理后至组成仲裁庭之前，当事人需要申请临时措施的，可以依据有关法律规定向本会提出指定紧急仲裁员的书面申请。上述规定实际上设计了临时措施跨境实施的两种路径：其一，在“有关法律”允许的情况下，先由仲裁庭作出适当的或必要的临时措施令，再依据该“有关法律”，在“有关法律”所属国予以执行。也就是说，如果依保全执行地法律，该等临时措施令可以由仲裁庭作出，或者该法律赋予本国法院执行仲裁庭作出的临时措施令之权，仲裁庭作出的临时措施决定就可在当地得到执行。其二，依据“有关法律”，直接向该“有关法律”所属国相关法院提出临时措施申请，即如果“有关法律”中有类似于我国仲裁保全制度的特殊规定，当事人依据“有关法律”，直接向该国相关法院申请临时措施。

这种思维惯性可更清晰地见于2014年施行的《中国（上海）自由贸易试验区仲裁规则》。其第三章“临时措施”第十八条“临时措施”规定，当事人可以根据临时措施执行地所在国家/地区的法律向仲裁委员会及/或具有管辖权的法院提出一种或数种临时措施的申请。第十九条“仲裁前临时措施”第（一）款规定，临时措施申请人在提起仲裁前，可以根据临时措施执行地所在国家/地区的有关法律规定，直接向具有管辖权的法院提出临时措施申请，也可以请求仲裁委员会协助其向具有管辖权的法院提出临时措施申请。第二十条“仲裁程序中的临时措施”第（二）款规定，对于临时措施申请，仲裁委员会将根据临时措施执行地所在国家/地区的有关法律及本规则的规定，转交具有管辖权的法院作出裁定，或提交仲裁庭作出决定，或提交根据本规则第二十一条规定组成的紧急仲裁庭作出决定。第二十一条“紧急仲裁庭”第（一）款规定，当事人需在仲裁案件受理后至仲裁庭组成前提出临时措施申请的，可以根据执行地国家/地区有关法律的规定向仲裁委员会提交组成紧急仲裁庭的书面申请。

就上述条款的内容而言，由于临时措施的跨国或地区实施取决于“临时措施执行地所在国家/地区的有关法律”规定，因而如此设计的价值更多地体现为对当事人的提醒和授权，即提醒当事人关注域外立法，并进而授权当事人可依据上述规定行事。

基于我国现行立法并无关于民事保全措施域外执行或实施的相关规定，司法部发布的《中华人民共和国仲裁法（修订）（征求意见稿）》第三节“临时措施”第四十九条规定，临时措施需要在中华人民共和国领域外执行的，当事人可以直接向有管辖权的外国法院申请执行。仲裁庭组成前，当事人需要指定紧急仲裁员采取临时措施的，可以依照仲裁规则向仲裁机构申请指定紧急仲裁员。紧急仲裁员的权力保留至仲裁庭组成为止。据此，征求意见稿拟就仲裁庭或紧急仲裁员作出的临时措施令，准许当事人在临时措施令执行地国法律允许前提下，直接向有管辖权的外国法院申请执行。至于当事人能否将域外仲裁庭或紧急仲裁员作出的临时措施令向我国法院申请执行，则未予说明。

第四节　我国仲裁领域民事保全措施区际实施的司法协助机制

我国国际商事仲裁事业的强劲发展促使仲裁业界对民事保全措施在仲裁领域扮演的角色有了更为全面、客观、深入的认识，发挥民事保全措施在仲裁领域的应有功能成为业界的基本共识。就现行立法而言，《海事诉讼特别程序法》关于财产保全问题的规定，突破了《民事诉讼法》的限制。海事诉讼立法和实践为民事保全措施异地申请的区际合作机制的形成与运行提供了范例。在这种主客观因素的共同影响下，内地与香港特别行政区之间仲裁领域民事保全措施的区际合作机制基本形成，并为探索建立我国关于民事保全措施实施的跨区域合作机制提供了实践依据。

一、民事保全措施跨区域申请的时间界限

与国内商事仲裁不同的是，在国际商事仲裁中，仲裁裁决的域外

执行乃是普遍现象。在域外仲裁裁决已经作出，当事人在向我国法院申请承认和执行仲裁裁决之前或在该申请的司法审查期间，能否向我国法院申请保全措施以支持域外仲裁裁决的执行问题，在理论上存在争辩，在实践中存在不同的实例。

主流观点认为，我国民事诉讼中的财产保全分为诉前保全、诉中保全、诉后保全三类。当事人在承认与执行外国仲裁裁决司法审查期间提出财产保全申请，显然不属于诉前保全。至于诉中保全，《民事诉讼法》第一百零三条以及《仲裁法》第二十八条所规定的仲裁过程中的保全，仅适用于国内仲裁或在国内进行的涉外仲裁，并不适用于申请承认与执行外国仲裁裁决的司法审查程序。而《民事诉讼法》第二百七十九条所规定的涉外仲裁保全，仅适用于在我国境内设立的涉外仲裁机构在仲裁过程中的财产保全。且财产保全的申请，与国内仲裁一样，必须由仲裁机构将当事人的申请提交有管辖权的法院，而非由当事人直接向人民法院申请保全。至于诉后保全，虽然我国《民诉法解释》第一百六十三条有相关规定，但据此规定，其适用以“法律文书生效后，进入执行程序前”为前提。而该“生效法律文书”是指由我国法院、公证机构、仲裁机构所作出的在我国境内具有当然强制执行力的法律文书。外国仲裁裁决在未得到我国法院的承认前，并不属于“生效法律文书”，因而不适用上述规定。综上，我国现阶段在承认与执行外国仲裁裁决司法审查期间进行财产保全并无法律依据。但现实是，在判决作出后执行之前，仍然存在债务人实施隐匿、转移、出卖或毁损财产行为之虞，故在该司法审查期间的财产保全有其客观必要性，债权人应有权针对债务人财产向法院申请民事保全措施，否则无任何救济手段可资援用。为此，应在立法层面明确，在外国仲裁裁决的承认与执行申请的司法审查期间，允许采取财产保全措施。

二、保全措施的异地申请实施机制

1. 香港仲裁程序当事人向内地法院申请保全

早在2007年10月30日，最高人民法院与澳门特别行政区签署了

《关于内地与澳门特别行政区相互认可和执行仲裁裁决的安排》。其第十一条规定，法院在受理认可和执行仲裁裁决申请之前或者之后，可以依当事人的申请，按照法院地法律规定，对被申请人的财产采取保全措施。也就是说，当事人不仅可在向内地法院申请认可和执行澳门仲裁裁决之前，向内地法院申请采取财产保全措施，而且在内地法院对认可和执行澳门仲裁裁决的申请进行司法审查期间，亦可申请采取财产保全措施。因此，在当事人约定澳门仲裁机构仲裁时，当事人若在内地法院受理认可和执行仲裁裁决申请之前或者之后向内地法院申请财产保全措施的，依《关于内地与澳门特别行政区相互认可和执行仲裁裁决的安排》和《民事诉讼法》规定，其结果与在国内仲裁时基本相同。[①] 2015年施行的《最高人民法院关于认可和执行台湾地区仲裁裁决的规定》亦作了类似规定。其第十条规定，人民法院受理认可台湾地区仲裁裁决的申请之前或者之后，可以按照民事诉讼法及相关司法解释的规定，根据申请人的申请，裁定采取保全措施。[②]

就香港与内地之间而言，虽然内地仲裁程序的当事人可根据香港的相关法例向香港法院申请临时救济措施，但除海事案件外，香港仲裁程序的当事人向内地法院申请保全并无明确的法律规定。为此，2019年4月2日，最高人民法院与香港特别行政区政府律政司分别代表两地签署《仲裁保全安排》。[③] 这是内地与香港签署的第一份有关仲裁程序保全协助的文件，首次为香港仲裁程序的当事人向内地法院申请保全提供了依据，是在"一国两制"框架下，深化内地与香港区际司法合作、化解两地跨境纠纷的有利法律保障。[④]

《仲裁保全安排》第一条规定，本安排所称"保全"，在内地包括财产保全、证据保全、行为保全；在香港特别行政区包括强制令以及

---

① 《内地与澳门特别行政区关于相互认可和执行民商事判决的安排》第十五条亦作了同样规定。

② 《最高人民法院关于认可和执行台湾地区法院民事判决的规定》第十条亦作了同样规定。

③ 在判决认可和执行程序中存在民事保全措施区际实施的司法协助安排。《关于内地与香港特别行政区法院相互认可和执行民商事案件判决的安排》第二十四条规定，申请认可和执行判决的，被请求方法院在受理申请之前或者之后，可以依据被请求方法律规定采取保全或者强制措施。

④ 《仲裁保全安排》已于2019年10月1日在两地同时生效，在内地以司法解释的形式发布。这是自1997年7月1日香港回归祖国以来，内地与香港商签的第七项司法协助安排。

其他临时措施，以在争议得以裁决之前维持现状或者恢复原状、采取行动防止目前或者即将对仲裁程序发生的危害或者损害，或者不采取可能造成这种危害或者损害的行动、保全资产或者保全对解决争议可能具有相关性和重要性的证据。据此，香港仲裁程序的当事人可以向内地法院申请采取包括财产保全、证据保全、行为保全在内的临时救济措施，以保障将来仲裁裁决的顺利执行。

至于内地管辖法院，依《仲裁保全安排》第三条规定，香港仲裁程序的当事人，在仲裁裁决作出前，可以参照《中华人民共和国民事诉讼法》《中华人民共和国仲裁法》以及相关司法解释的规定，向被申请人住所地、财产所在地或者证据所在地的内地中级人民法院申请保全。被申请人住所地、财产所在地或者证据所在地在不同人民法院辖区的，应当选择向其中一个人民法院提出申请，不得分别向两个或者两个以上人民法院提出申请。

《仲裁保全安排》生效后，上海海事法院于2019年10月8日率先受理一起香港仲裁程序当事人的财产保全申请，并于当日裁定冻结被申请人银行存款26.86万美元或查封、扣押、冻结被申请人其他等值财产。[①] 而后，厦门市中级人民法院应香港仲裁程序当事人财产保全的申请，依法对被申请人约5.3亿元人民币账户和其他财产予以查封、扣押和冻结。[②] 北京市第三中级人民法院亦于2019年10月30日应香港仲裁程序当事人财产保全的申请裁定对被申请人11.5亿元财产采取保全措施[③]，于2020年3月4日应香港仲裁程序当事人财产保全的申请裁定对被申请人名下财产在1.714885亿元人民币范围内采取保全措施。[④]

此外，上海市第一中级人民法院应香港仲裁程序当事人财产保全的申请，于2020年7月15日裁定冻结被申请人银行存款306.88504129

---

① （2019）沪72财保298号民事裁定书。

② 厦门市中级人民法院民事裁定书（2019）闽02财保207号。参见：牛磊、马瑞丰《限制与突破——境外仲裁在中国内地申请保全措施解读》，中伦律师事务所网站，2019年12月13日，http://www.zhonglun.com/Content/2019/12-13/1458365160.html，访问日期：2021年1月20日。

③ 北京市第三中级人民法院民事裁定书（2019）京03财保153号（2019年10月30日）。

④ 北京市第三中级人民法院民事裁定书（2020）京03财保11号（2020年3月4日）。

亿元人民币或查封、扣押其他等值财产。[①] 连云港市中级人民法院应香港仲裁程序当事人财产保全的申请，于2019年11月8日对被申请人所有财产1.4259亿元人民币予以保全。[②]

《仲裁保全安排》解决了在仲裁裁决作出前，香港仲裁程序的当事人向内地法院申请保全的问题。香港特别行政区成为可使香港仲裁程序当事人在仲裁裁决作出前直接向内地人民法院申请保全的司法管辖区。为便利香港仲裁程序当事人向内地法院申请民事保全措施，中国国际经济贸易仲裁委员会香港仲裁中心（以下简称"贸仲香港"）依据《仲裁保全安排》，于2021年8月发布《贸仲香港仲裁案件适用内地与香港〈保全安排〉实务指引》。其第二条第（三）款第2项"在启动贸仲香港仲裁程序前提出申请"规定，当事人拟在启动贸仲香港仲裁程序前提出申请的，应当自行将上述申请材料递交有管辖权的内地人民法院。内地人民法院在采取保全措施后三十日内未收到贸仲香港出具的《案件受理证明函》的，将会解除保全［《仲裁保全安排》第三条］。三十日的期限包括当事人递交仲裁申请、贸仲香港受理仲裁申请、贸仲香港出具证明函件并转递等环节，其计算以内地人民法院收到《案件受理证明函》为止。当事人应遵守上述三十日期限的规定，并承担与之相关的不利后果。贸仲香港不对任何程序上的延误或上述三十日期限的规定未能得到遵守而导致的不利后果承担任何责任。贸仲香港建议当事人尽快联系并告知贸仲香港有关的程序性安排。在向内地人民法院提出保全申请后，当事人应当根据《贸仲规则》尽快于贸仲香港启动仲裁程序。第3项"在启动贸仲香港仲裁程序后/时提出申请"规定，当事人在根据《贸仲规则》启动贸仲香港仲裁程序后/时提出申请的，贸仲香港将在收到当事人提交的材料后决定是否发出《保全申请转递函》；贸仲香港不对当事人的保全申请书是否满足《相互协助保全安排》第五条的规定进行实质审查。申请（仲裁手续及）保全材料完备的，贸仲香港将（在立案后）发出《保全申请转递函》，并根据当

① 上海市第一中级人民法院民事裁定书（2020）沪01财保13号（2020年7月15日）。
② 连云港市中级人民法院民事裁定书（2019）苏07财保10号（2019年11月8日）。

事人所提供的内地人民法院地址和联系方式将《保全申请转递函》连同上述申请材料正本一并提交该内地人民法院。如情况紧急，当事人亦可根据实际情况自行将《保全申请转递函》及上述申请材料正本提交内地人民法院。当内地人民法院向贸仲香港核实情况时，贸仲香港将提供必要信息予以配合。

2. 内地仲裁程序当事人向香港法院申请保全

《仲裁保全安排》第六条规定，内地仲裁机构管理的仲裁程序的当事人，在仲裁裁决作出前，可以依据香港特别行政区《仲裁条例》《高等法院条例》，向香港特别行政区高等法院申请保全。据此，并按照《仲裁保全安排》第七条提交相应文件，仲裁程序当事人有权根据《仲裁条例》《高等法院条例》相关规定申请保全，但《仲裁保全安排》本身并未就具体程序作详尽规定。

与内地司法实践不同的是，香港法例明文规定，香港高等法院原讼法庭依据《高等法院条例》第21M条[①]规定、《仲裁条例》第45

---

① 香港《高等法院条例》第21M条“在没有实质法律程序进行的情况下的临时济助”：(1)在不损害第21L（1）条的原则下，原讼法庭可就符合以下描述的法律程序，凭借命令委任接管人或批予临时济助——（a）已在或将会在香港以外地方展开；而且（b）能产生一项可根据任何条例或普通法在香港强制执行的判决。(2)第（1）款所指的命令可无条件地作出，或按原讼法庭认为公正的条款及条件作出。(3)即使有以下情况，第（1）款仍适用——（a）若非因本条，有关法律程序的标的事项不会产生原讼法庭对之具有司法管辖权的诉讼因由；或（b）委任接管人或所寻求的临时济助并非附属于或附带于任何在香港进行的法律程序。(4)如原讼法庭认为若非因本条，原讼法庭就有关法律程序的标的事项并无司法管辖权此一事实，使原讼法庭若批准要求根据第（1）款委任接管人或批予临时济助的申请即属不公正，或使原讼法庭不便批准该项申请，则原讼法庭可拒绝批准该项申请。(5)根据第54条订立法院规则的权力，包括为下述事宜订立法院规则的权力——（a）提出要求根据第（1）款委任接管人或批予临时济助的申请；及（b）在本司法管辖权范围外送达委任接管人或临时济助的申请或命令。(6)凭借本条订立的规则可包括规则委员会认为需要或合宜的附带、补充及相应条文。(7)在本条中，临时济助包括第21L（3）条所提述的非正审强制。据此，若任何法律程序已在或将会在香港以外地方展开，且该法律程序能产生一项可根据任何香港条例或普通法在香港强制执行的判决，原讼法庭即有权委任接管人或批予临时济助。为确保该等命令的有效性，香港法院具有与之相同的作出任何附带命令或指示的权力，包括委任接管人以接管任何香港公司及/或其股权、禁止任何法律程序的一方将位于香港境内的资产转移或以其他方式加以处理，禁止土地损坏或侵入行为等。

条[①]规定，拥有保全措施的司法管辖权，并可因应进行中的内地仲裁程序当事人的诉求，委任接管人或签发临时救济令。不过，值得注意的是，法院可以根据《高等法院条例》第21L条或《仲裁条例》第45条授予临时禁令，但只能根据《高等法院条例》第21L条授予永久禁令。[②]

3. 内地与香港之间保全措施异地申请实施时段的延展

如上所述，依《仲裁保全安排》，仲裁程序的当事人向内地/香港法院申请实施保全措施，仅限在仲裁裁决作出前，但在裁决作出后至执行之前可否进行保全措施的异地申请实施，则暂付阙如。《最高人民法院关于内地与香港特别行政区相互执行仲裁裁决的补充安排》（法释〔2020〕13号）对此予以补漏。其第四条规定，在《最高人民法院关于内地与香港特别行政区相互执行仲裁裁决的安排》第六条中增加一款作为第二款："有关法院在受理执行仲裁裁决申请之前或者之后，可以依申请并按照执行地法律规定采取保全或者强制措施。"据此，内地与香港之间保全措施的异地申请实施时段得以延展。

三、民事保全措施的裁决执行地申请实施机制

对于域外仲裁程序当事人能否向仲裁裁决执行地法院申请民事保

---

① 根据《仲裁条例》第45条，已在或将会在香港或香港以外地方展开的任何仲裁程序，如该仲裁程序能引起一项可根据本条例或任何其他条例在香港强制执行的仲裁裁决，不论临时裁决或最终裁决，而所寻求的临时措施，属香港法院可就仲裁程序而在香港签发的临时措施的类型或种类，则香港法院应任何一方的申请，就该仲裁程序签发临时措施，除非所寻求的临时措施在当时是仲裁程序的标的，或香港法院认为由仲裁庭处理所寻求的临时措施更为适当。同样地，为确保就在香港以外地方进行的仲裁程序而签发的临时措施的有效性，香港法院具有与之相同的作出任何附带命令或指示的权力，犹如该临时措施系就在香港进行的仲裁程序。

② 香港《高等法院条例》第21L条"强制令及接管人"：（1）在原讼法庭认为如此行事是公正或适宜的所有情况下，原讼法庭可凭借命令（不论是非正审命令或最终命令）授予强制令或委任一名接管人。（2）任何该等命令可无条件作出，或按法院认为公正的条款及条件作出。（3）根据第（1）款或第21M条，原讼法庭授予非正审强制令以禁制任何法律程序的一方将位于原讼法庭的司法管辖权范围内的资产由该司法管辖范围内移走或以其他方式处理的权力，不论在该一方是否居于或身在该司法管辖权范围内的个案中，抑或在该一方的居籍或本籍是否在该司法管辖权范围内的个案中，原讼法庭均可行使。参见：张振安《仲裁早新闻：禁诉令属于〈仲裁条例〉第45条和〈高等法院条例〉第21L条所指的临时措施（香港案例）》，搜狐网，2021年2月8日，https://www.sohu.com/a/443015078_120677543，访问日期：2021年10月10日。

全措施的问题，内地与澳门以及大陆与台湾之间的相关安排早先对此予以积极回应。

根据《关于内地与澳门特别行政区相互认可和执行仲裁裁决的安排》第十一条的规定，当事人在内地法院对认可和执行澳门仲裁裁决的申请进行司法审查过程中，可向内地法院申请采取财产保全措施。反之亦然。而在诉讼领域，内地与澳门特别行政区之间亦作了相同安排。《内地与澳门特别行政区关于相互认可和执行民商事判决的安排》第十五条规定，法院受理认可和执行判决的申请之前或者之后，可以按照被请求方法律关于财产保全的规定，根据申请人的申请，对被申请人的财产采取保全措施。

同样的处理思路亦贯穿于大陆法院对台湾地区仲裁裁决和法院判决的认可和执行程序之中。《最高人民法院关于认可和执行台湾地区仲裁裁决的规定》第十条规定，人民法院受理认可台湾地区仲裁裁决的申请之前或者之后，可以按照民事诉讼法及相关司法解释的规定，根据申请人的申请，裁定采取保全措施。《最高人民法院关于认可和执行台湾地区法院民事判决的规定》第十条亦同样规定，人民法院受理认可台湾地区法院民事判决的申请之前或者之后，可以按照民事诉讼法及相关司法解释的规定，根据申请人的申请，裁定采取保全措施。

在涉及内地与香港特别行政区之间民商事案件判决的认可和执行时，相关安排允许当事人在法院受理认可和执行判决的申请之前或者之后，向该法院申请采取保全措施。《最高人民法院关于内地与香港特别行政区法院相互认可和执行当事人协议管辖的民商事案件判决的安排》第十四条规定，法院受理认可和执行判决的申请之前或者之后，可以按照执行地法律关于财产保全或者禁制资产转移的规定，根据申请人的申请，对被申请人的财产采取保全或强制措施。《关于内地与香港特别行政区法院相互认可和执行民商事案件判决的安排》第二十四条规定，申请认可和执行判决的，被请求方法院在受理申请之前或者之后，可以依据被请求方法律规定采取保全或者强制措施。而与之不同的是，在涉及仲裁裁决在内地或香港特别行政区相互执行问题时，在香港仲裁的仲裁裁决已经作出，当事人在向内地法院申请认可和执行仲裁裁决之前，或在司法审查期间，能否向内地法院申请保全措施以支持仲裁裁决在内地的执行？《最高人民法院关于内地与香港特别行政区相互执行仲裁裁决的安排》对此暂付阙如。2020年，针对这一立法缺漏，《最高人民法院关于内地与香港特别行政区相互执行仲裁裁决的补充安排》在其第四条中对此予以及时补充。此外，内地司法实践中早先所存在的不同实例亦可资参考。

在华夏航运（新加坡）有限公司（以下简称“华夏公司”）认可和执行香港仲裁裁决前申请财产保全案①中，华夏公司与东海运输有限公司（以下简称“东海公司”）关于2012年4月21日双方签订的租船合同项下的纠纷经香港特别行政区的仲裁庭作出第一次裁决后，华夏公司已经向广州海事法院申请认可和执行。2018年9月28日，该仲裁庭依照香港特别行政区《仲裁条例》作出第二次有关法律费用的终局裁决，裁决东海公司应向华夏公司支付首次和第二次仲裁法律费用及其利息。因东海公司未履行仲裁裁决义务，在广州海事法院受理认可和执行该仲裁裁决申请之前，华夏公司申请冻结东海公司设立在招商银行股份有限公司深圳总行处账号内的银行存款，以28.14917万美元为限，并以中国平安财产保险股份有限公司广东分公司出具的担保函提供担保，保证承担由申请保全错误而给东海公司或任何第三方造成损失的赔偿责任。广州海事法院认为，华夏公司在法院受理认可和执行香港仲裁裁决之前请求保全东海公司的相关财产，且已经提供充分担保，其申请符合相关法律规定，对华夏公司的申请应予准许。

与之略有不同的是，在大韩海运株式会社（以下简称“大韩海运”）与海航集团有限公司（以下简称“海航集团”）财产保全案②中，三位外籍仲裁员组成仲裁庭，于2016年1月13日在伦敦就大韩海运与海航集团关于“K. 达芙妮”（K. Daphne）号轮2008年8月5日签订的《租船

① 广州海事法院民事裁定书（2018）粤72财保78号。参见：徐春龙、陈文志《华夏航运（新加坡）有限公司认可和执行香港仲裁裁决前申请财产保全案》，中华人民共和国广州海事法院网站，2019年7月8日，http://www.gzhsfy.gov.cn/web/content?gid=90506，访问日期：2021年5月30日。

② 海口海事法院民事裁定书（2016）琼72协外认1号；海口海事法院民事裁定书（2016）琼72协外认1号之一。

合同》和《履约保函》的纠纷作出最终裁决。根据裁决，海航集团赔偿大韩海运7783.017946万美元及其利息。因海航集团未履行该最终裁决所确定的付款义务，大韩海运向海口海事法院提出承认与执行该最终裁决之申请。在法院对该案司法审查期间，大韩海运申请对海航集团价值5.6亿元人民币的财产进行保全，并提供了相应担保。海口海事法院于2016年8月30日作出“（2016）琼72协外认1号民事裁定书”，准许了大韩海运的财产保全申请。海航集团就该裁定申请复议，经海口海事法院另行组成合议庭审查，于2017年4月17日作出“（2016）琼72协外认1号之一民事裁定书”，裁定撤销此前作出的民事裁定，驳回了大韩海运的保全申请。

但在盖特汽车公司（Automotive Gate FZCO）申请认可和执行香港特别行政区仲裁裁决案中，最高人民法院于2017年11月20日作出《关于湖北省高级人民法院就盖特汽车公司在申请认可和执行香港特别行政区仲裁裁决案中申请财产保全问题的请示一案的复函》（〔2017〕最高法民他129号）。复函认为，申请人向人民法院申请认可和执行香港特别行政区仲裁裁决后，向人民法院提出财产保全申请，目前尚无明确法律规定。参照《民事诉讼法》确定的原则，在申请人提供充分担保的情况下，对其财产保全申请可予准许。

就《仲裁保全安排》而言，依《仲裁保全安排》第三、六条的规定，《仲裁保全安排》仅适用于在仲裁裁决作出前的保全申请。因此，当事人在内地法院对认可与执行香港仲裁裁决的申请进行司法审查过程中请求保全尚无法律依据。与之不同的是，依上所述，《关于内地与澳门特别行政区相互认可和执行仲裁裁决的安排》和《最高人民法院关于认可和执行台湾地区仲裁裁决的规定》均允许人民法院在受理认可和执行澳门特别行政区/台湾地区仲裁裁决申请之前或者之后，可依当事人的申请，按照民事诉讼法及相关司法解释的规定，对被申请人的财产采取保全措施。据此，根据“类似情形可相同处理”的基本法理，内地法院在受理认可和执行香港仲裁裁决申请前后，应赋予申请人申请保全被申请人财产的权利，并依据内地相关法律依法审查。

四、民事保全措施的区际执行机制

如上所述，《关于内地与澳门特别行政区相互认可和执行仲裁裁决的安排》和《内地与澳门特别行政区关于相互认可和执行民商事判决的安排》，以及《最高人民法院关于认可和执行台湾地区仲裁裁决的规定》和《最高人民法院关于认可和执行台湾地区法院民事判决的规定》仅适用于法院受理认可和执行仲裁裁决/法院判决申请之前或者之后的临时措施申请问题，而对临时措施令的区际执行问题，则暂付阙如。

依内地与香港特别行政区《仲裁保全安排》第三、六条规定，《仲裁保全安排》仅适用于在仲裁裁决作出前的保全申请，亦不涉及保全措施令的相互执行问题，即在仲裁裁决作出前，仲裁程序的当事人应直接向香港或内地法院申请保全。而最高人民法院与香港特别行政区政府签署的《最高人民法院关于内地与香港特别行政区相互执行仲裁裁决的安排》，是关于两地终局性仲裁裁决相互执行的协助安排，并不包括仲裁保全协助问题。

香港《仲裁条例》第22B条第（1）款规定，紧急仲裁员根据有关仲裁规则批予的任何紧急济助，不论是在香港或香港以外地方批予的，均可犹如具有同等效力的原讼法庭命令或指示，以同样方式予以强制执行，但应由原讼法庭许可方可如此强制执行。在内地，香港仲裁庭作出的临时救济措施令，当事人请求内地法院予以执行，并无法律依据。而紧急仲裁员制度在内地仲裁机构仲裁规则中的引入，则为内地仲裁程序当事人在《仲裁保全安排》外寻求临时措施在香港的执行提供了新的思路和路径。

《中国国际经济贸易仲裁委员会仲裁规则》（2015年版）第二十三条“保全及临时措施”第（二）款规定，根据所适用的法律或当事人的约定，当事人可以依据《中国国际经济贸易仲裁委员会紧急仲裁员程序》向仲裁委员会仲裁院申请紧急性临时救济。紧急仲裁员可以决定采取必要或适当的紧急性临时救济措施。第（三）款规定，经一方当事人请求，仲裁庭依据所适用的法律或当事人的约定可以决定采取其认为必要或适当的临时措施。[①] 2015年版和2019年版《北京仲裁委员会仲裁规则》第六十二条"临时措施"第（一）款规定，根据当事人申请，仲裁庭可以依据有关法律决定采取其认为适当的临时措施，采取临时措施的决定可以以仲裁庭决定、中间裁决或者有关法律认可的其他方式作出。第六十三条"紧急仲裁员"第（一）款规定，案件受理后至组成仲裁庭之前，当事人需要申请临时措施的，可以依据有关法律规定向本会提出指定紧急仲裁员的书面申请。上述此等规定，为内地仲裁程序当事人依香港法律规定向内地仲裁庭/紧急仲裁员申请采取必要的或适当的临时措施，进而依香港法律规定申请香港法院予以执行提供了法律依据。

北京仲裁委员会于2017年末受理的GKML案中，基于拟保全的财产权益在香港境内，且香港特别行政区《仲裁条例》第22B条规定了"强制执行紧急仲裁员批给的紧急救助"，申请人遂在北京仲裁委员会立案，同时一并申请启动紧急仲裁员程序，申请紧急仲裁员颁布临时措施。而后，紧急仲裁员颁布的临时措施在香港顺利获得了香港高等法院原讼法庭的执行命令。该案是中国内地首例适用紧急仲裁员程序并进而在香港得以执行的仲裁案件。[②]

同样，在上海仲裁委员会2019年受理的一起股权转让协议纠纷案中，申请人于2019年8月向上海仲裁委员会提交申请，请求指定紧急仲裁员批予临时措施，冻结注册于香港特别行政区的标的公司股份3000股。临时措施决定作出后，申请人将《紧急仲裁员决定书》提交至香港高等法院，并获得了香港高等法院的认可。2020年8月，另行由三位仲裁员组成的仲裁庭就该案实体争议作出终局裁决，支持了申请人要求变更香港标的公司股权及相应损失的仲裁请求。申请人随后向香港高等法院申请执行该份裁决。香港高等法院于2021年3月作出

---

① 《中国国际经济贸易仲裁委员会仲裁规则》（2012年版）第二十一条"保全及临时措施"规定：（一）当事人依据中国法律规定申请保全的，仲裁委员会秘书局应当依法将当事人的保全申请转交当事人指明的有管辖权的法院。（二）经一方当事人请求，仲裁庭依据所适用的法律可以决定采取其认为必要或适当的临时措施，并有权决定请求临时措施的一方提供适当的担保。仲裁庭采取临时措施的决定，可以程序令或中间裁决的方式作出。

② 许捷：《紧急仲裁员仲裁程序及临时措施在内地的实践》，《商法》2018年第9期。

命令，要求被申请人履行上海仲裁委员会的裁决。至此，该股权纠纷案正式进入执行程序。该案是上海仲裁委员会受理的首例、中国内地第三例适用紧急仲裁员程序的仲裁案件。[①]

五、结语

《仲裁保全安排》的总体思路是在保全方面将香港仲裁程序与内地仲裁程序类似对待，允许香港仲裁程序的当事人向内地人民法院申请保全；同时，内地仲裁程序的当事人也可向香港特别行政区法院申请强制令以及其他临时措施。《仲裁保全安排》除了充分凸显内地与香港特别行政区紧密的司法合作关系，更为两地仲裁服务的发展带来革新性的改变。[②] 其与《关于内地与香港特别行政区法院相互认可和执行民商事案件判决的安排》《最高人民法院关于内地与香港特别行政区相互执行仲裁裁决的补充安排》和《关于内地与澳门特别行政区相互认可和执行仲裁裁决的安排》《内地与澳门特别行政区关于相互认可和执行民商事判决的安排》，以及《最高人民法院关于认可和执行台湾地区仲裁裁决的规定》和《最高人民法院关于认可和执行台湾地区法院民事判决的规定》一并，促成仲裁领域民事保全措施的一国四法域之间区际司法合作框架的形成，由此激活了民事保全措施的潜在功能，使在国内民商事纠纷解决中不足为道的民事保全措施，在涉外尤其是涉港澳台民商事纠纷解决中渐趋承担举足轻重、风光无限的角色。正如香港著名海事法专家杨良宜先生所言："今日国际诉讼，成败与否与案件的是非曲直无关，更重要的是备战谋略：夺人所爱的诉前保全、出其不意的证据保留、深谋远虑的中间禁令。"[③]

目前，民事保全措施实施的区际司法合作机制的一个显著特点在

① 《上海仲裁委员会首例涉紧急仲裁员程序仲裁案件进入香港高等法院执行程序》，南通仲裁委员会网站，2021年7月2日，http://www.ntac.org.cn/content_show.asp?id=2509，访问日期：2021年10月10日。

② 郑若骅：《保全安排增加香港作为仲裁地的吸引力》，今日中国网站，2021年8月18日，http://www.chinatoday.com.cn/zw2018/tga/202108/t20210818_800255915.html，访问日期：2021年10月10日。

③ 杨良宜：《禁令》，"前言、序言"第9—16页。

于其双轨制设计，即尊重各区域民事保全现行法制的前提下构建各区域保全措施立法相互衔接的路径和方法，按照保全措施实施地法律规定申请采取保全措施，盘活各法制项下民事保全措施的运用和功能。不过，其仍有进一步优化的空间。

第一，内地与香港、内地与澳门及大陆与台湾之间民事保全措施司法合作机制各自适用范围不尽相同。民事保全措施实施的区际司法合作机制以《仲裁保全安排》为核心。《仲裁保全安排》虽然为保全的区际司法合作机制相关制度设计提供了范例，但其仅限于仲裁程序的当事人，在仲裁裁决作出前，向内地人民法院/香港特别行政区高等法院申请保全。而《最高人民法院关于内地与香港特别行政区相互执行仲裁裁决的补充安排》《最高人民法院关于内地与香港特别行政区法院相互认可和执行当事人协议管辖的民商事案件判决的安排》《关于内地与香港特别行政区法院相互认可和执行民商事案件判决的安排》《关于内地与澳门特别行政区相互认可和执行仲裁裁决的安排》《内地与澳门特别行政区关于相互认可和执行民商事判决的安排》《最高人民法院关于认可和执行台湾地区仲裁裁决的规定》及《最高人民法院关于认可和执行台湾地区法院民事判决的规定》均适用于当事人在法院受理认可和执行判决/仲裁裁决的申请之前或者之后申请采取保全措施。如此规定，为民事保全措施区际司法合作机制适用范围的拓展提供了范例。

第二，内地与香港、内地与澳门及大陆与台湾之间民事保全措施司法合作机制项下民事保全措施区际实施路径不尽相同。《仲裁保全安排》仅适用于在仲裁裁决作出前的保全措施申请，因而保全措施的异地申请实施路径是《仲裁保全安排》项下保全措施实施问题区际合作方式的唯一选择。而内地与澳门之间上述安排及大陆与台湾之间上述规定，因其适用于法院受理认可和执行判决/仲裁裁决的申请之前或者之后的保全措施申请，故保全措施实施的区际合作方式除保全措施的异地申请实施路径外，尚包括保全措施的判决/仲裁裁决执行地申请实施路径。三者的共同之处在于，对保全措施的跨区域实施问题均暂付阙如。

民事保全措施司法合作机制的形成，填补了我国仲裁领域预防性救济措施方面的空白，是“一国两制”方针下开展更加紧密的区际司法协助的具体体现，有助于进一步促进我国四法域仲裁业发展，提升仲裁机构的竞争力，更加有效地维护当事人的合法权益。